CAROLLY ERICKSON

KATHARINA DIE GROSSE

Carolly Erickson

KATHARINA DIE GROSSE

Eine deutsche Prinzessin auf dem Zarenthron

Aus dem Englischen von Anne Spielmann

List Verlag
München · Leipzig

Die Originalausgabe erschien unter dem Titel
Great Catherine *1994 im Verlag Crown Publishers, Inc.,*
in New York

ISBN 3-471-77422-X
2. Auflage 1997

Satz: Franzis-Druck GmbH, München
Druck und Bindung: Mohndruck, Gütersloh

Für Lillian Cunningham
und den Windward Writing Retreat
Aloha nui loa

Kapitel Eins

Das zierliche und lebhafte, doch eher unscheinbare vierjährige Mädchen trat zum König und versuchte, seinen Rock zu erreichen. Man hatte es dazu angehalten, als Zeichen der Ehrerbietung den Gewandsaum älterer Leute von Stand zu küssen, aber der Rock des untersetzten, rotgesichtigen Mannes mit dem ernsten Blick war zu kurz. Über die regelmäßigen Züge des Kindes glitt ein mißbilligender, fast verächtlicher Ausdruck. Die ungewöhnlich großen, hellen blauen Augen, die von Intelligenz und Empfindsamkeit zeugten, richteten sich auf den König, ohne sich von dessen herrscherlichen Strenge einschüchtern zu lassen. Dann aber drehte sich das Mädchen um und ging dorthin zurück, wo Mutter und Großtante warteten.

»Weshalb trägt der König einen so kurzen Rock?« fragte es, und seine Stimme war gut zu hören in dem großen Saal mit den hohen, bemalten Decken. »Er ist doch reich genug, um einen längeren zu haben!«

Der Mutter war äußerst unbehaglich zumute. Nur allzu deutlich spürte sie, daß die versammelten Würdenträger – Offiziere, Kammerherren, elegante adlige Damen, ganz zu schweigen von dem Oberhofmeister mit seiner mächtigen Perücke und dem langen Stab in der Hand, den Lakaien in ihren festlichen samtenen Livreen, aber auch ihre Großmutter, die Fürstin – gespannt darauf warteten, was sie ihrer Tochter antworten würde. Sie schwieg.

Der König wollte wissen, was das kleine Mädchen gesagt hatte, und was Friedrich Wilhelm von Preußen wissen wollte, das erfuhr er.

Jemand wiederholte ihm die Worte des Kindes. Die Höflinge hielten den Atem an, die Mutter wurde über und über rot.

Und dann – zur allgemeinen Verblüffung – lachte er. Der König – dieser König, der stets einen Stock bei sich trug, mit dem er Soldaten züchtigte, die nicht schnell genug marschierten oder auf andere Weise seine strikten und detaillierten Befehle mißachteten – tatsächlich, er lachte.

»Die Kleine ist naseweis«, hörte man ihn sagen. Dann wandte er sich anderen Dingen zu, und die Spannung im Raum löste sich.

Das Kind, Sophie Auguste Friederike von Anhalt-Zerbst, war frühreif und äußerst lebendig. Ihre Energie schien unerschöpflich. Sie neigte zu Eigensinn und Dickköpfigkeit, war immer zum Reden und Fragen aufgelegt und bemerkte und behielt Dinge, die weniger aufgeweckten Kindern kaum auffielen. Sehr früh lernte sie lesen. Vor ihrem vierten Geburtstag konnte sie schon dies und das auf französisch lesen, konnte Namen und Zahlen schreiben. Sie wußte, daß sie nicht besonders hübsch war – und sie spürte, daß das das einzige war, was ihre Mutter interessierte –, aber sie wußte auch, daß sie klug war und in Gesprächen durch ihr heiteres Wesen, ihre Lebhaftigkeit und Frische glänzen konnte. Friedrich Wilhelm hatte über ihre unverschämte Frage gelacht; anderen Erwachsenen hatte sie schon so manches Mal ein Lächeln des Vergnügens entlockt.

Sie war eine Prinzessin des unbedeutenden, aber vornehmen Fürstentums Anhalt-Zerbst, eines der etwa dreihundert unabhängigen politischen Staatsgebilde, in denen Deutsch gesprochen wurde. Im Jahr ihrer Begegnung mit dem preußischen König, 1733, waren diese verstreuten Fürstentümer, Freien Städte, Bistümer und Herzogtümer nur noch durch lose zeremonielle Bande vereint. Die Autorität des Heiligen Römischen Kaisers war zerbröckelt. Viel mehr als ihn fürchtete man den König von Preußen, dem eine der größten und diszipliniertesten Armeen Europas zur Verfügung stand und dessen Ausdehnungsbestrebungen die kleineren Staaten an Preußens Grenzen bedrohten.

Zu diesen Staaten gehörte auch Anhalt-Zerbst. Das Gebiet bestand aus einigen hundert Quadratkilometern Nadelwald, Weideland und Sumpf, begrenzt im Süden vom Kurfürstentum Sachsen, im Westen vom Erzbistum Magdeburg und im Norden vom Königreich Preußen. Seit dem frühen dreizehnten Jahrhundert hatte das stolze Haus Anhalt seine Unabhängigkeit bewahrt, aber im Lauf der Jahrhunderte hatte sich die fürstliche Dynastie in so viele Richtungen verzweigt und aufgeteilt, daß vom einstigen Besitz nicht mehr viel übrig war; der winzige Staat konnte die zahlreichen Angehörigen der fürstlichen Familie kaum noch erhalten. Der Not gehorchend, hatten die Fürsten von Anhalt schon einige Generationen lang in der Armee der preußischen Könige gedient. Auch Sophies Vater, Fürst Christian August, befehligte preußische Truppen und kämpfte als junger Mann zum Ruhme Preußens in Schlachten gegen die Franzosen und die Schweden, obwohl er weder das Talent besaß noch die Neigung verspürte, sich auf diese Weise hervorzutun.

Im fortgeschrittenen Alter von siebenunddreißig hatte Christian August eine verarmte Prinzessin mit renommierter Verwandtschaft geheiratet, Johanna von Holstein-Gottorp, und sie mitgenommen in die trübselige Garnisonsstadt Stettin an der Pommerschen Grenze, wo er mit seinem Regiment stationiert war. Johanna war erst sechzehn, ein hübsches, oberflächliches Mädchen, verwöhnt von ihrer fürstlichen Großmutter und tief enttäuscht vom kargen gesellschaftlichen Leben in Stettin, dem Umgang mit grimmigen, stets korrekten und höchst provinziellen Offizieren und langweiligen Kaufmannsfrauen. Das Paar mietete das Haus eines Geschäftsmannes, richtete sich ein, und kurze Zeit darauf war Johanna schwanger.

Neue Hoffnungen beflügelten sie nun. Wenn es ein Junge würde, könnte er das Fürstentum Anhalt-Zerbst erben, da der jetzige Herrscher, ein Cousin von Christian August, kinderlos war und aller Wahrscheinlichkeit nach auch kinderlos bleiben würde; Christian Augusts älterer Bruder Ludwig war unverheiratet. Durch die Geburt eines Sohnes würde Johanna endlich Stettin verlassen können, und Christian August würde der ungeliebte Dienst für den preußischen König in Zukunft erspart bleiben.

Doch das Kind war ein Mädchen – Sophie –, und bei der schwierigen Geburt litt Johanna entsetzlich. Um ein Haar wäre sie im Wochenbett gestorben, fünf Monate lang schwebte sie zwischen Leben und Tod, und sie sollte es ihrem unerwünschten Mädchen nie vergessen, daß sie soviel leiden mußte, um ihm zum Leben zu verhelfen. Sophie wurde in die Obhut einer neunzehnjährigen Amme gegeben; nach der Entwöhnung kümmerte sich eine Gouvernante um sie, Madeleine Cardel, eine ziemlich unterwürfige Person, die alles tat, um aus dem ihr anvertrauten Energiebündel ein stilles und braves Kind zu machen – wenigstens solange die Eltern in der Nähe waren.

Kaum hatte sich Johanna von ihrem schweren Wochenbett erholt, war sie wieder schwanger, und dieses Mal mußte es einfach ein Sohn sein. Als Sophie achtzehn Monate alt war, kam ihr Bruder Wilhelm zur Welt, der von Anfang an von seiner Mutter vergöttert wurde. Um Sophie kümmerte man sich kaum noch, während das Baby alle Aufmerksamkeit der Eltern auf sich zog – zumal es sich bald zeigte, daß eines seiner Beine schwächer und kürzer war als das andere, was eine normale Entwicklung verhinderte. Ärzte kamen, und es wurden Heilmittel aller Art ausprobiert, von einfachen Gebeten bis zu Badekuren in mineralischen Quellen. Aber nichts schlug an, und noch einmal mußte Johanna eine bittere Enttäuschung erleben, denn der Sohn, auf den sie all ihre Hoffnungen gesetzt hatte, blieb ein Krüppel.

Dem Einfluß von Verwandten seiner Frau war es zu danken, daß Christian August den Posten des Gouverneurs von Stettin erhielt. Außer dem Zuwachs an Ehre und Ansehen bedeutete dies bessere Bezahlung (dennoch blieb der knauserige General zum Mißvergnügen seiner eher verschwenderischen Gattin zeitlebens sparsam) und eine neue Wohnung: Man bezog nun eine ganze Etage in einem Flügel des Schlosses, einem soliden grauen Granitbau am Hauptplatz, und Sophie hörte das traurige Geläut der Glocke im Turm der Schloßkapelle, sooft sich die Familie zum Morgen- und Abendgebet versammelte.

Als Sophie vier Jahre alt war, verließ Madeleine Cardel den Haushalt, um einen Advokaten zu heiraten, und übergab das Amt der Erzieherin ihrer Schwester Babette. Diese junge Frau war Gold wert. Scharfsichtig, herzlich und begabt mit gesundem Menschenverstand, glänzte sie in der Erziehung der Prinzessin durch Nüchternheit und Ausgewogenheit. Sie verwöhnte das Kind nicht, drangsalierte es aber auch nicht durch übermäßige Strenge. Sophies außergewöhnliche Intelligenz wurde herausgefordert und kultiviert, ihr wildes Temperament gemäßigt. Viele Jahre später, als sie ihre Lebenserinnerungen niederschrieb, nannte sie ihre Erzieherin ein »Muster von Tugend und Klugheit«. Babettes Vater, ein hugenottischer Flüchtling, war Professor in Frankfurt an der Oder, Babette selbst hatte eine gründliche Bildung erhalten. Ob sie die griechischen und lateinischen Klassiker kannte, ist ungewiß, mit Sicherheit aber kannte und liebte sie die großen französischen Theaterautoren und hielt Sophie dazu an, lange Passagen aus den Stücken von Molière und Racine vorzutragen. Ihr scharfer und klarer Verstand bildete ein Gegengewicht zu den in diesem Haushalt vorherrschenden Tugenden der lutherischen Frömmigkeit, dem grimmigen Ernst der Pflichterfüllung.

»Ich besaß ein gutes Herz und war sehr empfänglich für Eindrücke«, schrieb Sophie über sich selbst als Kind, »ich weinte sehr leicht und war außerordentlich beweglich.« Waghalsig, aber auch – als Folge der religiösen Unterweisung, die sie genossen hatte – voll übertriebenen Schamgefühls, ließ sie sich leicht einschüchtern und versteckte sich oft, um angedrohten Strafen zu entgehen. Bei jeder Gelegenheit wurde sie von ihrer selbstgerechten Mutter kleiner Vergehen bezichtigt, an denen sie keinerlei Schuld trug, und mit Schlägen und Ohrfeigen traktiert. Das verletzte ihr Gerechtigkeitsgefühl und machte sie ängstlich.

Da sie es nicht lassen konnte, die Treppen hinauf- und hinunterzujagen, auf Tischen und Stühlen herumzuhüpfen und durch alle Gänge und Zimmer zu tollen, konnte es nicht ausbleiben, daß sie sich weh tat. Einmal spielte sie mit einer Schere, und die Spitze der Schere drang ins Auge ein – glücklicherweise behielt sie keinen Sehschaden davon zurück. Ein andermal spielte sie im Schlafzimmer ihrer Mutter, wo es einen Schrank voller Puppen und Spielsachen gab. Als sie ihn öffnen wollte, zog sie mit solcher Wucht am Schlüssel, daß der Schrank umfiel und sie unter sich begrub. Aber im Fallen flogen die Türen auf, so daß sie am Ende unverletzt aus dem Innern hervorkriechen konnte.

Als Sophie fünf Jahre alt war, wurde Johanna von einem weiteren Kind entbunden, Friedrich. Zwei Jahre darauf kam das vierte Kind, wieder ein Junge, der aber nur wenige Wochen am Leben blieb. Wilhelm, der Lieblingssohn und Erbe, ging an Krücken und machte seiner Mutter weiter Sorgen. Trotz Badekuren in Aix-la-Chapelle, Karlsbad und Teplitz verbesserte sich seine Gesundheit nicht.

Schwache Knochen gab es häufiger in der Familie. Im Alter von sieben Jahren hatte die sonst so robuste Sophie einen so schweren Hustenanfall, daß sie vor Anstrengung auf die linke Seite fiel, was eine Verkrümmung der Wirbelsäule nach sich zog. Fast einen Monat lang lag sie mit schweren Schmerzen, Hustenanfällen und Atemnot im Bett, und als sie endlich wieder aufstehen durfte, zeigte es sich, daß ihre rechte Schulter viel höher war als ihre linke und die Wirbelsäule die Form eines Z angenommen hatte.

Johannas erste Reaktion war Ärger. Schlimm genug, daß sie einen lahmen Sohn hatte – nun sollte die peinliche Last einer verunstalteten Tochter dazukommen! Man verheimlichte die Angelegenheit. Niemand, außer Babette und wenigen verschwiegenen Kammermädchen, wurde ins Vertrauen gezogen. Lange Zeit wußte man sich keinen Rat. Schwere Verrenkungen waren im späten achtzehnten Jahrhundert keine Seltenheit: Folterknechte kannten sich bestens damit aus. In Stettin war der einzige Mensch, der wußte, wie man so etwas kurierte, der Henker, und Johanna wollte nicht, daß irgend jemand erfuhr, daß sie ihn mit der Behandlung ihrer Tochter beauftragt hatte.

In größter Heimlichkeit wurde er ins Schloß geschmuggelt.

Er untersuchte Sophie und gab an, was zu tun war: Erstens mußte eine Jungfrau gefunden werden, die Rücken und Schultern der Prinzessin jeden Morgen mit ihrem Speichel bestrich; zweitens mußte Sophie eine Art Schnürbrust tragen, eine schweres und steifes Korsett, das nur abgelegt werden durfte, um die Wäsche zu wechseln.

Johanna, die nicht müde wurde, ihre Tochter zu geduldiger Hinnahme ihrer Krankheit zu ermahnen, und auf Weinen und Klagen nicht einging, sah darauf, daß die Anordnungen des Henkers strikt befolgt wurden, und als man das Korsett nach vielen Monaten abnahm, war Sophies Rücken wieder gerade.

Aber nicht nur die Wirbelsäule, auch ihr Geist hatte es nötig, sorgfältig geradegebogen zu werden, damit ihr Denken nicht die falsche Richtung einschlug. Babette Cardel bemerkte Sophies *esprit gauche*, ihren Hang zu höchst eigenwilligen, ja exzentrischen Ansichten, ihre Rechthaberei und Widerspenstigkeit. »Jedem Widerstand habe ich immer Widerstand entgegengesetzt«, schreibt Sophie später. Babette berichtet, sie habe »mit Fleiß alles, was man zu ihr sagte, in sein Gegenteil verkehrt«. In einem Alter, in dem Kinder, ganz besonders aber kleine Mädchen, vor allem gehorsam zu sein hatten, stellte sie ihre Lehrer mit ihrer Querköpfigkeit auf eine harte Probe.

Neben Babette, die wußte, wie man die Prinzessin durch Vernunft und Freundlichkeit zur Räson brachte, wurde Sophie von einem deutschen Lehrer, einem französischen Tanzmeister, einem Musiklehrer und einem kalvinistischen Schulmeister unterrichtet, der ihr das Schönschreiben beibrachte. Diesen nannte sie einen »alten Schwachkopf, der in seiner Jugend ein Idiot gewesen war«. Der unglückliche Musiklehrer – »Roellig, der arme Teufel« – machte sich dadurch lächerlich, daß er über den Gesang eines Mannes, der ihrer Meinung nach »wie ein Bulle röhrte« in Entzückensschreie ausbrach. Sophie fehlte die Veranlagung für Musik, sie beneidete jeden Menschen, der musikalisch war. Für ihren Musiklehrer hatte sie allerdings wenig Respekt; sie verachtete ihn wie die anderen drittklassigen, pedantischen Provinzler, in deren Obhut man sie gegeben hatte.

Herrn Wagner gegenüber, der sie in Religion unterrichtete und sie kursorisch auch mit Geschichte und Geographie bekannt machte, waren ihre Gefühle komplizierter. Er war Militärgeistlicher und sah es als seine Pflicht an, die flatterhafte, stets zu Späßen aufgelegte Prinzessin mit dem Ernst des Lebens, der Schlechtigkeit der Welt und den Schrecken der Hölle bekannt zu machen. Er gab ihr eine Bibel, in der mit roter Tinte Hunderte von Versen unterstrichen waren, die sie auswendig zu lernen hatte. Stundenlang saß sie da mit dem Buch auf den Knien und lernte Sprüche über die ewige Majestät Gottes, die Vergeltung der Sünden und das wankelmütige menschliche Herz, das von der Bosheit nicht lassen kann. Die christliche Botschaft von Gnade und Erlösung mischte sich in ihrer Phantasie mit schrecklichen Vorstellungen von göttlicher Rache und höllischen Qualen – deren Urheber meist Herr Wagner war, denn wenn Sophie einmal steckenblieb oder einen Vers vergessen hatte, hagelte es Strafen, und Sophie war am Boden zerstört.

Sünde und Schuld, davon handelte jede Unterrichtsstunde bei Herrn Wagner; er bemühte sich redlich, auch in Sophies Herz die Verachtung aller irdischer Freuden und die Angst vor dem Jüngsten Tag einzupflanzen, an dem Gott mit Feuer und Schwert sein Strafgericht halten würde. Sie nahm die Lehren des Pastors bitter ernst und weinte heimlich über ihre schrecklichen Fehler und Mängel. Als es jedoch um Geschichte ging und sie die Erzählung der Genesis über die Erschaffung der Welt hörte, siegten ihre natürliche Neugier und ihre Streitlust über den frommen Glauben.

Nun zankte sie »hartnäckig und hitzig« mit ihrem Lehrer. Wie ungerecht war es, daß Gott all jene verdammte, die vor der Geburt Christi gelebt hatten! Waren nicht Plato und Sokrates und Aristoteles und all die großen Männer des Altertums, die man ihrer Weisheit und Tugend wegen rühmte, der Erlösung wert? Sollte Gott sich über diesen Tatbestand im Irrtum befinden? Herr Wagner zitierte Bibelvers um Bibelvers, Sophie verteidigte Plato und Aristoteles. Am Ende ging der Pastor zu Babette und bat sie um die Erlaubnis, die Rute zu holen, um Sophie zu lehren, wer die Wahrheit sprach und wem man zu gehorchen hatte.

Freundlich erklärte Babette ihrer Schutzbefohlenen, es gehe

nicht an, daß ein Kind einer Autorität wie Pastor Wagner widerspreche, sie müsse sich ihm beugen. Aber schon nach kurzer Zeit gab es den nächsten Streit. Diesmal wollte Sophie wissen, was vor der Schöpfung der Welt gewesen sei.

»Das Chaos«, sagte Herr Wagner und glaubte, das Thema damit ein für allemal aus der Welt geschafft zu haben. Aber was war das Chaos? Sophie fragte und fragte, und keine seiner Erklärungen konnte sie befriedigen.

Bald war die Geduld des Pastors erschöpft. Außerdem ärgerte er sich über Babettes Weigerung, Sophie mit Rutenschlägen zu züchtigen. Nun mußte er Babette ein weiteres Mal zu Hilfe rufen, und der Friede wurde wiederhergestellt – bis der nächste Streitpunkt auftauchte: Sophie stolperte über das ungewöhnliche Wort »Beschneidung« und wollte natürlich erfahren, was das ist, während Herr Wagner ebenso natürlich nicht mit der Sprache herausrücken wollte. Babette gebot Sophie Schweigen, obwohl es sie selbst viel Mühe kostete, den hartnäckigen Kinderfragen standzuhalten; Sophie bemerkte auch, daß Babette die ganze Situation eher spaßig fand.

Die Prüfungen, die Herr Wagner abhielt, waren fast so schrecklich wie das Jüngste Gericht. Sophie wurde endlos abgefragt und mußte zahllose Bibelverse, aber auch Dichtungen und Fabeln auswendig hersagen. Als sie sieben Jahre alt war, wurden ihr alle Spielsachen und Puppen weggenommen, damit sie sich besser auf den Lernstoff konzentrierte. (Es machte ihr nichts aus; sie zog die rauheren Knabenspiele dem Spiel mit Puppen vor; manchmal dienten ihr auch ihre Hände und Finger, Taschentücher und andere Dinge, die sie fand, als Spielzeug.) »Ich glaube aber, es ist nicht menschenmöglich, alles das zu behalten, was ich auswendig lernen mußte«, schreibt sie viele Jahre später. »Ich halte es auch nicht der Mühe für wert.«

Die nervliche Anspannung ließ sie langsam verzweifeln. Der Herbst kam, die Tage in der hoch im Norden liegenden Garnisonsstadt waren sehr kurz, und beim traurigen Klang der Kapellenglocke in der Dämmerung versteckte sich Sophie in einer Fensternische hinterm Vorhang und weinte bitterlich. Sie weinte wegen ihrer Sünden, wegen der Fehler, die sie bei den Prüfungen gemacht hatte, und weil sie sich ungeliebt fühlte.

Babette fand sie und fragte nach dem Grund der Tränen; als sie ihn erfahren hatte, ging sie zum Pastor und beschwerte sich. Seine Methoden führten nur dazu, daß Sophie schwermütig würde und sich vor der Zukunft fürchtete, sagte sie und bat ihn um mehr Milde. Weder Babette noch sonst irgend jemand drang zu dem wesentlich ernsteren Problem durch: daß Sophie die Liebe ihrer Mutter entbehrte. Sie grollte ihrem verkrüppelten, verwöhnten Bruder Wilhelm, der nach ihrer Meinung all die Schläge verdiente, die sie bekam.

Im Innern wuchs die Verzweiflung, äußerlich aber glänzte Sophie, wenn andere anwesend waren. Ihre Keckheit und Freundlichkeit, ihre Neigung, mit Erwachsenen zu »schwatzen wie eine Elster«, ihre bemerkenswerte Intelligenz beeindruckten bei gesellschaftlichen Zusammenkünften allgemein. Überall lobte man ihre Klugheit. Als sie einmal mit ihrer Mutter in Braunschweig ihre Urgroßmutter, die Herzogin, besuchte, mußte sie lange Passagen der Dramen, die sie auswendig gelernt hatte, aufsagen, und man streichelte und lobte sie dermaßen, daß sie sich bald selbst als etwas ganz Besonderes betrachtete. »Oft bekam ich zu hören, ich sei klug, ich wäre schon ein großes Mädchen, so daß ich es selbst glaubte«, schreibt sie in ihren Memoiren. Schon als sie vier Jahre alt war, hatte der König mit ihrem vorwitzigen Charakter Bekanntschaft gemacht; später traf er sie von Zeit zu Zeit wieder und verfolgte ihren Werdegang; immer wenn er sich in Stettin aufhielt oder wenn Christian August in Berlin war, erkundigte er sich nach ihr.

Mit acht Jahren nahm sie ihre Mutter zum erstenmal mit nach Berlin. Sie blieben einige Monate, und Sophie verkehrte am Hof und trug ein langes Kleid mit Schleppe wie eine Dame en miniature. Ihre Wirbelsäule verlief nun nicht mehr im Zickzack, ihre Schultern waren auf gleicher Höhe, und sie hielt ihren stolzen kleinen Kopf hoch erhoben, wenn sie durch die Säle des königlichen Schlosses – das kleiner war als das ihrer Urgroßmutter in Braunschweig – schritt. Der König empfing sie, und die Königin lud sie zu einem Essen ein, bei dem auch der Kronprinz Friedrich anwesend war, damals ein junger Mann von fünfundzwanzig. Mutter und Sohn zeigten sich von

Sophie gleichermaßen bezaubert, und Friedrich, der wie sie einen außerordentlichen Kopf und einen unermüdlich fragenden Geist besaß, sollte sie noch lange im Gedächtnis behalten.

Von ihrer achtjährigen Tochter ausgestochen zu werden, gefiel Johanna gar nicht. Was die Intelligenz betraf, so war sie selbst kein großes Licht. Der Wert einer Frau bestand ihrer Meinung nach einzig in ihrer Schönheit – mindestens mußte sie einigermaßen attraktiv sein. Von Sophies Häßlichkeit war sie überzeugt. Gleichgültig, wie klug dieses Mädchen war – das wog ihre Häßlichkeit nicht auf. Nicht daß Johanna ihre Meinung ausposaunte, aber ihrer sensiblen Tochter konnte es doch nicht verborgen bleiben, was sie von ihr hielt. Außerdem wuchs Sophie in einer Gesellschaft auf, in der die Schönheit einer Frau tatsächlich ihren Werdegang bestimmte. Jeder wußte, daß aus häßlichen kleinen Mädchen häßliche Frauen wurden, und häßliche Frauen fanden keinen Mann. Sie fielen den Eltern auf die Tasche, oder sie gingen in ein Kloster, wo sie, abgeschottet gegen die Außenwelt, oft in Saus und Braus lebten, ohne daß sie gezwungen waren, die Gelübde abzulegen. Wie in jeder Familie lebten auch in Sophies unmittelbarer Umgebung einige dieser unglücklichen Geschöpfe, überflüssige Mitglieder des Haushalts, die man notgedrungen mitessen ließ. Johanna hatte Angst, daß auch Sophie einmal so enden würde.

Höchst intelligent und bezaubernd, aber unansehnlich, das war das Urteil, das man über Sophie von Anhalt-Zerbst fällte. Das Kind aber, das tat, was man von ihm erwartete, beobachtete mit seinen großen, hellen Augen die Welt, stellte tausend Fragen und wartete auf die Chance, zu zeigen, was in ihm steckte.

Kapitel Zwei

Von ihrem achten Geburtstag an verbrachte Sophie immer weniger Zeit in dem kalten und zugigen Nest Stettin und hielt sich immer öfter an den lebenslustigen Höfen von Braunschweig und Berlin auf. Jedes Jahr verbrachte Johanna drei bis vier Monate bei ihrer Großmutter, den ganzen langen Winter über lebte sie in Berlin, und Sophie begleitete sie überallhin.

Christian August machte gegen die langen Zeiten der Abwesenheit seiner Frau keine Einwendungen. Er war nun schon über fünfzig, sie aber erst Mitte Zwanzig; und von der Persönlichkeit her unterschieden sie sich beträchtlich voneinander. Er war ernst und sittenstreng und schätzte das zurückgezogene Leben, sie zeigte sich heiter, forsch und lebhaft und schien sich erst richtig wohl zu fühlen, wenn Bewunderer sie umringten. Ihre Tochter erinnert sich Jahre später, daß Johanna allgemein als der klügere Teil des Ehepaars galt, Christian August aber, der viel und gern las, »war ein Mann von geradlinigem, solidem Sinn und reichen Kenntnissen«. Mit der Partnerschaft der beiden ungleichen Gatten stand es wohl nicht zum besten. Christian August spürte schon die Vorzeichen des Alters, er hatte einen schwachen Kreislauf und hielt mit dem aufwendigen Leben am Hof, das aus ständigen Jagdgesellschaften, Bällen und Promenaden bestand, nicht Schritt.

So vergnügte sich Johanna allein, und Sophie und die anderen Kinder partizipierten an ihrem Leben. Sie bewegten sich unter den mehr oder weniger bedeutenden Leuten von Stand, die die Umgebung Friedrich Wilhelms bildeten. Johanna stammte immerhin aus einer dem König eng verbundenen Familie, obwohl ihr Gatte nur ein sehr unbedeutender Fürst war. Ihr Urgroßvater war Friedrich III., König von Dänemark gewesen, ihr verstorbener Vater Fürstbischof von Lübeck; ihr Cousin Karl Friedrich war verheiratet mit Anna, Tochter Peters des Großen, des Kaisers von Rußland. Karls Sohn und Namensvetter, dem neunjährigen Karl Ulrich, sollten einmal die Kronen von Schweden und Rußland zufallen. Johannas verstorbener Bruder Karl August war mit Peters ältester Tochter Elisabeth verlobt gewesen; sein frühzeitiger Tod hatte die Hochzeit verhindert.

All ihre königlichen Familienbeziehungen waren für Johanna allerdings völlig nutzlos gewesen; sie hatte unter ihrem Stand geheiratet. Von den insgesamt zwölf Kindern des Fürstbischofs war sie die vierte Tochter und durfte als solche keinerlei Ansprüche stellen. Offenbar war auch das Verhältnis zu ihrer Mutter sehr kühl. (Die Gründe dafür sind nicht überliefert.) Und doch hoffte sie natürlich auf ein besseres Los für ihre eigenen Kinder. Vielleicht entwickelte Johanna gerade deshalb, weil sie selbst nicht weit gekommen war, diesen immensen Ehrgeiz in bezug auf ihre Sprößlinge. Wenn Stolz und Dreistigkeit es vermochten, sie in die vorderen Linien der guten Gesellschaft zu katapultieren, so wollte sie so stolz und dreist sein, wie sie nur konnte. Sie zog Wahrsager und Geisterseher zu Rate, um zu erfahren, was die Zukunft für ihre Söhne und Töchter bereithielt. Was für die unscheinbare kleine Sophie prophezeit wurde, ließ sie allerdings zusammenzucken.

Unter den Kindern, die sich am Hof von Braunschweig aufhielten, befand sich auch die kleine Prinzessin Marianne von Braunschweig-Bevern, die sehr schön zu werden versprach. Johanna mochte sie gern und lobte sie ständig. Dieses Mädchen werde bestimmt einmal Königin werden, sagte sie – laut genug, damit Sophie es bestimmt hörte. Ebenfalls in Hörweite befand sich ein Mönch, der Visionen hatte und die Zukunft voraussagte. Er befand sich im Gefolge des Fürstbischofs von Corvey. Dieser Mönch beeilte sich, Johanna zu korrigieren: In

Mariannes Leben sehe er keine einzige Krone, während über Sophies Kopf drei Kronen schwebten!

Sophie vernahm seine Worte mit tiefer Genugtuung und verband sie später mit den Bemerkungen eines Mannes namens Bolhagen, eines Freunds und Mentors ihres Vaters, der schon vor Sophies Geburt in der unmittelbaren Umgebung der Familie gewohnt hatte und sich gern und viel mit den Kindern beschäftigte. Eines Tages las er in der Zeitung die Ankündigung der Heirat der Prinzessin Auguste von Sachsen-Gotha mit dem ältesten Sohn des Königs von England, Georg II., und erzählte den Kindern davon. »Wissen Sie«, sagte er, »diese Prinzessin ist wirklich lange nicht so sorgfältig erzogen worden wie unsere, sie ist ebenfalls nicht schön, und trotzdem ist sie nun bestimmt, Königin von England zu werden! Wer weiß, was aus unserer noch wird?«

Deutsche Prinzessinnen waren begehrt an ausländischen Höfen. Es schien einen unerschöpflichen Vorrat davon zu geben, und wenn sie keine reiche Mitgift einbrachten, so konnte man doch wenigstens sicher sein, daß ihre Väter von den zukünftigen Schwiegervätern und Bräutigamen nichts Unerfüllbares verlangten – denn dafür waren sie viel zu unbedeutend. Viele europäische Herrscherhäuser sandten ihre Repräsentanten an die deutschen Höfe, damit sie sich über die heiratsfähigen Prinzessinnen unterrichteten. Es war auch üblich, gemalte Porträts von den Kandidatinnen anfertigen zu lassen und mit nach Hause zu nehmen.

So skeptisch sie anfangs gewesen war – allmählich begriff Johanna, daß sich Sophie auf dem Heiratsmarkt gut einsetzen ließ. Sie würde keine Spitzenkandidatin sein, aber sie war auch nicht vollkommen wertlos. Mit dem Älterwerden schienen sich ihre Züge zu verschönern, und immer mehr beeindruckte sie ihre Umgebung durch ihre Lernfähigkeit und ihre Gabe, gedankenreiche Gespräche zu führen. Viele Leute bewunderten sie, nannten sie einen originellen Kopf und beglückwünschten die Mutter zu ihrer reizenden Tochter. Johanna sorgte dafür, daß Sophie den richtigen Umgang pflegte und sich möglichst oft im vertrauten Kreis der preußischen Königsfamilie aufhielt – es könnte sich ja etwas ergeben ...

Johanna lebte sehr gern in Berlin. Es war eine kleine, malerische Stadt mit breiten Alleen und schönen, großen Häusern. Der König hatte viele der eng bebauten, verwinkelten Gassen abreißen lassen und auf eigene Kosten an ihrer Stelle großzügige Straßenzüge gebaut. Die Stadt war beherrscht von Soldaten. Etwa zwanzigtausend lebten hier, jeder vierte oder fünfte, den man auf der Straße sah, gehörte zur Armee. Zwischen den Feldzügen, besonders im Winter, hatten diese Männer wenig zu tun, sie lebten ihrem Vergnügen, besuchten Feste und Maskeraden. Die hübsche Johanna, weit weg von ihrem Gatten, war ein Glanzlicht solcher Gesellschaften.

Doch nach dem Ende der Bälle erwarteten sie ihre Pflichten. Am meisten Sorgen machte sie sich wie stets um ihren kränkelnden ältesten Sohn Wilhelm. Seines lahmen Beines wegen mußte er überallhin getragen werden. Und wenn man Sophies Erinnerungen trauen darf, war er oft gereizt und neigte zu Zornesausbrüchen. Johanna verhätschelte ihn, ließ alle Ärzte kommen, von denen sie erfuhr, und begleitete ihn, wenn er seine Badekuren machte. Auch der jüngere Sohn Friedrich machte ihr Kummer; und sie wandte sich ihm mit erneuerter Liebe zu, als es Wilhelm allmählich immer schlechter ging.

Sophies robuste Gesundheit mußte auf ihre zarteren Brüder fast wie ein Affront wirken. Sie war groß für ihr Alter, und sie war stark. Es machte ihr Spaß, mit voller Geschwindigkeit steile Treppen hinauf- und hinunterzurennen und Knabenspiele zu spielen. Man brachte sie früh zu Bett; sie aber, keineswegs schläfrig, sondern noch immer voller Energie, tat nur so, als ob sie einschlafen würde, und wenn die Kammerfrau sie allein ließ, baute sie aus ihren Kissen einen Sattel und spielte Postreiten, bis sie müde wurde.

Unterwegs mit Wilhelm, der zu verschiedenen Ärzten und Kurorten gebracht werden mußte, machte Johanna des öfteren halt, um diverse Verwandte zu besuchen. Ihre Tante Marie Elisabeth war Äbtissin des protestantischen Klosters von Quedlinburg, ihre ältere Schwester Hedwig war am gleichen Ort Pröpstin. Die beiden Frauen, Tante und Nichte, stritten sich ununterbrochen und brachten es fertig, einander jahrelang nicht zu sehen, obwohl sie beide in den gleichen Häusern verkehrten und die gleichen Wege zurücklegten. Johanna versuchte, zwischen den beiden zu vermitteln, aber die von ihr herbeigeführten Versöhnungen dauerten meist nicht lange. Offenbar war die Feindschaft für beide Frauen zu einem wesentlichen Bestandteil ihres Lebens geworden, den sie nicht mehr aufgeben konnten.

Hedwig, klein und sehr beleibt, war vernarrt in Tiere. In ihrem keineswegs geräumigen Zimmer im Kloster hielt sie nicht weniger als sechzehn Möpse. Viele hatten Junge, und alle Hunde schliefen, fraßen und verrichteten ihre Notdurft in diesem Raum. Hedwig beschäftigte ein Mädchen, das nichts anderes zu tun hatte, als den Schmutz der Hunde wegzuräumen, was sie vom frühen Morgen bis zum Abend in Bewegung hielt. Nichtsdestotrotz stank es im Zimmer wie in einem Hundezwinger. Als ob sie damit noch nicht genug hätte, hielt Hedwig eine große Zahl von Papageien, die überall kreischend herumflatterten und Besuchern auf die Nerven fielen. Immer wenn Hedwig ausfuhr – sogar, wenn sie in die Kirche fuhr –, befanden sich mindestens ein Papagei und ein halbes Dutzend Hunde mit in ihrer Kutsche.

Eine weitere alleinstehende Tante Sophies war die Schwester ihres Vaters, Sophie Christine. Auch sie liebte Tiere, aber ihr Leben verlief etwas ausgeglichener als das von Hedwig. Sie war über fünfzig, als Sophie sie kennenlernte, sehr groß und sehr stolz auf ihre außerordentliche Magerkeit – vielleicht weil ihr Gesicht so unansehnlich war. Sie erzählte ihrer Nichte, daß sie als Kind sehr hübsch gewesen sei; ein tragischer Unfall aber hatte sie entstellt. Dabei hatte ein Umhang, den sie getragen hatte, Feuer gefangen, und die ganze untere Hälfte ihres Gesichts war verbrannt. Die häßlichen Narben waren der Grund dafür, daß sie es nicht zu einer vorteilhaften Heirat gebracht hatte.

Verunstaltet, wie sie war, nahm sich Tante Sophie Christine verletzter Vögel an und pflegte sie bis zu ihrer Wiederherstellung. Es gab eine einbeinige Drossel, eine Lerche mit gebrochenem Flügel, einen einäugigen Stieglitz, eine von einem Hahn übel zugerichtete Henne, eine einseitig gelähmte Nachtigall, einen Papagei ohne Füße, der nur auf dem Bauch liegen konnte, und vieles andere. Sophie Christines Mitleid mit diesen armen Kreaturen machte allerdings weit weniger Eindruck auf ihre kleine Nichte als ihr Zorn, dem sie freien Lauf ließ, als sie einmal beim Eintritt in ihr Zimmer feststellen mußte, daß die Hälfte der Vögel entkommen war, weil Sophie, die man mit der ganzen flatternden, gackernden, hüpfenden, zwitschernden Menagerie allein gelassen hatte, so pflichtvergessen gewesen war, das Fenster zu öffnen.

Sophie muß es so vorgekommen sein, als ob alte Jungfern notwendigerweise weltfremd und exzentrisch wurden. Da ihnen einerseits der Ehemann fehlte, dem sie zu gehorchen hatten, andererseits die Kinder und Verwandten, für die sie sorgen mußten, hatten sie nichts Besseres zu tun, als sich der Tierpflege oder ihren endlosen kleinlichen Streitereien hinzugeben. Oder sie huldigten dem Aberglauben.

Zu Johannas Gefolge gehörte Fräulein Khayn, eine Frau in reifen Jahren, die an Geister glaubte und behauptete, mit Geistern zu verkehren. (»Sie pflegte zu sagen, sie sei ein Sonntagskind«, schreibt Sophie später, »und wer an einem anderen Wochentage geboren sei, habe kein so gutes Gesicht wie sie.«) Während eines Aufenthalts in Braunschweig, als Sophie elf Jahre alt war, schlief sie einmal mit Fräulein Khayn in einem Zimmer. Es gab zwei Betten. Mitten in der Nacht erwachte Sophie, weil jemand zu ihr ins Bett kroch – das völlig verängstigte Fräulein Khayn. Auf ihre Frage nach dem Grund dieser übermäßigen Furcht erhielt Sophie keine Antwort. Sie hörte nur ein Flüstern: »Um Gottes willen, lassen Sie mich und schlafen Sie ruhig!« Sophie bestand auf einer Erklärung.

»Sehen Sie denn nicht, was in dem Zimmer vorgeht und was da auf dem Tisch ist?« sagte die zitternde Frau endlich und zog sich die Decke über den Kopf.

Sophie inspizierte das Zimmer, ohne irgend etwas Außergewöhnliches zu finden. Es gab nur die zwei Betten und einen kleinen Tisch mit einer Kerze, ein Waschbecken und eine Kanne. Es gelang ihr, Fräulein Khayn etwas zu beruhigen. Aber einige Augenblicke später stieg die verängstigte Frau aus dem Bett und prüfte das Türschloß. Die Tür war fest verschlossen. Als Sophie endlich wieder einschlief, war Fräulein Khayn noch immer wach. Am folgenden Morgen sah sie noch ganz verstört aus. Noch einmal fragte Sophie, was sie in der Nacht gesehen hatte, und wieder erhielt sie keine Antwort. Aber es war klar, daß es sich um irgendeine Begegnung mit einer Erscheinung aus dem Jenseits gehandelt hatte.

Fräulein Khayn erschreckte Sophie noch oft mit ihren Reden über die »Weiße Frau« und ähnlichem. Wie sollte das kleine Mädchen sich solche Geschichten nicht zu Herzen nehmen? Sie glichen den volkstümlichen Sagen und Märchen über Hexen, Kobolde und Gespenster, die man sich überall erzählte. Die einzige Bastion der Vernunft in diesem allgemeinen Klima des Aberglaubens stellte Babette Cardel dar. Babette befragte all diese Phänomene streng und gründlich auf ihre Glaubwürdigkeit hin und hielt Sophie dazu an, es ihr gleichzutun. »Das ist nicht vernünftig«, sagte Babette, wenn sie von Dingen hörte, die weit hergeholt schienen. Mit ihrem Freund Monsieur de Mauclerc, der mit der Redaktion einer Geschichte Englands beschäftigt war, diskutierte Babette den *common sense* der Engländer, ihre Gesetzgebung, ihre Regierung und Religion. Als Zuhörerin dieser Debatten hörte Sophie zum erstenmal von sozialer Gleichheit, Volksvertretung und politischer Reform, während sie gleichzeitig lernte, strenge Argumentation wertzuschätzen und dem guten Glauben zu mißtrauen.

Mit elf Jahren kam Sophie nach Eutin im Fürstentum Holstein, wo sie ihren Großcousin Karl Ulrich kennenlernen sollte, jenen vielversprechenden Thronanwärter, der von der Verwandtschaft nun kritisch unter die Lupe genommen wurde. Eben war Karl Ulrichs Vater, Johannas Cousin Karl Friedrich, gestorben; sein Sohn hatte seinen Fürstentitel und seinen Anspruch auf den Thron von Schweden geerbt. Da seine frühverstorbene Mutter eine Tochter Peters des Großen von Rußland gewesen war, hatte er als dessen Enkel auch Anspruch auf die Herrschaft von Rußland – die in diesem Augenblick von der unbeliebten kinderlosen Zarin Anna Iwanowna, einer Cousine seiner Mutter, ausgeübt wurde.

Karl Ulrich, ein Jahr älter als Sophie, war ein bleicher, dünner und zarter Junge, der sehr wohlerzogen sein konnte, wenn er wollte. Sophies Onkel, Johannas Bruder Adolf, war sein

Vormund. Eine ganze Reihe von Mitgliedern der Familie versammelte sich, um den jungen Fürsten kennenzulernen und sich seiner Gunst zu versichern. Die Matriarchin des Hauses Holstein, Johannas Mutter Albertine, hielt hof; unter den Anwesenden befanden sich auch Sophies Tante Anna und ihr Onkel Augustus.

Man hatte Sophie nach Eutin gebracht, weil man daran dachte, sie zu verheiraten. Angesichts der bedeutenden Laufbahn, die Karl Ulrich offenbar vor sich hatte, mußte bald eine Frau für ihn gefunden werden. Das beste würde sein, man fand eine Frau aus der näheren Verwandtschaft, die er kannte und der er vertrauen konnte. Man sagte es Sophie nicht direkt, daß sie versuchen sollte, ihrem Großcousin zu gefallen, aber ihre Tanten und Onkel und Karl Ulrichs Oberhofmarschall, ein schwedischer Graf namens Brümmer, gaben ihr genug kleine Hinweise darauf, daß die Familie eine Verlobung wünschte.

Auf den ersten Blick schien ihr Karl Ulrich recht hübsch und angenehm höflich. Die Vorstellung, nach der Heirat mit ihm Königin von Schweden zu sein, gefiel ihr, und dabei störte es sie wenig, daß er sich viel mehr an ihre Mutter hielt als an sie. Sollte sich die Prophezeiung des Mönchs, seine Vision der Kronen, die über ihrem Kopf schwebten, schon so bald erfüllen? Was Karl Ulrichs Reaktion auf Sophie betrifft, so sticht vor allem sein Neid auf ihre Freiheit hervor.

Glücklich war dieser Junge bestimmt nicht. Tag und Nacht umringten ihn Schmeichler, denen er nicht trauen konnte, und jeder seiner Schritte wurde von Lehrern und Aufpassern überwacht. Der ewige Zwang machte ihn wütend. Bald bemerkte man den reizbaren und jähzornigen Charakter unter der dünnen Schicht der einstudierten Manieren.

Eine ungewöhnliche Kindheit lag hinter ihm. Seine Mutter war gestorben, als er zwei Monate gewesen war, und sein Vater, ein schwacher, kränklicher Mann, hatte ihm nicht viel mehr mitgegeben als den Fürstentitel und die Verbundenheit mit Holstein. Von frühesten Jahren an hatte der Junge den Mittelpunkt eines großen Haushalts mit vielen Mitgliedern gebildet; eingeschränkt von tausend Verhaltensmaßregeln, war er andererseits verhätschelt und verdorben worden, mit dem Ergebnis, daß sein zur Aufsässigkeit neigendes, hitziges Temperament niemals Mäßigung erfuhr. Er tat, was er wollte, und sagte, was er dachte. Keinesfalls dumm, brachte er es durch sein selbstherrliches Benehmen doch dazu, daß kein Lehrer ihn etwas zu lehren vermochte. Die meisten Männer seiner Umgebung haßte er, besonders wenn sie ihn daran zu hindern versuchten, beim Essen seinen Wein zu trinken. Nur zu oft geschah es, daß er über den Durst trank und kaum noch vom Tisch aufstehen konnte. Sophie schien es, als würde er von all denen, die ihn umringten, nur zwei Menschen freundliche Gefühle entgegenbringen: seinen beiden Kammerdienern. Der eine war ein Livländer namens Cramer, der andere ein rüpelhafter Schwede, ein ehemaliger Soldat namens Roumberg, mit dem er gern Militärspiele veranstaltete.

Als Sophie zurückreiste von dieser Begegnung mit Karl Ulrich, wußte sie, daß jedermann wünschte, sie würde ihn heiraten. Aber es gab noch andere junge Prinzen, die als Gatte in Frage kamen, darunter der intelligente und vielversprechende Bruder des preußischen Königs, Heinrich, der Interesse an Sophie zeigte. Sie war nun kaum dreizehn Jahre alt – »aber größer und entwickelter, als man es sonst in diesem Alter ist«, wie sie in ihren Memoiren schreibt – und körperlich reif für die Ehe.

Ein weiterer entfernter Cousin, Wilhelm von Sachsen-Gotha, trat in ihr Leben. Er hinkte, aber er war sehr aufmerksam. In der Kirche saß er immer neben ihr, fiel ihr mit endlosem Gerede auf die Nerven und erklärte am Ende, daß er sie heiraten wolle. Aber Christian August wies ihn ab und wollte ihm statt dessen die Hand von Johannas Schwester Anna geben. Offenbar ließ der junge Mann doch einiges zu wünschen übrig. Freudig heiratete er die sechsunddreißigjährige Anna, und die beiden verschwanden gemeinsam aus dem Gesichtskreis der Hauptakteure.

In dem Jahr, in dem Sophie dreizehn wurde, bekam Christian August einen Schlaganfall, der ihn zeitweise linksseitig lähmte. Er erholte sich wieder und konnte nach einiger Zeit seine Arbeit wiederaufnehmen, aber das Ganze wirkte erschreckend auf Johanna, die wieder schwanger war und sich mehr als gewöhnlich um ihren ältesten Sohn sorgte. Dieser wurde immer schwächer. All die Ärzte und Kuren und Heilmittel nützten nun gar nichts mehr. Matt und fiebrig lag er in seinem Bett, bewacht von der verzweifelten Mutter. Wilhelm war von Anfang an ihr Abgott gewesen, das wußte jeder in der Familie. Jetzt entglitt er ihr. Als er starb, konnte niemand sie trösten. Alle Verwandten, einschließlich der betagten Albertine, versammelten sich, um ihr beizustehen in ihrem Schmerz, aber der Tod ihres Sohnes hatte eine Leere in ihrem Herzen hinterlassen; nichts und niemand konnte ihr Wilhelm ersetzen.

Dann starb der regierende Fürst von Anhalt-Zerbst, und Christian August und sein Bruder Ludwig waren nun gemeinsame Besitzer des kleinen Gebiets. Friedrich (Fritz), Christian August und Johannas zweiter Sohn waren erbberechtigt. Sophie erbte die Herrschaft Jever an der Nordseeküste.

Christian August zog sich vom Militärdienst zurück und ging mit seiner Familie nach Zerbst. In dieser malerischen, von mittelalterlichen Mauern umgrenzten Stadt mit ihren dunklen, gewundenen Gassen, schmalen alten Häusern und dem hübschen Schloß fand die trauernde Johanna einigen Trost darin, daß nun eines ihrer ehrgeizigen Ziele erreicht war: Sie herrschte mit ihrem Gatten an ihrem eigenen Hof, verfügte über ein bescheidenes fürstliches Einkommen, mit dem sie die Ausgaben des kleinen fürstlichen Haushalts bestritt, besaß eine eigene Garde und Untertanen, die sich ehrfürchtig verbeugten, wenn die Kutsche von Fürst und Fürstin vorbeifuhr. Wen kümmerte es, daß Anhalt-Zerbst so klein war, daß man es in einem Tagesritt durchqueren konnte? Wie bescheiden in den Ausmaßen auch immer, gehörte man nun zu den souveränen Herrschern, und Johanna war die erste Dame im Land.

Als Sophie vierzehn war, unternahm die Familie eine Reise zu dem Besitz in Jever, und dort begegnete Sophie einer Frau, an die sie sich ihr ganzes Leben erinnern sollte.

Die Gräfin von Bentinck war bei dieser Begegnung dreißig Jahre alt. Sie hatte eine straffe, männliche Figur und ein häßliches Gesicht, aber sie war von außergewöhnlicher Herzlichkeit und mitreißender Vitalität. Außerdem war sie klug und recht gebildet und schien auf eine fröhliche Weise allem Anständigen und Ehrbaren abhold. Verheiratet mit dem Grafen von Bentinck, den man nie zu Gesicht bekam, lebte sie in Gesellschaft einer anderen Frau, wahrscheinlich ihrer Geliebten, am Hof ihrer Mutter. Sie hatte einen dreijährigen Sohn, dessen Vater, wie Sophie erfuhr, offenbar einer der Lakaien ihrer Mutter war.

Sophie fand nicht nur den unkonventionellen Lebensstil, sondern vor allem die Spontaneität und Ungezwungenheit dieser Frau faszinierend. »Sie wirkte zu anregend auf meine natürliche Lebhaftigkeit«, schrieb sie später. Erregend, aber auch anstrengend waren die Stunden, die sie in Gesellschaft der Gräfin verlebte. Unbefangen wie ein Kind, nahm die Gräfin sie bei der Hand und tanzte einen ausgelassenen Bauerntanz mit ihr, und alle Leute, die sich in der Nähe befanden, schauten zu. Sie ritt ausgezeichnet, »wie ein Stallmeister«, meinte Sophie, und war – für eine Frau höchst ungewöhnlich – oft stundenlang zu Pferd unterwegs. Und um ihrer jungen Freundin einen Gefallen zu tun, verhandelte sie so lange mit Christian August, bis er endlich einwilligte, daß Sophie mitkommen durfte.

»Von dem Tage an wurde diese Übung für sehr lange Zeit meine hauptsächliche Leidenschaft; wenn ich meine Pferde sah, ließ ich alles für sie im Stich«, erinnert sich Sophie viele Jahre später. Daß ihre Eltern, besonders ihr Vater, die stolze Gräfin nicht genauso schätzten, erhöhte nur ihren Reiz für Sophie, und obwohl man es ihr bei Strafe verboten hatte, fand sie Mittel und Wege, ihre Freundin an mehreren Tagen in ihren privaten Gemächern zu besuchen. Dort hing das Porträt eines sehr gut aussehenden Mannes – des Grafen Bentinck, wie sich herausstellte.

»Wenn er nicht mein Gemahl gewesen wäre, hätte ich ihn wahnsinnig geliebt«, sagte ihr die Gräfin im Vertrauen.

Christian August und Johanna verließen Jever früher als geplant, hauptsächlich um den Umgang Sophies mit der Gräfin zu unterbinden. Aber noch viele Wochen lang stand das junge Mädchen unter dem Eindruck dieser Frau, die tat, was sie wollte, und nicht fragte, wie es auf andere wirkte. Ob sie die Erwartungen ihrer Welt erfüllte oder nicht, war ihr gleich. Verheiratet, hatte sie sich doch ihre Unabhängigkeit bewahrt. Sie schlief mit ihren Dienstleuten und liebte eine Frau. Ihre Rede war so frei wie ihre Handlungen, und – sehr wichtig – sie schien bei allem, was sie tat, vollkommen mit sich im Einklang. Alles in allem hatte die Gräfin von Bentinck nach Sophies Meinung ein höchst beneidenswertes Leben.

»Diese Dame hat in der Welt soviel Aufsehen erregt«, schreibt sie später, »ich glaube, wenn sie ein Mann gewesen wäre, hätte sie sich wohl ausgezeichnet.« Auch das Kind Sophie hatte sich schon ausgezeichnet und war von der Gräfin als Gleichgesinnte anerkannt worden. In jenen wenigen Tagen in Jever muß ihr bewußt geworden sein, daß auch sie einmal eine ausgezeichnete Frau werden konnte, eine Frau, die fähig war, in der Welt einiges Aufsehen zu erregen.

Kapitel Drei

Mit vierzehn war Sophie ein schlankes, lebhaftes Mädchen mit schmaler Taille und fraulichen Kurven. In ihrem Benehmen zeigten sich Ernst und Entschlossenheit, aber sie wußte auch durch einnehmende Reden und Schmeichelei zu gefallen. Ihr Gesicht war alles andere als vollkommen – die Nase zu lang und an der Wurzel zu breit, das Kinn vorspringend, der Mund zu schmal, und sie preßte die Lippen zusammen, als ob sie der ganzen Welt zeigen wollte, daß man sie so leicht nicht bekam. Ihre großen Augen mit dem leichten Silberblick hatten etwas Wildes; manche Leute mochten es nicht, von ihr so durchdringend, wie sie es gern tat, angesehen zu werden. Im Umgang war sie nicht spröde, sondern herausfordernd und anspruchsvoll, und erst allmählich lernte sie, ihre Meinungen und Gefühle für sich zu behalten, wenn es die Situation erforderte.

Eine von Johannas Hofdamen, die Baronin von Prinzen, kannte Sophie gut. Ihren Charakter bezeichnete sie als »ernsthaft, berechnend und kalt«. Intelligent und wachsam war Sophie bestimmt, berechnend – vielleicht. Aber nicht kalt. In diesem Punkt irrte die Baronin. Sophie hatte ein gutes Herz, das sehr bald erste zarte Gefühle kennenlernen sollte.

Johannas ganze Familie versammelte sich in Hamburg, um ein großes Ereignis festlich zu begehen: Johannas Bruder Adolf, Fürstbischof von Lübeck, wurde König von Schweden.

Kaiserin Anna Iwanowna von Rußland war gestorben, und nach einer kurzen und verworrenen Übergangszeit war die

Krone auf ihre Cousine Elisabeth, die jüngere Tochter Peters des Großen und einstige Schwägerin Johannas, übergegangen. Die neue Zarin fühlte sich sehr stark mit der Familie Holstein-Gottorp verbunden, in die sie eingeheiratet hätte, wäre ihr Verlobter nicht gestorben, bevor die Ehe geschlossen werden konnte. Nun präsentierte sie den Sohn ihrer Schwester, Sophies Cousin Karl Ulrich, als rechtmäßigen Thronfolger und Erben. Das aber bedeutete, daß er auf den schwedischen Thron verzichten mußte, und Elisabeth bewies dem Haus Holstein-Gottorp noch einmal ihre Verbundenheit, indem sie Adolf als schwedischen König nominierte.

Es gab eindrucksvolle Feierlichkeiten in Hamburg. Angehörige der schwedischen Stände waren angereist, um Adolf ihre Grüße zu entbieten und ihn auf der Reise über die Ostsee zu begleiten. Zu Ehren dieser Männer und ihres zahlreichen Gefolges wurden über Wochen hin Bälle und festliche Gesellschaften veranstaltet. Abend für Abend vergnügte man sich und traf schwedische Senatoren, Repräsentanten ausländischer Höfe, Diplomaten und andere Würdenträger. Ein gerngesehener Gast war Johannas jüngerer Bruder Georg, ein gutaussehender Kavallerieoffizier, der mit seinem übersprudelnden, extrovertierten Temperament Sophie ähnelte. Zwar fehlte ihm die Nachdenklichkeit, die seine Nichte auszeichnete, er war kein bißchen intellektuell; aber er war ein attraktiver und amüsanter Begleiter und, mit vierundzwanzig, soviel weltläufiger als Sophie, daß sie bald ganz hingerissen war. Wunderhübsche Augen habe er, meinte sie.

Onkel und Nichte verbrachten viel Zeit zusammen. Georg kam in ihr Zimmer, redete mit ihr, scherzte mit ihr und machte ihr insgeheim den Hof. Zu Babettes Mißvergnügen hielt er sie sogar von ihren Studien ab. Die beiden wurden unzertrennlich, und Johanna, die sonst so argwöhnische Mutter, gönnte ihrem Lieblingsbruder gern das Vergnügen, ihre Tochter zu bezaubern. Sie wußte, was sich da anbahnte, erkannte, daß Georgs Gefühle für Sophie nicht rein verwandtschaftlicher Natur waren.

Allerdings hatte sie die Hoffnung noch immer nicht ganz aufgegeben, daß Sophie mit Karl Ulrich verheiratet werden könnte, der jetzt Großfürst geworden war, und die Hoffnung erneuerte sich, als Abgesandte der russischen Kaiserin ankamen und um ein Porträt Sophies baten. Dies geschah zweimal. Offenbar kam Sophie – unter anderen Kandidatinnen – für die Kaiserin durchaus als Großfürstin von Rußland in Betracht. Da Karl Ulrich aber inzwischen einen so hohen Rang innehatte, schien es eher wahrscheinlich, daß die Kaiserin einem höhergestellten jungen Mädchen den Vorrang geben würde. Man mußte also weiterhin die Augen offenhalten, um sich andere günstige Gelegenheiten nicht entgehen zu lassen. Heiraten zwischen Onkel und Nichte kamen vor, sie wurden auch von der lutherischen Kirche manchmal erlaubt.

Wenn Sophie mit Georg verheiratet werden konnte, würde für Johanna eine Sorge wegfallen. Noch immer trauerte sie um ihren ältesten Sohn, und sie hatte eine weitere Tochter bekommen, die sie Elisabeth nannte, nach der kaiserlichen Wohltäterin in Rußland. Mit Christian Augusts Gesundheit stand es nicht zum besten, auch das machte ihr angst, und sie selbst litt häufig unter Schmerzen im Bauch. Das alles bewog sie dazu, Georgs Werbung nicht zu entmutigen.

Abgesehen davon, daß sie gern mit ihm zusammen war, muß sich Sophie geschmeichelt gefühlt haben von all den Aufmerksamkeiten, die er ihr zukommen ließ. Und er war nicht der einzige, der ihr Aufmerksamkeit widmete. Graf Gyllenborg gehörte zum Gefolge der hochrangigen Schweden, die gekommen waren, um ihren neu gekürten König in Hamburg abzuholen. Er war entzückt von ihr. Es beeindruckte ihn, wieviel sie gelesen hatte, wie flüssig sie über Philosophie und politische Dinge konversierte und wie unbefangen sie ihre Meinung zum besten gab. Wo hatte die behütet aufgewachsene Prinzessin das gelernt? Er beobachtete, daß Johanna ihre Tochter oft geringschätzig behandelte, und tadelte sie deshalb. Sophie sei frühzeitig gereift, sagte er, sie sei weiter, klüger als die meisten vierzehnjährigen Mädchen, und Johanna dürfe sie nicht unterschätzen.

Das Lob des Grafen Gyllenborg tat Sophie wohl, und vielleicht genoß sie es, daß ihre Mutter von dem Schweden ins Unrecht gesetzt worden war. Vor allem aber genoß sie die häufigen Besuche ihres Onkels. »Ich hielt das für gute Freundschaft«, schrieb sie später, »und wir waren fast unzertrennlich.«

Aber Onkel Georg hielt es für etwas anderes, und bald stellten sich erste Zeichen schweren Liebeskummers ein. Er verfolgte sie – nicht nur mit seinen schönen Augen. Jede Stunde ohne sie bedeutete Höllenqualen für ihn. Nach dem Ende der Feierlichkeiten in Hamburg reisten Johanna und Sophie nach Braunschweig ab. Georg war verzweifelt, denn er wußte, daß sich ihre Verbindung in Braunschweig weit schwieriger gestalten würde.

»Warum?« fragte ihn Sophie.

»Weil das zu Klatschereien führen würde, die wir vermeiden müssen«, sagte er.

»Aber weshalb denn?« fragte Sophie noch einmal in aller Unschuld. Er antwortete ihr nicht, aber nach der Ankunft in Braunschweig, als es nun weniger Gelegenheiten als früher gab, sich unter vier Augen zu sehen, änderte sich sein Verhalten. Er zeigte sich bald zerstreut und träumerisch, bald übellaunig oder verdrießlich. Eines Abends nahm er sie im Zimmer ihrer Mutter beiseite und beklagte sich bitter über sein Schicksal und seinen Schmerz. Ein andermal vertraute er ihr seinen größten Kummer an: ihr Onkel zu sein.

Das erstaunte Sophie, und wieder fragte sie, warum er so etwas sage, was sie getan habe? Ob sie ihm Anlaß gegeben habe, böse auf sie zu sein?

»Nicht im entferntesten«, sagte er, »aber die Sache ist die, daß ich Sie zu lieb habe.«

Als sie versuchte, ihm für seine Freundschaft zu danken, unterbrach er sie ärgerlich: »Sie sind ein Kind, mit dem man überhaupt nicht reden kann.«

Noch einmal drang Sophie in ihn, ihr das alles zu erklären.

»Nun schön«, sagte er, »würden Sie genug Freundschaft für mich besitzen, um mich auf meine Weise zu trösten?«

Sie bejahte.

»Dann versprechen Sie mir also, mich zu heiraten.«

Sophie war wie vom Blitz gerührt. Nicht im Traum war ihr der Gedanke gekommen, daß er sie lieben könnte.

»Sie scherzen«, sagte sie, mühsam ihre Verwirrung verbergend. »Sie sind mein Onkel; meine Eltern werden es nicht wünschen.«

»Und Sie ebenfalls nicht«, antwortete er mißmutig. In diesem Augenblick wurde Sophie gerufen, und die merkwürdige Unterhaltung fand ihr Ende.

Aber Georg ließ nicht locker. Seine Werbung wurde dringlicher als je zuvor, und durch seine leidenschaftlichen Reden und Liebesbeteuerungen brachte er sie endlich dazu, in die Verlobung einzuwilligen. Sie war längst nicht mehr erstaunt und gewöhnte sich allmählich an den Gedanken, seine Frau zu werden. Er war ein so außergewöhnlich hübscher Mann, sie kannten einander gut, er akzeptierte auch ihre gelegentlichen Ausbrüche und Stimmungsumschläge. Und sie mochte es, wenn sein schmelzender Blick auf ihr ruhte. »Er begann mir zu gefallen, und ich wich ihm nicht aus«, schrieb sie in ihren Erinnerungen. Das Einverständnis ihrer Eltern vorausgesetzt, wollte sie ihn heiraten.

Nun gab sich Georg ganz seinen leidenschaftlichen Gefühlen hin. Er lauerte ihr auf und richtete es so ein, daß er mit ihr allein sein konnte; küßte sie, wo und wann immer sich die Gelegenheit bot; schlief nicht mehr, vergaß zu essen und verzehrte sich in seiner Liebe. Allmählich verlor er seine natürliche Heiterkeit. Seine ewigen Seufzer gingen Sophie auf die Nerven. Und aus unerfindlichen Gründen versäumte er es, Christian August um ihre Hand zu bitten. Hatte er sie womöglich nur verführen wollen? Oder wollte er sie wirklich heiraten, fürchtete aber, sie sei noch zu jung? Vielleicht hatte er auch Angst davor, von seinen vermeintlichen Rivalen, dem Prinzen Heinrich von Preußen und dem Großfürsten Karl Ulrich, aus dem Feld geschlagen zu werden. Als man sich zur Abreise aus Braunschweig rüstete, mußte Sophie ihm jedenfalls versprechen, ihn nicht zu vergessen. Zweifellos erwartete sie, ihn sehr bald wiederzusehen.

Einige Monate später jedoch, nach der ersten Januarwoche des Jahres 1744, gab es für Georg nicht mehr die geringste Chance.

Ein Eilbote aus Berlin traf im Zerbster Schloß ein. Er brachte einen Packen Briefe für Johanna. So etwas kam nicht alle Tage vor, und die ganze Familie – die gerade beim Essen saß – war neugierig auf den Inhalt der Briefe. Johanna ließ sie sich bringen und öffnete sie; Sophie, die neben ihr saß, versuchte, ihr über die Schulter zu sehen. Sie erkannte die Handschrift des Oberhofmarschalls Karl Ulrichs, Otto von Brümmer, und entzifferte die Worte »mit der Prinzessin, Dero ältesten Tochter«. Auch ein weniger aufgewecktes Mädchen hätte erraten, daß es sich um ein Heiratsangebot handelte. Johanna aber schwieg sich über den Inhalt des Briefes vorerst aus.

Drei Tage lang erfuhr niemand etwas. Endlich hielt es Sophie nicht länger aus und fragte ihre Mutter ganz direkt.

»Sie scheinen sehr aufgeregt zu sein, Sie sterben ja vor Neugier!« sagte Johanna.

»Aber ja! Ich weiß doch durch mein Vermögen, vorauszuahnen, was in Ihren Briefen steht.«

»Oho, also was denn?«

Statt aber zu sagen, was sie zu wissen glaubte, spielte Sophie ein Spiel. »Ich werde mein Orakel befragen«, sagte sie in Anspielung auf eine ihnen beiden bekannte Wahrsagerin, die behauptete, den Namen des Geliebten einer Frau aus den Buchstaben ihres Namens herauslesen zu können.

»Wir wollen sehen, was Sie herausbringen werden«, sagte Johanna.

Sophie gelang ein kunstvolles Akrostichon mit den Buchstaben ihres Namens. Es prophezeite die Heirat mit Karl Ulrich, der nach seinem Übertritt zur russisch-orthodoxen Kirche den Namen Peter erhalten hatte.

Johanna starrte ihre Tochter an, dann sagte sie lachend: »Sie sind ein Schelm, aber mehr werden Sie darüber nicht erfahren.«

Später erklärte sie ihr, daß sie zwar richtig geraten habe und Vorstöße in Richtung einer Verheiratung erfolgt seien, daß sie und Christian August jedoch noch ihre Zweifel hätten. Graf Brümmer hatte Johanna und Sophie nach St. Petersburg eingeladen, was eine beschwerliche Reise von etwa fünfzehnhundert Kilometern bedeutete. Garantien waren nicht gegeben worden. Wenn Sophie der Kaiserin nicht gefiel, würde man sie zurückschicken. Christian August meinte, Rußland sei zu weit weg, und die Reise sei viel zu gefährlich. Beide Eltern zögerten. Ein Ja von ihrer Seite bedeutete, daß Sophie vielleicht ihr ganzes Leben an diesem unendlich weit entfernten Hof verbringen müßte! Die abschlägige Antwort an den Grafen Brümmer war schon fast beschlossene Sache, da kam Sophie noch einmal auf die Briefe zurück.

»Was denken denn Sie darüber?« fragte Johanna ihre Tochter.

»Wenn es Ihnen nicht gefällt, stünde es mir schlecht an, es zu wünschen«, antwortete Sophie.

Johanna sagte: »Es scheint, Sie hätten nichts dagegen einzuwenden?«

Nein, Sophie hatte ganz und gar nichts dagegen einzuwenden. Sie fand die ganze Sache aufregend! Sie war ehrgeizig, und sie hatte keinen Augenblick lang vergessen, daß ihr drei Kronen prophezeit worden waren. Und doch verzagte auch sie angesichts der bevorstehenden Reise nach Rußland, und als sie daran dachte, daß sie nach einer Heirat mit ihrem Cousin ihre Eltern vielleicht niemals wiedersehen würde, begann sie zu weinen. Ihren zärtlich geliebten Vater zu verlassen war eine fast unerträgliche Vorstellung. Christian August küßte seine Tochter und sagte ihr, er denke nicht daran, sie zu diesem Schritt zu zwingen; Johanna solle sich allein auf den Weg machen, um der Kaiserin Elisabeth persönlich für all das zu danken, was sie für das Haus Holstein-Gottorp getan hatte. Wenn Sophie sie begleiten wolle, gut, doch es gebe keinerlei Verpflichtung für sie, am russischen Hof zu bleiben und Karl Ulrich zu heiraten – das heißt den Großfürsten Peter. Sie könne zurückkehren nach Hause und werde hier bestimmt immer herzlich willkommen geheißen.

»Selten in meinem Leben bin ich so gerührt gewesen wie in diesem Augenblick«, schrieb Sophie in ihren Lebenserinnerungen. »Tausend verschiedene Empfindungen bewegten mich, Dankbarkeit für die Güte meines Vaters, Besorgnis, ihm zu mißfallen, die Gewohnheit, ihm blindlings zu gehorchen, die zärtliche Liebe, die ich immer für ihn gehabt habe. Die Hochachtung, die er wirklich verdiente, gewann schließlich die Oberhand.«

In den Tagen, die diesem Gespräch folgten, gelang es Sophie, ihrer widersprüchlichen Gefühle Herr zu werden, und sie überredete ihre Eltern dazu, die Einladung des Grafen Brümmer anzunehmen. Aber auch Johannas Ehrgeiz, ihre Familie und ihre Tochter betreffend, war neu entfacht; und jedes Mitglied der Familie war von der Ehre überwältigt, die von den Weiten Rußlands her winkte. Vielleicht stieg Sophie tatsächlich noch höher als Onkel Adolf, der König von Schweden geworden war! Etwas unbehaglich fühlte sich Johanna allerdings bei dem Gedanken an ihren Lieblingsbruder.

»Aber was wird mein Bruder Georg sagen?« fragte sie ihre Tochter.

»Er kann doch nur mein Glück und mein Bestes wünschen!« entgegnete Sophie schroff. Und das war das Ende ihrer ersten Liebesgeschichte.

Nun wurden hastig Koffer gepackt und Vorbereitungen getroffen. Sophies Garderobe war keineswegs glänzend. Sie bestand aus drei recht gewöhnlichen Kleidern, die mit den Prachtroben der russischen Adligen nicht konkurrieren konnten, einigen Garnituren Wäsche, einem Dutzend Taschentüchern und sechs Paar Strümpfen. Selbst wenn es ihren Eltern möglich gewesen wäre, sie verschwenderisch auszustatten – jetzt war keine Zeit mehr, Kleider und Unterröcke nähen zu lassen. Dazu kam, daß Graf Brümmer in seinem Brief darauf bestanden hatte, daß Johanna und Sophie inkognito reisten, denn es sollte vorerst niemand etwas von den Heiratsplänen erfahren. Hätte man in diesem Augenblick mit aufwendigen Vorbereitungen begonnen, so hätten die Dienstboten sicher erraten, um was es ging, und die Sache wäre nicht länger geheim geblieben. Sophie mußte sich damit zufriedengeben, daß man ihr ein neues Paar Handschuhe kaufte. Ihr Onkel Johann, Bruder Christian Augusts, schenkte ihr ein Stück wunderschönen blausilbernen Brokatstoffs, der in Zerbst gewebt worden war; später konnte man ein Kleid davon anfertigen lassen.

Als Sophie sich von Babette Cardel verabschiedete, sagte sie ihr, wie allen anderen, die nicht zur Familie gehörten, sie fahre nach Berlin. Ihren Schmerz bei diesem Lebewohl mußte sie verbergen, denn auch ihre geliebte Erzieherin durfte auf keinen Fall erfahren, wohin die Reise wirklich ging. Allerdings erzählten sich die Dienstboten allerlei, und Babette erriet, daß ihr Sophie etwas verheimlichte. Sie forderte sie auf, ihr die Wahrheit zu sagen. Aber Sophie konnte ihr nur antworten, daß sie geschworen hatte, das Geheimnis zu hüten. Das ärgerte Babette. War sie Sophie nicht einmal wie Vater und Mutter gewesen? Hatte sie sie nicht erzogen und ausgebildet, war sie ihr nicht in Freud und Leid eine treue Freundin gewesen? Sie hatten doch all die Jahre gemeinsam verbracht, sie kannte sie doch am besten! Babettes Zorn und Ärger konnte Sophie nicht vertreiben, aber sie weinten beide, als sie sich umarmten, weil beide das Gefühl hatten, daß sie einander wahrscheinlich nicht wiedersehen würden.

Um keinen Verdacht aufkommen zu lassen, begleitete Christian August die beiden Reisenden nach Berlin. Zu dieser Zeit befand sich auch Friedrich II. dort, der brillante, exzentrische Sohn des vier Jahre zuvor verstorbenen Königs Friedrich Wilhelm. Friedrich war zweiunddreißig. Er war ein großartiger Soldat, aber auch kultiviert und gebildet und ein Freund Englands. Er kannte den wahren Zweck der Reise nach Rußland. Sein Botschafter in St. Petersburg, Baron von Mardefeld, informierte ihn über alles, was am Hof der Kaiserin geschah – besonders über Elisabeths Pläne, die Verheiratung ihres Neffens betreffend.

Die Wahl der Braut war eine politische Entscheidung, mit der man sich viele Monate Zeit gelassen hatte. Die Berater und Minister der Kaiserin Elisabeth waren in ihren politischen Sympathien gespalten. Eine Fraktion, angeführt von Kanzler Alexej Bestuschew, befürwortete eine engere Anbindung an Österreich und England und die kleineren Mächte ihres Einflußbereichs. Die andere Fraktion – zu der der preußische Gesandte Mardefeld gehörte, der französische Gesandte de la Chétardie, viele der einflußreicheren russischen Adligen und der Leibarzt und Vertraute der Kaiserin, Armand Lestocq – favorisierte Preußen und dessen politischen Partner Frankreich. Dementsprechend schlug Bestuschew vor, daß Peter eine sächsische Prinzessin heiraten sollte, während Mardefeld, de la Chétardie und die anderen für eine französische Prinzessin votierten. Sophie, die die Kaiserin selbst als Kandidatin bevorzugte, war in diesen tumultuösen Fraktionskämpfen bald vergessen.

Da man in eine Sackgasse geraten war, fragte man Friedrich um Rat. Wäre er bereit, eine seiner Schwestern nach St. Petersburg zu schicken, um sie mit Peter zu verheiraten? Ganz sicher nicht, antwortete er, aber er schlug Kompromißkandidatinnen vor, unter anderen auch Sophie. Zufällig hatte sich der französische Gesandte in Hamburg aufgehalten, als auch Sophie mit ihrer ganzen Familie dort an den Feierlichkeiten für den König von Schweden teilgenommen hatte. Wie so viele, war er von dem Mädchen beeindruckt gewesen. So sprach er nun zu ihren Gunsten, was Elisabeth gefiel und den anderen nicht unlieb war – nur Bestuschew ärgerte sich über den Sieg seiner Gegner. Die Entscheidung fiel zugunsten Sophies aus.

Nun wollte Friedrich die Auserkorene kennenlernen, die er selbst als Kandidatin vorgeschlagen hatte, und er schickte Christian August eine Einladung zum Essen im Schloß. Zunächst wollte Johanna nicht, daß Sophie mitkam, aber der König bestand darauf, daß er das Mädchen kennenlernen wollte, und sie mußte klein beigeben. Bei Tisch bekam Sophie den Platz direkt neben Friedrich, und er unterhielt sich den ganzen Nachmittag mit ihr, stellte ihr Fragen, diskutierte mit ihr über Theater, Literatur, Oper – »kurz, er sprach von tausenderlei Dingen, über die man eben mit einem vierzehnjährigen Mädchen plaudern kann«, schrieb sie viele Jahre später. Allerdings redete er nicht über Peter oder die Kaiserin Elisabeth – eine Frau von »sybaritischem Geschmack«, wie er privatim meinte, die er für unfähig hielt, ein so riesiges Reich zu regieren –, und er fragte Sophie nicht, was sie von Rußland wußte. Aber er lernte ihre Intelligenz und ihre Auffassungsgabe kennen, und sie errötete bei seinen galanten Komplimenten.

»Anfangs war ich sehr schüchtern ihm gegenüber«, erinnerte sich Sophie, »aber nach und nach gewöhnte ich mich, und schließlich unterhielten wir uns ganz freundschaftlich, so daß die ganze Gesellschaft große Augen machte, daß Seine Majestät ein Gespräch mit einem Kinde führte.«

Bei anderer Gelegenheit sprach Friedrich mit Johanna; ganz unverblümt erzählte er ihr, daß er Sophie zu ihrem Glück verholfen hatte. Und er schlug ihr einen Handel vor: Wenn Johanna sich einverstanden erklären würde, am Hof der russischen Kaiserin für ihn Augen und Ohren offenzuhalten und in Übereinstimmung mit seinem Gesandten Mardefeld preußischen Interessen zu ihrem Recht zu verhelfen, würde er im Gegenzug dafür sorgen, daß Johannas rundliche Schwester Hedwig Äbtissin von Quedlinburg wurde. Aus guten Gründen kam Friedrich mit diesem Anliegen nicht zu Christian August, dessen Güte und redliche Gesinnung allgemein bekannt waren.

Johanna und Sophie machten sich mit drei Kutschen auf den Weg. Das Gefolge beschränkte sich auf ein Minimum: Ein Kammerherr namens Monsieur de Lattorf, vier Kammerzofen, ein Kammerdiener, einige Lakaien, ein Koch und als Hofdame Johannas das abergläubische Fräulein Khayn. Auf Befehl des Grafen Brümmer reiste Johanna unter dem Namen einer Gräfin Rheinbeck, und sie ließ sich von ihren Bedienten schwören, daß sie kein Sterbenswort über ihre wahre Identität und das Ziel der Reise verlauten ließen. Christian August begleitete Frau und Tochter bis nach Schwedt an der Oder, dann kehrte er zurück nach Zerbst, während sie sich nordwärts wandten. Zum letztenmal umarmte Sophie ihren Vater. Er gab ihr ein ausführliches Promemoria mit auf den Weg, in dem er ihr vor allem einschärfte, daß sie niemals, unter keinen Umständen ihrem lutherischen Glauben abschwören dürfe.

Kurz und frostig waren die Tage. Eine bleiche gelbe Sonne ging spät auf und hielt sich nur ein paar wenige kostbare Stunden lang oberhalb des Horizonts. Bäume und Felder waren von glitzerndem Rauhreif überzogen. Noch schneite es nicht; statt dessen heulten eisige Winde um die schwankenden Karossen, und der Regen prasselte unbarmherzig auf sie herab, während sie die tief gefurchten Poststraßen entlangrumpelten und immer wieder in Gefahr gerieten umzukippen, weil es überall tiefe Schlaglöcher gab, in denen die Räder steckenblieben. Gewöhnliche Reisende benutzten keine Poststraßen; man fuhr per Schiff nach Petersburg, und auch das fast nie im Winter, denn Eis und Stürme machten die Ostsee zwischen Dezember und April nahezu unpassierbar. Einsame berittene Boten waren die einzigen, die den mannigfachen Unbilden der

Poststraßen trotzten, aber sie riskierten ihr Leben, denn wenn sie unter die Räuber fielen – die diese rauhen Gegenden häufig heimsuchten – oder sich verirrten und unterwegs erfroren, so krähte kein Hahn mehr nach ihnen.

Als die Reisenden Danzig erreichten, herrschten tiefer Frost und beißende Kälte. Packeis schwamm auf der Ostsee, die felsige Küste war froststarr, die Dünen waren eisig. Johanna und Sophie, in Decken eingepackt, mußten wollene Schals um ihre roten, geschwollenen Gesichter binden, um sich vor dem grimmigen Wind zu schützen. Stundenlang wurden sie jeden Tag in der Kutsche herumgeworfen und hatten am ganzen Körper blaue Flecken. Und sie sehnten die Abende herbei, wenn die Vorreiter sie zu einer Poststation brachten – oder noch besser einem Gasthaus mit einem großen Kachelofen, an dem sie ihre Hände und Füße und ihre steifen, schmerzenden Glieder aufwärmen konnten. Es gab nur wenige Gasthäuser auf der Strecke, sie standen weit auseinander und waren im allgemeinen schmutzig. Für die Gräfin Rheinbeck mit ihrem Gefolge waren keine separaten Zimmer aufzutreiben; so mußten sie mit dem Wirt, seinen Kindern und seinen Tieren in dem vollgestopften allgemeinen Schlafsaal nächtigen.

Die Gasthäuser seien wahre Schweineställe, schrieb Johanna in einem Brief, den sie unterwegs an ihren Gatten schrieb. Hunde und Federvieh auf dem mit Stroh und Dreck bedeckten Boden, in ihren Wiegen schreiende Säuglinge, ältere Kinder zusammengekauert, »eins über dem andern wie Kohl und Rüben« auf uralten Federbetten nah am Ofen. Das Essen war ungenießbar. Wanzen und Ratten überall. Und der Wind pfiff durch die Ritzen in Wänden und Dächern und raubte den Gästen den Schlaf. Sophie war sterbensübel, weil sie das Essen mit riesigen Mengen Bier hinunterzuspülen versuchte. Johanna vergewisserte sich zuerst, daß weder der Wirt noch die Schar seiner Kinder die Pocken hatten, ließ sich dann ein nacktes Brett bringen und legte sich in allen Kleidern darauf nieder, um zu schlafen – es wenigstens zu versuchen.

Nachdem die Reisenden Memel passiert hatten, war es sowohl mit Poststationen als auch mit Gasthäusern zu Ende. Die Straßen wiesen noch tiefere Furchen auf als zuvor, und manchmal hörten sie plötzlich auf. Eisige Sümpfe wechselten mit Seen ab, die von einer trügerischen Eisschicht, einmal dünn, an anderen Stellen dicker, bedeckt waren. Bevor sie die Seen überquerten, heuerten die Kutscher ortsansässige Fischer an, die die Tragfähigkeit des Eises testen mußten. Einen Sturz in das eisige schwarze Wasser überlebte niemand. Dort, wo die durch Eis blockierten Flüsse ins Meer mündeten, setzte man auf hölzernen Fährschiffen über, die mit Hilfe von langen Stangen gesteuert wurden. Immer wieder gab es lange Verzögerungen, weil gebrochene Achsen repariert werden mußten, weil die Beschaffung der Vorräte nicht klappte. Wenn die Pferde nicht mehr konnten, mußten die Dienstleute bei den Bauern neue kaufen.

Am Ende der dritten Reisewoche, als die Kälte immer schlimmer wurde und Sophies Füße von den Frostbeulen so angeschwollen waren, daß man sie aus und zum Wagen tragen mußte, stiegen wohl einige Bedenken in ihr auf. Während man ihre schmerzenden Glieder massierte, zweifelte sie vielleicht an ihrer impulsiven Entscheidung, sich der Kaiserin Elisabeth vorzustellen; und sie dachte an Karl Ulrich, ihren so überaus reizbaren, aufsässigen Cousin, der eines Tages Kaiser von Rußland sein würde. Dieser Junge, der jetzt an der Schwelle zum Mannesalter stand, würde, wenn alles gutging, ihr Ehemann werden! Sie muß daran gedacht haben, wie bleich und zart er gewesen war, muß sich an seine Kämpfe gegen den Grafen Brümmer erinnert haben, seine Zuneigung zu flegelhaften Dienern; wie er sich zu Johanna hingezogen gefühlt hatte, und wieviel Wein er getrunken hatte. Und während sie sich unter ihren Decken zusammenrollte und mit den Zähnen klapperte vor Kälte, muß sie sich gefragt haben, ob es nicht klüger gewesen wäre, Onkel Georg zu heiraten und sich mit dem Dunkel der Geschichte zu bescheiden.

Kapitel Vier

Eine bitterkalte Woche nach der anderen verging. Die Reisegesellschaft kroch nordwärts an der Küste der Ostsee entlang, und der eisige Wind schlug ihnen immer noch entgegen. Kamen sie durch ein Dorf, liefen die völlig zerlumpten Bauern zusammen, starrten sie an, bekreuzigten sich und murmelten Gebete. Abends rastete man, wo es ging; um die Häuser heulten die Wölfe. Entlang der nebelverhangenen lettischen Küste waren die Dörfer dünner gesät; die bleiche Landschaft schien sich niemals zu verändern. Nachts aber war der Himmel hell erleuchtet durch einen atemberaubend großen Kometen. Sophie war entzückt. »Ich habe nie einen größeren gesehen, und man hätte meinen können, er wäre der Erde sehr nahe«, schrieb sie in ihren Erinnerungen.

Kometen bringen Unheil – bestimmt wies Fräulein Khayn ihre Mitreisenden auf diesen Umstand gerne hin. Und tatsächlich schien sich Unheil zusammenzubrauen, wenigstens nach Meinung der Verwandten, die von Christian August erfahren hatten, daß Sophie sich auf dem Weg nach Rußland befand. In einem Brief schrieb er Johanna über den wütenden Aufschrei ihrer selten einmütigen Schwestern und Tanten und Cousinen. Sophie hatte Karl Ulrich heiraten sollen, als er Herzog von Holstein gewesen war. Daß sie ihn jetzt heiratete, wo er Peter, Großfürst von Moskau, war und an einem Hof lebte, der berühmt war für politische Unzuverlässigkeit und barbarische Sitten, widersprach entschieden ihren Wünschen! Sie würde von der Gnade der Kaiserin abhängen! Sie konnte jeden Moment ermordet werden! Oder man ließ sie in einem dunklen Kerker verschmachten! Und nicht nur ihr Körper, ihre Seele war in Gefahr unter den heidnischen Russen, die sie sicher ihres lutherischen Glaubens wegen anprangern und verfolgen würden.

Johanna war über die Reaktion ihrer Verwandtschaft keineswegs erstaunt. Sie habe einen Wirbelwind von Widerstand erwartet, schrieb sie ihrem Gatten. Aber die Vorsehung habe dafür gesorgt, daß Sophie nun auf dem Weg nach Rußland sei, und gegen die Vorsehung konnten sogar Tante Marie Elisabeth und Schwester Hedwig in Quedlinburg nichts mehr einwenden. »Wir sind gewiß, daß der Allmächtige Seinen Plan durchführen wird, der uns noch dunkel ist«, schrieb sie fromm, in der Hoffnung, daß der Allmächtige weiterhin für gute Pferde und eßbare Nahrung sorgen würde und verhinderte, daß sie sich im Schneesturm verirrten.

Sie näherten sich der russischen Grenze. Unwegsame, im bleichen Licht des Mittags silbriggrau schimmernde Sümpfe breiteten sich vor ihren Augen aus. Wie aus dem Nichts erschien eine Gestalt, die auf sie zuritt. Es war ein Kurier, der den Auftrag hatte, sie hier zu treffen und dann mit der Nachricht ihres baldigen Eintreffens zurückzureiten. Bald kam noch ein zweiter Reiter, Oberst Wojejkow, der sie nach Riga begleitete.

Es schien, als hätte sich die ganze Bevölkerung der Stadt versammelt, um die verfrorenen Gäste aus Anhalt-Zerbst zu begrüßen. Kanonenschüsse donnerten, Glocken läuteten, und ein Kammerherr und Gesandter der Kaiserin, Semjon Naryschkin, hielt eine Rede, um sie willkommen zu heißen. Auch der Vizegouverneur, Fürst Dolgorukow, war zugegen, mit einer Eskorte der Garnison, vielen Generälen und zahlreichen Offizieren.

Johanna verlor fast den Kopf bei all diesem Gepränge. Endlich war sie ihren falschen Namen los und durfte wieder sie selbst sein, und eine feierliche Reihe Damen und Herren der höchsten Adelsränge wartete darauf, sich vor ihr zu verbeugen und ihr die Hand zu küssen. Zwei Tage lang hörten die Ehrenbezeugungen nicht auf. Soldaten und Wächter standen stramm, Trompetenschall begleitete jede Bewegung der Gäste.

Als Geschenke erhielten Johanna und Sophie warme Mäntel aus Zobelpelz und Goldbrokat, Pelzkragen und Pelzdecken, und es wurde ihnen ein Willkommensbrief der Kaiserin und des Grafen Brümmer überreicht.

Sophie ließ ihrer extrovertierten Mutter gern den Vortritt bei all diesen prunkvollen Veranstaltungen, obwohl sie wußte, daß die Mutter hier keineswegs die Hauptperson war. Was sie beschäftigte, waren das Verhalten und der Geschmack der Russen. Einen der Generäle fragte sie über den kaiserlichen Hof aus und ließ sich über die tonangebenden Persönlichkeiten Bericht erstatten. Ihr politischer Instinkt sagte ihr, daß sie sich so umfassend wie möglich über all das informieren mußte, um sich später desto besser einzugewöhnen.

Auch über Peter muß Sophie in dieser Zeit viel nachgedacht haben; oft mag die bange Frage aufgetaucht sein, ob er noch immer so war wie damals, als sie ihn in Eutin kennenlernte, und ob ihm sein unglaublicher Aufstieg zu Kopf gestiegen war.

Felder und Wälder waren nun von tiefem Schnee bedeckt, und die Reisenden vertauschten ihre unbequemen Kutschen mit einem geräumigen, warmen Schlitten, den ihnen die Kaiserin zur Verfügung gestellt hatte. Dieser Schlitten ähnelte einem kleinen Haus auf Kufen, er war so groß und so schwer, daß man zwölf Pferde anspannen mußte, um ihn durch die Schneewehen zu ziehen. Im Innern gab es einen Ofen, Matratzen mit mollig warmem, pelzgefüttertem Bettzeug; sogar die Wände waren mit Pelzen überzogen, und nachts schliefen die drei Frauen – Sophie, Johanna und Fräulein Khayn – auf seidenen Kissen. Zu ihrem Schutz auf diesem letzten Abschnitt der Reise wurden sie von einer Abordnung Kavallerie und Fußsoldaten und von den Schlitten einer Anzahl russischer Edler begleitet.

Nach vier weiteren Reisetagen trafen sie in St. Petersburg ein, der Stadt, die erst vor einer Generation von Elisabeths Vater Peter dem Großen gebaut worden war. Wie in Riga kündeten Kanonendonner und das Geläut der Kirchenglocken von der Ankunft der bedeutenden deutschen Gäste, und eine große Menschenmenge versammelte sich vor der Außentreppe des Winterpalasts, um sie willkommen zu heißen. Die Kaiserin und der größte Teil des Hofs befanden sich in Moskau, über sechshundert Kilometer weit weg, aber der Kanzler Bestuschew und eine Reihe weiterer Höflinge empfingen die Reisenden und geleiteten sie zu ihren großzügig ausgestatteten Gemächern in dem beeindruckenden Gebäude, das sich Elisabeth von dem italienischen Architekten Bartolomeo Rastrelli hatte bauen lassen.

Nach sechs erschöpfenden Reisewochen müssen sich Sophie und Johanna nach Ruhe und Frieden gesehnt haben. Frieden aber fanden sie nicht. Dutzende von Hofleuten und Würdenträgern wünschten, ihre Bekanntschaft zu machen; sie mußten die wichtigsten Sehenswürdigkeiten dieser außerordentlichen Stadt besichtigen, die Peter auf abgelegenem sumpfigem Gelände hatte errichten lassen; sie mußten am winterlichen Karneval teilnehmen, der gerade im Gang war, mußten verschneite Hänge auf Rodelschlitten hinunterrasen – Sophie war wild und ausgelassen dabei – und an feierlichen Diners teilnehmen. Der Kammerherr Naryschkin veranstaltete ein exotisches Spektakel zu ihrer Unterhaltung. Vierzehn Elefanten, die der Schah von Persien der Kaiserin geschenkt hatte, wurden in den Hof des Winterpalastes geführt und vollbrachten dort allerlei Kunststücke.

Zwischen diesen Vergnügungen traf sich Johanna mit dem preußischen Gesandten Mardefeld und dem Marquis de la Chétardie, die ihr Ratschläge gaben, wie sie sich bei der Kaiserin beliebt machen konnte. Sie erinnerten sie auch daran, sich vor dem Kanzler Bestuschew in acht zu nehmen, der sich ihren Interessen am entschiedensten widersetzte. Bestuschew, sagten die Gesandten, sei strikt gegen eine Verbindung Sophies mit dem Großfürsten Peter. Da der preußische König Sophie als Braut vorgeschlagen hatte, würde die Heirat eine Annäherung an Preußen mit sich bringen. Bestuschew aber tat alles, um eine Einigung Rußlands mit Preußen zu verhindern. Der Marquis empfahl Johanna, ihren Aufenthalt in Petersburg abzukürzen und schon am 10. Februar (nach dem damals in Rußland noch gültigen Julianischen Kalender, nach westlicher Zeitrechnung dem 1. Februar) in Moskau einzutreffen, Peters Geburtstag. Diese Geste würde der Kaiserin bestimmt gefallen.

Noch immer hatten sich Sophie und Johanna nicht von den

Reisestrapazen erholt. Nun mußten sie also wieder in den mit Pelzen ausgeschlagenen kaiserlichen Schlitten steigen und sich auf den Weg nach Moskau machen. Begleitet wurden sie diesmal von vier Hofdamen der Kaiserin. Alle sechs Frauen plus Fräulein Khayn und die anderen Dienstleute aus Zerbst machten sich auf sechshundert Kilometer schwankende und holpernde Fahrt gefaßt. Das Gefolge bestand aus insgesamt dreißig Schlitten, die von je zehn Pferden gezogen wurden.

Es wurde nur haltgemacht, wenn man die Pferde wechselte. In der Nacht wurde der Weg von den Feuern der fröstelnden Bauern erhellt. Überall versammelten sich Menschen, um einen Blick auf die Schlittenkarawane zu erhaschen. Sophie hörte Schreie und bat ihre russischen Begleiter um eine Übersetzung. »Da fährt die Braut des Großfürsten!« sagten die Leute.

Da die Pferde mit halsbrecherischer Geschwindigkeit über die gefrorene Erde galoppierten und der Fahrtwind den Kutschern Schnee und Eis in die Augen trieb, mußte es zu Unfällen kommen. In einem Dorf stieß der Schlitten, in dem Johanna und Sophie saßen, bei einer scharfen Wendung gegen ein Haus. Dabei löste sich ein eiserner Haken, der am Dach des Schlittens befestigt war, und fiel Johanna auf Kopf und Schulter. Sophie blieb unverletzt.

Die Wucht des heftigen Schlages wirkte auf Johanna wie ein Schock. Sie fühlte sich sterbenselend. Alle Schlitten mußten haltmachen, während man ihre Wunden untersuchte. Aber als man die Pelze von ihrer Schulter nahm, zeigte sich kein Blut, keine offene Wunde. Johanna fühlte sich noch immer niedergeschmettert; aber am Ende mußte auch sie zugeben, daß die Pelze das Schlimmste abgewendet hatten. Es gab eine Verzögerung von einigen Stunden, aber nachdem man den Schlitten repariert hatte, konnte man die Reise fortsetzen.

Am dritten Tag, etwa sechzig Kilometer vor Moskau, kam ihnen ein Kurier entgegen, der eine Botschaft der Kaiserin brachte. Sie wünschte, daß die Gäste erst nach Einbruch der Dunkelheit in der Stadt Einzug hielten. Also rasteten sie und warteten bis zum Abend. Trüb und schmutzig, mit engen und krummen Gassen, auf denen in Pelze eingemummelte Passanten entlanghuschten – das war der erste Eindruck von Moskau, den Sophie nun erhielt. Sie erreichten einen von Fackeln erleuchteten Palast, wo der Prinz von Hessen-Homburg, Generaladjutant der Kaiserin, sie an der Spitze des gesamten glanzvollen Hofes erwartete. Fanfaren und Salutschüsse gab es weit weniger als in Petersburg, und man unterzog die Gäste einer strengen Musterung. Sophie, die ein Kleid aus rosa Moiré mit silbernen Stickereien trug, muß sich sehr prominent gefühlt haben, als sie von dem Prinzen nun durch die Räume geführt wurde, einer höher, prächtiger und großartiger als der andere. Sie hörte ihn die Namen von Leuten murmeln, an denen sie vorbeischritten – Höflinge, die sich tief vor ihr verbeugten –, aber wie sollte sie sich diese Gesichter, diese Hunderte von Namen merken?

Dann sah sie Peter. Er war größer und sah besser aus als damals, bei ihrer ersten Begegnung. Schmal und zart war sein Gesicht, die Augen wirkten klein.

»Ich konnte die letzte Stunde Wartens auf Sie kaum ertragen«, sagte er mit glatter Zunge zu Johanna. »Bald hätte ich mich selbst an Ihren Schlitten angeschirrt, um ihn schneller nach Moskau zu ziehen.« Seine jungenhafte Überschwenglichkeit war entwaffnend. Einige Stunden blieb er mit Johanna und Sophie zusammen, während sie darauf warteten, von der Kaiserin gerufen zu werden. Endlich, spät am Abend, war es soweit. Armand Lestocq, Leibarzt Elisabeths und einer ihrer vertrautesten Berater, kam, um zu melden, daß die Kaiserin bereit sei, sie zu empfangen.

Am Eingang zu ihrem Paradeschlafzimmer trat sie ihnen entgegen, eine überraschend große, beleibte Frau mit einem rundlich-hübschen Gesicht, hellen blauen Augen und einem herzlichen Lächeln. Ihr rostrotes Haar war zu einer komplizierten Frisur gesteckt, in der Brillanten funkelten. Eine einzelne schwarze Feder krönte ihren Kopfputz. Ihre Robe mit gewaltigem Reifrock trug einen Besatz aus silbernen und goldenen Spitzen. Für die vierzehnjährige Sophie war sie eine Erscheinung von fast überirdischer Schönheit und Pracht.

Die Kaiserin umarmte Johanna ohne Zögern; dann sah sie Sophie an – erst argwöhnisch, dann zustimmend. Eitelkeit gehörte zu den hervorstechendsten Untugenden Elisabeths.

Teilweise hatte sie Sophie deshalb als Braut des Thronfolgers ausgewählt, weil die Porträts, die ihre Kundschafter mitgebracht hatten, zeigten, daß aus Sophie niemals eine Schönheit werden würde. Elisabeth brauchte die Gewißheit, unter den anwesenden Frauen immer die Schönste zu sein. Mit vierunddreißig beeindruckte sie wie eh und je, doch es zeigten sich erste Falten unter ihren hübschen blauen Augen, und ihre Wangen waren längst nicht mehr so rosig wie früher. Sie nahm Kosmetika zu Hilfe, um sich ihre Jugend so lange wie möglich zu erhalten. Und ihr Blick für potentielle Rivalinnen hatte sich geschärft.

Die schönste Frau bei Hofe, die Gräfin Lopuchina, hatte den Zorn der Kaiserin zu spüren bekommen. Rosa war Elisabeths Lieblingsfarbe, und das ungeschriebene Gesetz bei Hofe verlangte, daß nur die Kaiserin diese Farbe tragen durfte. Die Gräfin Lopuchina hatte es gewagt, sich dieser Vorschrift zu widersetzen; sie hatte nicht nur ein rosafarbenes Kleid getragen, sondern zudem noch eine Frisur, die der Frisur der Kaiserin ähnelte, mit einer rosaroten Rose als Krönung. Außer sich vor Wut, befahl Elisabeth der Gräfin niederzuknien und schnitt ihr vor den Augen des gesamten Hofes die Rose – mitsamt einem Teil des Haars – vom Kopf. Dann schlug sie sie blitzschnell auf beide Wangen. Der Liebhaber der Gräfin wurde nach Sibirien verbannt, sie selbst später der Verschwörung gegen die Krone bezichtigt. Jahrelang verfolgte Elisabeth diese Rivalin mit ihrer Rachsucht.

Sophie, die in ihrem rosasilbernen Kleid den Hofknicks machte, wußte nichts von dieser Geschichte, aber sie spürte, daß die Kaiserin sie prüfend ansah. Johanna wurde auf dieselbe Weise gemustert. Plötzlich bemerkte Elisabeth irgend etwas in Johannas Gesicht, was sie dazu bewog, schnell aufzustehen und den Raum zu verlassen. Als sie kurze Zeit später zurückkehrte, merkten alle, daß sie geweint hatte. Teure Erinnerungen waren in ihr wachgerufen worden, als sie sich der Ähnlichkeit Johannas mit Karl August, Johannas Bruder und Elisabeths längstverstorbenem Verlobten, bewußt wurde. Ihre Gefühle hatten sie überwältigt, und diese Gefühle färbten auch ihre Beziehung zu Johanna und Sophie.

Am selben Abend speisten Mutter und Tochter mit dem Großfürsten Peter, und Sophie staunte über seine kindlichen Reden. Obwohl er älter war als sie – am folgenden Tag wurde er sechzehn –, glich er in seinen Interessen und Leidenschaften einem Zehnjährigen. Der Grund konnte nicht allein darin liegen, daß man ihn immer nur verhätschelt hatte. Sophie wußte ja aus eigener Erfahrung, was ein behütetes Leben bedeutete. Aber sie beobachtete etwas grundlegend Unfertiges in diesem knabenhaften schmalen jungen Mann mit dem engen Brustkorb, dem hervortretenden Bauch, den schwächlichen Muskeln. Irgend etwas, das zur Männlichkeit wesentlich gehörte, fehlte ihm, und es fiel ihr mehr und mehr unangenehm auf, während er weiterplauderte von Soldaten und Uniformen, Paraden und Aufmärschen. Es ließ sich allerdings nicht leugnen, daß er einen arglosen Charme besaß und recht gut aussah, und das besänftigte sie, und schließlich sagte jeder, er werde sich noch entwickeln. Trotz ihrer Skepsis beschloß Sophie, mit ihm zufrieden zu sein.

Die vielfältigen Zeremonien an Elisabeths riesigem und glanzvollem Hof brachten es mit sich, daß die Gäste aus Zerbst die Kaiserin nicht allzuoft zu Gesicht bekamen. Nur hin und wieder erhaschte Sophie einen Blick auf die Herrscherin, wenn sie schnellen Schritts durch die Korridore eilte oder in überfüllten Empfangsräumen Audienzen gab. Sie war so fern und stand so hoch, daß sie unpersönlich wirkte wie eine schimmernde Ikone.

Aber Sophie fand einiges über sie heraus. Daß Elisabeth die Tochter Peters des Großen, des allseits verehrten Zaren, war, wußte sie bereits. Aber sie hatte nicht gewußt, daß sie ihre Schönheit einer einfachen Bauersfrau verdankte, der zweiten Frau Peters, und daß sie unehelich geboren worden war. Ihre physische Kraft war offensichtlich, ebenso ihre Vorliebe für Prachtentfaltung und Völlerei. Sie ritt und jagte gern; wenn ihr Temperament mit ihr durchging, galoppierte sie ihren Hofdamen einfach davon. Sie war kapriziös, ihre Launen wechselten schnell, und es kam keineswegs selten vor, daß ihr Temperament mit ihr durchging.

Sophie wußte nun auch, daß Elisabeth nicht auf ihre Aufgaben als Kaiserin vorbereitet worden war. Ihr Vater hatte nie die Absicht gehabt, eine seiner Töchter als seine Nachfolgerin einzusetzen. Den größten Teil ihrer Jugend hatte Elisabeth weit vom Hof entfernt auf dem Land zugebracht, wo sie sich für das Leben der Bauern auf den kaiserlichen Gütern interessiert hatte. In dieser Umgebung hatte sich ihre pralle, vitale Körperlichkeit entwickelt, aber ihr Geist war nicht im gleichen Maß gewachsen. Sie konnte schlau sein, blieb aber im Grunde geistig träge.

Auch Mut gehörte zu ihren Charaktereigenschaften – und sehr viel Dreistigkeit. Als die Zarenkrone an einen entfernten Verwandten Peters überging, Iwan VI., einen einjährigen Säugling, hatte sie sich davon überzeugen lassen, daß sie selbst Anspruch auf diese Krone hatte. Ermutigt von einem kleinen Kreis von Beratern – unter ihnen dem Arzt Lestocq – und der Unterstützung der französischen und schwedischen Königshöfe gewiß, wandte sich Elisabeth an das traditionsreiche Preobraschenski-Garderegiment in St. Petersburg und bat um Unterstützung für ihr Vorhaben. Sie vertraute diesem Regiment ihr Schicksal an – und es ließ sie nicht im Stich. Iwan wurde abgesetzt und mit seinen Eltern und Geschwistern ins Gefängnis geworfen.

Obwohl Iwan sich nun hinter Kerkermauern befand, blieb Elisabeth wachsam. Solange er lebte, konnte er von Verschwörern gegen sie benutzt werden. Den Knaben hinrichten zu lassen brachte sie nicht übers Herz; sie war gegen Hinrichtungen. Aber nun lebte sie in ständiger Angst vor Verschwörern. Ihre Nerven waren zum Zerreißen gespannt, und sie litt unter Schlaflosigkeit. Sie fürchtete sich davor, die Augen zu schließen, denn jeder in ihrer Umgebung, einschließlich ihrer vertrautesten Kammerzofen, konnte ja ein Verräter sein.

Zwei Jahre vor Sophies Ankunft in Rußland hatte ein Diener namens Turchaninow versucht, Elisabeth zu ermorden. Unter ihrem Bett hatte er ein Faß voller Schießpulver installiert. Glücklicherweise wurde er rechtzeitig entdeckt und gefangengenommen. Auch unter der Folter nannte er die Namen seiner Komplizen nicht, aber später wurden einige von ihnen gefaßt und bestraft; auch sie wurden nicht hingerichtet, sondern nur verstümmelt.

Die Kaiserin fand keinen Frieden. Einige Zeit nach der Entdeckung des Schießpulvers unter ihrem Bett wurde ihr hinterbracht, daß einer der jungen Hitzköpfe der Garde Drohungen gegen sie ausgestoßen habe – er wurde nach Sibirien verbannt. Elisabeth wußte nur zu gut, wie viele ränkeschmiedende Intriganten und Opportunisten es an ihrem Hof gab, wie viele käufliche Diener, wie viele illoyale Beamte. Zu ihrem Schutz wurden Männer der gefürchteten geheimen Polizei abgestellt, die alle Gespräche in ihrem Palast überwachten. Wer sich auf irgendeine Weise verdächtig gemacht hatte, den ließ man keine Minute mehr aus den Augen. Doch trotz aller Wachsamkeit konnte jeden Augenblick irgend etwas Verhängnisvolles passieren, und das Wissen um die Gefahr irritierte und beunruhigte die Kaiserin ständig.

Jetzt gab es ein weiteres ärgerliches Problem: die Thronfolge.

Aus Gründen, die Sophie dunkel blieben, hatte sich Elisabeth dazu entschlossen, keine politische Zweckehe einzugehen wie die, die man in ihrer Jugend für sie arrangiert hatte. Statt dessen heiratete sie insgeheim den großen, dunklen, bildschönen Alexej Rasumowski, einen Ukrainer mit einer außerordentlichen Singstimme, die er in der Palastkapelle hören ließ. Sein Vater war Bauer, und als junger Mann hatte er Schafe gehütet. Er war ein gefühlvoller Mann mit sanften schwarzen Augen, der sich für Musik und Tanz interessierte und seine schöne Frau ohne Hintergedanken liebte. Politik war ihm gleichgültig. Mit dieser nicht standesgemäßen Heirat hatte sich Elisabeth für ihr persönliches Glück und gegen die dynastische Pflicht entschieden. Den Thron vermachte sie ihrem Neffen Peter. Er würde die Thronfolge an seine Kinder weitervererben.

Peter aber erwies sich als Enttäuschung. Er sah schwächlich und mädchenhaft aus. Er beleidigte Leute. Mit seiner Gesundheit stand es nicht zum besten, und sein Charakter schien bizarr. Elisabeth mochte ihn nicht; vielleicht bereute sie schon, ihn zu ihrem Erben gemacht zu haben. Das Schlimmste war, daß Peter die russische Kultur gänzlich ablehnte und verächtlich behandelte. Er sprach nur Deutsch und weigerte sich, Russisch zu lernen. Er wollte sich nicht von Russen bedienen lassen, umgab sich statt dessen mit Deutschen und Schweden. Seine liebsten Gefährten waren Diener, Cramer und Roumberg, mit denen er schon als Knabe befreundet gewesen war. Pro forma war er zum orthodoxen Glauben übergetreten – es war die Voraussetzung gewesen, um zum Thronfolger ernannt zu werden –, aber die Geringschätzung, die er für die russische Kirche hegte, zeigte er bei jeder Gelegenheit. Während der langen Gottesdienste in der Palastkapelle, aber auch in den von Tausenden von Kerzen erleuchteten großen Kathedralen Moskaus und Petersburgs alberte er herum, kicherte wie ein Backfisch und ließ es in jeder Hinsicht an Ehrfurcht fehlen. Für Elisabeth, die täglich Stunden im Gebet verbrachte und ihre religiösen Pflichten auf das sorgfältigste erfüllte, war seine groteske Pietätlosigkeit besonders empörend. Ihr galt der orthodoxe Gottesdienst als Grundlage von Moral und Sitte.

Peter war also eine Enttäuschung – und eine gefährliche Belastung obendrein. Die um ihre Sicherheit ständig überbesorgte Kaiserin erkannte bald, daß die Ränkeschmiede in ihrem Hofstaat Peters Eskapaden mit Wohlgefallen verfolgten. Er war unfähig, die Herzen der Höflinge für sich zu gewinnen, und es war schwer, ihn sich als gefürchteten oder auch nur geachteten Herrscher vorzustellen. Er besaß keinerlei politische Fähigkeiten; und wie sollte ihm Elisabeth, die in politischer Hinsicht nie Überragendes geleistet hatte, auf die Sprünge helfen? Er fuhr also fort, jedem, der es hören wollte, zu erklären, daß er Deutscher sei und kein Russe und daß alles Russische der deutschen Art prinzipiell unterlegen sei. Die Soldaten beleidigte er, indem er sich ihnen in der Uniform eines Offiziers der preußischen Armee zeigte. Er freute sich über ihre Verlegenheit und Verwirrung, reizte sie und machte sich über sie lustig, bis sie kurz davor standen, ihm an die Kehle zu gehen.

Die Feierlichkeiten zu Peters sechzehntem Geburtstag übertrafen alles, was Sophie an Prachtentfaltung je erlebt hatte. Der riesige Palast aus Holz mit seinen Hunderten von Zimmern und Tausenden von Dienern und Lakaien war voll von Gästen, und alle warteten gierig darauf, die Prinzessin aus dem Westen in Augenschein zu nehmen. In den Treppenhäusern staute sich die Menge, man stand auf Stühlen. Oft genug ging es weder vorwärts noch zurück. Die Frauen in ihren ausladenden Reifröcken konnten sich kaum bewegen. Und die langen, juwelenbesetzten Degen, die die Männer trugen, brachten die Nächststehenden in Gefahr.

Als Johanna und Sophie ihre Gemächer verließen, hefteten sich tausend Augenpaare auf sie. Johanna sollte vor der Kaiserin erscheinen, Sophie ließ man warten. Wie ein Schmuckstück in der Auslage eines Juweliers bot man sie den Blicken dar, in allen Ecken und Winkeln flüsterte man über sie, oder man stritt ganz offen über ihre Vorzüge und Mängel. Endlich wurde auch sie zur Kaiserin befohlen, und gemessenen Schritts machte sie sich auf den Weg zu den Audienzräumen, nicht ohne den Reihen der Neugierigen, die in den Korridoren und Galerien Aufstellung genommen hatten, freundlich grüßend zuzunicken.

Elisabeth empfing sie huldvoll. Sie trug eine elegante Robe aus dunkler, silberbestickter Seide und war an Hals und Taille mit Juwelen beladen. Aus ihrer Hand erhielten Sophie und Johanna die Abzeichen des Ordens der heiligen Katharina. Der Generaladjutant machte Sophie ein Kompliment über ihre Anmut und ihre gewinnenden Manieren. Erleichtert vernahm sie, daß sie Gefallen finde – ebensosehr bei der Kaiserin wie bei der »Nation«. Die erste Prüfung hatte sie bestanden.

Obwohl sie gewöhnlich gern redete, hielt sie sich bei den anschließenden Gesprächen zurück und sagte wenig. Die Höflinge flüsterten einander zu, sie sei außerordentlich klug und als Gesprächspartnerin brillant. Sie hatten zwar noch nie ein Wort mit ihr gewechselt, aber ihr Lächeln und ihr grüßendes Nicken nach rechts und links hatten einen guten Eindruck gemacht. Nein, sie war nicht hochmütig und voller Stolz, wie erwartet, sondern offenbar warmherzig und umgänglich. Einer der adligen Herren bemerkte zu ihr, daß sie den Kanzler und den Ofenheizer wohl auf dieselbe offene und ehrerbietige Weise grüße.

Die Fastenzeit begann, sechs Wochen vor Ostern, in denen die Kirche strenge Bußübungen und lange Gebetsstunden vorschrieb. Die Kaiserin unternahm eine Wallfahrt zum St.-Sergius-Dreifaltigkeitskloster in Zagorsk, siebzig Kilometer von Moskau entfernt. Während ihrer Abwesenheit sollte Sophie nach ihrem Wunsch die ersten Unterweisungen im orthodoxen Glauben erhalten.

Sophie hatte von Anfang an gewußt, daß die Konversion zu den Bedingungen der Heirat mit Peter gehörte. Sie wußte auch, daß ihr Vater hartnäckig dagegen war, daß sie ihren lutherischen Glauben aufgab, und dieses Wissen mag schwer auf ihr gelastet haben. In den Instruktionen, die er ihr bei ihrem Abschied mit auf den Weg gegeben hatte, hieß es zu wiederholten Malen, daß sie keinesfalls ihren ererbten Glauben aufgeben dürfe. Aus ihrer Kinderzeit hatte Sophie den Religionsunterricht als Stunden voller Angst und Schrecken in Erinnerung, und es muß ihr beklommen zumute gewesen sein, als sie nun vernahm, daß der Archimandrit Simeon Teodorski, der einst auch an der Universität von Halle studiert hatte, ihr Lehrer sein würde.

Teodorski war ein kultivierter Mann und ein intellektueller Kopf. Er konnte theologische Fragen und Begriffe so präsentieren, daß Sophie sich angesprochen und herausgefordert fühlte, und er beantwortete ihre Fragen so eingehend, wie Pastor Wagner es nie getan hatte. Doch trotz langer und intensiver Studien stellte der bevorstehende Glaubensübertritt eine schwere Belastung für Sophie dar. Die traurigen Abende in Stettin, in denen sie über die Qualen der Hölle und das Jüngste Gericht nachgegrübelt hatte, schienen wiederzukehren; umgeben von vertrauten Menschen, löste sich ihre Bedrückung zuweilen in Tränenausbrüchen. Und die Briefe ihres Vaters, die über verschneite Straßen mit berittenen Boten kamen, trugen nicht zu ihrer Erleichterung bei.

Er warnte sie davor, ihre religiösen Schwierigkeiten leichtzunehmen, und riet ihr zu genauer Selbstprüfung bei der Konversion. Kam ihre Entscheidung aus dem Herzen, oder stand sie womöglich unter dem Einfluß der Kaiserin und gewisser Versucher in ihren Diensten? Und er erinnerte seine Tochter daran, daß man vor Gott dem Allmächtigen das Innerste der Seele nicht verbergen könne.

Das ungewohnte strenge Klima, das anstrengende Leben bei Hofe, die Studien bei Teodorski, der Kampf mit der neuen Sprache und dem russischen Glaubensbekenntnis, die Vorstellung, in nächster Zukunft mit dem albernen und unreifen Peter verheiratet zu sein – all das trug zu der übergroßen Belastung bei, unter der Sophie zusammenbrechen mußte. Sie wurde ernstlich krank.

Zuerst befürchtete man, sie habe die Pocken, eine Krankheit, die häufig tödlich endete, oder es handle sich um eine schwere Erkrankung der Lunge. Die Leute flüsterten sich zu, daß der Gesandte Sachsens Sophie vergiftet habe, damit Peter die sächsische Prinzessin Marianne heirate. Der holländische Arzt der Kaiserin, Boerhaave, diagnostizierte Brustfellentzündung und wollte die Kranke zur Ader lassen, aber Johanna dachte an das Schicksal ihres Bruders Karl August, der siebzehn Jahre zuvor bei seiner Ankunft in Rußland zur Ader gelassen worden war und darauf gestorben war, und stellte sich dagegen. Boerhaave aber bestand auf dem Aderlaß als einzigem Heilmittel. Wegen der Strapazen der Reise und der eisigen Kälte unterwegs habe sich Sophies Blut zu stark erhitzt, erklärte er. Ohne Aderlaß sei sie verloren.

Außerdem ordnete er an, daß Sophies Brust mit Salben eingerieben würde – das immerhin ließ Johanna zu –, und er schrieb einen dringenden Brief an Lestocq, der sich mit der Kaiserin im St.-Sergius-Dreifaltigkeitskloster aufhielt. Lestocq benachrichtigte Elisabeth. Sofort brach sie die Wallfahrt ab und fuhr nach Moskau zurück, um sich selbst um die Sache zu kümmern.

Sie befahl Johanna, zur Seite zu treten, nahm Sophie in ihre Arme und winkte dem Arzt, der ihr mit einer Nadel in den Fuß stach und ihr eine Menge Blut abzapfte. Bald darauf gewann die Kranke das Bewußtsein wieder, und als sie die Augen aufschlug, sah sie in das runde, besorgte Gesicht der Kaiserin. Schattenhaft nahm sie die anderen Personen im Raum wahr, die Ärzte und Würdenträger und Johanna, die sich in furchtbarer Aufregung befand.

Etwa alle sechs Stunden wurde sie nun zur Ader gelassen. Johanna, die mit ihrem fortwährenden Jammern und Händeringen jedermann im Weg stand, erhielt den Befehl, sich in ihre Gemächer zurückzuziehen. Tage vergingen, eine Woche, zwei Wochen, und immer noch schwebte Sophie zwischen Leben und Tod. Außer dem Geflüster von Stimmen und dem Rascheln von Röcken nahm sie kaum noch etwas wahr. Jeden Tag kam die Kaiserin, saß an ihrem Bett und war so fürsorglich und besitzergreifend wie eine Mutter. Es entsprach ihrem Charakter, daß sie während dieser Zeit eine von Eifersucht überschattete Bindung an das Mädchen entwickelte, das sie sich als Gattin für ihren Neffen ausgesucht hatte. Immer mehr übernahm sie Johannas Rolle, zeigte sich mütterlicher als jede Mutter und versuchte Johanna bei Sophie schlechtzumachen durch die Behauptung, sie (Johanna) habe sich aus Mangel an wahrer Zuneigung zu ihrer Tochter gegen den Aderlaß gestellt. Die Beziehung zwischen Mutter und Tochter war niemals einfach gewesen. Niemals hatte sich Sophie besonders geschätzt oder geliebt gefühlt. Jetzt kam Elisabeth und machte die Sache noch schlimmer.

Bewußtlos oder nur halb bei Bewußtsein, unfähig, Nahrung zu sich zu nehmen, verlor Sophie in ihrem Krankenbett von Tag zu Tag mehr Gewicht und Kraft, aber denken konnte sie so klar wie immer. Eine Botschaft wurde überbracht, von Johanna. Ob sie einen lutherischen Pastor zu sehen wünsche? Nein, sagte Sophie mit schwacher Stimme. Sie wünschte den Archimandriten zu sehen. Simeon Teodorski brachte ihr den Trost der Kirche, und die Kaiserin zeigte sich hoch erfreut. Wenn Sophie jetzt sterben würde, würde ihr Herz wenigstens dem orthodoxen Glauben gehören.

Wieder vergingen viele Tage, und ganz allmählich begann sich das Blatt zu wenden. Dank ihrer robusten Konstitution erholte sich Sophie. Sie hustete eitrigen Schleim, das Fieber sank, und Boerhaave und Lestocq konnten wieder lächeln.

Ostern nahte, und Johanna, die man ständig von Sophie ferngehalten hatte, machte einen Fehler. Sie bat Sophie um das Stück kostbaren Brokatstoffs, das ihr Onkel ihr zum Abschied geschenkt hatte, um für sich selbst ein Kleid daraus schneidern zu lassen. Sophie, noch immer nicht vollständig genesen, ließ es sofort holen. Aber als Elisabeth davon hörte, sagte sie, es sei herzlos und selbstsüchtig von Johanna, den Stoff für sich zu verwenden, und schenkte Sophie ein noch größeres Stück noch kostbareren Stoffs in denselben Farben, um ihr den Verlust zu ersetzen. Kurz nach dem ersten Aderlaß hatte sie ihr schon ein Paar Diamantohrringe und eine Brillantenschleife zum Geschenk gemacht. Auf diese Weise zeigte sie Sophie ihre Zuneigung und versuchte alles, um sie gegen ihre Mutter aufzubringen.

Während der ganzen Zeit ihrer Wiederherstellung hörte Sophie Geschichten von kleinlichem Gezänk und Streit, von Feindschaften und Kränkungen. Wie die unheilvollen Anzeichen einer geheimen Seuche tauchten sie überall am Hof auf. Es schien, daß es niemanden gab, der nicht in irgendeine Intrige verwickelt war, kein Wort, das man für wahr halten durfte, keine freundliche Geste, die auch eine freundliche Absicht bedeutete. Die Kaiserin streute Gerüchte aus über Johannas Selbstsucht, und dabei lächelte sie ihr in der Öffentlichkeit zu, verehrte ihr kostbare Juwelen und erhöhte sie durch Gunstbezeugungen vor anderen Damen des Hofs. Johanna aber, die nach außen hin reine Dankbarkeit und Treue demonstrierte, traf sich mit den preußischen und französischen Gesandten, korrespondierte mit dem preußischen König und arbeitete jener Hofclique in die Hände, die den antipreußischen Kanzler Bestuschew zu Fall bringen wollte. Spione und Informanten horchten an Schlüssellöchern, stahlen sich in verbotene Räume, fingen geheime Briefe und Botschaften ab. Alles wurde der Kaiserin hinterbracht, die sich vorerst in Geduld übte.

Sophie, für die Elisabeth allmählich so etwas wie eine zweite Mutter geworden war, saß aufrecht im Bett, aß mit gutem Appetit und nahm sich ihre Bücher vor. Sie lernte Russisch, studierte Theologie, und dabei wurden ihre Wangen langsam wieder rosig, und Elisabeth, die sie voller Zärtlichkeit betrachtete, erklärte, sie sei so gut wie gesund. Siebenundzwanzig Tage waren seit dem Ausbruch ihrer Krankheit vergangen. Draußen zeigten sich erste Anzeichen des beginnenden Frühlings, obwohl noch hoher Schnee lag und kalte Winde durch den zugigen Palast bliesen. Sophie schrieb an ihren Vater, entschuldigte sich für ihre krakelige Schrift und erbat seine Erlaubnis, zum orthodoxen Glauben überzutreten.

Ohne daß sie davon wußte, hatte auch Friedrich, der preußische König, seinen Einfluß geltend gemacht, um Christian August davon zu überzeugen, daß die theologischen Unterschiede zwischen der griechisch-orthodoxen und der lutherischen Kirche doch so groß nicht seien. Friedrich war nicht ganz aufrichtig bei dieser Mission, aber insgesamt interessierte er sich herzlich wenig für Religion, und er hatte keinerlei Skrupel, die Dinge so darzustellen, wie es ihm am günstigsten schien. Christian August aber litt Qualen. »Meine Tochter darf nicht griechisch werden!« rief er immer wieder. Er fühlte sich hin und her gerissen zwischen seinem König, dem er sich auf vielfache Weise verpflichtet fühlte und der ihn zum Feldmarschall befördert hatte, und seinem Gewissen. Seine Tochter schien die Konversion wirklich zu wollen. Seine Frau, die in solchen Fragen niemals Bedenken gezeigt hatte, verhielt sich neutral. Sophie solle entscheiden, schrieb sie ihm. Sie wußte so gut wie er, daß es nur zwei Möglichkeiten gab: Entweder Sophie konvertierte zum orthodoxen Glauben, oder sie kehrte nach Zerbst zurück, und es würde nie mehr eine Chance für sie geben, Großfürstin zu werden.

Während Christian August noch mit sich kämpfte und Sophie auf seine Antwort wartete, wurde der ganze Hof Zeuge eines denkwürdigen Beweises des langanhaltenden Zorns der Kaiserin. Die Gräfin Lopuchina, jene tollkühne Schönheit, die es gewagt hatte, entgegen dem Verbot der Kaiserin Rosa zu tragen, war der Verschwörung gegen den Thron angeklagt und verurteilt worden. Sie gehörte zu einer ganzen Gruppe von Angeklagten, die man geheimer Verbindungen mit dem österreichischen Gesandten für schuldig befunden hatte, und sollte zusammen mit ihrem Gatten hingerichtet werden, aber die Kaiserin, zimperlich wie immer, wenn es um Hinrichtungen ging, entschied anders.

Die Höflinge mischten sich unter die Menschenmenge, die sich in einem großen Hof versammelt hatte. Auf dem schneebedeckten Boden war eine breite hölzerne Tribüne errichtet worden. Es herrschte eisige Kälte; rund um das Schafott wogte ein Meer aus Pelzhüten und Pelzmänteln. Tausende von Menschen drängten sich zusammen und erwarteten voller Ungeduld das kommende feierliche Spektakel. Dann wurden der Graf und die Gräfin, deren Hände zusammengebunden waren, von den kräftigen Wachen auf die Tribüne geschleppt. Die Gräfin, in zerrissenen Kleidern und offenbar halb verrückt vor Angst, warf den Kopf, schrie aus Leibeskräften und wehrte sich mit Händen und Füßen. Vor wenigen Momenten hatte sie noch geglaubt, ihre Hinrichtung stehe bevor, bis man ihr mitteilte, daß die Folter sie erwarte. Auch die Frau von Michail Bestuschew, eines Bruders des Kanzlers, befand sich auf der Tribüne. Sie war die engste Freundin der Gräfin und – nach Meinung der Ankläger – ebenfalls eine Verschwörerin.

Die Opfer wurden getrennt. Nacheinander erhielten sie ihre Strafen. Graf Lopuchin wurde mit dicken Seilen an einer Vorrichtung festgeschnallt, die man langsam von beiden Seiten in die Länge zog, bis seine Knochen krachend auseinanderbrachen. Hilflos schluchzend mußte seine Frau im eisernen Griff ihrer Wächter das mitansehen. Dann kam sie selbst an die Reihe. Sie kniete nieder, und die Schläge der Knute fielen unbarmherzig auf ihren bloßen Rücken und rissen ihr das Fleisch auf bis auf die Knochen. Bei den ersten Schlägen stöhnte sie laut auf und flehte um Gnade, dann wurde sie ohnmächtig. Der Folterknecht schlug weiter, bis ihr Rücken nur noch eine blutige Masse Fleisch war, dann ergriff er ihren Kopf und öffnete ihren Mund, um ihr die Zunge abzuschneiden. Ein Strom von Blut ergoß sich über die hölzernen Planken. Die Zuschauer, die jede Nuance des Schreckensschauspiels genossen hatten, zeigten sich befriedigt darüber, daß die Verräter ihre gerechte Strafe erhalten hatten, und brachen in Beifallsschreie aus.

Das barbarische Werk war getan. Niemand hatte bemerkt, daß Madame Bestuschew es im letzten Moment der Leiden ihrer Freundin verstanden hatte, einen kostbaren Diamanten in die Hand des Folterknechts zu schmuggeln. Er ließ sich nichts anmerken. Aber als die Verurteilten sich auf dem Weg nach Sibirien in die Verbannung befanden, entdeckte die Gräfin Lopuchina, daß sie noch sprechen konnte.

Kapitel Fünf

In der Palastkapelle herrschte Dämmerlicht wie in einer Höhle. Tausende flackernder Kerzen warfen ihren bleichen Schein auf schimmernde Mosaiken, Fresken und Gemälde. Hier kniete Sophie nieder, um das Glaubensbekenntnis zu sprechen. Sie fühlte sich überwältigt vom Anblick Dutzender goldener Leuchter und hoher Kerzenständer, kostbarer Ikonen in juwelenbesetzten Rahmen, farbiger Fresken und reicher Verzierungen, die Wände und Säulen schmückten; sie sog den würzigen Duft des Weihrauchs ein und nahm das verwirrende Funkeln und Blitzen der Heiligenscheine und Goldgewänder wahr; sie lauschte den im Allerheiligsten widerhallenden Klängen der feierlichen Choräle; und einen Moment lang verlor sie fast den Halt, als ihre Knie in den weichen seidenen Kissen versanken.

Um sich für die bevorstehende Zeremonie vorzubereiten und zu reinigen, hatte sie drei Tage gefastet. Es war ihr leicht schwindelig zumute, aber ihr Geist arbeitete zuverlässig wie immer, als sie nun die russischen Worte wiederholte, die sie mit Hilfe ihres Russischlehrers Wassili Adadurow so mühevoll auswendig gelernt hatte – »wie ein Papagei«, schrieb sie später –, nicht anders als damals, als sie, angetrieben von Pastor Wagner, deutsche Bibelverse gebüffelt hatte.

Das Glaubensbekenntnis war eigens für sie und zu diesem Anlaß von Simeon Teodorski verfaßt worden. Er hatte es auch für sie ins Deutsche übersetzen lassen, aber jetzt, in der Kapelle, mußte sie es auf russisch aufsagen. Danach kam die orthodoxe Version des Kredo. Insgesamt waren es etwa fünfzig handgeschriebene Seiten auf russisch, und sie hoffte, daß sie es vermochte, die Worte mit Überzeugung auszusprechen, wenn sie auch nicht jeden Ausdruck genau verstand.

Die Kaiserin trug an diesem feierlichen Morgen eine Robe aus purpurrotem Stoff mit Silberstickerei, die aufs Haar der Robe glich, die Sophie trug. Die beiden Frauen hatten sich eng aneinander angeschlossen. Elisabeth behandelte Sophie mehr und mehr wie ihre eigene Tochter und wünschte, daß sie sich einen Großteil des Tages in ihrer Nähe aufhielt. Seit Sophies Krankheit waren sie schon miteinander gereist, und sie zeigten sich gern gemeinsam bei Diners und Bällen, Konzerten und Theateraufführungen. Zu dieser Zeit verehrte Sophie die Kaiserin wie eine Göttin. Die plötzlichen Zornesausbrüche, die wilden Launen, die sie früher an ihr kennengelernt hatte, fielen nun nicht mehr ins Gewicht. Es galt nur noch die Herzlichkeit und Zärtlichkeit, mit der Elisabeth sie behandelte, und sie fühlte grenzenlose Ehrfurcht und Dankbarkeit, was dazu führte, daß sie der Kaiserin fast schüchtern gegenübertrat.

Das Aufsagen der Glaubensartikel begann. Sie bemühte sich, ihre Stimme laut und fest klingen zu lassen und bei der Aussprache keine Fehler zu machen. Johanna, die in einer Nische der Kapelle stand, betrachtete ihre Tochter voller Stolz. »Von dem Moment ihres Eintretens in die Kirche an bis zum Ende der Zeremonie«, schrieb sie an Christian August, »hielt sie sich äußerst würdevoll und stolz. Auch wenn sie nicht mein Kind gewesen wäre, hätte ich sie bewundern müssen.«

Sophies volle, tiefe Stimme war gut zu hören; sie drang in alle Ecken und Winkel und hallte zwischen den hohen Wänden und bemalten Säulen wider. Eine große Menschenmenge hatte sich versammelt, und viele Zuhörer waren zu Tränen gerührt.

Als sie zum Schluß gekommen war, verneigte sie sich vor ihren Paten, die ihr ihren Taufnamen verliehen, den Namen, unter dem sie von jetzt an bekannt wurde: Katharina Alexejewna.

Sophie, die lutherische Prinzessin von Anhalt-Zerbst, war zu Katharina von Rußland geworden, Tochter der orthodoxen Kirche. Sie hatte ihre Wahl getroffen, hatte die Enttäuschung ihres Vaters in Kauf genommen, um ihrer neuen Mutter, der Kaiserin, zu gefallen.

Nun überschüttete Elisabeth sie erst recht mit Aufmerksamkeiten und Geschenken, Kleidern und Juwelen, und zeigte sich mütterlicher und zärtlicher denn je. Der Name Katharina klang vertraut in ihren Ohren – es war der Name ihrer Mutter gewesen. Katharina war stolz auf ihren neuen Namen. Als Katharina, nicht als Sophie, würde sie Peters Frau werden.

Diese Nacht verbrachte die Kaiserin mit Katharina und Peter im Kreml, jener riesigen, von weißen Mauern umgebenen Festung, die Moskau beherrschte. Katharina bewohnte mit ihren Bedienten eine Reihe von Zimmern, die sich in dem hoch gelegenen Terempalast befanden, einem alten, seit Jahrzehnten verlassenen und verwahrlosten Ziegelbau, den man für diese eine, staatspolitisch so wichtige Nacht noch einmal wohnlich eingerichtet hatte. Am folgenden Tag sollte Katharina mit Peter verlobt werden. Falls Katharina irgendwelche Bedenken verspürte, so erinnerte sie sich später nicht mehr daran, als sie ihre Memoiren schrieb. Woran sie sich erinnerte, war die Aussicht von den kleinen Fenstern aus, das Panorama der Festung mit den vielen goldenen Dächern ihrer Kirchen und Staatsgebäude und der Blick auf die Stadt, die sich bis zu den nahe gelegenen Hügeln hin erstreckte. Die Fenster befanden sich so hoch oben, daß Katharina die Menschen, die am Fuß der Kremlmauern entlanggingen, kaum erkennen konnte. Wie Ameisen sahen sie aus, die in langen Kolonnen unbekannten Zielen zukrochen.

Es war Ende Juni. Die Sonne blieb bis spät am Abend oberhalb des Horizonts, es schien niemals dunkel zu werden. Katharina, die sich im Zentrum der allgemeinen Aufmerksamkeit befand und sehr bald den feierlichen Verlobungsschwur mit dem Erben des russischen Zarenthrons wechseln würde, muß sich in heller Aufregung befunden haben, zudem hatte sie ein äußerst anstrengendes Ritual hinter sich und hatte drei Tage nichts gegessen; das alles muß zu ihrer Erregung und Nervosität beigetragen haben.

Am folgenden Morgen kamen Boten, die Geschenke brachten. Die Kaiserin schenkte Katharina ein Porträt ihrer selbst und ein Porträt Peters, die Rahmen waren mit Brillanten besetzt. Dann begannen die offiziellen Feierlichkeiten. Elisabeth, angetan mit der Krone und dem kaiserlichen Mantel, schritt unter einem Baldachin aus massivem Silber, den acht Generalmajore trugen, vor dem jungen Paar über den Platz bis zur Kathedrale. Die Garderegimenter bildeten Spaliere. Soldaten hielten die Menge zurück. Beim Eintritt in das Gotteshaus verzichtete Elisabeth auf das steife Zeremoniell, nahm Katharina und Peter bei der Hand und führte sie zu einer mit Samt bedeckten Empore in der Mitte des Raums. Der Erzbischof von Nowgorod führte die lange und komplizierte Verlobung durch, während der Chor sang und die Gläubigen niederknieten, aufstanden und wieder niederknieten in endlosem Wechsel. Nach vier Stunden übergab die Kaiserin dem Paar die brillantenbesetzten Verlobungsringe, die Ringe wurden gewechselt, und dann sprach der Geistliche die junge Verlobte zum erstenmal mit ihrem neuen Titel an: Großfürstin Katharina.

Der Rest des Nachmittags und der Abend waren öffentlichen Vergnügungen gewidmet. Glocken läuteten, Kanonen schossen immer wieder Salut, das gewöhnliche Leben kam zum Erliegen. Die ganze Stadt feierte. Die Kaiserin gab ein Diner, zu dem alle Personen von Rang eingeladen worden waren, danach einen prächtigen und luxuriösen Ball. Katharina, allseits bewundert und mit Glückwünschen überhäuft, war zu jedermann freundlich und huldvoll. Sie mußte sich daran gewöhnen, daß man sie als Großfürstin mit dem Prädikat »Kaiserliche Hoheit« nun überall mit ausgesuchtem Respekt behandelte. Niemand außer der Kaiserin und dem Großfürsten wagte es, sich in ihrer Gegenwart zu setzen, niemand betrat oder verließ einen Raum vor ihr. Alles verneigte sich, kniete nieder und murmelte Ehrfurchtsbezeugungen; wenn sie irgendwo eintrat, machte man ihr mit einer tiefen Verbeugung Platz.

Daß Katharina nach der Kaiserin die höchstgestellte Dame des Hofes war, blieb auch Johanna nicht verborgen, die plötzlich wie jedermann niederknien mußte, um die Hand ihrer Tochter zu küssen. Die Herrschaft, die sie als Mutter über Katharina ausgeübt hatte, gab es nicht mehr; Katharina brauchte sie nicht länger, als Großfürstin hatte sie über sich selbst zu bestimmen. Johanna war nur noch die Fürstin von Anhalt-Zerbst, eine Adlige niedrigen Ranges unter unzähligen adligen Damen im Gefolge der Großfürstin. Während der Verlobung durfte sie nicht in der Nähe ihrer Tochter stehen, sie mußte sich mit anderen im Hintergrund halten. Beim festlichen Diner wurde ihr ein Platz angewiesen, der ihrer Meinung nach ihrem Rang nicht entsprach. Sie protestierte – zusammen mit dem englischen Gesandten, der sich ebenfalls durch den ihm zugewiesenen Platz beleidigt fühlte –, und am Ende speisten sie beide zusammen an einem Extratisch, der irgendwo an der Seite, weit vom Zentrum der Festlichkeiten entfernt, für sie gedeckt wurde.

Johanna war gekränkt und zornig. Mit einer bedeutenden Mission war sie nach Rußland gekommen: Sie wollte die Interessen Preußens und der preußischen Alliierten am russischen Hof befördern und die antipreußische Politik des Kanzlers Bestuschew unterminieren. Die Unternehmung hatte sich als kläglicher Mißerfolg erwiesen. Erst vier Wochen zuvor hatte sie erkennen müssen, wie stark dieser Kanzler als Gegner war.

Bestuschew war über alle Aktivitäten Johannas seit ihrer Ankunft in Rußland informiert. Spione hatten die Depeschen des französischen Gesandten, des Marquis de la Chétardie, abgefangen, die ihn über Johannas Intrigen vollständig ins Bild setzten. In diesen Schreiben wurden zahlreiche abfällige und kritische Äußerungen der Fürstin von Anhalt-Zerbst über die Kaiserin wiedergegeben. Ihr heuchlerisches Betragen, ihr politisches Ränkespiel war entlarvt. Bestuschew sammelte sorgfältig alle Beweise, die er finden konnte, und präsentierte sie Elisabeth. Dann verschränkte er die Arme und harrte der Explosion.

In ihrer Wut über diese Deutsche, die sie mit Ehren und Reichtümern überhäuft und mit soviel Zuvorkommenheit behandelt hatte wie eine nahe Verwandte, drohte die Kaiserin, das Verlöbnis zu lösen und sowohl Johanna wie Katharina nach Hause zu schicken. Sie befahl Johanna zu sich und schrie ihr ihre Beschuldigungen ins Gesicht, so daß die arme Sünderin vor Angst in Tränen ausbrach. Zwei Stunden lang dauerte der Wutanfall. Johanna litt und verteidigte sich und bat um Vergebung. Zu spät fiel es ihr ein, daß ihre ungeschickten politischen Manöver die Aussichten ihrer Tochter in Frage stellten. Schließlich gab Elisabeth nach. Weder Johanna noch Katharina sollten fortgeschickt werden, aber der Marquis de la Chétardie wurde aus Moskau ausgewiesen. Allerdings war Johanna durch die ganze Sache auf Dauer in Ungnade gefallen. Daß man sie beim Verlobungsdiner brüskierte, war nur ein weiterer Beweis dieser Tatsache.

Voller Angst vor der Kaiserin, ihrer Mutterrechte beraubt und bei Hofe geschnitten, wurde Johanna trotzig. Sie war ständig so schlecht gelaunt, daß niemand sich mehr mit ihr unterhielt, ließ sich durch nichts besänftigen und kühlte ihre Rachegelüste an Dienern und anderen Personen niedrigen Ranges. Überall, wo sie sich vor Vergeltung sicher fühlte, provozierte sie Streit. Man sah sie oft mit dem Prinzen und der Prinzessin von Hessen-Homburg zusammen, mit denen sie sich einig wußte. Die Beziehung zu Katharina war wieder einmal einer starken Belastung ausgesetzt. Katharina, der es vor allem auf die Gunst der Kaiserin ankam, bemühte sich, keine der beiden Seiten vor den Kopf zu stoßen; aber mit ihrer Mutter war nun einmal schwer auszukommen.

Außer diesem gab es noch ein weiteres Problem, mit dem sie sich herumzuschlagen hatte.

Peter, der ihr auf kindliche Weise freundschaftlich zugetan gewesen war, zeigte sich ihr gegenüber nun anmaßend und feindselig. Von seinem Diener Roumberg lernte er, wie man Frauen behandelte, und er übte sich fleißig in dieser Kunst. Roumberg erzählte ihm, daß eine Frau in dauernder Angst vor ihrem Gatten leben müsse, daß sie kaum wagen dürfe zu atmen ohne seine Erlaubnis. Peter verlangte vollständige Unterwerfung von Katharina. Er erlaubte ihr niemals, sich zu irgendeinem Thema mit einer eigenen Meinung zu Wort zu melden, da sie ihm gehörte und er mit ihr machen konnte, was ihm gefiel. Selbstverständlich werde er sie auch von Zeit zu

Zeit züchtigen, sagte er zu ihr. Diesen goldenen Rat hatte er von Roumberg erhalten.

Mit dem Gerede von Schlägen und Unterwerfung wurde er einerseits eine Bedrohung für sie, andererseits rückte er ihr immer ferner. Sie erwartete nicht, daß er ihr treu blieb. Schon früher hatte er ihr seine wechselnden Affären mit diversen Damen des Hofes anvertraut; sie wußte, daß man von Gatten Treue nicht verlangen konnte. Ihr gewissenhafter, aufrechter Vater bildete unter den Männern, die sie kannte, in dieser Hinsicht eine rühmliche Ausnahme. Und doch muß sie sich Gedanken gemacht haben über die Form ihres Zusammenlebens. Wie würde Peter als verheirateter Mann sein? In dem Brief, den ihr Vater ihr zum Abschied mitgegeben hatte, stand, daß sie zu Peter aufschauen sollte als zu ihrem »Gott, Vater und Herrscher«. »Sein Wille muß alles regieren«, hatte Christian August geschrieben, und sie hatte es sich zu Herzen genommen. Aber galt das auch, wenn Peter, eigensinnig, wie er war, grausame Launen entwickelte und sie mißhandelte? Durfte sie sich an die Kaiserin wenden, wenn sie Schutz und Hilfe brauchte?

Frauen galten nicht viel in Rußland, das sollte Katharina bald herausfinden. Bis vor kurzer Zeit, in der Ära von Elisabeths Vater, Peter dem Großen, hatte man sie vor den Augen der Öffentlichkeit verborgen gehalten. Sie lebten abgeschlossen in den Terems, den oberen Räumen der russischen Häuser, und bekamen außer ihren Verwandten kaum Männer zu Gesicht. Man glaubte, daß Frauen weltlichen Verführungen eher erliegen würden als Männer. Je höher der Rang einer Frau, desto eingeschränkter war ihr Leben. Nur die ärmsten Frauen der Bauern, die mit ihrer Arbeit zum Unterhalt der Familie beitrugen und deren Lebensbedingungen Abgeschlossenheit nicht zuließen, durften frei mit Männern umgehen.

Peter der Große hatte versucht, die Terems abzuschaffen, obwohl seine weiblichen Untertanen sich ihm widersetzten. Viele von ihnen hielten an ihrem isolierten Status in der Familie fest. Als Peters Tochter an die Macht kam, wurden die Frauen kühner und gewöhnten sich daran, auch am öffentlichen Leben teilzunehmen. Aber auch wenn sie ihre physische

Isolation mehr und mehr überwanden – zumindest in Moskau und Petersburg, wo die petrinischen Reformen sich durchgesetzt hatten –, so befanden sie sich doch noch immer unter dem beherrschenden Einfluß der Kirche, die ihnen einredete, sie seien schwache, dumme Geschöpfe, anfällig für jede Sünde, besonders die Sünde der Sexualität. Und die Gesetze, die sie als Sklavinnen ihrer Ehemänner und Väter betrachteten und den barbarischen Strafen ihrer natürlichen Herren überließen, wenn sie es an Gehorsam fehlen ließen – diese Gesetze bestanden nach wie vor.

Wenn eine junge Frau heiratete, war es üblich, daß der Vater sie leicht mit einer Peitsche berührte und dann die Peitsche an den Ehemann weitergab, den er für sie ausgewählt hatte – zur Erinnerung daran, daß die Frau nun von einer Form der physischen Untertanenschaft zu einer anderen überwechselte. Während der Hochzeitszeremonie warf sich die Frau vor ihrem Mann zu Boden und berührte seine Füße mit ihrer Stirn als Zeichen ewiger Unterwerfung. Er aber bedeckte die vor ihm liegende Braut mit einem Kleidungsstück aus seinem Besitz, als Symbol dafür, daß er von nun an für sie sorgte wie für sich selbst. Später, auf dem Weg in ihre gemeinsame Behausung, schlug er sie leicht mit der Peitsche und sagte bei jedem Schlag: »Damit du die Bräuche deiner Familie vergißt, damit du meinen Brauch annimmst.« Beim Eintritt in das gemeinsame Schlafzimmer befahl der Bräutigam der Braut, ihm die Stiefel auszuziehen. Sie kniete vor ihm nieder und entdeckte in einem der Stiefel wiederum die Peitsche. Noch einmal wurde sie daran erinnert, daß, wie es in einem alten russischen Sprichwort heißt, »die Frau in der Hand des Mannes ist«.

Ihr ganzes verheiratetes Leben lang stand die Frau in Gefahr, von ihrem Mann davongejagt zu werden. Gab sie ihm nur den kleinsten Anlaß zum Mißfallen, hatte er alle Rechte auf seiner Seite. Die orthodoxe Kirche erlaubte es dem Mann, sich von seiner Frau zu trennen und sie in ein Kloster zu schicken, wo sie, zusammen mit anderen lebendig begrabenen Unglücklichen, die ihren grausamen Gatten davongelaufen waren, für die Welt gestorben war. Der Ehemann aber konnte sich nach Belieben wieder verheiraten. Viele Männer benutzten diese Methode, um sich ungeliebter Ehefrauen zu entledigen, aber noch mehr Männer rächten sich für all ihre geplatzten Träume und enttäuschten Hoffnungen, indem sie ihre Frauen brutal und hemmungslos prügelten. Der Rat des Dieners Roumberg an Peter, Katharina brauche wie jede Frau von Zeit zu Zeit ein paar Schläge auf den Kopf, entsprach den Konventionen. Eine solche Bestrafung war mild gegen das, was andere Ehemänner taten, um Frauen zu züchtigen: Sie rissen ihnen die Kleider vom Leib und hingen sie an den Füßen auf, um sie dann zu schlagen, bis das rohe Fleisch zutage lag und die Knochen brachen.

Viele Frauen starben an diesen Mißhandlungen, aber das Gesetz sah in den Tätern keine Verbrecher. Wenn es jedoch eine Frau wagte, zu ihrem Folterer zurückzukehren und ihn zu töten, wurde sie erbarmungslos verurteilt: Man hob ein Loch im Boden aus, grub die Schuldige bis zum Hals darin ein und ließ sie verdursten. Dies geschah keineswegs selten. Ein Rußlandreisender im frühen achtzehnten Jahrhundert schrieb, daß er oft Zeuge dieser qualvollen Folter geworden sei. Seiner Beobachtung nach dauerte es oft sieben oder acht Tage, bis der Tod der bestraften Frauen eintrat. Noch häufiger sah man Frauen mit abgeschnittenen Nasen. Das war die gängige Bestrafung dafür, daß sie ihre Gatten »beleidigt« hatten.

Eine junge Frau, die so klug, so entschlußkräftig und selbständig war wie Katharina, mußte bei dem Gedanken, demnächst dem unreifen Peter unterworfen zu sein, erschauern. Aber ihr Bedürfnis, der Kaiserin zu willfahren, übertönte alles andere, und nach dem Willen der Kaiserin mußte sie Peter heiraten. Außerdem würde, wenn sie Peter ablehnte, eines Tages irgendein anderer Mann kommen und die Herrschaft über sie beanspruchen – es sei denn, sie wählte ein Leben als Außenseiterin, wie es die interessante Gräfin von Bentinck führte. In diesem Fall wäre sie von Konventionen befreit, aber man würde sie überall fürchten und zurückstoßen. Von einem solchen Leben träumte Katharina vielleicht hin und wieder, aber im Ernst konnte sie es nicht wünschen.

Als Großfürstin bekam sie nun einen eigenen Hofstaat, der aus drei Kammerherren, einem Kammerjunker, drei Zofen und der Gräfin Rumjanzowa bestand, die dem ganzen Haushalt vorstand. Einst war diese anspruchsvolle und beherrschende Frau eine Geliebte Peters des Großen gewesen. Mit einer Ausnahme waren alle Dienstboten Russen. Unter ihnen befand sich ein Mädchen, das nur ein Jahr älter war als Katharina und sich so gern amüsierte wie sie. Die beiden wurden Freundinnen. Allerdings beschränkte sich die Freundschaft auf ausgelassene Balgereien und von Kichern unterbrochenes Radebrechen, denn, wie Katharina sich später erinnerte, mit ihrem Russisch stand es noch immer schlecht. Immerhin gewährte ihr das Zusammensein mit diesem Mädchen, auch wenn es fast ohne Worte verlief, ein wenig Erleichterung von dem anstrengenden Leben bei Hofe.

Johanna, noch immer verstimmt, weil sie sich bei Hofe schlecht behandelt fühlte, griff Katharina wegen dieser unschuldigen Freundschaft mit dem russischen Mädchen an, um sich selbst wieder mehr Bedeutung zu verschaffen. Sie erklärte ihrer Tochter, es sei unpassend, Personen niedrigen Standes die Gunst zu erweisen, sie ins Vertrauen zu ziehen – Katharina neigte durchaus zu dieser schlimmen Untugend –, und sie bestand darauf, daß Katharina all ihre Dienerinnen mit der gleichen distanzierten Neutralität behandelte. Katharina protestierte zunächst – dann dachte sie nach und gehorchte.

Johanna fühlte sich durch diesen kleinen Erfolg bestärkt und strebte nach mehr. Zunächst gewann sie Katharinas Kammerherrn, den Grafen Tschernyschow, und brachte ihn dazu, daß er alles tat, was sie befahl. Dann mischte sie sich in die kleinen Streitereien und Parteibildungen ein, die es in Katharinas Gefolge gab. Wo Harmonie herrschte, säte sie Zwietracht. Noch immer fand sie Zuflucht im Kreis des Hauses Hessen-Homburg, während sie von anderen Teilen des Hofes brüskiert wurde. Gerüchte wollten wissen, daß sie sich mit dem hübschen Bruder der Prinzessin von Hessen-Homburg, dem Kammerherrn Bezki, liiert hatte. Die Briefe Christian Augusts, die in regelmäßigen Abständen aus Zerbst eintrafen und sie zur Heimkehr drängten, ignorierte sie. So lange es nur irgend ging, wollte sie am kaiserlichen Hof bleiben, wie es schien. Jedenfalls zeigte sie nicht die Absicht, vor Katharinas

Hochzeit abzureisen, obwohl klar war, daß niemand, mit Ausnahme von Katharina, dem Ehepaar von Hessen-Homburg und möglicherweise Graf Bezki, Wert darauf legte, daß sie blieb.

Inzwischen war der Sommer gekommen mit seinen langen, heißen Tagen und schwülen Nächten. Nach ihrer Gewohnheit führte Elisabeth in dieser Jahreszeit ein Nomadenleben auf dem Land. Ihre Mutter, jene dralle, natürliche, blühende Bäuerin, die zweite Frau Peters des Großen, hatte sich mit dem gezierten und künstlichen Leben bei Hofe niemals anfreunden können. Auch Elisabeth fühlte sich am wohlsten, wenn sie, oft im Freien kampierend, weit weg von den hauptstädtischen Palästen am einfachen Leben des spärlich bevölkerten Hinterlandes teilnahm. Wie in ihrer Kindheit lebte sie dann unter den Bauern, die die Mehrzahl ihrer Untertanen bildeten.

Und wohin die Kaiserin ging, dorthin folgte ihr der Hof. Hunderte von Karossen, hochbeladen mit Truhen und Schrankkoffern voller Kleider und Proviant, rollten die frisch ausgebesserten Straßen entlang, die zu den Aufenthaltsorten der Kaiserin führten. Tausende von müden, staubbedeckten Dienern und Lakaien fuhren mit oder liefen hinter den Kutschen her, hustend, keuchend und sich mit Mühe der Mücken erwehrend, die in dichten schwarzen Wolken aus dem Staub aufstiegen und über alles herfielen, was lebendig war. Elisabeth reiste niemals ohne ihren Hofstaat, und sie ließ niemals irgend etwas zurück. Alles mußte ihr folgen: ihre aus einer Unzahl von Prachtroben bestehende Garderobe (in diesem Jahr fehlten allerdings viertausend Kleider, sie waren bei einem riesigen Brand vor einigen Monaten zerstört worden), ihr Leinen und ihr Silber, ihre Gobelins, ihre Ikonen und anderer Kirchenschmuck, ihre Hunde und Jagdpferde, ihre Friseure und die anderen Angehörigen des Hofstaats von höherem oder niedrigem Rang.

Wie ein Heuschreckenschwarm fielen die Höflinge im Land ein. Jedes Pferd und jeder Wagen auf dem Weg wurde für den Transport gebraucht, Tausende von Schafen und Hühnern ließen ihr Leben, um die hungrigen Mägen zu füllen. Neuntausend Liter Wein und Bier wurden pro Tag ausgeschenkt.

Tonnenweise verbrauchte man Fleisch und Käse, Eier, Gemüse, Honig. Proviantmeister ritten dem Haupttroß voran. In den Dörfern schleppten sie alles hinweg, was sie in Scheunen und Speichern fanden, konfiszierten Vorräte, Pferde und Wagen; ein Wunder, daß sie auf den Feldern das Korn auf dem Halm ließen.

Die Dorfbewohner ließen diese Heimsuchungen über sich ergehen, ohne – nach außen hin – zu protestieren. Mit offenem Mund sammelten sie sich am Wegrand, wenn die Karawane der Würdenträger und livrierten Diener in ihrer ganzen staubigen Pracht vorüberzog. Und wenn der Wagen der Kaiserin von fern sichtbar wurde, knieten sie ehrfürchtig nieder oder warfen sich auf den Boden.

Die Kaiserin war eine Gottheit für sie, aber eine Gottheit besonderer Art. Wenn sie mit ihnen zusammenkam, sprach sie ganz ohne Hochmut mit ihnen, fragte nach der Ernte und den Kindern, interessierte sich aufrichtig für den Obstgarten und das Jungvieh. Gern betrat sie aufs Geratewohl eine Hütte, aß mit Behagen die Blinis, Krautsuppe und gewürztes Schweinefleisch oder was immer ihr die Hausfrau vorsetzte. Mit den Männern trank sie Kwaß und ließ sich die Stellen zeigen, wo sie Pilze sammelten. Man sah, daß ihr die Gesellschaft dieser Leute, ihre uneingeschränkte Bewunderung, wohltat.

Eigentlich zog sie gutaussehende Männer niedrigen Standes den Aristokraten vor; sie breitete all ihre üppigen Reize aus, um von ihren untergebenen Bewunderern Blicke zu erhaschen, die nicht nur von platonischer Verehrung sprachen. Es war ihr sehr wohl bewußt, daß sie im Falle nachlassender Leidenschaft für ihren heimlichen Gatten Alexej Rasumowski ohne Schwierigkeiten einen Ersatz für ihn finden würde. Und während sie durch die Dörfer streifte, hier und da mit einem Wink ihrer Hand die Instandsetzung oder den Bau einer Hütte anordnete oder neue Anbau- und Arbeitsweisen initiierte, hielt sie nach attraktiven Männern Ausschau.

Im ersten Monat des Sommers gab sie sich mit ausgedehnten Streifzügen über Land zufrieden. Sie raste mit ihrer Troika die holperigen Straßen entlang, stand mit zurückgeworfenem Kopf selbst auf dem Kutschbock und ließ die Peitsche über die

Rücken ihrer schnellen Pferde sausen, sie jagte Wölfe und Hyänen, oder sie verkleidete sich als Bäuerin, schmückte ihr Haar mit Blumen und bunten Bändern und nahm an den dörflichen Tanzfesten teil. Die Lieder der Bauern begeisterten sie; sie ließ sie von ihren Hofmusikern niederschreiben und versuchte selbst in diesem Stil zu komponieren.

Aber im August packte sie ihre Jagd- und Tanzkleider wieder ein und wurde eine fromme Pilgerin. Ohne ihren gewohnten Staat, in groben Stiefeln, begann sie die Wanderung zu ihren liebsten heiligen Stätten. Sie schritt auf ihren stämmigen Beinen rasch voran, während sich ein etwa hundertköpfiger Troß immer in ihrer Nähe hielt, falls sie einen Schluck Wasser zu trinken begehrte, ihre Stiefel wechseln wollte oder Appetit auf ein frugales Mahl verspürte. Stundenlang wanderte sie, manchmal zehn oder zwölf Kilometer am Stück, bevor sie rastete, und nach Tagen erreichte sie ein Kloster, wo sie sich länger aufhielt und ihre Andachten verrichtete.

Und der Hof tat wie seine Kaiserin – obwohl die meisten nicht soweit gingen, daß sie ihre Kutschen verließen und die Wallfahrt zu Fuß machten. Viele Städte am Weg rüsteten sich zum Empfang der zahlreichen Pilger, Serpuchow, Tula, Sewsk, Gluchow, Baturin, Neschin. Drei Wochen hielt man sich in Koselez auf, wo sich Graf Rasumowski ein großes Haus hatte bauen lassen. Dort gab es – wie sich Katharina erinnerte – »immerzu Musik und Tanz«. Es wurde auch gespielt, und die Einsätze an den Spieltischen waren keineswegs gering. Auch die Klöster und Abteien, die sie passierten, sorgten für Unterhaltung: Ballett und Komödie, Kampfszenen und großartige Aufzüge von Fischerbooten auf dem Dnjepr. Nachdem sie diese Darbietungen viele Stunden lang genossen hatte, wurde die Kaiserin müde und befahl den Schauspielern, die Bühne zu verlassen. Doch es folgte noch mehr: Bankette und Maskenbälle, Ausflüge zu den lokalen Sehenswürdigkeiten, Besuche von Kirchen. Nicht selten brannte man – ein höchst gefährliches Unterfangen zu jener Zeit – zu Ehren der Kaiserin ein Feuerwerk ab.

Die Sommerwallfahrten gaben Katharina die Gelegenheit, das Land kennenzulernen, über das ihr Ehemann einst herrschen würde. Sie sah endlose, dichte Wälder aus Birken und Tannen; Weizen- und Roggenfelder, die sich bis zum Horizont erstreckten; frischgrüne Wiesen voller Margeriten, Mohn und Kornblumen, die darauf warteten, gemäht zu werden; kühle Seen, in denen sich Ahorn und Weiden spiegelten; Sümpfe und Moore, von Riedgras und Schilfrohr taillenhoch überwachsen. Und sie saugte sich voll mit diesen Dingen und nahm begierig alle Einzelheiten wahr, verlassene Kirchen, Gehöfte und Weiher, Dörfer, in denen die schwarzen, altersschwachen Holzhäuser sich schief aneinanderlehnten, als ob sie beieinander Schutz suchten vor der grenzenlosen Weite ringsum. Auch in der heiligen Stadt Kiew machte sie Station, und die herrlichen Kirchen und weißgekalkten, schiefergedeckten Klöster, die in der Sonne funkelnden goldenen Kuppeln und üppig blühenden Gärten weckten Ehrfurcht und Bewunderung in ihr.

Die Weite Rußlands und die Größe des kaiserlichen Gefolges stellten alles in den Schatten, was Katharina kannte. Sie selbst erschien nun trotz ihres hohen Ranges klein, denn sie war nur eine unter Tausenden in diesem riesengroßen Troß, eine unter Tausenden, die von der Kaiserin Nahrung und Schutz beanspruchte. Daß sie nun eine Großfürstin war, hielt Peter keineswegs davon ab, sie immer wieder dadurch zu ärgern, daß er ihr erzählte, wie er sie behandeln würde, wenn sie erst einmal verheiratet wären; und es hielt Johanna nicht davon ab, sich bei jeder Gelegenheit unhöflich, gereizt und launisch zu zeigen. Sie hatte eigentlich nicht mitkommen wollen auf diese Reise, weil Iwan Bezki nicht daran teilnahm, und nun ließ sie ihre ganze Enttäuschung an ihrer Tochter und an Peter aus – dem sie einmal um ein Haar eine Ohrfeige gegeben hätte – und stritt sich mit den Damen ihres Gefolges herum.

Katharina empfand es als äußerst anstrengend, dauernd mit ihrer reizbaren Mutter zusammenzusein. Sie fuhren zusammen in einer Kutsche und wohnten unter einem Dach, oft im Zelt. Es war schwierig, zwischen Johanna und Peter zu vermitteln, aber Katharina versuchte es. Die Kaiserin, die sich dem Vergnügen der Jagd oder ihren frommen Pflichten hingab, schien nun weit entfernt, und Katharina wußte, daß sie sich vor der Bosheit derer, die sie umgaben, nur selbst schützen konnte, auch wenn die strahlende Herzlichkeit, mit der Elisabeth sie behandelte, ihr immer wieder guttat. Als die lange Wanderschaft des Sommers zu Ende ging und der erste Frost schon in der Luft lag, nahm Katharina in der langen Prozession des Hofes, der nach Moskau zurückkehrte, ihren Platz ein, und schmerzhafter denn je empfand sie, daß sie jung war, verletzlich und allein.

Kapitel Sechs

Im Oktober bekam Peter einen trockenen Husten und Schmerzen in den Flanken und mußte das Bett hüten. Sein Arzt untersuchte ihn sorgfältig und verbot ihm jegliche Anstrengung, aber die Symptome machten ihm keine allzu großen Sorgen. Peter war schon oft krank gewesen, diesmal würde es nicht schlimmer sein als sonst. Katharina, die sich bestimmt erleichtert fühlte, weil sie für eine Weile von den groben Späßen ihres Verlobten verschont blieb, sandte ihm kleine Botschaften und genoß das Leben ohne ihn.

Neue Freundinnen ersetzten ihr das russische Mädchen, das von Johanna entlassen worden war: Praskowja und Anna Rumjanzowa, Töchter der Vorsteherin des Hofstaats, der Gräfin Maria Rumjanzowa. Sie waren etwa im gleichen Alter wie Katharina und mochten dieselben wilden, lärmenden Spiele. In ihrer Gesellschaft vergaß Katharina ihre Kümmernisse und gab sich ganz dem ausgelassenen Vergnügen hin. Maria Rumjanzowa ließ die Mädchen tanzen und herumtollen, wie sie wollten; es waren ja nur harmlose Kindereien. Die Kaiserin, die Katharina weiterhin ihrer uneingeschränkten Gunst versicherte – sie sagte, sie liebe sie beinahe noch mehr als Peter –, wollte nicht allzu genau wissen, was in Katharinas Gemächern vor sich ging. Und auch Johanna schritt diesmal nicht ein. Ihre Liaison mit dem Grafen Bezki hielt sie mehr und mehr in Atem; zudem war sie in einem entfernten Flügel des Winterpalastes untergebracht.

Jede Nacht, wenn die Bälle und Gesellschaften zu Ende waren, kehrte Katharina in ihre Gemächer zurück und lud Praskowja ein, bei ihr zu schlafen – manchmal schlief sie auch mit ihr im Bett –, »und dann verging die Nacht mit Springen, Tanzen und Narreteien«, schrieb sie in ihren Memoiren. »Oft schliefen wir erst gegen Morgen ein, so argen Unfug trieben wir.«

Inzwischen stellte es sich heraus, daß Peter die Windpocken hatte. Der ganze Hof befand sich in heller Aufregung, denn diese Krankheit war eine ernste Angelegenheit. Gleichzeitig kamen Gerüchte auf, die von einem Skandal berichteten: Johannas turbulente Beziehung zum Grafen Bezki sollte dazu geführt haben, daß sie schwanger war. Ob Katharina die Wahrheit wußte, ob sie diesen Gerüchten Glauben schenkte oder nicht, ist ungewiß. Aber eine dunkle Wolke der Schande hing sowohl über Johanna wie über ihr selbst, und wieder einmal war ihre Stellung alles andere als sicher. Wenn Johanna die Familie in Mißkredit gebracht hatte oder wenn Peter sterben sollte, würde man nicht zögern, Katharina sofort nach Deutschland zurückzuschicken.

Der Winter begann und mit ihm die Saison der glänzenden Bälle und Hoffeste, auf denen Katharina wegen ihrer schlanken Gestalt, ihrer hellen, reinen Haut und ihrem langen, eleganten Hals die allgemeine Bewunderung auf sich zog. Für Kleider und Wäsche und für teure Geschenke gab sie mehr Geld aus, als die Kaiserin für ihren Unterhalt bereitgestellt hatte, und wie alle Angehörigen des Hofes entwickelte sie eine begehrliche Leidenschaft für die französische Mode. Als Peter endlich wieder gesund wurde und sich bei den abendlichen Vergnügungen wieder zeigte, fiel Katharina ein Stein vom Herzen. Ende November nahmen sie zusammen an einem Maskenball teil. Peter sah noch etwas matt aus, Katharina aber vibrierte vor Vitalität und Charme, sie trug eine kostbare Robe und wirkte so glücklich wie lange nicht mehr.

Doch ihre Zufriedenheit sollte nicht lange dauern. Einige Wochen später, als der Hof nach St. Petersburg zog, um dort Weihnachten zu feiern, fühlte sich Peter erneut unwohl. Vierhundert Kilometer von Moskau entfernt machte der ganze reisende Troß halt, während Peter sich ausruhte. Er befand sich in der Obhut Dr. Boerhaaves. Das Fieber stieg, und er konnte sich vor Bauchschmerzen kaum noch bewegen. Am nächsten Tag zeigten sich Flecken auf der Haut – die gefürchteten Anzeichen der Pocken.

Die Vorsichtsmaßregeln des Arztes waren streng: Niemand durfte mehr mit Peter zusammenkommen, außer ihm selbst und einige nicht allzu wichtige Dienstleute. In den nächsten Stunden befanden sich Katharina und Johanna in ihrem Schlitten auf dem Weg nach Petersburg, wo Katharina gesonderte Zimmer bekam. Niemand setzte sie über Peters Erkrankung in Kenntnis. Die Kaiserin, die sich schon in der Hauptstadt befand, wurde durch einen Kurier benachrichtigt, und in aller Eile machte sie sich auf den Rückweg, um nach ihrem Neffen zu sehen.

Die kalte und dunkle Weihnachtszeit schien sich durch Peters schwere Krankheit noch zu verdüstern. Sechs Wochen lebte Katharina abgesondert vom Hof, aber sie war nicht faul und benutzte die Zeit, um sich dem Studium der russischen Sprache zu widmen. Mit Hilfe ihres Lehrers schrieb sie einige Briefe auf russisch an die Kaiserin, was bei dieser großen Anklang fand. Russisch zu sprechen und zu verstehen fiel Katharina längst nicht mehr schwer; nun lernte sie langsam auch, Russisch zu schreiben. Außer ihren Dienern und Kammerfrauen sah sie in diesem Januar nur wenige Menschen. Ihre Mutter wurde von ihr ferngehalten, selbst zu den Mahlzeiten sahen sie sich nicht. Die Kaiserin hatte angeordnet, daß Johanna kalt und reserviert zu behandeln sei, wahrscheinlich in der Hoffnung, daß sie sich unter diesen Umständen entschließen würde, nach Zerbst zurückzukehren. Aber sie täuschte sich. Johanna, widerspenstig, wie sie war, tat ihr diesen Gefallen nicht. Sie pochte auf das, was sie als ihr Recht bezeichnete, nämlich in Rußland zu bleiben bis zur Hochzeit ihrer Tochter. Bis dahin aber würden noch viele Monate vergehen. Und Elisabeths Strafandrohungen zum Trotz fuhr sie fort, an den preußischen König zu schreiben und mit seinen Gesandten wirkungslose Intrigen zu schmieden.

Sooft Peter in seinem Leben schon schwer krank gewesen

war, so oft hatte er sich dank seiner zähen Natur auch wieder erholt. Auch diesmal genas er von den Pocken und zeigte sich Ende Januar 1745 wieder bei Hofe. Doch man erkannte ihn kaum wieder: Sein Gesicht war unförmig und geschwollen, von Pockennarben entstellt, und die riesige Perücke, die er trug, weil man ihm das Haar geschoren hatte, trug keineswegs zu größerem Liebreiz bei.

»Das Blut erstarrte mir zu Eis bei seinem Anblick«, schrieb Katharina in ihren Memoiren. Dieses widerwärtige Geschöpf, dessen einst hübsches Gesicht sich durch die Krankheit vollkommen verändert hatte, sollte ihr Bräutigam sein! Er speiste nun jeden Abend mit ihr, und sie, die nur jedermann gefallen wollte, schluckte ihren Ekel herunter und ließ sich seine Gesellschaft gefallen. Heimlich aber sehnte sie sich danach, einfach wegzulaufen, zurück nach Deutschland, irgendwohin, wo es diese schreckliche Aussicht nicht gab, daß sie seine Frau werden mußte. Je näher die Hochzeit rückte, desto größer wurde das Verlangen, einfach alles, was in Rußland geschehen war, zu vergessen und heimzukehren.

Im März gab Elisabeth bekannt, daß die Hochzeit Anfang Juli stattfinden werde. Katharina erschauerte. »Ich hörte nur mit großem Widerwillen den Tag nennen, und es machte mir keine Freude, wenn man davon sprach«, schrieb sie später. Sie hatte ein schreckliches Vorgefühl und wußte sicherer denn je, daß sie im Begriff stand, eine unglückliche Ehe zu schließen. Aber ihr Stolz verbot ihr, diese Ängste zu zeigen. Sie fühlte sich als Heldin, die eine Probe zu bestehen hat, und biß die Zähne zusammen. Daß Peter sie nicht liebte, daß er ihr höchstens wankelmütige brüderliche Zuneigung und halbherzige Freundschaft entgegenbrachte, das wußte sie. Seine unverhohlenen Liebschaften mit diversen Hofdamen der Kaiserin wurmten sie dennoch. Es war ihr aber ebenso bewußt, daß es völlig sinnlos wäre, sich darüber zu beklagen, und daß es überdies keinem etwas nützte.

In der Öffentlichkeit verbarg sie ihre Beklommenheit, aber in Gesellschaft derer, die ihr am nächsten standen, ihrer Ehrendamen und Kammerfrauen, war es schwieriger, sich zu verstellen. Sie versuchte sich zu zerstreuen, zettelte wilde Spiele und

Vergnügungen an, streifte durch die Gärten von Peterhof, bis sie müde wurde, aber die düstere Stimmung ließ sich nicht vertreiben. »Je näher mein Hochzeitstag herankam, desto trauriger wurde ich«, erinnert sie sich, »und sehr oft mußte ich weinen, ohne recht zu wissen, weshalb.« Ihre Frauen bemerkten es und versuchten sie aufzuheitern, aber das verschlechterte Katharinas Stimmung nur noch mehr. Sie hatte Angst, als schwach zu gelten und verachtet zu werden, wenn sie weinte.

Was die Sache noch schlimmer machte, war Peters Verhalten. Er schien immer mehr in seiner eigenen Welt zu leben, besuchte sie weniger häufig als früher und hatte nur kalte Geringschätzung für sie übrig. Auch die Kaiserin war in diesen Tagen und Wochen weit weg. Und Johanna hatte viel zuviel mit sich selbst zu tun, um für ihre Tochter Zeit und Trost aufbringen zu können. Die schmachvolle Behandlung, die man ihr angedeihen ließ, konnte sie nur mit theatralischem Getue beantworten.

Eines Morgens im Frühjahr besuchte Katharina ihre Mutter in deren Gemächern und mußte eine schreckliche Szene miterleben. Johanna – ob sie wußte, daß ihre Tochter kommen würde, ist ungewiß – lag in der Mitte des Zimmers auf einer Matratze ausgestreckt, offenbar ohne Bewußtsein. In größter Aufregung liefen ihre Kammerfrauen durcheinander. Dr. Lestocq, der sich über sie beugte, schien ratlos. Katharina stieß einen erschrockenen Schrei aus und wollte wissen, was geschehen war. Niemand konnte ihr erschöpfend Auskunft geben, aber irgendwie bekam sie heraus, daß Johanna plötzlich das Bedürfnis verspürt hatte, zur Ader gelassen zu werden, und daher einen Arzt hatte kommen lassen. Dieser Arzt hatte erfolglos ihren Arm aufgeschnitten und wollte es dann mit den Adern an den Füßen versuchen, als Johanna, die bei Aderlässen immer besonders furchtsam gewesen war, in Ohnmacht fiel. Man mühte sich einige Zeit mit ihr ab und brachte sie wieder zu sich, aber kaum sah sie Katharina, schickte sie sie in bösem Ton aus dem Zimmer. Katharina weinte und erinnerte sich wieder einmal an all die Dinge, die zwischen ihnen standen und ein Vertrauensverhältnis unmöglich machten.

Die Hochzeitsvorbereitungen liefen auf vollen Touren. Viele Angehörige des Hofes hatten sich für die kommenden Feierlichkeiten prächtige neue Toiletten bestellt, die Diener bekamen elegante neue Livreen. Kutschenbauer in Paris und Wien waren beauftragt worden, neue Karossen herzustellen. Aus dem Westen Europas kamen feine Stoffe, Seide aus Neapel, aus England Brokat; aus Frankreich wurden weiche Handschuhe und Schuhe aus Satin geschickt, und aus den besten Handwerksbetrieben Norditaliens kamen goldene Sättel und Steigbügel. Auf Befehl der Kaiserin sollte während des Hochzeitsfestes den höchstrangigen Edlen von jeweils nicht weniger als zwanzig Läufern, Pagen und anderen Dienern aufgewartet werden, und alle diese Diener mußten auf das teuerste ausgestattet werden mit purpurroten Mänteln und Kniehosen mit Metallverschlüssen, feinen Haarbeuteln, Seidenstrümpfen und Spitzenmanschetten.

Die Kaiserin war entschlossen, ein Hochzeitsfest in Szene zu setzen, das an Pracht alles übertraf, was man an einem europäischen Hof je erlebt hatte. Das Vorbild, das sie zu übertreffen hoffte, war die Hochzeit des französischen Dauphins, des Sohnes Ludwigs XV., und sie schrieb nach Versailles, um sich die Feierlichkeiten in allen Details beschreiben zu lassen. Ihr ehrgeiziges Ziel schien unerreichbar, denn der französische Hof war zu dieser Zeit ein wahres Märchenland, ein flirrendes Wunderwerk aus Gold und Edelsteinen, aufwendigem Zierat und prächtigem Putz. Fünfhundert Goldschmiede, so hieß es, seien damit beschäftigt, die exquisiten Juwelen und Schmuckstücke, die die Toiletten der Adligen zierten, herzustellen. Hunderte von spezialisierten Arbeitern schnitzten, trieben und ziselierten, Hunderte von Handwerksmeistern produzierten feines Porzellan, elegante Möbel und Dekorationsgegenstände. Die extravaganten Ansprüche der Höflinge Ludwigs XV. waren schon legendär geworden, und sie hatten sich selbst übertroffen, um die Hochzeit des Dauphin zu feiern.

Kriegerische Auseinandersetzungen in Europa bedrohten auch Rußland, aber Elisabeth widerstand dem Appell ihres Kanzlers, sich den Staatsangelegenheiten stärker zu widmen. Die Hochzeitsvorbereitungen beanspruchten ihre ganze Aufmerksamkeit. Friedrich II. von Preußen, der Österreich seit fünf Jahren immer wieder angriff, war wieder einmal in das Territorium der jungen Kaiserin Maria Theresia eingedrungen und hatte Prag eingenommen. Bestuschew führte Elisabeth die Gefahr vor Augen, die diese Aktivitäten Friedrichs für Rußland bedeuteten. Er wollte, daß sie Truppen entsandte, um Maria Theresia zu helfen, doch zu seiner grenzenlosen Enttäuschung schien sie den preußischen Sturm überhaupt nicht zur Kenntnis zu nehmen. Als im Mai 1745 die Armeen des preußischen Alliierten Frankreich bei Fontenoy einen erstaunlichen Sieg über die Österreicher und deren englische Verbündete errangen, schien Elisabeth irritiert – aber nicht für lange. Bald stürzte sie sich wieder in die Planung der Hochzeit und überließ die politischen Sorgen ihrem Kanzler.

Es war nicht einfach, in St. Petersburg ein Spektakel zu inszenieren, das dem in Versailles an Pracht und Größe gleichkam. Nicht alles, was aus Westeuropa bestellt worden war, kam rechtzeitig an. Es gab nicht genug Näherinnen, um all die aufwendigen Roben zuzuschneiden, nicht genug Stickerinnen, um die fertigen Mieder und Röcke mit Tausenden von Perlen und Edelsteinen zu verzieren. Die Kaiserin ließ es sich nicht nehmen, die notwendigen Ausbesserungs- und Renovierungsarbeiten am Winterpalast, die Ausschmückung der Kathedrale, die Pläne für Bankette, Bälle und andere Vergnügungen, an denen die Hochzeitsgäste teilnehmen sollten, persönlich zu überwachen, und dennoch lief vieles schief. Das Arbeitstempo war langsam, und es gab unvermeidliche Verzögerungen. Der Termin der Zeremonie mußte verschoben werden, zweimal sogar. Und noch immer war nicht gewährleistet, daß die Schiffsladungen von Nahrungsmitteln, die aus dem Süden des riesigen Reichs eintreffen sollten, die Hauptstadt rechtzeitig erreichten, daß genug frisches Fleisch dasein würde, um alle Gäste satt zu machen, daß die Schauspieler, Sänger und Tänzer, die Opern- und Theaterbühnen bevölkern sollten, auch tatsächlich auftraten.

Fast vergaß man die Brautleute in dem ganzen Trubel. Peter, der allmählich seine Kräfte und sein sprunghaftes Temperament zurückgewann und sich, da sein helles Haar wieder gewachsen war, auch von der schlechtsitzenden Perücke trennen konnte, entwickelte eine neue Leidenschaft: Er spielte den großen Herrn von Holstein. Seit einiger Zeit mußte er sich nicht mehr den Anweisungen des Grafen Brümmer beugen und folgte nur noch den Launen seiner eigenen fürstlichen Autorität. Mit hochmütigem Blick stolzierte er durch seine Gemächer und gab Befehle. Eine Abordnung Soldaten, die ihm aus Holstein geschickt worden war, ließ er unentwegt exerzieren. Es gefiel ihm, sie stundenlang marschieren zu lassen und mit lauter Stimme herumzukommandieren. Er spielte Krieg. Sein Kammerdiener Roumberg, von dem er sich hatte beraten lassen, war von der Kaiserin ins Gefängnis geworfen worden. Nun machte Peter jeden Tag eigene Erfahrungen im Befehlegeben, und er erwartete von Katharina, daß sie ihm ebenso fraglos Gehorsam leistete wie seine Holsteiner.

Katharina, die sich elend und einsam fühlte und oft weinte, war folgsam und unterwarf sich nach außen hin seiner neugewonnenen Autorität. Immer noch fiel es ihr schwer, ihn richtig anzusehen. Sein Gesicht war nicht mehr aufgedunsen wie unmittelbar nach seiner Krankheit, aber die langsam verheilenden Pockennarben sollten es sein Leben lang verunstalten, und die Augen unter den hellen Wimpern schienen noch kleiner geworden zu sein. Mit seinen schmalen Schultern, den dünnen Armen und Beinen und dem vorspringenden Bauch war Peter alles andere als ein schöner Mann, von dieser Tatsache konnten auch teure Kleider, feine Spitzen und Brillantknöpfe nicht ablenken, und selbst in den deutschen Uniformen, die er so gern trug, sah er schwächlich und knabenhaft aus, wie für eine Rolle ausstaffiert, die ihm nicht lag.

Sich ihn als ihren Gatten vorzustellen muß für Katharina immer wieder schrecklich gewesen sein. In sexueller Hinsicht fehlte es ihr an Erfahrung und Wissen. Nur mit ihren Kammerfrauen sprach sie über den Unterschied zwischen Mann und Frau. In wenigen Wochen sollte die Hochzeit stattfinden, und sie war hin und her gerissen zwischen Neugier und Furcht. Auch von den Kammerfrauen erhielt sie nicht die Aufklärung, die sie sich wünschte, denn über den menschlichen Körper und seine Anatomie wußten sie kaum etwas, und jene geheimnisvolle, heilige Vereinigung zwischen den Ehegatten konnten sie sich nur in Analogie zur Kopulation von Tieren vorstellen.

Katharina ging zu ihrer Mutter und fragte sie geradeheraus, was in der Hochzeitsnacht geschehen werde. Mit dieser Frage traf sie offenbar einen empfindlichen Punkt – wahrscheinlich den Punkt der ehelichen Treue –, und statt ihr zu antworten, schimpfte Johanna sie aus. Nichts lag ihr ferner, als ihre Tochter über die sexuellen Tatsachen in Kenntnis zu setzen. Katharinas Fragen kamen ihr im Gegenteil höchst verdächtig vor, und bei anderer Gelegenheit warf sie ihr vor, Abenteuer gesucht zu haben, als sie eines Abends noch spät mit ihren Frauen im Palastgarten herumstreifte. Katharina protestierte. Der Vorwurf sei ungerecht, sagte sie, es seien überhaupt keine Männer in der Nähe gewesen, nicht einmal ein Diener. Aber Johanna ließ das nicht gelten, sondern bestrafte sie, und zwar besonders hart. Katharina war verletzt und empört – und so unwissend wie eh und je.

Endlich wurde der definitive Hochzeitstermin festgesetzt: der 21. August. Die Hochzeitsrobe Katharinas war aus Silberglacé mit gestickten silbernen Blättern und Blüten auf dem schmalen, tief ausgeschnittenen Mieder; auf dem weiten und schweren Rock, der aus vielen Metern Stoff bestand, funkelte es von Gold und Silber. Die Straßen von St. Petersburg erklangen vom Schall der Trompeten und den Stimmen der Herolde, die von den kommenden Festlichkeiten Kunde gaben. Trommelwirbel riefen das Volk zusammen. Der ganze Weg vom Winterpalast zur Kasaner Kathedrale wurde gefegt und geschmückt. Hier sollte die Hochzeitsprozession entlangkommen. In den Palastküchen wurde Tag und Nacht gebacken und gebraten, gesotten und gekocht; die Springbrunnen wurden mit Wein gefüllt; die Glocken läuteten; die Pferde wurden festlich aufgezäumt und geschmückt, die Kutschen geputzt und poliert.

Eine Nacht vor der Hochzeit zeigte sich Johanna versöhnlich und bot Katharina Rat und Hilfe an. Die beiden hatten »eine lange, sehr freundschaftliche Unterredung«. »Sie predigte mir viel über meine zukünftigen Pflichten«, schrieb Katharina in ihrem Lebensbericht, »wir weinten ein wenig zusammen und trennten uns dann sehr zärtlich.« Die Liebe siegte über die verletzten Gefühle. Mutter und Tochter bereiteten sich auf die einschneidende Veränderung des nächsten Tages vor.

Elisabeth, prachtvoll aufgeputzt in einer braunsilbernen Robe und über und über mit Juwelen bedeckt, kam am frühen Morgen des Hochzeitstages zu Katharina, um beim Toilettemachen der Braut dabeizusein. Nach mehreren Schichten von Unterkleidern wurde der schwere, metallisch glänzende Reifrock angelegt und zurechtgezupft, der in der Taille so eng war, daß Katharina kaum Luft bekam. Sie hatte sich das Stirnhaar kurz schneiden lassen, und ihr Kammerdiener Timofej Jewrejnow war gerade dabei, ihr mittels eines heißen Eisens Locken zu brennen, als die Kaiserin wutentbrannt dazwischentrat und dem Diener sein Tun verbot. Sie fand es unpassend, daß Katharina ihre Krone auf einem lockigen Kopf trug. Über dieses Problem entbrannte eine heftige Auseinandersetzung. Die Kaiserin verließ erregt den Raum, und es bedurfte des ganzen Takts des Dieners und der Vorsteherin des Hauswesens, Maria Rumjanzowa, um sie wieder zurückzubringen. Am Ende wurde Katharinas ungepudertes lockiges braunes Haar aus dem Gesicht gekämmt, und die brillantbesetzte Krone wurde festgesteckt. Die Aufregung legte sich, Elisabeth fand ihre Fassung wieder und betrachtete die attraktive sechzehnjährige Braut mit der schlanken Taille voller Anerkennung.

Kosmetik gehörte zu den Leidenschaften der Kaiserin, und als sie sah, wie blaß Katharina an diesem Morgen verständlicherweise war, ließ sie Rougetiegel bringen und verrieb die rote Farbe auf ihrem langen Gesicht mit den starken Kieferknochen, dem vorspringenden Kinn. Dann durfte sich Katharina aus dem Juwelenschatz Elisabeths, der aus vielen Halsketten, glitzernden Ohrringen, Armbändern und Ringen bestand, aussuchen, was sie wollte, und nachdem sie all ihren Schmuck angelegt hatte, befestigte man den langen, silberbestickten Schleier an ihren Schultern.

Aufrecht und groß, anmutig, freundlich lächelnd und voller Unschuld – Katharina bot einen bezaubernden Anblick, als sie zwischen Peter und der Kaiserin zu der wartenden Kutsche schritt. Niemand bemerkte etwas von ihrem inneren Unbehagen. Ihre prachtvolle Robe wog etwa halb soviel wie sie selbst;

sie fühlte sich nicht wie eine sorglose junge Braut, sondern eher wie ein Ritter in seiner Rüstung, denn jeder Schritt kostete Anstrengung. Und überhaupt gab es keinerlei Anlaß zur Sorglosigkeit. Peter, dem öffentliche Feierlichkeiten Pein bereiteten, schritt steif neben ihr her in seinem silbernen Galaanzug. Ohne Zweifel wünschte er nichts sehnlicher, als daß diese ganze widerwärtige russische Zeremonie bald vorbei wäre und er wieder mit seinen Soldaten spielen könnte. Sie spürte sein Mißbehagen und war sich ihrer eigenen Bedenken nur allzu bewußt. Aber nun gab es kein Zurück mehr. Das Schicksal hatte sie ausgewählt, und sie hatte die Herausforderung angenommen, blind und unwissend, aber voller Tapferkeit. Obwohl sie es kaum fertigbrachte, dem linkischen und häßlichen Jungen, mit dem sie verheiratet wurde, ins Gesicht zu sehen, war sie entschlossen, die Sache zu Ende zu bringen.

Eine schön bemalte und kunstvoll verzierte, von sechs herrlichen Pferden mit juwelenbesetztem Zaumzeug gezogene Karosse – Elisabeth hatte sie eigens zu diesem Anlaß bestellt – führte mit ihren goldglitzernden Rädern eine Prozession von einhundertzwanzig Kutschen an, die sich drei Stunden lang vom Winterpalast zur Kathedrale bewegte. Eine riesige Menschenmenge war zusammengeströmt, um die sinnenbetörende Parade zu bestaunen. Mit offenem Mund folgte man diesen Wunderwerken auf Rädern mit ihren vergoldeten Putten und Laternen und versuchte, einen Blick auf ihre vornehmen Insassen zu erhaschen. Die Höflinge in ihren kostbaren Toiletten standen der Kaiserin und den großfürstlichen Hoheiten kaum nach. Die Damen trugen zartgetönte Seidenroben und Juwelen, perlenbesetzte Reifröcke und federgekrönte Frisuren, die Herren Anzüge aus besticktem Brokat oder prächtige, mit Gold, Silber oder Brillanten verzierte Kaftane. Ein großartiges, nie dagewesenes Schauspiel! »Der an Pracht und Pomp gewöhnte russische Hof«, schrieb ein englischer Reisender, der sich zu dieser Zeit in St. Petersburg aufhielt, »sah niemals Herrlicheres als die Hochzeit des Großfürsten.«

Die religiöse Zeremonie in dem großen, echoreichen Gotteshaus dauerte drei Stunden. Katharina, in ihrem engen und schweren Kleid, muß schon nach kürzester Zeit erschöpft gewesen sein. Mit monotoner Stimme ermahnte der Erzbischof von Nowgorod die Brautleute, einander zu lieben und zu ehren, er flehte Gott an, ihnen ein langes Leben und zahlreiche Kinder zu gewähren. Fein ziselierte Kronen wurden über ihre Köpfe gehalten, und der Hall feierlicher Choräle füllte das Dämmer des Kirchenschiffs. Während der Erzbischof noch predigte, näherte sich eine der Hofdamen, die Gräfin Tschernyschowa, dem Bräutigam und sagte ihm leise etwas ins Ohr, worauf Peter sich umdrehte und Katharina zuflüsterte, daß die Gräfin ihm eingeschärft habe, den Kopf nicht zu wenden, während sie vor dem Priester standen. Einem alten Aberglauben zufolge würde derjenige von ihnen, der zuerst den Kopf wende, zuerst sterben. Katharina fand das Ganze ziemlich makaber, ließ sich aber nichts anmerken. (Später erfuhr sie, daß es nicht die Gräfin gewesen war, die in diesem Moment an den alten Aberglauben erinnert hatte, sondern Peter selbst.)

Als die Ehe endlich geschlossen war, Katharina und Peter die Ringe gewechselt und den Segen des Erzbischofs empfangen hatten, kehrten sie in den Palast zurück. Aber der anstrengende Tag war noch längst nicht vorüber. Sie mußten als Ehrengäste einem verschwenderischen Bankett beiwohnen, an dem alle Damen und Herren von Rang teilnahmen. Es gab Feuerwerk, Musik und Tanz, und es gab eine Parade fahnengeschmückter Segelboote auf der Newa.

Außerhalb der Palastbauten, auf dem Schloßplatz vor dem Gebäude der Admiralität, waren lange Tafeln für die Bevölkerung Petersburgs gedeckt worden. Aus den Springbrunnen quoll Wein, und in allen Straßen und Schenken trank man auf Braut und Bräutigam, bis man nicht mehr stehen konnte. Nirgends wurde gearbeitet, die ganze Stadt genoß das lange Fest. Der Hochzeitstag war nur der Beginn; neun weitere Tage folgten, in denen es Essen und Trinken und Vergnügen im Überfluß gab.

Auch im langgestreckten Bankettsaal genoß man den Wein und die ausgesuchten Speisen, die die Kaiserin hatte auftischen lassen. Erschöpft sagte Katharina zur Gräfin Rumjanzowa, sie bekomme Kopfweh von der schweren Krone, ob sie sie ihr einen Augenblick abnehmen könnte? Maria Rumjanzowa aber wollte es nicht tun, da es, wie sie sagte, ein schlechtes Omen sei. Sie werde Katharinas Bitte jedoch der Kaiserin vortragen. Elisabeth ließ ausrichten, daß die Großfürstin für einen Moment von ihrer Krone befreit werden dürfe. Aber kaum hatte man sie ihr abgenommen, da mußte sie schon wieder aufgesetzt werden, denn der Ball begann. Eine weitere Stunde lang harrte Katharina aus, lauschte den Hofmusikanten, die eine Polonaise nach der anderen spielten – an diesem Abend waren lebhaftere Tänze nicht erlaubt –, und versuchte, so wach und fröhlich auszusehen wie nur möglich.

Endlich ging der Ball zu Ende, und sie durfte sich in ihr Brautgemach zurückziehen. Es war auf Anordnung der Kaiserin neu eingerichtet worden, die samtenen Wandbehänge leuchteten dunkelrot, und die Pfosten des hohen Baldachins über dem Bett waren aus getriebenem Silber. Die Kammerzofen entkleideten Katharina und zogen ihr das weiche, spitzenbesetzte Nachthemd an. Sie bürsteten ihr langes braunes Haar und brachten sie zu Bett. Der Raum wurde jetzt nur noch von einem schwachen Licht erleuchtet. Alles erwartete den Bräutigam.

Von plötzlicher Angst übermannt, bat Katharina die Prinzessin von Hessen, noch eine Weile bei ihr zu bleiben, aber diese Bitte wurde ihr abgeschlagen. Es ziemte sich nicht, zu einer solchen Stunde der Braut Gesellschaft zu leisten. Denn jeden Augenblick konnte der Bräutigam nach ihr verlangen. Alle verließen das Zimmer, und Katharina lag im Bett, ängstlich wartend, voller Spannung, hellwach.

Eine Stunde, zwei Stunden vergingen, und sie war immer noch allein. Was war nur geschehen? Sollte sie aufstehen oder im Bett bleiben? Nervös und verwirrt lauschte sie in die Stille hinein. Endlich hörte sie Schritte. Aber als sich die Tür öffnete, war es nicht Peter, sondern ihre neue Kammerfrau, Madame Kruse, die ihr amüsiert mitteilte, daß ihr Gatte noch auf sein Souper warte. Nach dem Essen werde er zu ihr kommen.

Katharina lag im Bett, hörte die Uhr Mitternacht schlagen, und alles war nur noch Bangigkeit und Verwirrung. Nach einer Ewigkeit öffnete sich die Tür erneut, und da stand Peter in seiner silberbestickten Weste, schwankend und mit einem betrunkenen Grinsen im Gesicht. Er taumelte in Richtung Bett, riß das Bettzeug halb herunter und fiel neben seiner Frau nieder. Binnen kürzester Zeit begann er zu schnarchen, und Katharina, eher verblüfft als erleichtert, schloß die Augen und versuchte, ebenfalls Schlaf zu finden, so gut es ging.

Kapitel Sieben

Unberechenbar und voller Argwohn, verschwenderisch und zügellos war die Kaiserin Elisabeth. In ihrer ganzen prachtvollen Korpulenz beherrschte sie den russischen Hof und hielt den gesamten Hochadel in Angst und Schrecken. Die Tatsache, daß sie auch großzügig und verständnisvoll, sogar warmherzig sein konnte, änderte nichts daran, daß man sich vor ihr fürchtete; die Widersprüche ihres Charakters gehörten zum Wesen ihrer Macht. Denn jeden Augenblick konnte ihre huldvolle Teilnahme in Jähzorn umschlagen, und darauf konnten die fürchterlichsten Strafen und Repressionen folgen.

Jedesmal, wenn sie wieder einmal etwas völlig Unerwartetes tat, zitterten die Höflinge. Wenn sie nicht pünktlich zu Beginn eines Balls in Erscheinung trat, wurde man nervös und vermutete Schreckliches. War sie dabei, jemanden zu verhören, der ihr Mißfallen erregt hatte? Befahl sie Bestuschew, irgend jemanden nach Sibirien zu schicken? Tausende waren schon dorthin verbannt worden, und jeden Monat wurden es mehr. War sie irgendeiner Verschwörerbande auf die Schliche gekommen, die ihren Sturz vorbereiteten? Und wenn – wen würde sie als nächstes verdächtigen?

Wenn sie auf Reisen von der vorgesehenen Route abwich, wußte man, daß irgend etwas, höchstwahrscheinlich etwas Unerfreuliches, im Gange war. Als sie 1746 nach Riga fuhr, wie immer begleitet von einem Großteil ihres kaiserlichen Gefolges, befahl sie plötzlich der ganzen unabsehbaren Prozession, haltzumachen. Niemand wußte, was vorgefallen war. Dienern, Beamten, Hofdamen, Kammerherren – allen sank das Herz. Nach Stunden sah jemand ihre Kutsche, die mit voller Geschwindigkeit in Richtung St. Petersburg raste. Warum hatte sie sich auf einmal entschlossen umzukehren? Viele angstvolle Stunden später flüsterte man sich zu, daß sie eine geheimnisvolle Warnung von einem lutherischen Priester erhalten habe. Er hatte ihr gesagt, daß sie in Riga ermordet werden solle. Wenn sie nicht sofort zurückkehre, erwarte sie der sichere Tod. Fast jedermann galt nun als Verdächtiger, und die Reise wurde abgeblasen.

Es war unmöglich, Elisabeths Launen und Stimmungen vorherzusehen. So plötzlich sie einen Besuch in Riga absagte, so plötzlich konnte sie auch jedes andere Vorhaben beenden, ohne Rücksicht auf die schon getroffenen aufwendigen Vorbereitungen, und die mit den Vorbereitungen betrauten Beamten hatten völlig umsonst gearbeitet. Einem Impuls folgend, befahl die Kaiserin nicht selten dem gesamten Hof, mit ihr aufs Land zu ziehen, um ein Picknick zu veranstalten oder irgendwo unter freiem Himmel zu kampieren. Dann mußten hastig Pferde und Wagen bereitgestellt, Zelte gepackt und Mahlzeiten vorbereitet werden. Und wie oft stellte man bei der Ankunft an dem von ihr bestimmten Ort fest, daß man knöcheltief in den Schlamm einsank! Oder die Zelte kamen nicht rechtzeitig an, oder ein plötzlicher Gewittersturm prasselte nieder und machte den Aufenthalt im Freien unmöglich.

Die Frauen bei Hofe mußten sich ganz besonders vor ihr in acht nehmen. Sie wurden genauestens von ihr taxiert, und wehe, eine von ihnen besaß einen klareren Teint, schönere Augen oder einen volleren Busen als sie selbst! Wer seine Reize zur Geltung brachte, brachte sich in Gefahr: denn die Kaiserin war durchaus fähig, beim Anblick eines schönen Kleides am Körper einer anderen Frau diese des Raumes zu verweisen und ihr zu befehlen, das Kleid sofort auszuziehen. Man mußte die Kunst beherrschen, nicht schöner zu sein als die Kaiserin – wer das nicht rechtzeitig lernte, dem ging es schlecht. Auf der anderen Seite wußte jedermann, daß Elisabeth auch Regungen einer fast mütterlichen Zärtlichkeit kannte. Gern griff sie sich eine hübsche Frau heraus, nahm ihr Gesicht in beide Hände und flüsterte der Errötenden zu, wie sehr sie sie bewundere. Als Zeichen der kaiserlichen Gunst wurde diese Frau dann mit Geschenken und Privilegien überschüttet.

Im Winter 1746 wurde plötzlich der kaiserliche Befehl verkündet, daß alle Hofdamen sich die Köpfe scheren zu lassen hätten. Weinend und klagend befolgten die Frauen den Befehl, dessen Ursache sie nicht kannten und der sie ihrer schönsten Zierde beraubte. Elisabeth hatte erfahren, daß schwarzes Haar in den westlichen Monarchien der letzte Schrei war. Auch an ihrem Hof mußte jedermann der Mode folgen, also schickte sie ihren Frauen schwarze Perücken, die sie auf den kahlen Köpfen zu tragen hatten, und trug selbst ebenfalls eine Perücke. Während einer ganzen Saison suchten die schwarzen, schlecht gekämmten Perücken Bälle und Gesellschaften heim. Sie paßten nicht im geringsten zu den pastellfarbenen Seidenroben und Damaststoffen, die in jenen Jahren getragen wurden, und noch weniger zu der hellen Hautfarbe der meisten russischen Frauen. Sogar Gäste des Hofes, die nur wenige Wochen blieben, mußten dem kaiserlichen Diktat folgen und ihr Haar unter den dichten, kohlschwarzen Perücken verstecken. Aber Elisabeth war zufrieden. Sie hatte eine Oase des Geschmacks mitten in der bäuerlichen Ödnis Rußland geschaffen, ihr Hof konnte es mit den vornehmen und raffinierten Franzosen aufnehmen. Die schwarzen Perücken wurden noch bis zum Frühjahr getragen, dann erst durften sich die Damen mit Erlaubnis der Kaiserin wieder mit ihrem allmählich wachsenden natürlichen Haupthaar sehen lassen.

Elisabeths verwirrende Unbeständigkeit zeigte sich besonders bei elementaren Dingen wie Essen, Kleidung und Sex.

Hinsichtlich des Essens gab sie sich der hemmungslosesten Völlerei hin; sie verschlang gepökeltes Schweinefleisch und französische Pasteten ebenso gern wie Teigwaren und kalorienreiches Gebäck. Aus Frankreich importierte Köche mußten ihre Tafel mit immer neuen aufwendigen Köstlichkeiten versorgen. Da sie gern frische Pfirsiche und Trauben aß, die nur im Süden des Reiches wuchsen, ließ sie eine Straße bauen, die Moskau mit Astrachan verband. Auf der fast zweitausend Kilometer langen Strecke jagten Reiter entlang, die die Früchte in Körben in die Hauptstadt brachten. Doch immer wieder gab es auch Phasen der Abstinenz. In den kirchlichen Fastenmonaten verbot sich Elisabeth jede Ausschweifung und lebte von Pilzen und Wasser, und wenn sie sah, daß jemand in ihrer Umgebung nicht ebenfalls hungerte, wurde sie fuchsteufelswild.

Niemand wußte, aus wie vielen kostbaren Kleidern die unermeßliche Garderobe der Kaiserin bestand. Nach einer Schätzung besaß sie in ihren großen ledernen Truhen fünfzehntausend Roben, jede von ihnen in Seidenstoff eingepackt. Die Schneider, die sie beschäftigte, verdienten Vermögen, obwohl sie oft Schulden bei ihnen hatte und sie manchmal Jahre warten ließ, bis sie sie bezahlte. Doch ihre Sucht nach Satinbändern und vielen Metern duftiger Spitze, nach zarter Stickerei und Seidenblumen war unersättlich, und das Geld rann ihr durch die Finger. Zu ihren unzähligen Roben paßten unzählige Paar hochhackiger Schuhe, unzählige Paar Seidenstrümpfe und Handschuhe und viele Schubladen voll Juwelen und Schmuckstücke für ihre Frisuren. Und doch konnte sie auch in Fragen der Toilette plötzlich finster und streng werden; sie erschien dann in einfachen schwarzen Trauergewändern und bestrafte die Frauen, die sich weiterhin extravagant herausputzten. Ihre Kleidung reflektierte ihre Stimmungen, die zwischen übermütiger Leichtigkeit, glühender Leidenschaft und düsterer Frömmigkeit schwankten, und da niemand vorhersehen konnte, welche Toiletten ihr an einem Tag gefielen oder mißfielen, mußten alle Damen eines jähen kaiserlichen Temperamentsausbruchs ständig gewärtig sein.

Unter den Männern versorgte sich Elisabeth, wie es ihr gefiel und ohne ihren Gefühlen Zwang anzutun. Ihr schwarzhaariger, schwarzäugiger, äußerst attraktiver und stets liebenswürdiger heimlicher Gemahl Alexej Rasumowski war ihr nicht genug. Schon als vierzehnjähriges Mädchen hatte sie Liebhaber gehabt, und als Kaiserin bewies sie vielen Männern ihre Gunst, indem sie mit ihnen das Bett teilte. Alle Liebhaber wurden reich beschenkt. Wenn sie aber von der ehelichen Untreue anderer Angehöriger des Hofes erfuhr, war ihre Reaktion unberechenbar. Manches ignorierte sie; oft übte sie unbarmherzige Kritik. Unter der sinnlichen Oberfläche verbarg sich bei ihr ein starker Zug puritanischer Strenge. Von Zeit zu Zeit wurde sie angesichts offensichtlicher Immoralität von selbstgerechtem Zorn übermannt. Dann lief sie durch die Säle ihres Palasts und griff sich all jene heraus, die ein illegitimes Verhältnis unterhielten, beschimpfte die Frauen als wertlose Kreaturen und befahl ihren Beamten, sie ins Gefängnis zu werfen. Nach dem Vorbild der Keuschheitskommissare der österreichischen Kaiserin Maria Theresa – die sich persönlich nicht das geringste zuschulden kommen ließ – rief Elisabeth eine Untersuchungskommission ins Leben, die den Auftrag hatte, Ehebrecherinnen und Ehebrecher anzuklagen und zu bestrafen; und obwohl ihr Engagement in dieser Hinsicht eher sporadisch war, trug es doch dazu bei, daß man sich überall vor ihr fürchtete.

Beobachter bemerkten nicht ohne Verwunderung ihre überspannte Art. Dem Preußenkönig, der sie nie gesehen hatte, aber von seinem Gesandten alles Wissenswerte erfuhr, erschien sie geheimnisvoll, doch nicht verschlossen, unfähig zu großen Werken und als Kaiserin fehl am Platz. Lady Rondeau, Ehefrau des britischen Gesandten am russischen Hof und einfühlsame Menschenkennerin, schrieb, die Kaiserin sei liebenswert, aber innerlich gespalten. In der Öffentlichkeit – so bemerkte sie in ihren Erinnerungen an Rußland – zeige sich Elisabeth oft ungekünstelt fröhlich und von übersprudelndem Leichtsinn, während sie im häuslichen Kreis so überaus verständig und pflichttreu rede, daß man glauben könne, der andere, leichtere Charakterzug sei nur vorgetäuscht.

Auch Katharina entdeckte die beeindruckende Intelligenz der Kaiserin hinter der zur Schau getragenen launischen Vergnügungssucht. Ihrer Meinung nach hinderten die Hauptfehler Bequemlichkeit und Eitelkeit Elisabeth daran, ihren Geist zu kultivieren, stifteten sie immer wieder zu Maßlosigkeit in allen Dingen an und ließen sie zum Opfer der Schmeichler in ihrer Umgebung werden. Ihre Schönheit, die anderen Frauen Selbstvertrauen gegeben hätte, führte bei Elisabeth zu Gefühlen von Eifersucht und Rivalität, die sich zu wahrer Besessenheit steigerten, als sie die Dreißig überschritt und ihren frischen Teint verlor. Ihre Haarfarbe war noch immer von einem angenehmen natürlichen Rötlichbraun, aber ihre Wangen und Lippen brauchten jetzt viel Rouge, und ihre Augen, die bei Katharina Assoziationen an einen »fröhlichen Vogel« hervorriefen, schienen von einem immer blasseren Blau.

Der hektische Eifer, mit dem sie sich in alle möglichen Aktivitäten stürzte, war auch Ausdruck eines verzweifelten Verlangens, die Zeit anzuhalten, die sie ihrer Reize beraubte. Sie suchte Vergessen. Vom späten Vormittag an, wenn sie erwachte, bis zum Morgengrauen, wenn sie schlafen ging, beschäftigte sie sich damit, sich auf angenehmste Weise zu zerstreuen. Wenn sie nicht ritt oder jagte oder sich auf Reisen befand, veranstaltete sie große Bankette und Bälle oder gab sich ihrer strengen Andachtsübungen hin. Dreimal am Tag besuchte sie den Gottesdienst, während der häufigen Fastenzeiten noch öfter, und sie betete nicht selten stundenlang. Aber noch mehr Stunden verbrachte sie damit, sich kleiden, frisieren und schminken zu lassen und sich mit ihren Schneidern und Juwelieren zu beraten. Und zwischendurch lieh sie unwillig dem Kanzler Bestuschew ihr Ohr, der dringende Nachrichten überbrachte, gab ihren Spitzeln Aufträge zur Überwachung derer, die sie verdächtigte, und jagte vermeintliche oder wirkliche Verräter voller Zorn von ihrem Hof.

Die Nächte, besonders die langen Nächte des Winters, waren schlimm für sie, denn dann kam alles zum Stillstand, und es war um so schwieriger, sich von den dunklen Tatsachen des Lebens abzuschirmen. Ängste und Befürchtungen wurden wach, und sie erinnerte sich daran, daß es an der Westgrenze ihres Reichs einen Krieg gab, daß Rußland mit seinen Verbündeten auf dem großen Schachbrett der europäischen Politik im Augenblick nicht zu den Gewinnern gehörte. Trotz ihres Widerstands gegen jegliche ernsthafte Arbeit konnte sie sich den Klagen und Beschwerden Bestuschews, der sie immer wieder dringend bat, sich mit der Zwangslage ihres Landes auseinanderzusetzen, nicht völlig verschließen. Und wieder einmal dachte sie in dieser Zeit viel über den Thronfolger nach.

Ihr schwacher, pockennarbiger Neffe Peter enttäuschte sie immer mehr. Nachdem sie ihn zu ihrem Erben gemacht hatte, fühlte sie sich keineswegs sicherer, wie sie gehofft hatte, denn es wurde einfach nicht besser mit ihm. Er hatte offenbar eine spezielle Begabung dafür, Leute vor den Kopf zu stoßen. Die Ehe hatte ihn nicht reifen lassen; im Gegenteil, statt sich seiner Verantwortung endlich bewußt zu werden, spann er sich immer mehr in seine kindlichen Phantasien ein und zeigte keinerlei Befähigung zum Regieren. Aber auch mit seiner Frau, der deutschen Katharina, war Elisabeth unzufrieden. Statt auf der Stelle schwanger zu werden, wie es sich gehörte, war sie noch immer gertenschlank und wurde verwirrenderweise von Tag zu Tag attraktiver. Es zeigte sich, daß sie die Rolle der robusten, gehorsamen Schwiegertochter und Mutter der kaiserlichen Enkel nicht zu spielen gewillt war, für die Elisabeth sie vorgesehen hatte. Nein, sie war ganz anders und überhaupt viel zu klug und zu umgänglich, sie lernte zu schnell und beurteilte die Menschen zu gut – Elisabeth fühlte sich unwohl in ihrer Nähe.

Angst befiel die Kaiserin, Angst vor der Dunkelheit, Angst vor dem Alleinsein, Angst, im Schlaf gestürzt oder ermordet zu werden. Sie selbst war ja durch eine Verschwörung an die Macht gekommen und hatte ihre Vorgängerin Anna Leopoldowna aus dem Amt geworfen, als diese im tiefsten Schlaf lag. Konnte dasselbe nicht jederzeit auch ihr passieren?

Nacht für Nacht ließ Elisabeth von ihren Kammerfrauen einen Raum suchen und herrichten, in dem sie sicher schlafen konnte. Kaum je übernachtete sie mehrere aufeinanderfolgende Nächte lang im selben Zimmer; Attentäter, die auf der Lauer lagen, sollten dadurch verwirrt werden. Einmal konnte sie trotz dieser Maßnahmen in einem ihrer provisorischen Schlafzimmer ihrer Furcht nicht Herr werden, und so versammelte sie ihre schläfrigen Frauen um sich und befahl ihnen, sie zu unterhalten. Sie erzählten ihr jede Klatschgeschichte, die man sich bei Hofe erzählte, und sei sie noch so unbedeutend, dann mußten sie über ihre Liebesaffären berichten, ihre Hoffnungen, ihre kühnsten Träume, und während sie redeten, kitzelten sie die Kaiserin an den Fußsohlen, um sie wach zu halten und von ihrer Angst abzulenken.

Am Fuß ihres Bettes lag auf einer dünnen Matratze ihr Leibwächter, der kräftig gebaute ehemalige Schiffsmann Schulkow, der gern die mächtigen Muskeln seiner Arme spielen ließ und finster die Brauen runzelte, wenn irgend jemand es wagte, seiner Herrin zu nahe zu kommen. Schulkow hatte Elisabeth schon beschützt, als sie noch ein kleines Mädchen war, und sie vertraute seiner Kraft. Aber sie wußte auch, daß sogar der bewaffnete und einschüchternde Schulkow von schlauen Verschwörern überwunden werden konnte, wenn sie sich im Schutz der Dunkelheit in ihr Zimmer schlichen und ihn überraschten. Viele Nächte lang wälzte sie sich schlaflos in ihrem Bett, jeder Schatten erregte ihre Angst, bei jedem gedämpften Fußtritt schreckte sie zusammen und glaubte, das Ende ihrer Herrschaft sei gekommen.

Katharina, immer in der Nähe der furchtsamen Kaiserin, doch in den Monaten, die auf ihre Hochzeit folgten, kaum gut angeschrieben, zitterte wie jedermann vor Elisabeths Jähzorn und ging ihr, wenn sich eine böse Laune ankündigte, lieber aus dem Weg. Sie litt unter schlimmen Kopfschmerzen, Fieber und Erkältungen, da man sie dauernd von einem zugigen Teil des Palasts in einen anderen umquartierte. Die langen, ermüdenden Reisen, an denen sie teilnehmen mußte, waren der Gesundheit nicht gerade förderlich. Dazu kam das Wissen, daß sie unter ständigem Verdacht stand; hinter ihrem Rücken wurde sie von den intriganten Höflingen, die, wie sie in ihren Memoiren schrieb, »einander von Herzen haßten«, bei jeder Gelegenheit angeklagt und verleumdet, und die Kaiserin verdächtigte sie sogar, für den preußischen Hof zu spionieren, wie es Johanna getan hatte. Katharina wußte, daß derjenige, den Elisabeth der Illoyalität oder des Ungehorsams zieh – seien es ihre Kammerfrauen, ihre Minister, ihre Freunde oder Geliebten –, nicht nur mit harten Schlägen und bleibenden Verletzungen zu rechnen hatte, sondern gewärtig sein mußte, in die berüchtigte Peter-Paul-Festung geworfen zu werden. Von dort war niemand je zurückgekehrt – außer, um in die Verbannung zu ziehen. Dieser Gefahr mußte man bei Hofe ständig ins Auge sehen. Deshalb – und weil sie wußte, daß die Kaiserin, die erwartete, daß sie bald schwanger wurde, sie scharf überwachte – achtete Katharina peinlich darauf, sich richtig zu verhalten und Abstand zu wahren.

Verrat umgab sie, wohin sie sich auch wendete, sie wußte kaum noch, wem sie trauen konnte. Diener wurden bestochen oder erpreßt, um sie zu illoyaler Tätigkeit zu benutzen. Oft wurden gerade diejenigen, auf die sie sich am meisten verlassen hatte, auf Befehl der Kaiserin entlassen. Ihr treuer Diener Timofej Jewrejnow durfte bleiben; andere aber, und zwar gerade diejenigen, mit denen sich Katharina am wohlsten fühlte, wurden nicht lange geduldet, und sie mußte die Verluste hinnehmen, ohne sich zu beklagen. Vor Klatsch und Verleumdungen konnte sich keiner retten. Bösartige Leute erzählten Katharina von Peters Treuebrüchen. Graf Devier berichtete ihr, daß Peter ein Mädchen aus dem Gefolge der Kaiserin liebte, später liebte er angeblich eine weitere Dame aus der nächsten Umgebung Elisabeths. Peter und Elisabeth erzählte man, daß Katharina mit diesem oder jenem Herrn ein Techtelmechtel habe, sich heimlich mit ihnen treffe und entschlossen sei, Peters Liebeswerbung nicht zu erhören. Außerdem sei sie kalt und berechnend und würde nie tun, was von ihr erwartet wurde. »Verräterin« nannte man sie hinter ihrem Rücken, und sie wußte, was da geflüstert wurde.

Vor ihrer Heirat konnte Katharina in Gesellschaft gleichaltriger Freunde all ihre Sorgen und Nöte vergessen. Jetzt aber verbot ihr die Herrin ihres Haushalts, Madame Kruse, solch unschickliches Vergnügen. Viele Stunden des Tages lebte Katharina abgeschlossen und isoliert. Ihre Lieblingsbeschäftigungen wurden ihr verboten, weil die Kaiserin Angst hatte, sie würde sich verletzen. So jedenfalls lautete die freundliche Erklärung für das strenge Regiment, dem man sie unterwarf, und sie versuchte sich daran zu klammern, wenn sie an heißen Sommernachmittagen nicht ins Freie konnte und wußte, daß alle anderen in den Wald gezogen waren, um zu reiten und zu jagen. Besonders die langen, wilden Ritte waren es, die sie schmerzlich vermißte.

Im Herbst und Winter wurden jede Woche zwei Maskenbälle veranstaltet, einer im kaiserlichen Palast, ein weiterer in den Räumen irgendeines hochgestellten Untertanen. Auf diesen Bällen ging es durchaus steif und formell zu. Die keineswegs zahlreichen Gäste schienen einzig aus dem Grund zusammengekommen zu sein, um sich gegenseitig auf ihre Bedeutsamkeit aufmerksam zu machen und ihre Fähigkeit, sich dem Protokoll gemäß zu verhalten, unter Beweis zu stellen. Keiner entspannte sich hinter seiner Maske. Die Kaiserin liebte bei solchen Gelegenheiten den großen Auftritt. Nach ihrem Einzug blieb sie in ihren ausladenden Gewändern, mit all den glitzernden Orden auf ihrer Brust in majestätischer Pose stehen, um sich bewundern zu lassen. Häufig verließ sie im Lauf eines Abends zwei-, dreimal den Saal und kehrte jeweils in einem neuen Kleid zurück.

Katharina blieb nichts anderes übrig, als an diesen Bällen teilzunehmen und so zu tun, als amüsierte sie sich prächtig, obwohl sie die Gesellschaft und die kindischen Flirts ihres Gemahls ermüdend fand. »Man tat so, als unterhielte man sich dabei gut, im Grunde aber langweilte sich alles zum Sterben«, schrieb sie viele Jahre später. Sie selbst litt am meisten unter der Langeweile. In dieser höfischen Umgebung, wo nur die Hälfte aller Adligen lesen konnte (im allgemeinen waren die Frauen besser erzogen als die Männer) und vielleicht ein Drittel schreiben, wo niemand sich seiner Unwissenheit schämte und nur wenige die Kunst der geistreichen Konversation pflegten, hungerte Katharina nach jemandem, der sie verstand. Lange, eintönige Wochen und Monate vergingen. Hin und wieder erschien der kultivierte Schwede Graf Gyllenborg auf der Szene und sorgte für geistvollere Unterhaltungen. Ansonsten war niemand zu finden, mit dem man über interessante Themen, Kunst oder Wissenschaft, reden konnte.

Katharina, die sich dauernd vor der Bosheit ihrer Umgebung schützen oder unter den wachsamen Augen ihrer Feinde verstellen mußte, fühlte sich leer und vernachlässigt. »Kein Vergnügen, keine Unterhaltung, keines Menschen Interesse, Gefälligkeit oder Aufmerksamkeit für mich milderte diese Langeweile«, schrieb sie im Rückblick. Kein Wunder, daß sie dauernd weinte und sich vor ihren Frauen verkroch, kein Wunder, daß der Arzt geholt werden mußte.

Dr. Boerhaave, ein gebildeter und sensibler Mann, dem es nicht entging, was Katharina zu erdulden hatte, zeigte sich teilnahmsvoll. Er wußte, daß ihre Kopfschmerzen, ihre Schlaflosigkeit, ihre tiefe Traurigkeit und Niedergeschlagenheit ebensosehr von Angst wie von körperlicher Schwäche zeugten und daß sie unbedingt mehr und besseren Schlaf brauchte, um sich vor Krankheiten zu schützen. Zweimal bekam sie die Masern, und in den Wintermonaten litt sie unter Erkältungen, in deren Verlauf sie »bis zu zwölf Schnupftüchern am Tage brauchte«. Sie spuckte Blut, und der Arzt befürchtete eine schwere Lungeninfektion. Eines Morgens, bevor der Friseur kam, untersuchte er ihren Kopf und stellte fest, daß ihre Schädelknochen sich in einem noch nicht fertig ausgebildeten Stadium befanden, sie glichen den Knochen einer Sechsjährigen. Katharina war siebzehn. Die Deformation erkläre ihre Schmerzen, sagte er, da die kalte Luft durch die Schädelspalte in ihren Kopf eindringe.

Sie hatte Zahnweh. Oft mußte sie gerade dann, wenn es ihr am schlechtesten ging, wenn ihre Schläfen klopften und es in ihrem Kiefer wie Feuer brannte, lange Abende durchstehen, mußte sich verlogene Komplimente anhören und an belanglosen Gesprächen teilnehmen, während sie im Innern betete, daß sie endlich den Raum verlassen und sich in der Stille ihres eigenen Zimmers ihrem Kummer hingeben konnte. Viele Monate lang verursachte ihr ein Weisheitszahn schlimmste Schmerzen, bis sie sich unter Zittern und Zagen dazu entschloß, ihn ziehen zu lassen.

Der Hofchirurg, der nicht besonders fähig und zweifellos voller Furcht davor war, was geschehen würde, wenn sein Werk der Kaiserin mißfiel, hielt seine Zangen bereit, und Katharina setzte sich auf den hölzernen Boden. Einer von Peters Dienern hielt ihren rechten, Dr. Boerhaave hielt ihren linken Arm. Dann öffnete sie den Mund, und die grausamen Zangen wühlten sich in ihren Kiefer, so daß sie vor Schmerzen laut aufschrie. Mit einem letzten fürchterlichen Ruck zog der Arzt den Zahn heraus – und ein Stück des Unterkiefers mit ihm. In diesem Augenblick »wurden meine Augen, meine Nase und mein Mund zu einer Fontäne: Blut stürzte mir aus dem Mund und Wasser aus Nase und Augen«, erinnert sich Katharina. Blut tränkte ihr Kleid, Blut tränkte den Boden, und ihr Gesicht fühlte sich an wie pures Feuer.

Da erschien die Kaiserin auf der Schwelle, und als sie Katharinas Leiden sah, mußte sie selbst weinen. Der Arzt sagte ihr, was vorging, und sobald sie reden konnte, meldete sich Katharina und sagte, daß der Chirurg nur den halben Zahn entfernt hatte – eine seiner Wurzeln steckte noch immer in ihrem blutenden Kiefer. Als der Chirurg nachprüfen wollte, was Katharina gesagt hatte, schreckte sie vor ihm zurück.

Diener brachten Becken mit Wasser, heiße Tücher und Kräuterpflaster, die man auf die Wunde legte, die Ärzte berieten aufgeregt miteinander, und nach einigen Stunden wurde Katharina Bettruhe verordnet. Nach zwei Tagen konnte sie wieder essen. Der größte Zahnschmerz war verschwunden, obwohl ihr Kinn und ihre Wange noch wochenlang schwarz und blau waren und sie bald wieder unter Schlaflosigkeit und Kopfweh litt.

Eine Quelle von Schmerzen wollte Katharina unter allen Umständen vermeiden: Schon sehr bald nach ihrer Hochzeit entschied sie, sich niemals in ihren Mann zu verlieben. »Ich hätte gewiß meinen jungen Gemahl geliebt, wenn er nur liebenswürdig hätte sein wollen oder können«, schrieb sie in ihren Memoiren. »Aber ich kam schon in den ersten Tagen unserer Ehe zu einem bösen Schluß über ihn. Ich sagte mir: ›Wenn du diesen Menschen liebst, wirst du das unglücklichste Geschöpf auf Erden.‹« Sie nahm sich selbst streng ins Gebet, um diesem armen, manchmal grausamen Jungen gegenüber, mit dem sie nun auf Gedeih und Verderb verbunden war, ihre innere Unabhängigkeit zu bewahren. »Der Mensch beachtet dich kaum!« sagte sie sich. »Er spricht nur von Puppen, und wenig fehlt daran, daß er jeder anderen Frau mehr Aufmerksamkeit erweist als dir.«

Scharfsichtig und nüchtern, wie sie war, täuschte sie sich niemals über die Tatsache, daß ihr Ehemann allerhöchstens ein guter Freund für sie sein konnte, niemals mehr.

Ihr gemeinsames Leben ließ Liebe auch kaum aufkommen. Sexualität spielte zwischen ihnen keine Rolle. Peter zeigte sich an Katharina als weiblichem Wesen völlig desinteressiert und sagte in ihrer Anwesenheit zu den Dienern, daß ihre Reize nicht an die seiner derzeitigen Geliebten, Fräulein Karr, heranreichten. (»Der Großfürst war von Natur diskret wie ein Kanonenschuß«, schreibt Katharina in ihren Lebenserinnerungen.) Sie bewohnten getrennte Räume, und obwohl Peter Nacht für Nacht in Katharinas Bett schlief, legte er Wert darauf, sich in seinem eigenen Gemach an- und auszukleiden. Er lebte so frei und ungebunden wie vor ihrer Heirat und schien nicht im entferntesten an einen Erben zu denken. Natürlich wußte er genau, daß seine Tante von ihm erwartete, daß er mit Katharina Kinder hatte, aber wie es aussah, ignorierte er diese Erwartungen – vielleicht, weil er wußte, daß man hauptsächlich seine Frau für ihre Kinderlosigkeit verantwortlich machen würde. Es kann auch sein, daß er impotent war. Er war häufig krank, oft kam der Hofarzt zu ihm, um ihn zur Ader zu lassen, und Anfang 1746 bekam er ein schlimmes Fieber, das fast zwei Monate lang nicht zurückging.

Und während der Großfürst sich nur sehr langsam von der Krankheit zu erholen begann, die ihn arg mitgenommen hatte, machte sich die Kaiserin wieder einmal schreckliche Sorgen um die Thronfolge. Was wäre, wenn kein Kind kommen würde, das die Dynastie der Romanows weiterführen konnte? Wenn Peter starb, bevor Katharina ein Kind empfing, würden all die über Jahre hin sorgfältig ausgearbeiteten Pläne Elisabeths, die Vorbereitungen und Feierlichkeiten der Hochzeit, all die Verhandlungen und Maßnahmen, die in der Geburt eines Kindes gipfeln sollten, zunichte.

Peters Fieber ging zurück. Monate vergingen. Nach fast einem Jahr Ehe gab es noch immer keine Anzeichen für eine Schwangerschaft Katharinas. Elisabeth glaubte zu wissen, warum das so war.

Geflüster hatte es schon lange gegeben. Die Großfürstin, so hieß es, sei in Andrej Tschernyschow verliebt, einen von Peters Kammerdienern. Man habe sie in einer kompromittierenden Situation mit ihm ertappt. Ihr Herz gehöre ihm; und wegen ihrer Liebe zu ihm könne sie nicht mehr Peters Frau sein. Daher ihre Kinderlosigkeit.

Das Geflüster erreichte auch die Kaiserin. Sie sammelte alles, was sie erfahren konnte, und zog ihre Schlüsse daraus. In den langen schlaflosen Nächten grübelte sie darüber nach, wie man Katharinas Verrat am besten bestrafen könne. Sie befahl sowohl Peter als auch Katharina, zur Beichte zu gehen, und instruierte die Priester, Katharina gezielt zu befragen. Hatte sie Tschernyschow geküßt? Katharina verneinte entschieden. Der Priester erstattete der Kaiserin Bericht. Er sagte auch, daß sich seiner Meinung nach Katharina nichts habe zuschulden kommen lassen. Aber das Geflüster ging weiter, und Elisabeths Mißtrauen wuchs, bis sie endlich genug davon hatte, auf die Zeit und die Natur zu vertrauen. Überzeugt davon, daß Katharina durch ihre Treulosigkeit dem Kaiserreich Schaden zufügte, entschloß sie sich zu handeln.

Unangemeldet betrat sie das Gemach der vermeintlichen Sünderin. Katharinas Arm war verbunden. Mehrere Tage lang hatte sie unter schweren Kopfschmerzen gelitten, und nun hoffte sie, daß ein Aderlaß ihr Erleichterung verschaffte. Sobald der anwesende Arzt und alle Diener der Kaiserin ansichtig wurden, die mit einem grimmigen Ausdruck auf Katharina zuging, flohen sie aus dem Zimmer und ließen das geschwächte, verwirrte Mädchen mit Elisabeth allein.

Katharina, die die Szene in ihren Memoiren beschreibt, fürchtete, die Kaiserin würde sie schlagen. Selten hatte sie sie so zornig erlebt, selten war sie so hilflos gewesen. Die Kaiserin schritt in höchster Erregung vor ihr auf und ab. Katharina, die mit dem Rücken an einer Tür stand, war jeder Fluchtweg abgeschnitten. Wilde Beschimpfungen, wütende Beschuldigungen der Treulosigkeit und Pflichtvergessenheit prasselten auf sie hernieder, und sie hatte keine Chance, sich zu verteidigen.

Immer wieder schrie Elisabeth, sie wisse, daß Katharina einen anderen liebe, und allmählich steigerte sie sich dermaßen in ihre Wut hinein, daß Katharinas Diener, die die Szene vom anderen Zimmer aus mit anhörten, um Leib und Leben des Mädchens fürchteten. Madame Kruse wußte sich endlich nicht mehr anders zu helfen, als zu Peter zu laufen, der im Bett lag, und ihn zu beschwören, seine Frau zu retten.

Peter zog schnell einen Schlafrock über und kam, so schnell er konnte. Sobald er den Raum betrat, änderte sich die Stimmung. Elisabeth sah ihn, wandte sich von ihrem Opfer ab, und

Katharina konnte wieder Luft schöpfen. Sie trocknete ihr verweintes Gesicht und unterdrückte das Schluchzen, das immer wieder in ihr aufstieg. Die Kaiserin sprach plötzlich in völlig normalem und sogar freundlichem Ton mit Peter und schien Katharina vergessen zu haben. Nach einigen Augenblicken, in denen sie Katharina nicht mehr ansah, entfernte sie sich.

Der schreckliche Auftritt war vorüber – dieses Mal. Nachdem Peter in sein Zimmer zurückgegangen war, um sich für den Abend umzuziehen, versuchte Katharina, tief erschüttert, ihre Fassung wiederzugewinnen. Sie wusch sich das Gesicht und kleidete sich an, aber alle Handgriffe fielen ihr entsetzlich schwer. In dem Augenblick, in dem sie ihre Tür öffnen würde, um sich in den Speisesaal zu begeben, würde schon jedermann im Palast von dem Vorfall Kenntnis haben, das wußte sie. Sie fühlte, wie sie später schrieb, »gleichsam ein scharfes Messer« im Innern, und doch gelang es ihr durch äußerste Selbstbeherrschung, ruhig und gefaßt ihr Abendessen einzunehmen.

Später kehrte sie in ihr Zimmer zurück, warf sich auf ein Sofa und versuchte zu lesen. Aber sie konnte sich nicht konzentrieren, die Wörter verschwammen auf der Seite. Noch immer sah sie das Bild der hochroten Kaiserin mit den zornflammenden Augen vor sich, noch immer hörte sie die Drohungen und Beleidigungen, noch immer erschütterte sie der schreckliche Vorwurf, es sei ihre Schuld, ihre Schuld allein, daß noch kein Kind geboren war.

Kapitel Acht

Kanzler Bestuschew war entschieden verstimmt. Nicht nur deshalb, weil die Kaiserin gegen seinen Rat eine Prinzessin von Anhalt-Zerbst als Gattin ihres Neffen und Erben ausgewählt hatte, sondern auch, weil sie das Unerträgliche tolerierte: daß die Prinzessin noch immer nicht schwanger war.

Nach Meinung des Kanzlers waren Peter und Katharina zwei launische, verwöhnte Kinder, die man energisch an die Kandare nehmen mußte. Am besten, man engagierte Anstandsdamen und -herren, die ihr Verhalten kontrollierten. Bestuschew entschloß sich, genau das zu tun. Im Mai 1746 stellte er Elisabeth sein Vorhaben vor.

Die von ihm verfaßten Instruktionen für die Anstandsdame Katharinas betonten, es komme vor allem darauf an, daß Katharina ihre vordringlichste Aufgabe erfülle, Kinder in die Welt zu setzen. Katharina müsse verstehen, schrieb Bestuschew, daß man ihr die hohe Stellung am kaiserlichen Hofe einzig deshalb eingeräumt habe, weil man von ihr einen Thronerben erwartete, und nichts und niemand dürfe sie daran hindern, diese Pflicht so rasch wie möglich zu erfüllen – weder persönliche Freundschaften noch Spielereien mit den »Kavalieren, Pagen oder Lakaien bei Hofe«, weder heimliche Treffen mit Repräsentanten ausländischer Mächte noch familiäre Rücksichten oder vorübergehende Liebschaften. Ihre neue Beschützerin werde ihr neue Verhaltensmaßregeln geben, nach denen sie sich zu richten habe. Keine frivolen und oberflächlichen Spiele mehr! Von jetzt an mußte sie das ernsthafte Leben lernen, das vor allem aus weiblicher Unterordnung und absoluter ehelicher Treue bestand.

Auch Peters Beschützer und Überwacher hatte laut Bestuschews Instruktionen die Aufgabe, den jungen Mann umzuerziehen. Man mußte Peter zwingen, endlich erwachsen zu werden und sich seine schädlichen und peinlichen Gewohnheiten abzugewöhnen. Als verheirateter Mann hatte er die Pflicht, sich seiner ernsten Verantwortung zu stellen. Keine vulgären Dragoner und ungebildeten Lakaien, keine hölzernen Spielzeugsoldaten mehr! Ab jetzt mußte er zivilisierte Umgangsformen annehmen und sich seiner Stellung würdig erweisen.

Bestuschews Instruktionen geben uns Aufschluß über Peters bizarres Verhalten. Dauernd hampelte er mit seinen dünnen Armen und Beinen herum, in seinem narbenübersäten Gesicht zuckte es, und kein Mensch wurde mehr aus seinem clownesken Ausdruck schlau. Wenn man ihm zuhörte, war man über seine unflätige Ausdrucksweise entsetzt. Sein Lieblingsvergnügen bestand darin, am Speisetisch Wein über den Kopf seines Dieners zu gießen. Er hatte etwas Manisches, wenn er mitten im feierlichsten Gottesdienst anfing zu kichern und zu glucksen und den neben ihm stehenden Würdenträgern schmutzige Witze zu erzählen. Sein ausgeprägter Sinn für Grausamkeit grenzte an Irrsinn. Die Leute sagten, er sei verrückt oder er würde bald verrückt werden, und wenn sie seinem wilden Blick begegneten, sahen sie ängstlich zur Seite.

Der Kanzler wandte sich mit seinen Empfehlungen schriftlich an die Kaiserin, und nach zwei Wochen ließ diese sich dazu herab, sie zu lesen. Sie entschied, daß Katharina ihre (Elisabeths) Cousine Maria Tschoglokowa als Anstandsdame und Vorsteherin des Hauswesens bekommen sollte. Es handelte sich um eine hübsche junge Frau Anfang Zwanzig, die, wiewohl nicht der hellste Kopf, einen starken Sinn für Sitte und Anstand besaß und sich von Katharinas Charme nicht vom rechten Weg abbringen lassen würde. Humorlos, phantasielos und zu Gehässigkeit neigend, war Maria nichtsdestoweniger eine mustergültige Gattin, die ihren jungen, gutaussehenden Mann vergötterte und ihm bereits mehrere Kinder geboren hatte. Letzteres vor allem nahm Elisabeth für sie ein. Maria war ständig schwanger, und die Kaiserin hoffte, daß im Zusammensein mit Katharina diese wunderbare Fruchtbarkeit irgendwie auf sie abfärben würde.

Was Peter betraf, so gestaltete sich die Sache schwieriger. Seine Lehrer und vor allem sein Erzieher Brümmer, der sich mit Katharina angefreundet hatte und sie »wie eine Tochter« liebte, waren nicht leicht zu ersetzen. Elisabeth wählte den Fürsten Repnin, einen vornehmen, kultivierten Aristokraten, von dem sie hoffte, daß er durch sein taktvolles Benehmen, seinen vorbildlich guten Geschmack Peter von seinen kindischen Neigungen abbringen würde. Der geistvolle, galante und gesellige Mann war General und besaß die Geradheit und Loyalität des geborenen Soldaten. Ob es ihm aber gelingen würde, den eigenwillig auftrumpfenden Peter zu bändigen oder gar zu ändern, konnte niemand voraussehen. Im Augenblick war es Katharina, die die ganze Aufmerksamkeit der Kaiserin auf sich zog.

Kurz zuvor hatte es wieder einmal eine Säuberung unter den Dienern von Katharina und Peter gegeben. Diejenigen, die beide am liebsten hatten, waren entlassen worden. Alle anderen Bedienten befanden sich nach diesen Ereignissen in einem ängstlichen und bestürzten Zustand, schrieb Katharina in ihren Memoiren, während sie und Peter sich in allerlei »trüben Erwägungen« ergingen.

Eines Nachmittags wurde Katharina der Kanzler Bestuschew gemeldet, der die schwangere Maria Tschoglokowa mitbrachte. Sobald Katharina sie sah, brach sie in Tränen aus. Denn Maria war nicht nur bekannt dafür, daß sie dem Kanzler in allem, was er anordnete, sklavisch folgte, sie galt auch als gemein und boshaft, und Katharina, die seit langem darunter litt, daß Madame Kruse sie auf Schritt und Tritt mit Argusaugen verfolgte, sah voraus, daß nun noch Schlimmeres auf sie zukommen würde.

Katharinas Tränen flossen noch reichlicher, als der feindselige Kanzler ihr eröffnete, daß die Kaiserin Maria Tschoglokowa zu ihrer Oberhofmeisterin ernannt habe. Wie ein Hammerschlag habe diese Nachricht sie getroffen, schrieb Katharina später, doch war sie geistesgegenwärtig genug, zu beteuern, daß die »Befehle Ihrer Kaiserlichen Majestät unumstößliche Gesetze« für sie seien und daß sie selbstverständlich allen getroffenen Anordnungen Folge leisten werde. Wenig später maßen die beiden Frauen zum erstenmal ihre Kräfte. Maria erklärte, die Kaiserin habe sich über Katharinas Eigensinn beklagt und ihr, Maria, aufgetragen, Katharina dies zu übermitteln. Katharina sagte, sie wisse nicht, wie die Kaiserin zu einer solchen Bezichtigung komme. Maria gab säuerlich zurück, daß sie nur bestellt habe, was ihr aufgetragen worden sei, weiter wisse sie nichts.

Das war der kühle Anfang ihrer Beziehung, und sehr bald wurde es eisig zwischen ihnen. Selten ließ Maria Tschoglokowa Katharina aus den Augen; sie machte eine Gefangene aus ihr. Viele, sehr viele Stunden verbrachten sie zusammen, die langweilige, korrekte, bleischwere Anstandsdame und die quicklebendige, tatendurstige, kluge Großfürstin, die von ihren liebsten Freundinnen entfernt gehalten und gezwungen wurde, Marias ständigen Ermahnungen und Belehrungen zu folgen. Oft hatte Katharina nichts zu tun, dann las sie und beschäftigte sich freudig nur noch mit dem Stoff ihrer Bücher, während sie voller Ungeduld Marias immer dicker werdenden Bauch beobachtete. Sie betete um eine baldige Entbindung. Dann hätte sie ein paar Tage für sich, an denen sie sich von der unbarmherzigen Wachsamkeit und scharfen Zunge der Oberhofmeisterin erholen konnte.

Katharina durfte Peter sehen, aber der Kontakt mit allen anderen wurde streng eingeschränkt. Maria verbot es den Angehörigen ihres Haushalts, mit Katharina zu sprechen. »Wenn ihr mehr als ›ja‹ oder ›nein‹ zu ihr sagt, werde ich der Kaiserin melden, daß ihr intrigiert mit ihr, denn ihre Intrigen kennt man ja«, sagte die Oberhofmeisterin zu jedem einzelnen. Aus Furcht vor dem Zorn der Kaiserin wollten die Leute in Katharinas Umgebung unter allen Umständen auch nur den Anschein von Illoyalität vermeiden, deshalb bedienten sie ihre Herrin nun schweigend und vertieften dadurch deren Einsamkeit.

Niemand konnte mit Katharina sprechen, ohne daß Maria mißtrauisch wurde; die banalsten Komplimente erregten ihren

Argwohn. »In diesem Winter«, erinnert sich Katharina, »putzte ich mich sehr: Die Prinzessin Gagarina sagte mir oft verstohlenerweise und namentlich so, daß es Frau Tschoglokowa nicht hörte (es war, beiläufig gesagt, ein unverzeihliches Verbrechen, mich vor dieser zu loben), daß ich sichtlich hübscher würde.« Isoliert und ihrer üblichen Vergnügungen beraubt, verbrachte Katharina viel Zeit vor dem Spiegel und engagierte einen geschickten Friseur, einen jungen Kalmücken, der sie zweimal täglich frisierte. Elisabeth hatte sie von dem Gebot, sich das Haar abzurasieren und die allgegenwärtige modische schwarze Perücke zu tragen, befreit. Ihr dichtes Haar, um das sie so viele Frauen beneideten, floß in lockigen Strähnen über ihren Rücken, ungepudert, in seinem vielbewunderten herrlichen, natürlichen Haselnußbraun.

Man flüsterte ihr Schmeicheleien zu. Jemand erzählte, daß der schwedische Gesandte Wolfenstierna sie »sehr schön« finde. Die Folge war, daß sie bei den seltenen Gelegenheiten, bei denen es ihr erlaubt war, ihn anzusprechen, in Verlegenheit geriet. (»Ich weiß nicht, ob das nun Bescheidenheit oder Koketterie war«, schrieb sie später, »jedenfalls aber war diese Verlegenheit da.«)

Katharina befand sich in der Blüte ihrer Jugend. Maria aber stand bereit, um der Blüte durch Eis und Frost den Garaus zu machen. Sie dämpfte ihre Lebensfreude, zügelte ihre Begeisterung. »Ich werde der Kaiserin Bericht erstatten.« Mit diesen Worten beendete sie alles, was für sie nach Frivolität und Unordnung roch (sie nannte alles Unordnung, was nicht tödliche Langeweile war, schrieb Katharina). Um ihre ernsthafte Gesinnung zu fördern, zwang Maria die beiden jungen Leute dazu, nicht nur an den täglichen Hauptgottesdiensten, sondern auch an den Morgenmessen und Vespern teilzunehmen. Dies entsprach dem Wunsch Elisabeths. Und immer wenn Katharina oder Peter den Palast verließen, um an irgendeiner Gesellschaft teilzunehmen oder mit der umherreisenden Kaiserin über Land zu fahren, sorgte Maria dafür, daß sie keinesfalls ihrem Vergnügen frönten.

Katharina beschrieb eine besonders trübselige Reise, bei der sie sich fast zwei Wochen lang mit Maria und Peter und ihrem

Onkel August, Johannas Bruder, der von der Kaiserin damit beauftragt worden war, sich um Peters Besitzungen in Holstein zu kümmern, in einer keinesfalls geräumigen Reisekarosse eingeschlossen fand. (Johanna selbst hatte sich Elisabeths Gunst endgültig verscherzt und war bald nach Katharinas Hochzeit von der Kaiserin nach Hause geschickt worden.) Onkel August, klein, schäbig gekleidet und völlig uninteressant, war alles andere als ein geistvoller Unterhalter. Über die Unterordnung von Ehefrauen hatte er allerdings seine festen Ansichten, die er zum Wohle des jungen Paars gern zum besten gab. Überhaupt redete er gern, besonders gern über belanglose Dinge, aber immer wieder unterbrach ihn Maria mit den Worten: »Solche Reden würden Ihrer Majestät mißfallen«, oder: »Derartiges würde die Kaiserin nicht billigen.« Unter diesen Umständen war kaum eine Unterhaltung möglich. »Während der ganzen Reise von Petersburg bis Reval langweilte uns Frau Tschoglokowa und war so recht die Verzweiflung unseres Wagens«, schrieb Katharina.

Auch am Abend, wenn sie in ihrer Unterkunft ankamen, zensierte die Anstandsdame jedes Wort. Man durfte nicht einmal die Unbequemlichkeiten der Reise erörtern, die überfluteten Zelte, die frostige Kälte. Tag um Tag ging das so. Kein Diener konnte es Maria recht machen, jedermann war von ihrem Benehmen entsetzt. Katharina versuchte soviel wie möglich zu schlafen, tagsüber wie nachts, um Auseinandersetzungen mit ihrem unfreundlichen Ehemann, dem langweiligen Onkel und der allgegenwärtigen, alles kontrollierenden Maria auszuweichen.

Als sie an ihrem Bestimmungsort ankamen und ihre Räume in einem festen Haus bezogen, wurde es etwas besser. Fürst Repnin und seine Frau, denen nicht entgangen war, daß Madame Tschoglokowa bei ihren Erziehungsmaßnahmen oft über das Ziel hinausschoß, sorgten dafür, daß Katharina so oft wie möglich in anderer, sanfterer und gefühlvollerer Gesellschaft ihre Abende verbringen konnte. So lernte sie die Gräfinnen Schuwalowa und Ismailowa kennen, die sympathischsten der kaiserlichen Kammerfrauen. Maria aber war durch die Kartenspiele abgelenkt, die von morgens bis abends im

Vorzimmer des Schlafzimmers der Kaiserin stattfanden. In dieser Saison befand sich der ganze Hof im Glücksspielfieber, und Maria ließ kein Spiel aus. Wenn sie verlor, wurde sie wütend und stürzte sich mit neuer Kraft in die nächste Partie. So war sie hinlänglich beschäftigt, und Katharina konnte sich freier als sonst bewegen – obwohl sie es niemals wagte, sich gänzlich aus Marias Gesichtskreis zu entfernen.

Nur die Tyrannei der Gräfin Tschoglokowa und die oft wiederholte Drohung der Kaiserin, daß sie Peter bald enterben werde, führten dazu, daß sich die beiden Eheleute trotz ihrer fundamentalen Wesensunterschiede näherkamen.

»Es waren auch wohl selten zwei Menschen geistig so verschieden wie wir beide«, schrieb Katharina im Rückblick auf die ersten Jahre ihrer Ehe. »Unsere Neigungen hatten nichts gemeinsam; unsere Art, zu denken und die Dinge zu betrachten, war so verschieden, daß wir niemals in einem Punkt zum Einverständnis gelangt wären, hätte ich nicht meistens nachgegeben, um ihn nicht gerade vor den Kopf zu stoßen.«

Es gab Augenblicke, da Peter zu Katharina kam, um seine Kümmernisse mit ihr zu besprechen oder ihr sein Herz auszuschütten, wenn ihn etwas bedrückte. (»Ich muß sagen, das war oft der Fall, denn im Grunde seines Herzens war er furchtsam, und sein Kopf war schwach«, urteilte Katharina.) Wenn die Kaiserin ihn ausgescholten oder die Diener, mit denen er am liebsten trank, weggeschickt hatte, schrumpfte er innerlich zusammen und besuchte seine stets nachsichtige Frau, die ihm seinen Willen ließ und ihn wie ein verhätscheltes kleines Kind behandelte.

»Er wußte, oder vielmehr er fühlte, daß ich der einzige Mensch war, mit dem er sprechen konnte, ohne daß man ihm jedes unbedeutende Wort als Verbrechen auslegte. Ich verstand seine Lage, und er tat mir leid. Deshalb gab ich mir Mühe, ihm jeden Trost zu spenden, der von mir abhing.« Seine Reden langweilten Katharina, aber sie ließ sich nichts davon anmerken, blieb freundlich und entgegenkommend, auch wenn er Stunden bei ihr blieb und sie sein endloses Geschwätz über militärische Abzeichen, Artilleriemanöver und Bestrafungen ungehorsamer Soldaten kaum noch ertrug.

»Er ging schnell und mit sehr großen Schritten, und es war nicht leicht für mich, ihm zu folgen und obendrein höchst eingehende Erzählungen von militärischen Dingen über mich ergehen zu lassen«, erinnert sie sich. Aber sie folgte ihm, auch an jenen langen Nachmittagen, wenn es in ihrem Kopf hämmerte oder Zahnschmerzen sie plagten, weil sie wußte, daß er in diesem Moment nur ihr vertrauen konnte und die Gespräche mit ihr das einzige Vergnügen waren, das man ihm zubilligte. Manchmal, nach stundenlangem Reden und Aufundabgehen, fiel Peter auf einmal in sich zusammen, und sie setzten sich miteinander hin, um zu lesen. Katharina holte ihr derzeitiges Lieblingsbuch – die Briefe der Madame de Sévigné zum Beispiel –, und Peter fand irgendeinen Abenteuerroman oder eine Geschichte von Straßenräubern, mit denen er sich die Zeit vertrieb.

Oft unterwarf sich Katharina seinen Launen und ließ sich von ihm zum Soldaten machen. Er gab ihr eine Muskete in die Hand, und sie mußte an seiner Tür stundenlang Schildwache stehen. Die große, schlanke Katharina im Seidenkleid tat alles, um ihn nicht zu enttäuschen und sich vom Gewicht des Gewehrs, das sich in ihre Schulter einschnitt, nicht in die Knie zwingen zu lassen. Sie harrte aus, obwohl ihre Beine vom langen, unbeweglichen Stehen schon taub wurden, bis er entschied, daß sie ihren Posten verlassen durfte.

Aber die Übung war noch nicht zu Ende. Er ließ sie marschieren und strammstehen, sie mußte seine Kommandos lernen und ihnen gehorchen wie ein altgedienter Soldat. »Dank seiner Bemühungen kann ich noch heute sämtliche Gewehrgriffe genauso präzise ausführen wie der bestgedrillte Grenadier«, schrieb sie.

Im Sommer verbrachten Peter und Katharina stets einige Zeit in Oranienbaum, einem wunderschönen Anwesen bei Peterhof unweit von St. Petersburg, das die Kaiserin ihnen als Sommerresidenz angewiesen hatte. Hier bekam der Großfürst endlich die Gelegenheit, seine militärischen Phantasien in größerem Rahmen auszuleben – Katharina beobachtete alles aus der Ferne. Alle männlichen Mitglieder des Haushalts – Kammerherren, Beamte, Adjutanten, Lakaien, Köche, Bratenwender, Putzleute – mußten zusammen mit Gärtnern, Jägern und Stallknechten Aufstellung nehmen und Soldat spielen. Jeder bekam eine Phantasieuniform und eine Muskete, und dann kam Peter und drillte seine Truppe Tag für Tag, bei Regen und bei Sonnenschein, brüllte mit seiner hohen Stimme Kommandos und drohte den Ungehorsamen mit strenger Bestrafung. Das Herrenhaus wurde zum Wachhaus, im Erdgeschoß lümmelten die Soldaten, wenn sie nicht gerade Parade hatten. Mittags mußten sie in der Messe essen, abends – in Uniform – Bälle besuchen, die Peter organisiert hatte, und mit Katharina und einer Handvoll Frauen ihres und Peters Gefolges tanzen.

Bei diesen Bällen, schrieb Katharina, »waren (von den Damen) nur anwesend: ich, Frau Tschoglokowa, Fürstin Repnina, meine drei Hofdamen und meine Kammerfrauen. Infolgedessen war ein solcher Ball immer sehr dürftig und mangelhaft. Die Männer waren abgespannt und übellaunig wegen des fortwährenden militärischen Drills, der ganz und gar nicht nach dem Geschmack von Höflingen war.«

Alle waren ärgerlich oder zornig, gelangweilt und ruhelos. Alle, außer Peter. Peter war in seinem Element.

Aber er hatte noch Größeres im Sinn. Während er in dem Zimmer, das er mit Katharina teilte, unruhig auf und ab ging, erzählte er ihr von seinem Plan, ein ganz besonderes Kloster zu bauen, in dem sie mit ihren Dienern und ihrem ganzen Gefolge leben sollten, gekleidet wie Mönche und Nonnen in einfachen Gewändern aus rauhem braunem Stoff. Sie würden einfach leben und wenig benötigen, zum Essen würde das reichen, was sie sich selbst beschaffen konnten, wenn sie auf Eseln zu den Höfen in der Nachbarschaft ritten.

Es war der Traum vom einfachen und friedvollen Leben, der Traum eines verstörten jungen Mannes, der mit dem Überfluß und der stets angespannten Atmosphäre am Hof seiner Tante nicht zurechtkam. Wie Marie Antoinette in Frankreich eine Generation nach ihm, sehnte sich Peter, dessen Leben geprägt war von Künstlichkeit, nach dem Unverdorbenen und Echten. Antoinette baute sich ihr ländliches Refugium auf dem Grundstück ihres Palasts in Versailles. Peter aber, der Katharina immer wieder Zeichnungen seines Klosters anfertigen ließ, brachte die Entschlossenheit und Beharrlichkeit nicht auf, die man für ein solches Vorhaben brauchte. Vielleicht war er aber auch hartnäckig genug – nur rechnete er nicht mit der Kaiserin, die seine Verrücktheiten nicht länger dulden wollte und ihm deshalb einen Strich durch die Rechnung machte.

Nach zweijähriger Ehe hatte Katharina es geschafft, daß Peter sie mochte und ihr vertraute. Er weinte vor ihr, wenn er traurig war, er besuchte sie, wenn die Kaiserin mit ihm böse war, er suchte Trost bei ihr. Eines Tages vertraute er ihr an, daß man seine große Liebe, eine gewisse Gräfin Lapuschkina, aus seiner Nähe entfernt hatte, nachdem die Mutter dieses Mädchens nach Sibirien verbannt worden war. Mademoiselle Lapuschkina war es gewesen, die er hatte heiraten wollen, ihr Verlust hatte ihm das Herz gebrochen. Dann aber hatte er sich bereit erklärt, Sophie zu heiraten, weil sie seine Cousine war und weil deutsches Blut in ihren Adern floß – ein großer Vorteil in seinen Augen –, und außerdem: Er mochte sie wirklich.

Katharina hatte nicht nur Mitleid mit ihm; sie ließ sich auch von seiner Erfindungsgabe und seiner Ehrlichkeit beeindrucken und war diesem sonderbaren Gatten eine zärtliche Frau – auch wenn ihre Zärtlichkeit eher mütterlich geprägt war. Wenn er sie schlecht behandelte, beklagte sie sich nicht, sie tolerierte seine Launen und ermutigte seine Liebe zur Musik (er hatte ein gutes Gehör, und Fürst Repnin hatte einen Geigenlehrer für ihn engagiert), sie spielte mit seinen Kammerjunkern Billard, während er sich mit seinen Dienern im angrenzenden Zimmer betrank. Sie war eine geduldige Zuschauerin, wenn er in seinem Marionettentheater Stücke aufführte (die sie sterbenslangweilig fand), und in der Fastenzeit, in der man außer Pilzen und Fisch nichts essen durfte, tat sie sich mit seinem Kammerdiener zusammen, um ihm heimlich Fleisch zu verschaffen.

Trotz der Spannungen, die in der Luft lagen, trotz der Sorgen über die noch nicht vollzogene Ehe, trotz der konstanten Überwachung durch Maria Tschoglokowa und Madame Kruse und trotz des zunehmend unfreundlicher werdenden Verhaltens der Kaiserin ihr gegenüber gab es für Katharina auch hin und wieder Zeiten ruhiger Häuslichkeit und flüchtiger Vertraulichkeit mit Peter. Hin und wieder formierte sich eine Truppe junger Leute – unter ihnen Graf Pjotr Devier, Alexander Golizyn, Alexander Trubezkoi, Sergej Saltykow und Fürst Pjotr Repnin (ein Neffe des Mannes, der über Peter wachte) –, die, angetrunken und in großartiger Stimmung, unter Führung Peters in ihre Gemächer stürmten. Keiner der Gäste bei der folgenden improvisierten Party war älter als dreißig. Der Wein floß in Strömen, und Katharina konnte wieder einmal nach Herzenslust tanzen, spielen und herumtollen. In diesen seltenen Stunden vergaßen sie beide die Last, die auf ihnen lag, die drückende Pflicht, die sie noch immer nicht erfüllt hatten.

Oder Peter kam allein zu Katharina, brachte ein Geschenk mit oder ein Spiel, das sie zusammen spielen konnten. Einmal brachte er ihr einen kleinen, zappelnden schwarzen Pudel, erst ein halbes Jahr alt. »Der Pudel war ein höchst spaßhaftes Tier; er lief meist wie ein Mensch auf den Hinterpfoten und war äußerst komisch.« Die Dienstboten liebten ihn über alles und nannten ihn Iwan Iwanowitsch. Sie putzten ihn mit Schals, Röcken und Hüten auf und lachten sich kaputt, wenn er ausgelassen im Raum herumtanzte.

Und doch blieben solche Episoden selten und wurden seltener mit jedem Monat, der verging, während sich die Mißhandlungen und Demütigungen häuften. Insgesamt gab Peter Katharina viel mehr Anlaß zu Unbehagen und Schmerz als zu Freude und Spaß. Er hielt ein Dutzend Jagdhunde in einem Zimmer, das direkt an ihr Schlafzimmer grenzte, der durchdringende Geruch verursachte ihr ständig Brechreiz, aber er ließ sich nicht dazu herbei, die Hunde anderswo unterzubringen. Er schrie und drohte ihr und quälte sie mit endlosen Redereien über seine Liebesaffären (er entflammte nicht mehr nur für junge Zofen, sondern auch für Hofdamen reiferen Alters); er stellte seine Geliebten bei Hofe zur Schau, so daß die adligen Damen hinter ihren Fächern über ihn lachten und mitleidig den Kopf schüttelten, wenn Katharina zugegen war. Es kam sogar vor, daß er sie schlug, wenn andere Quälereien nicht das gewünschte Resultat gezeitigt hatten; doch dies nur, wenn er schon viele Gläser über den Durst getrunken hatte.

Sein Trinken schien manchmal nicht mehr als eine schlechte Angewohnheit. Doch wenn es schlimm kam, wurde es zu einer Bedrohung. Er trank an der Tafel der Kaiserin, er trank bei Bällen, Diners und Konzerten, er trank mit seinen Lakaien, und wenn diese sich durch das Trinken soweit vergaßen, daß sie ihn als einen der Ihren behandelten, schlug er sie. Er trank heimlich, in seinen privaten Räumen, versteckte die Flaschen in Schränken und hinter Wandschirmen. In angetrunkenem Zustand ritt er gern auf einem seiner edlen Pferde durch Feld und Wald – in der Uniform eines preußischen Generals. Menschenmengen versammelten sich, um einen Blick auf ihren zukünftigen Zaren zu erhaschen. Aber wenn sie ihn sahen, fühlten sie sich abgestoßen von diesem Menschen, der im Sattel schwankte und Grimassen schnitt wie ein Idiot.

Trotz enormer Anstrengungen war es dem Fürsten Repnin nicht gelungen, den Großfürsten zu zähmen und etwas aus ihm zu machen, was einem verfeinerten, kultivierten Edelmann ähnlich sah. Bestuschew und die Kaiserin waren nicht zufrieden. Man mußte einen anderen finden, dem man Peter anvertrauen konnte.

Maria Tschoglokowas Gemahl Nikolai, der einige Monate zuvor zum Kammerherrn ernannt worden war, wurde nun mit der Erziehung und Überwachung des Großfürsten betraut. Er war in seiner schwerfälligen, massiven Körperlichkeit nicht unattraktiv, aber der unbändige Stolz darauf, eine Cousine der Kaiserin geheiratet zu haben, machte ihn hochmütig. Er trug üppigen Spitzenschmuck an den Handgelenken und diamantbesetzte Schuhschnallen, und mitten auf der vorgewölbten Brust prangte der Orden des Weißen Adlers. So stolzierte er durch Peters Gemächer, faselte dummes Zeug und glaubte, dafür die allerhöchste Bewunderung zu verdienen.

»Er war der von Eigenliebe aufgeblasenste Mensch der Welt«, schrieb Katharina. »Ein alberner Geck war er, hochmütig und hämisch, und zum mindesten genauso boshaft wie seine Frau.« Tschoglokow stellte sich vor, daß man Peter durch reine Körperkraft beherrschen könne, und wirklich gelang es ihm, Angst und Schrecken zu verbreiten. Aber Peter war schlauer als sein neuer Bewacher. Immer wieder fand er Mittel und Wege, sich seiner Kontrolle zu entziehen, bis er neunzehn wurde und es für weitere Erziehungsmaßnahmen endgültig zu spät war.

So ging das Leben weiter. Maria hielt Katharina am Zügel, Nikolai gab Peter jeden Tag neue Befehle, beide Tschoglokows machten sich überall gründlich unbeliebt. Aber auch ihre gemeinsamen Anstrengungen, all ihre Wachsamkeit, ihre ganze erstickende, brutale Zwangsherrschaft führten nicht zu dem von der Kaiserin herbeigesehnten Ergebnis: Katharinas Schwangerschaft.

Die Jahreszeiten wechselten, und der Hof wechselte von Moskau nach St. Petersburg und wieder nach Moskau zurück. In einer Pause zwischen den offiziellen Festlichkeiten der Saison veranstaltete Peter eine kleine Zerstreuung, einen Maskenball in Katharinas Räumen, obwohl Katharina unter Fieber und starken Kopfschmerzen litt. Er befahl seinen und Katharinas schwer geprüften Dienern, Kostüme und Masken anzulegen, und ließ sie um das Kanapee herumtanzen, auf dem Katharina lag, während er selbst auf der Geige kratzte. Und bald tanzte auch er, begeistert und hingerissen von seiner Spielzeugwelt mit Spielzeugfiguren, dem großen Hofball im kleinen, den er selbst erschaffen hatte.

Katharina aber, die sich ebenfalls maskiert hatte, um ihn nicht gegen sich aufzubringen, fühlte sich zu krank und niedergeschlagen, um mitzumachen. Sie blieb auf dem Kanapee liegen. Sie hatte genug von ihrer Rolle als Pflegerin und Spielkameradin, genug davon, Peter als Prügelknabe und Sündenbock zu dienen und gleichzeitig um ihr Ansehen als Großfürstin kämpfen zu müssen, genug von alldem!

Vor kurzem erst hatte sie die Nachricht vom Tod ihres geliebten Vaters Christian August erreicht. Niemand in ihrer Umgebung hatte vorausgesehen, wie tief sie dieses Ereignis treffen würde. Christian August, dieser keineswegs brillante, doch stets aufrechte und ehrliche Mann, dessen Charakter und Temperament so weit entfernt schien von der Exzentrik der Russen wie sein kleines Fürstentum von den unermeßlichen Landmassen, die sie bewohnten, Christian August, ihr guter Vater, war nun nicht mehr da, um sie vor all den Gefahren zu beschützen, die ihr hier drohten. Johanna war schon viele Monate fort, und Maria erlaubte nicht einmal, daß Katharina ihr schrieb. Jetzt wurde ihr auch noch der Vater entzogen – nicht von einer boshaften Anstandsdame, sondern vom grausamen Schicksal selbst.

»Man erlaubte mir, acht Tage so viel zu weinen, wie ich wollte«, schrieb Katharina in ihren Memoiren über jene traurigen Tage und Wochen. »Aber als die acht Tage um waren, erschien Frau Tschoglokowa, um mir zu sagen, ich hätte nun genug geweint und die Kaiserin befehle mir jetzt, damit aufzuhören, denn mein Vater sei kein König gewesen.«

Unter Tränen antwortete Katharina, daß er allerdings kein König gewesen sei, aber er sei doch ihr Vater und sie wolle ihn betrauern. Maria gab nicht nach. Es zieme sich nicht für eine Großfürstin, um einen Vater zu weinen, der nicht König gewesen sei, sagte sie und befahl Katharina, ihr selbstgewähltes Exil zu verlassen und wieder bei Hofe zu erscheinen. Man erlaubte ihr, Trauer zu tragen, aber nur sechs Wochen lang. Danach sollte sie sich benehmen, als ob sie dieser Verlust niemals getroffen habe.

Während der Trauerzeit brachte der Kanzler den Hof in Unruhe durch ein Gerücht, das er durch einen seiner Diener verbreiten ließ. Danach hatte sich die Großfürstin durch die Tatsache beleidigt gefühlt, daß sie nicht von allen ausländischen Gesandten an Elisabeths Hof formelle Kondolenzschreiben erhalten hatte. Mit dieser Behauptung schadete ihr der Kanzler: Er ließ sie hochmütig und arrogant erscheinen. Als die Kaiserin davon erfuhr, befahl sie Maria zu sich und ordnete an, daß Katharina auszuschimpfen sei. Katharina sah sich zu Unrecht beschuldigt und mußte ihre ganze Kraft zusammennehmen, um sich zu verteidigen. Es gelang ihr, das Lügengewebe zu durchdringen und den wahren Schuldigen bloßzustellen, und schließlich mußte die Kaiserin einsehen, daß sie getäuscht worden war.

Aber der Schaden war getan, und Katharina blieb verletzt, obwohl der Diener zu ihr kam, um sich zu entschuldigen.

Was war jedoch Bestuschew mit seinen kleinlichen Ausfällen gegen das tiefe Leid, das ihr das Herz zerriß! Das Bollwerk ihrer Kindheit, ihr Vater, der strenge, aufrechte Soldat, der immer die Wahrheit gesagt und mannhaft seine Pflicht erfüllt hatte und der so sehr gezögert hatte, seine Tochter in ein Land zu schicken so weit fort von der Heimat – er war nicht mehr da, zu ihm konnte sie sich nun nie mehr flüchten. In den Tagen ihrer tiefsten Trauer muß Katharina stärker als sonst bewußt geworden sein, daß List und Tücke, Perfidie und Verrat am Hof Elisabeths herrschten und daß ihr verstorbener Vater das Gegenteil von alldem verkörpert hatte. Wie muß sie sich nach seiner rauhen, aber herzlichen und aufrichtigen Art gesehnt haben, als sie dort auf dem Kanapee lag, ausgelaugt und tief deprimiert, und ihren Mann beobachtete, der sich unter die maskierten Diener mischte und tollkühne Sprünge machte wie ein Verrückter!

Kapitel Neun

»Damals konnte man von mir behaupten, ich sei nie ohne ein Buch und nie ohne Kummer, aber immer ohne Vergnügen gewesen.« So beschrieb Katharina die Zeit, als sie eben zwanzig geworden war. Sie fühlte sich vom Hof isoliert und einsam, aber mit der Zeit hatte sie sich an ihre Situation gewöhnt. Die Bücher waren ihre Rettung. Sie formten ihren Geist und stärkten ihren Charakter. Und sie war leidlich gesund, trotz immer wieder auftretender Perioden von Niedergeschlagenheit und Anfällen von Hypochondrie, trotz der vielen Stunden, die sie in ungeheizten Kirchenräumen verbrachte, von wo sie »blau wie eine Pflaume« und elend nach Hause zurückkehrte. Ihr Sinn für absurde Komik kam zu den unerwartetsten Zeiten zum Vorschein, oft mitten in Zeiten tiefster Melancholie, und aufmerksame Beobachter bemerkten ein fröhliches Leuchten in ihren sprühenden blauen Augen.

Da sie selbst heftigen Stimmungsumschwüngen unterworfen war, von der vergnüglichsten Spiellaune zu nüchternem, konzentriertem Ernst oder heilloser Traurigkeit, hatte sie vielleicht weniger Schwierigkeiten als andere, sich an die bizarren gefühlsmäßigen Widersprüche, die das höfische Leben mit sich brachte, anzupassen. Allmählich schien sich ihre Welt aufzuhellen. Im Jahre 1750, als sie einundzwanzig wurde, stellte sie fest, daß sie weniger weinte als in den vergangenen Jahren und daß ihre »von Natur aus heitere Veranlagung« ihr manches ertragen half. »Ich bemühe mich, sosehr ich kann, ein Philosoph zu sein«, schrieb sie in einem Brief an Johanna – einem verbotenen Brief, der aus Rußland hinausgeschmuggelt werden konnte –, »und ich gedenke nicht, meinen Leidenschaften nachzugeben.«

Ein Tag verlief wie der andere. Bei immer denselben langweiligen Anlässen traf sie immer dieselben langweiligen Leute. Morgens las und lernte sie, las noch, während Timofej Jewrejnow oder einer der anderen Diener sie frisierte, machte einen kurzen Besuch bei Peter oder erhielt Besuch von ihm – biß dabei die Zähne zusammen vor Ungeduld –, und dann, um halb zwölf, kleidete sie sich für den öffentlichen Teil des Tages an. In ihrem Vorzimmer versammelten sich ihre Hofdamen und die dekorativen, aber häufig oberflächlichen Kavaliere, die die Kaiserin zum Dienst bei Katharina verpflichtet hatte. Katharina war oft mit Prinzessin Gagarina zusammen, die geistvoll und amüsant war und sich auch den anderen gegenüber liebenswürdig zeigte; insgesamt aber kam es während der ausgedehnten Mittagsmahlzeit kaum je zu einer interessanteren Unterhaltung. Das Ehepaar Tschoglokow führte bei der Tafel den Vorsitz. Es wurde peinlich darauf geachtet, daß sich alle Reden im Rahmen des Gesitteten und Anständigen hielten und ja nichts Witziges oder Unterhaltsames zum besten gegeben wurde. Oft brachte Peter alle Anwesenden gegen sich auf, indem er irgendeinen Streit vom Zaun brach oder die Tschoglokows mit einem albernen Ulk provozierte.

Nachmittags gab es wieder Stunden des Lesens, Spaziergänge in den Gärten oder andere Arten des Zeitvertreibs mit Prinzessin Gagarina und Maria Tschoglokowa. Letztere hatte viel von ihrer früheren Strenge gegenüber Katharina verloren und bemühte sich nun eher um ihre Freundschaft. Bei der Unterhaltung mit Prinzessin Gagarina stellte es sich heraus, daß die beiden jungen Frauen in einem Punkt völlig verschieden waren: Die Prinzessin liebte Luxus und Verschwendung und die ganze künstliche Atmosphäre der Hofgesellschaft in Moskau und St. Petersburg, während Katharina sich für das Landleben aussprach, wo es Frieden und Ruhe und Einfachheit gab und man sich auf erholsame Weise vergnügen konnte.

Abends versammelte sich dieselbe Gruppe von Höflingen,

die Katharina schon mittags gelangweilt hatte, zum Abendessen. Nach weiteren geistlosen und uninteressanten Gesprächen konnte sie sich in ihre Gemächer zurückziehen und lesen bis zum Schlafengehen. Peter schlief immer noch recht häufig in ihrem Bett, oft erschien er betrunken in ihrem Schlafzimmer, manchmal stritt er mit ihr oder warf ihr Beleidigungen an den Kopf. Aber niemals versuchte er, mit ihr zu schlafen, und immer öfter kam ihr der Verdacht, daß er zu körperlicher Liebe gar nicht fähig war. Wiewohl er sich überaus geschickt darin zeigte, sie durch Anspielungen und Erzählungen über seine Liebe zu anderen Frauen zu beleidigen, war sie schließlich davon überzeugt, daß es sich bei diesen Affären nur um aus der Luft gegriffene Behauptungen handelte.

Es lag etwas Groteskes in seiner heftigen Leidenschaft für die kleingewachsene, bucklige Prinzessin von Kurland, die 1750 an der Spitze der Hofdamen Elisabeths stand. Mit ihrem verwachsenen Leib, ihrer dunklen Haut und dem starken deutschen Akzent konnte sich die Prinzessin mit der großen, robusten Katharina, deren anmutiger, schlanker Körper und deren blendendweiße Haut allgemeine Bewunderung erregten, kaum messen. Peter aber – das hatte Katharina in den letzten Jahren immer wieder beobachtet – fühlte sich von einem häßlichen Körper niemals abgestoßen. (Was diesen Charakterzug betraf, so erinnerte er sie an ihren Onkel Adolf, König von Schweden, der »niemals eine Mätresse hatte, die nicht bucklig, einäugig oder lahm« war.) Peter also war für die Prinzessin entflammt; er folgte ihr überallhin, starrte sie an wie ein liebeskranker Hund und pries alles, was sie tat und sagte – besonders, wenn Katharina anwesend war und ihn bestimmt hören konnte.

Katharina versuchte, die Kränkungen, die der unbarmherzige Gemahl ihr antat, auf die leichte Schulter zu nehmen, und doch gestand sie in ihren Memoiren: »Es verletzte denn aber doch meine Eitelkeit und meine Eigenliebe, daß dieses kleine Scheusal mir vorgezogen wurde!« Inzwischen war Peter mit einem einzigen Liebesobjekt nicht zufrieden und begann ein weiteres Techtelmechtel mit einer jungen, griechischen Kammerjungfer (»die wirklich bildschön war«, schrieb Katharina).

In einem Raum direkt neben Katharinas Schlafzimmer schloß er sich einen ganzen Tag und eine halbe Nacht mit diesem Mädchen ein, wohl wissend, daß Katharina auf der anderen Seite der hellhörigen Wand mit Fieber im Bett lag.

»Das Verhältnis hatte aber keine Dauer und ging nicht über zärtliche Blicke hinaus«, berichtete Katharina später. Sie erholte sich von ihrem Fieber, er kam über das griechische Kammermädchen und die Prinzessin von Kurland hinweg, und das Leben ging weiter. Katharina wurde von einem finnischen Mädchen namens Jekaterina Woinowa, das ihr Zimmer fegte und das Bett machte, sehr erheitert, denn unter anderem verstand es diese Finnin großartig, den Gang der ewig schwangeren Maria Tschoglokowa nachzuahmen, wozu sie sich vorn ein großes Kissen unter ihren Rock band und schwankend durchs Zimmer watschelte. Katharina selbst entwickelte ihre schauspielerische Begabung; jeder mußte lachen, wenn sie wie ein Schwein schnüffelte oder wie eine Eule heulte. Zuweilen kam eine kleine Menschenmenge zusammen, um ihren lärmenden Darbietungen zuzusehen, und der Applaus, den sie erhielt, feuerte sie nur noch mehr an. Graf Hendrikow, Maria Tschoglokowas Bruder, der ein Jahr abwesend gewesen war, bemerkte die Veränderung, die mit ihr vorgegangen war, und sagte ihr nach einer ihrer improvisierten Vorstellungen, ihm würde schwindlig beim Anblick ihrer »Bocksprünge«. Katharina hungerte nach Anerkennung. Die Komplimente des Grafen Hendrikow gefielen ihr so sehr, daß sie sie noch Tage später allen möglichen Leuten weitererzählte.

Ihre unverwüstliche physische Vitalität half ihr, sich gegen alle Widrigkeiten zu behaupten. Während der langen Wintermonate gab es außer Schlittenfahren und Brettspielen nicht viel, was sie tun konnte, aber im Sommer fand sie viele Gelegenheiten, sich zu bewegen und zu kräftigen und sich dabei die Zeit auf unterhaltsame Weise zu vertreiben. Im Sommer war sie von der ständigen Überwachung durch die Kaiserin befreit, denn diese ging ihren eigenen Vergnügungen nach, und Katharina bekam sie nur sporadisch zu sehen. Im Sommer durfte sie sich ihrer Leidenschaft, dem Reiten, hingeben, sooft und solange sie wollte, ohne daß jemand ihr deshalb Vorwürfe machte, und es kam vor, daß sie ganze Tage damit verbrachte, auf dem Rücken eines Pferdes über Land zu galoppieren.

In solchen Zeiten ging ihre Hypochondrie zurück, die vielen kleinen Krankheiten, unter denen sie sonst litt, verschwanden; jeden Tag gab sie sich nach Herzenslust ihren sportlichen Vergnügungen hin. Gern ging sie auf dem Gut von Nikolai Tschoglokow in der Nähe von Moskau auf Hasenjagd, hetzte Stunden um Stunden über die sumpfigen Wiesen, bis die Beute erlegt war. Ihr Schneider mußte ihr Reitkleider aus Seide mit Kristallknöpfen machen, dazu trug sie eine brillantenbesetzte schwarze Mütze. Aber die Seide erwies sich als ungeeignet; Regen machte sie rissig, und starke Sonne ließ die Farben verblassen. Der Schneider beschwerte sich, daß er mit dem Anfertigen neuer Reitkleider nicht nachkam. Aber nichts von alldem konnte Katharina davon abbringen, auf diese herrlichen Stunden im Sattel zu verzichten.

»Offen gestanden machte ich mir überhaupt nichts aus der Jagd«, schrieb sie, »aber ich ritt leidenschaftlich gern. Je wilder ich reiten konnte, desto lieber war es mir. Es ging so weit, daß ich, wenn ein Pferd durchging, hinterherjagte und es zurückbrachte.« Sie war so gelenkig und geschickt, daß sie mühelos auf das Pferd aufspringen konnte; ihr geschlitztes Kleid fiel dabei zu beiden Seiten des Sattels herab. Als die Kaiserin einmal dazukam, als sie diesen Sprung ausführte, äußerte sie lautes Erstaunen und lobte Katharinas perfekten Sitz im Sattel. »Man möchte schwören, daß es ein Herrensattel ist«, sagte die Kaiserin, und tatsächlich hatte Katharina ihren Sattel verändern lassen, so daß sie die meiste Zeit im Herrensitz reiten konnte.

Es fand sich eine würdige Rivalin für sie, eine gewisse Madame von Arnim, die ebensogut reiten und fast ebenso anmutig und geschickt in den Sattel springen konnte wie Katharina. Die beiden jungen Frauen wetteiferten miteinander, jede wollte die andere übertreffen, und als der Reittag zu Ende ging, machten sie auf dem Tanzboden weiter. Madame von Arnim tanzte noch besser, als sie ritt, und eines Abends schlossen sie eine freundschaftliche Wette darüber ab, wer länger tanzen konnte. Also begann man zu knicksen, zu springen und sich zu drehen, und machte weiter den ganzen Abend lang, bis Madame von Arnim sich endlich erschöpft in einen Sessel fallen ließ. Katharina aber drehte sich noch immer und vollführte noch immer die kompliziertesten Sprünge, und am Ende der langen Nacht hatte sie alle anderen Tänzerinnen und Tänzer in den Schatten gestellt.

Vom Standpunkt der Kaiserin aus waren Katharinas Kraft und Durchhaltevermögen, ihre tapfere Heiterkeit und Kühnheit und insbesondere die Anmut ihres straffen, sportlichen Körpers ein Affront des ganzen Hofes. Wozu dienten all ihre Gaben, wenn das einzige, was in ihrem Fall wirklich zählte – nämlich die Mutterschaft –, sich nicht einstellen wollte? Hinter vorgehaltener Hand tuschelten die Leute, daß Katharina immer noch Jungfrau war. Kanzler Bestuschew schüttelte den Kopf und fuchtelte wichtigtuerisch mit den Händen in der Luft herum. Die Kaiserin stampfte mit dem Fuß auf und schwor, daß Katharina irgendeinen heimlichen körperlichen Schaden habe, wodurch die Schwangerschaft verhindert werde. Sie befahl Maria Tschoglokowa, eine Hebamme kommen zu lassen, die Katharina untersuchen sollte. Für Peter ließ sie einen Arzt kommen. Sie wollte ein für allemal Klarheit darüber, warum das Ehepaar nicht seiner natürlichen Bestimmung folgte, warum noch immer kein Kind da war.

Allerdings schien hinter den Mahnungen und Drohungen der Kaiserin immer weniger Kraft zu stecken. Das Problem der Thronfolge verursachte ihr keine schlaflosen Nächte mehr. Sie vermied Begegnungen mit ihrem unsympathischen Neffen und stürzte sich statt dessen kopfüber in die neuesten Zerstreuungen. Kein Wunder: Mit der Thronfolge war zwangsläufig die Tatsache ihrer eigenen Sterblichkeit verbunden, und das machte ihr viel mehr angst als alles andere. Der Gedanke an den Nachfolger hätte sie dazu gezwungen, sich ihr eigenes Älterwerden einzugestehen. Ja, sie wurde alt! Ihre runden Wangen wurden bleich, und in ihrem schönen Haar zeigten sich immer mehr graue Strähnen.

Auch durch dick aufgetragenes Rouge konnte sie nicht länger verbergen, daß sich dunkle Ringe unter ihren Augen gebildet hatten und Falten sich in ihre schlaffe Haut einschnitten. Noch immer sah man Spuren ihrer einstigen Schönheit, aber sie verschwanden schnell, während ihr Körper immer unförmiger wurde. Tausende von Kleidern mußten verändert werden, damit sie über ihre dick gewordene Taille und ihren aufgedunsenen Bauch paßten. Sie dachte nicht daran, sich beim Essen Beschränkungen aufzuerlegen, aß weit mehr, als sie vertrug, was dazu führte, daß der Körper auf vielfache Weise rebellierte. Sie litt unter schweren Koliken und Verdauungsstörungen. Aber auch in Zeiten größter Schmerzen, wenn ihre Leibärzte sie beschworen, sich auszuruhen und ihre Arzneien zu nehmen, entsagte sie ihrem aufreibenden Lebensstil keinesfalls, sondern putschte sich zu immer neuen, immer verheerenderen Exzessen auf. Den Höflingen wurde es unheimlich zumute, wenn sie sie sahen, bleich und krank in ihrer Equipage, mit einem dünnen, grimmigen Lächeln auf den Lippen, auf dem Weg zur Jagd.

Und wie immer trieb Elisabeth ihren Kanzler zur Verzweiflung, weil sie jeglichen Sinn für Regierung und Verantwortung vermissen ließ. Manchmal schreckte sie vor einer wichtigen Unterschrift zurück, weil das Schriftstück unter dem Reliquienschrein ihrer Lieblingsheiligen, der heiligen Veronika, lag und diese ihr mitgeteilt hatte, daß es besser sei, nicht zu unterschreiben. Ein andermal weigerte sie sich, ein Schriftstück auch nur zu lesen, weil eine Fliege darauf saß, was sie als böses Omen verstand. Politische Zwänge galten nichts für sie, und Berichte über Unruhen in ihrem riesigen Reich ignorierte sie beständig. Als dreitausend Leibeigene aufstanden, sich bewaffneten und ein Dragonerregiment überrannten, quittierte sie die Nachricht mit einem Schulterzucken, und der alarmierenden Tatsache, daß die Rebellion nur durch den Einsatz von sechs Regimentern niedergeschlagen werden konnte, schien sie keinerlei Bedeutung beizumessen.

Solche Zwischenfälle waren nicht zu verhindern. Sie überließ es ihren lokalen Beamten, ihrer Herr zu werden, und verließ sich auf ihre Geheime Kanzlei, die den Auftrag hatte, Unruhestifter auszumerzen. Agenten der Geheimen Kanzlei waren überall. Sie lauschten an Schlüssellöchern, sammelten

Informationen von bezahlten Spitzeln, fanden Einlaß in jedes Ministerium, jedes Büro, jede Gerichtsstube. Wo immer sie aus dem Schatten traten, um im Namen der Kaiserin gegen wirkliche oder vermeintliche Aufrührer und Rebellen vorzugehen, füllten sich die Herzen der Untertanen mit Angst und Schrecken. Der Auftrag der Geheimen Kanzlei lautete, Verrat zu bekämpfen und Verräter zu entlarven, und um diesen Auftrag zu erfüllen, schreckten ihre Agenten vor nichts zurück. Jedermann – selbst Leute, die ihre Loyalität durch Weitergabe von Informationen bewiesen hatten – konnte schon beim geringsten Anlaß von der Geheimen Kanzlei ins Gefängnis geworfen, gefoltert und grausam bestraft werden.

An der Spitze dieser staatlichen Inquisition stand Alexander Schuwalow, Bruder des neuen Favoriten der Kaiserin, Iwan Schuwalow. Elisabeths heimlicher Gemahl Alexej Rasumowski war abgelöst worden und hatte sich diskret in den Hintergrund zurückgezogen. Jetzt war Iwan Schuwalow an der Macht. Aber er blieb nicht ohne Rivalen, denn die alternde Kaiserin umgab sich mit vielen gutaussehenden jungen Männern, klammerte sich geradezu an sie, als ob der Glanz und die frische Jugendlichkeit dieser Günstlinge ihren Wangen die Farbe und ihrem Gang den Schwung zurückgeben könnten. Die Kadetten der Garderegimenter mußten bei Hofe russische Tragödien aufführen. Vor Beginn der Vorführungen erschienen sie in den Privaträumen der Kaiserin, die ihre Kostüme auswählte und eigenhändig ihre Wangen schminkte.

Katharina erinnerte sich, daß diese Kadetten ungewöhnlich gut aussahen. Besonders einer von ihnen, blauäugig und mit hellem, frischem Teint, tat es der Kaiserin an. Er hieß Truwor. Die Kaiserin legte ihm Rouge auf, kleidete ihn in ihre Lieblingsfarben und rief ihn nach dem Ende der Aufführungen zu sich. Truwor wurde zu einer Art erotischem Schoßhündchen oder Maskottchen. Elisabeth überhäufte ihn mit Geschenken und Gunstbezeugungen aller Art.

Obwohl Katharina die Kaiserin nicht sehr oft zu Gesicht bekam, hielt sie sich über ihren Gesundheitszustand auf dem laufenden, so gut es ging. Dr. Lestocq war nicht mehr da – Elisabeth hatte ihn des Verrats bezichtigt und ihn nach Sibirien verbannt –, aber es gab neue Ärzte und Priester, von denen man unter der Hand Informationen erhielt.

Im Februar 1749 erschien Elisabeth einige Tage nicht bei der Cour, und sofort gingen allerlei Gerüchte um. Die Ärzte verkündeten, daß sie wegen einer »Verstopfungskolik« das Bett hüten müsse, aber es vergingen noch mehr Tage, ohne daß irgend jemand sie zu Gesicht bekam. Peter kam in höchster Beunruhigung zu Katharina. Und wenn die Kaiserin wirklich ernstlich krank geworden wäre? Wenn sie sterben würde? Was würde aus ihnen? Würde man Peter als Thronfolger anerkennen, oder würden Verräter kommen, die ihn ermordeten, um einem anderen die Zarenkrone aufzusetzen? Er war so voller Angst, erinnerte sich Katharina, daß er schon nicht mehr wußte, »welchem Heiligen er sich anbefehlen sollte«.

Katharina, die selbst ihre Befürchtungen hegte, versuchte, ihren Mann zu beruhigen. Die Gemächer, die sie zu dieser Zeit bewohnten, befanden sich im Erdgeschoß. Falls Mörder oder Entführer kämen, sagte sie zu Peter, könnten sie aus dem Fenster springen und in den Garten laufen. Und außerdem waren sie nicht ohne Freunde. Einige Gardeoffiziere hatten sie ihrer unverbrüchlichen Treue und Loyalität versichert. Und es gab Katharinas Verehrer und Kammerjunker, den Grafen Sachar Tschernyschow – er würde ihnen bestimmt zu Hilfe kommen und andere zu ihrer Rettung herbeiholen.

Katharina versuchte, Peter Mut einzuflößen; und zweifellos brachte das Bewußtsein der Gefahr, die sie gemeinsam durchlebten, sie einander wieder näher – wenn auch nur zeitweise. In Wahrheit konnten sie nicht viel machen. Offiziell erfuhren sie weder etwas über den aktuellen Gesundheitszustand der Kaiserin noch über wichtige Entscheidungen, die getroffen, oder politische Diskussionen, die geführt wurden. Sie durften ihre Räume nicht verlassen und mußten abwarten, was über sie beschlossen wurde. Unsicherheit und ängstliche Erwartung war die vorherrschende Stimmung. Immer wieder sickerten Informationen durch, hier und da schnappte man etwas auf, und Katharina sah den Kanzler Bestuschew oder den anderen derzeitigen Berater der Kaiserin, Stepan Apraxin, wie sie mit besorgter oder entschlossener Miene durch die Palastkorridore eilten. Es wurde auch von geheimen Treffen gemunkelt, und plötzlich erschienen Agenten der Geheimen Kanzlei an allen möglichen Orten, die jedermann scharf beobachteten und sich jedes falsche Wort, das gesprochen wurde, merkten.

Eines war klar: Die Kaiserin war schwer krank, vielleicht sogar todkrank, und es wurden Vorbereitungen getroffen, die im Falle ihres Ablebens die Nachfolge sicherten.

Wochenlang wuchs die Spannung. Falls die Kaiserin wirklich auf dem Sterbebett lag, sagten sich Peter und Katharina, würden nicht sie diejenigen sein, denen sie vertraute, und sie würde Peter nicht helfen, seine Position zu stärken. Denn Peter hatte ihr Mißfallen erregt. Iwan Schuwalow hatte ein Billett von ihr erhalten, in dem es hieß: »Mein Neffe ist ein Scheusal, hol' ihn der Teufel!« Sie fühlte sich betrogen, und sie war wütend auf Peter, weil er keinen Sohn zeugte. Wie Peter und Katharina herausbekamen, hatte die Kaiserin sogar Vorbereitungen dazu getroffen, daß nach ihrem Tod ein Rat gebildet wurde, der den inhaftierten Thronprätendenten Iwan, Sohn Anna Leopoldownas, wieder an die Macht bringen sollte. Aber es waren mit Sicherheit auch Verschwörer am Werk, die alles taten, um Elisabeths Willen bezüglich ihrer Nachfolge zu ändern, und gegen die Machenschaften dieser zu allem entschlossenen Männer konnte die sterbenskranke, nur noch dahindämmernde Frau kaum etwas ausrichten.

Als nach vielen Wochen des Rückzugs die Kaiserin wieder in der Öffentlichkeit erschien, bleicher denn je, aber sonst kaum verändert, atmeten Peter und Katharina erleichtert auf. Und doch wußten sie, daß es mit der Gesundheit Elisabeths nicht weit her war – es konnte jederzeit wieder bergab gehen. Denn von Vorsicht oder Verzicht hielt die Kaiserin nichts, und aus der gefährlich nahen Begegnung mit ihrem Tod hatte sie nichts gelernt. Kaum wiederhergestellt, nahm sie ihre ausschweifenden Gewohnheiten wieder auf, und unverzüglich kehrten auch ihre Bauchschmerzen und Verdauungsbeschwerden zurück. Mit der nächsten »Verstopfungskolik« mußte jederzeit gerechnet werden.

Die Atmosphäre am Hof änderte sich. Man war nur noch

mit der Thronfolge beschäftigt, und sowohl Peter wie Katharina wurden sich stärker denn je der Tatsache bewußt, daß sie anderen als Schachfiguren dienten in einem undurchschaubaren Spiel der Macht.

Während einer Jagd kam eine Abordnung Jäger zu Peter, um ihn davon zu unterrichten, daß ein Bewunderer dringend wünsche, mit ihm zu sprechen. Peter sagte ein Treffen zu, und bald darauf ritt ein Offizier auf ihn zu, ein Leutnant des Butyrski-Regiments, der sich als Joassaf Baturin vorstellte. Er stieg ab und warf sich vor Peter nieder, erklärte, er erkenne keinen anderen Herrn als ihn an und sei bereit, alle seine Befehle auszuführen.

Peter, der jahrelang als Soldaten verkleidete Männer gedrillt und herumkommandiert hatte, schlotterte nun vor Angst. Die Aktion des jungen Mannes war äußerst gewagt, und Peter spürte, daß er es mit einem Abenteurer zu tun hatte, einem tollkühnen und gefährlichen Charakter und einem politischen Opportunisten. Überstürzt ritt er davon und machte sich auf die Suche nach Katharina, der er, immer noch zu Tode erschrocken, die ganze Geschichte stotternd erzählte.

Inzwischen war Leutnant Baturin verhaftet worden, ebenso wie die Jäger, die ihm zu jenem Treffen mit dem Großfürsten verholfen hatten. Die Agenten der Geheimen Kanzlei hatten von einer Verschwörung Baturins Wind bekommen und seinen Plan entdeckt, die Kaiserin zu töten, ihren Palast in Brand zu stecken und in der folgenden Verwirrung mit Hilfe einer Armee ausländischer Soldaten und Arbeiter Peter zum neuen Zaren zu proklamieren. Auch unter Todesdrohung und Folter verrieten die Verschwörer ihr Idol, den Großfürsten, nicht. Über die Begegnung Baturins mit Peter wurde nichts bekannt. Deshalb fiel auf Peter selbst kein Verdacht, und er entging der Rache der Kaiserin. Baturin kam in Festungshaft, und Peter, noch immer vor Angst zitternd, schaffte es, Stillschweigen zu bewahren und den Zwischenfall zu überleben.

Etwa zur gleichen Zeit stand Katharina im Mittelpunkt einer noch finstereren Verschwörung. Vielleicht, weil sie noch nicht schwanger geworden war, wahrscheinlich aber deshalb, weil ihr Scharfsinn und ihre Intelligenz von jenen, die mit

Elisabeths Nachfolger eigene Pläne verfolgten, als äußerst bedrohlich empfunden wurden, versuchte man, sie mit den Pocken zu infizieren, einer damals fast immer tödlich verlaufenden Krankheit, besonders bei jungen Frauen. Da Katharina von dieser Krankheit bisher verschont geblieben war, war sie höchst gefährdet. General Apraxin lud sie in sein Haus ein, wo sie in einen Raum geführt wurde, in dem die kleine Tochter des Generals vor kurzem an den Pocken gestorben war. Während des Abends führte man sie immer wieder in diesen von Krankheitskeimen vergifteten Raum in der Hoffnung, daß sie sich ansteckte. Zur größten Bestürzung der Verschwörer blieb sie gesund. Aber als sie später vom Schicksal der Tochter des Generals erfuhr und ihr die Gefahr bewußt wurde, in der sie geschwebt hatte, wußte sie, daß sie sich an keinem Ort mehr völlig sicher fühlen konnte.

Es war offensichtlich, daß Katharina und Peter Feinde hatten. Auch die, die sie unterstützen und ihre Interessen befördern wollten, konnten zu einer Gefahr für sie werden. Wenn Katharina nur schwanger würde und ein gesundes Kind bekäme! Dann würde sich die Gefahr zumindest verringern – obwohl man auch das nicht sicher wissen konnte.

Im späten Frühjahr 1752 – sie war dreiundzwanzig, und der Hof hielt sich im Sommerpalast auf – fiel Katharina auf, daß einer der Kammerherrn, der dunkelhaarige, weltmännische, sehr gut aussehende Sergej Saltykow, eifriger als sonst seine üblichen Pflichten erfüllte und sich fleißiger als sonst bei allen gesellschaftlichen Anlässen sehen ließ. Sie konnte nicht umhin, ihn zu bemerken, er war »schön wie der Tag«, und der Kontrast zwischen ihm und seinem Bruder Pjotr, einem häßlichen Mann, dessen hervorquellende Augen, platte Nase und stets offenstehender Mund ihm das Aussehen eines Schwachsinnigen gaben, hätte größer nicht sein können. Sergej und Pjotr waren kultivierte, wohlerzogene Kavaliere von hoher Abkunft. Pjotr war ein Klatschmaul, Sergej hatte den Ruf, leichtsinnig und eitel zu sein. Katharina kannte seine Frau Matrjona Balk sehr gut; sie war eine aus der fröhlichen Gruppe von Frauen, die sich um Katharinas klugen kleinen Pudel kümmerten, ihm Kleider schneiderten und ihn herausputzten. Im

Lauf der Zeit hatte sich der Hund so sehr an Matrjona gewöhnt, daß Katharina ihn ihr zum Geschenk gemacht hatte.

Als Persönlichkeit stellte Lew Naryschkin, ständiger Begleiter der Brüder Saltykow, sie beide in den Schatten. Dieser kaum zwanzigjährige Kammerjunker war der geborene Spaßmacher. Groß, korpulent und unbeholfen, schien er sich in seinen prachtvollen Hofgewändern ganz verloren zu fühlen. Sein verlegenes Grinsen und seine ständigen Späße waren von entwaffnendem Reiz. »Er war einer der eigenartigsten Menschen, die ich je kennengelernt habe«, schrieb Katharina in ihren Lebenserinnerungen, »und niemals habe ich über jemand so lachen müssen wie über ihn. Er war der geborenen Harlekin, und wäre er von Geburt nicht der gewesen, der er nun einmal war, so hätte er wohl mit seinen wirklich komischen Gaben seinen Lebensunterhalt gewinnen und viel verdienen können.«

Zu seinen Gaben gehörte es, lange Reden über jeden beliebigen Gegenstand halten zu können – egal, ob er von diesem Gegenstand etwas verstand oder nicht. Malerei, Chemie oder Architektur – »er wandte die Fachausdrücke des betreffenden Gegenstandes an und sprach ununterbrochen eine Viertelstunde und länger; am Schluß verstand weder er noch irgend jemand etwas von dem Wortschwall.« Worauf alle, ganz besonders aber Katharina, in befreiendes Gelächter ausbrachen.

Während Naryschkin die Gesellschaft mit seinem geistvollen Unsinn erheiterte, schmeichelte sich Sergej Saltykow bei den Tschoglokows ein. Mit dem ganzen oberflächlichen Charme eines sechsundzwanzigjährigen Mannes von Welt redete er dem eitlen Nikolai Tschoglokow ein, daß er ein begnadeter Komponist sei, und die schwangere Maria, die sich oft unwohl fühlte, umgab er mit zärtlicher Fürsorge. Katharina bemerkte, was vor sich ging, aber es machte ihr nichts aus. Sie selbst sah diesen Mann, den die Petersburger Gesellschaft mit leicht verächtlichem Unterton »le beau Serge« nannte, immer gern. Sein schwarzes Haar, die dunklen Augen und sein dunkles, markiges Gesicht schienen Kraft und Männlichkeit zu beweisen und stachen gegen die jungenhafte Blässe Peters vorteilhaft ab. Selbstkritisch bemerkte Sergej, daß er in den höfischen Farben Weiß und Silber aussehe »wie eine Fliege in der Milch«. Katharina aber fand ihn unwiderstehlich – was ihm nicht entging – und konnte die Augen bald nicht mehr von ihm wenden.

Sergej war zuckersüß und voller Komplimente. Es schien Katharina offensichtlich, daß er etwas wollte – niemand bemühte sich freiwillig und ohne Hintergedanken um die Gesellschaft der langweiligen Tschoglokows –, aber sie fand nicht heraus, was es war. Abend für Abend lud Maria Sergej und mit ihm Katharina, Lew Naryschkin, Pjotr Saltykow, Katharinas Freundin, die Prinzessin Gagarina, und andere zu sich ein. Sergej machte sich einen Spaß daraus, Nikolai Tschoglokow in eine Ecke am Ofen zu ziehen und ihn anzuflehen, ein Lied für sie zu komponieren – was Nikolai für den Rest des Abends beschäftigte. (Seine Lieder, so Katharina in ihren Erinnerungen, waren »übrigens völlig sinnloses Zeug«; was sollte man von einem »schwerfälligen, jeder Phantasie baren und geistlosen Menschen« auch anderes erwarten?)

Nachdem Nikolai auf diese Weise abgelenkt war und die Gesellschaft sich von den Späßen Lew Naryschkins unterhalten ließ, konnte sich Sergej der Verwirklichung seiner tieferen Absichten widmen. Er hielt mit seinen Geistesgaben nicht hinterm Berg, stellte seine guten Umgangsformen und seinen durchaus selbstkritischen Charme zur Schau, zeigte sich brillant, urban und flott – wohl wissend, daß, was das Aussehen betraf, niemand mit ihm konkurrieren konnte und ihm seine Taktik stets das eingebracht hatte, was er haben wollte.

Und dann, eines Abends, zu einer gut gewählten Zeit, wandte er sich an Katharina und sagte ihr offen, daß sie der Grund sei, der ihn jeden Abend zu den Tschoglokows führe. Niemand anderes als sie allein sei der Gegenstand all seiner Wünsche.

Zunächst gab sie ihm keine Antwort. Möglicherweise war sie wirklich verblüfft und fürchtete, ihm durch ihre Worte zu verraten, daß sie sich von ihm angezogen fühlte. Aber er ließ nicht locker.

Was konnte er sich von einer Liaison mit ihr erhoffen? Das fragte ihn Katharina ganz direkt. Wie weit wollte er eigentlich noch gehen?

Das war die Eröffnung, auf die der gewiegte Verführer nur gewartet hatte. Er überschüttete sie mit den Phantasien eines glühenden Liebhabers. »Jetzt malte er mir ein strahlendes, leidenschaftliches Bild des Glücks, das er sich versprach«, schrieb Katharina später. Sie fand ihn beinahe lächerlich. Aber wie lächerlich seine Reden auch waren – Katharina war verwundbar, und Saltykow wußte es.

»Ich entgegnete ihm: ›Und Ihre Frau, die Sie vor zwei Jahren aus Liebe geheiratet haben? Es heißt doch, Sie lieben sie und werden wie wahnsinnig wiedergeliebt! Was soll sie dazu sagen?‹«

Das brachte ihn aus dem Konzept. Er senkte seinen hübschen Kopf, wandte den Blick von Katharina ab und vertraute ihr an, daß das, was die Welt eine glückliche Ehe nenne, in Wahrheit nichts weiter sei als eine Farce. Er leide. Jeden Tag zahle er einen hohen Preis dafür, daß er einst so kopflos und blind gewesen sei, sich selbst einzureden, Matrjona zu lieben.

»Ich tat alles, was in meiner Macht stand, ihn von diesen Gedanken abzubringen«, erinnerte sich Katharina, »ich glaubte in meiner Einfalt auch, ich könnte das erreichen.« Aber es gelang ihm, ihr Mitleid zu erregen – sie hörte ihn weiter an ... und erlag ihm.

Sergej wußte mit Frauen umzugehen, und er wußte seinen berechnenden Zynismus hinter schönen Worten zu verstecken. Seiner zuckersüßen Zungenfertigkeit gelang es, sie zu entwaffnen. Die Blicke seiner dunklen Augen machten ihren letzten Widerstand zunichte.

Man hatte sie vor ihm gewarnt. Die Prinzessin Gagarina mochte den schönen Sergej nicht, und gewöhnlich vertraute Katharina ihrem Urteil. Aber in dem Zustand, in dem sie sich jetzt befand, hörte sie auf keine vernünftigen Ratschläge mehr. Dort, im Salon der Tschoglokows, erhitzt vom Wein und von ihrer Jugend, verstrickte sich die Philosophin, die geschworen hatte, niemals ihren Leidenschaften nachzugeben, im seidenen Gespinst höfischer Liebe.

Kapitel Zehn

Das Menuett der Verführung dauerte einige Monate. Sergej griff an, und Katharina zog sich zurück. Sie sah ihn fast jeden Tag, und fast jeden Tag hatte er Gelegenheit, ihr zu sagen, daß er von ihr träumte und sich nach ihr sehnte. Sie hielt ihn auf Distanz, versuchte, Begegnungen mit ihm allein auszuweichen, und fühlte doch die zarte Spannung zwischen ihnen, die gefährliche Verlockung zukünftiger Freuden.

Es gibt in Katharinas Lebenserinnerungen keinerlei Hinweis darauf, daß sie Sergej nicht ermutigte, weil sie sich vor Repressalien fürchtete. Zu dieser Zeit brauchte sie keine Angst mehr zu haben: Die Tschoglokows warteten so ungeduldig auf Katharinas Schwangerschaft, daß sie bereit waren, sie dazu zu überreden, sich einen Geliebten zuzulegen. Die Kaiserin hatte ihnen einen neuen Auftrag gegeben. Hatten sie bisher über den Lebenswandel der Eheleute gewacht und für Sitte und Anstand gesorgt, so sollten sie nun Kupplerdienste versehen. Elisabeth wollte es nicht länger mit ansehen, wie das Reich in die Katastrophe schlitterte; ihr Neffe mußte endlich einen Sohn und Erben haben, und wenn es sich so verhielt, wie man sich zuflüsterte, daß er unfähig war, ein Kind zu zeugen, dann mußte seine Frau eben von einem anderen schwanger werden. Die Tschoglokows hatten dafür zu sorgen, daß sich das gewünschte Ergebnis einstellte, und zwar bald.

Wer eignete sich besser für die Rolle des Liebhabers der Großfürstin als der hübsche Sergej, der sich allgemein so gefällig zeigte und offenbar in Katharina verliebt war? Maria redete mit Katharina, drängte sie dazu, ihre Skrupel bezüglich der ehelichen Treue aufzugeben und Saltykow zu erhören. In der Zwischenzeit begann sich auch Nikolai Tschoglokow, der wegen Verführung einer Kammerjungfer, Mademoiselle Koscheljowa, in Ungnade gefallen war, Katharina in eindeutiger Absicht zu nähern.

Peter stand der Sache wohlwollend gegenüber. Er mochte Sergej, und es steckte genug Voyeurismus in ihm, um die Verfolgung seiner Frau durch den weltläufigen Höfling mit Lust zu beobachten. Possessives Verhalten lag ihm fern, und obwohl ihm das Problem der Thronfolge nicht gerade gleichgültig war, sorgte er sich offenbar nicht im geringsten darum, wie der erwünschte Erbe zustande kam. Großherzig trat er beiseite und ließ den Ereignissen ihren Lauf.

So konnte Sergej in aller Ruhe seine Absichten verfolgen. Eine Zeitlang blieb Katharina noch fest, behandelte ihn nicht anders als alle anderen und lachte über ihn, wenn er ihr wieder einmal eine glühende Liebeserklärung machte. »Was wissen Sie denn, ob mein Herz nicht längst einem anderen gehört?« fragte sie ihn, aber das entmutigte ihn keineswegs, sondern brachte ihn nur dazu, sein Drängen zu verstärken.

Der Sommer kam, und der Junge Hof, wie der Kreis um den Großfürsten und seine Frau genannt wurde, begann sein rastloses Umherschweifen. Nikolai Tschoglokow veranstaltete eine Jagd auf einer Insel der Newa, und eine ausgewählte Gruppe von Höflingen, einschließlich Sergej, setzte über, um den ganzen Tag dort zu verbringen. Katharina erinnert sich: »Sergej Saltykow paßte den Augenblick ab, als die anderen hinter den Hasen her waren, und näherte sich mir, um von seinem Lieblingsthema zu sprechen.« Mit mehr Geduld als sonst hörte sie sich seinen Plan für ihr geheimes Glück an, und als er merkte, daß sie ihm nicht sofort ins Wort fiel, nutzte er ihr Schweigen aus, um ihr seine Liebe zu beteuern.

Anderthalb Stunden blieben sie in dem stillen Winkel zusammen, und Katharina hörte ihm zu, während der kühle Wind vom Fluß her über ihre Köpfe strich. Er flehte sie an, ihm die Hoffnung zu geben, daß er ihr nicht vollkommen gleichgültig sei, und sie spielte ihm amüsierte Kühle vor, während sie sich eingestehen mußte, daß er sie schon gewonnen hatte. Trotz seiner Eitelkeit und seiner ewigen, manchmal ermüdenden Nachstellungen gefiel er ihr »recht wohl«. Wahrscheinlich war sie neugierig auf die Liebe. Sie hatte sieben Jahre einer Ehe hinter sich, die keine Ehe war, sie lebte inmitten von sexuellen Händeln, in die – wie es ihr schien – alle, außer ihr selbst, verwickelt waren, sie las Romane und beobachtete seit langem das lockere Liebesleben der Kaiserin. Konnte es da ausbleiben, daß sie sich danach sehnte, in die Geheimnisse der Sexualität eingeführt zu werden?

Dennoch hatte sie sich noch soweit in der Gewalt, daß sie ihn nach diesen anderthalb Stunden aufforderte, sich zu entfernen, »weil ein so lang andauerndes Gespräch Verdacht erregen könnte. Er aber weigerte sich, mich zu verlassen, wenn ich ihm nicht vorher sagte, daß er wohlgelitten sei.«

»Ja, ja, aber entfernen Sie sich!« antwortete sie ihm.

»Das will ich mir gesagt sein lassen«, rief Sergej, als er seinem Pferd die Sporen gab und davonritt.

»Nein, nein«, rief sie ihm nach.

»Ja, ja«, rief er von fern zurück.

»So trennten wir uns«, schrieb Katharina. Und mit gemischten Gefühlen machte sie sich auf den Weg zu der Jagdhütte, wo sie von Peter und den anderen erwartet wurde. »Tausenderlei Besorgnisse verwirrten mir den Kopf, und ich selbst kam mir an diesem Tag höchst griesgrämig vor und war gar nicht mit mir zufrieden. Ich hatte mir eingebildet, ihn und mich lenken und beherrschen zu können, aber ich begriff, daß das eine wie das andere schwer und vielleicht unmöglich sei.«

Auch die Elemente zeigten sich höchst eigenwillig. Als die Jagdgesellschaft beim Abendessen saß, frischte der Wind auf, und ein Sturm erhob sich von der Ostsee her. Der Fluß stieg und überflutete die Insel, im Erdgeschoß des Jagdhauses stand das Wasser knöcheltief. Diener und Herren mußten sich in das obere Stockwerk retten und auf das Abflauen des Sturms warten, was bis zum Morgengrauen dauerte.

Sergej, an diesem romantischen Ort mit seiner Geliebten gestrandet, jubelte. Der Himmel selbst begünstige ihn, rief er aus und stolzierte als glücklich Liebender fröhlich zwischen den triefnassen Höflingen herum. Die Bedeutung seiner Fröhlichkeit blieb auch Peter nicht verborgen, der seinem Diener erzählte, Sergej und Katharina seien dabei, Tschoglokow zu »betrügen« und hinter seinem Rücken ihre eigenen Ziele zu verfolgen. Peters derzeitige Angebetete war Katharinas Kammerjungfer Marfa Schafirowa; von dieser erfuhr er, daß Sergej mehr als eine Intrige schmiedete und sich sowohl mit der Herrin wie mit der Schwester der Kammerjungfer eingelassen hatte.

Doch niemand legte Sergej Saltykow Steine in den Weg. Im Gegenteil. Die Tschoglokows ergriffen Maßnahmen, die gewährleisteten, daß das Kind, das Katharina eventuell von ihrem Liebhaber empfing, als legitimes Kind erschien. Um den Gerüchten über Peters Jungfräulichkeit entgegenzutreten, fand Maria Tschoglokowa eine entgegenkommende Witwe, Madame Grooth, die ihm alles Nötige beibrachte. Peters sexuelle Initiation wurde bekanntgemacht, und nun war die Bühne frei für Katharina, und es lag nur noch an ihr, die Thronfolge zu sichern.

Irgendwann im Herbst 1752 wurde Katharina schwanger. Aus ihren Memoiren erfahren wir nichts über diese ersten Monate ihrer Affäre mit Sergej, der höchstwahrscheinlich der Vater des Kindes war. Ob die Liebe ihr Erfüllung brachte, selige Begeisterung, Zorn oder Enttäuschung – wir wissen es nicht. Was sie mitteilt, ist, daß Sergej sich nicht als ein beständiger und besonders hingebungsvoller Liebhaber erwies. Von Zeit zu Zeit hatte er seine Launen, oder er war zerstreut; er war nicht immer aufmerksam zu ihr (später sollte Katharina herausfinden, daß seine romantische Glut nicht ihr allein galt), und seine Arroganz, seine Eitelkeit ärgerten sie oft. Wenn sie ihn zur Rede stellte, antwortete er mit Hohn und Spott. Er richtete sich zu seiner vollen aristokratischen Höhe auf und sagte, sie verstehe ihn eben nicht. Immerhin war sie von Geburt nur eine zweitrangige deutsche Prinzessin, während er zu den edelsten der Edlen Rußlands gehörte.

Mitte Dezember zog der Hof auf Befehl der Kaiserin von St. Petersburg nach Moskau. Katharina machte sich auf den

Weg, aber Sergej blieb mit Maria Tschoglokowa zurück, die im Kindbett lag und für mehrere weitere Wochen nicht in der Lage sein würde zu reisen. Katharina wußte, daß sie selbst schwanger war, aber sie entschloß sich, die Risiken der Reise nach Moskau in Kauf zu nehmen. Die Straßen waren voller Löcher und herausstehender Steine, und statt langsam zu fahren, peitschten die Kutscher auf die Pferde ein, und es ging Tag und Nacht in vollem Galopp dahin. Katharina wurde gründlich durchgerüttelt, und als die Reisegesellschaft die letzte Poststation vor der Hauptstadt erreichte, bekam sie schlimme Bauchschmerzen und Krämpfe. Sie verlor ihr Kind.

Während sie sich von der Fehlgeburt erholte, fühlte sie sich einsam und elend. In Moskau hatte man sie in einem neuen, schlampig gebauten Flügel des Golowinpalasts untergebracht. Nachts wurde sie von den Ratten wach gehalten, die über den Fußboden trippelten, und an den holzgetäfelten Wänden tropfte stetig Wasser herab. In den Räumen dampfte die Feuchtigkeit. Katharina versuchte sich mit liebevollen Gedanken an ihren fernen Geliebten über den erlittenen Verlust hinwegzutrösten. Aber als Sergej endlich kam, mied er die Begegnung mit ihr. Moskau sei eine große Stadt, sagte er ihr. Er müsse viele Freunde und Verwandte besuchen, die in großer Entfernung voneinander wohnten. Die Kunst der Täuschung beherrschte er aus dem Effeff, und es gelang ihm, auch Katharina in Verwirrung zu bringen. »Offen gestanden«, schrieb sie in ihren Erinnerungen, »war mir das sehr schmerzlich, aber er führte dafür so stichhaltige und gewichtige Gründe an, daß mein Bedenken schwand, sobald ich ihn gesehen und gesprochen hatte.«

Obwohl sie es noch vor sich selbst zu verbergen suchte, war ihr im Innersten doch klar, daß Sergejs Liebesfeuer abkühlte, und während dieses ganzen langen, dunklen Winters litt sie. In ihrem Schlafzimmer, das sie mit siebzehn Kammerfrauen teilen mußte, ließ sie Wandschirme aufstellen, um wenigstens die Illusion von Privatsphäre zu erhalten. Sie las und ließ die unwillkommenen Besuche Peters über sich ergehen, sie hörte die Schritte und die Stimmen ihrer Frauen und das Rascheln des Ungeziefers hinter der Täfelung, und sie wartete auf Sergej.

Jetzt war sie verwundbarer denn je, denn sie hatte – wenn auch aus den besten Gründen der Welt – ihr eheliches Treuegelöbnis gebrochen. Sie brauchte einen Beschützer. Und sie wandte sich an den alternden Kanzler Bestuschew.

Es hatte sich viel verändert seit ihrer ersten Begegnung mit ihm, als sie neun Jahre zuvor nach Rußland gekommen war. Damals hatte er in ihr das Faustpfand der profranzösischen Fraktion am kaiserlichen Hof gesehen, sie war ein junges und gefährlich frühreifes Mädchen für ihn gewesen, dessen Erhebung in den Rang einer Großfürstin er zu verhindern gesucht hatte. Jetzt aber erkannte er, daß sie eine kluge, erwachsene Frau geworden war, die einmal eine wertvolle Verbündete werden konnte. Noch blieb das entscheidende Manko, daß sie bis jetzt kein Kind zur Welt gebracht hatte, aber er sah auch, daß Katharina dank ihrer Bildung und ihrer außerordentlichen Beobachtungsgabe über die meisten ihrer Altersgenossinnen weit hinausgewachsen war.

Wenn er seinen Posten behalten wollte, brauchte der Kanzler Verbündete. Von der Kaiserin aber hatte er nicht mehr viel Unterstützung zu erwarten. Sie hatte ihre Gunst den Schuwalows geschenkt, die alles taten, um ihn aus seinem Amt zu drängen. Starb die Kaiserin, so würde Bestuschew den Beistand ihres Nachfolgers brauchen, und wenn Peter ihr Nachfolger würde, dann würde Katharina lebenswichtig für ihn sein, denn es schien klar, daß unter Peters Herrschaft vor allem mit ihr zu rechnen war. Sowohl der Kanzler wie auch Katharina wußten, daß sie einander brauchten, und so bemühten sich beide um eine Wiederannäherung.

Bestuschew wurde gewonnen. Er garantierte Katharina und Sergej seine Hilfe und Protektion, und »alles das brachte ihn uns sehr nahe«, schrieb Katharina, »ohne daß jemand die geringste Ahnung davon hatte«. In den letzten Monaten des Winters, während die Höflinge sich bei Bällen und Maskeraden die Zeit vertrieben, ihre kleinen, schäbigen Liebeshändel und romantischen Intrigen verfolgten (Nikolai Tschoglokow setzte zu einem gefährlichen Verführungsversuch der kränkelnden Kaiserin an, Maria hatte eine Affäre mit dem Fürsten Repnin), traf sich Katharina mehrfach mit Bestuschew und zog ihn heimlich in ihren Kreis.

Es gab viele winterliche Zerstreuungen in dieser Zeit. Außer den üblichen Schlittenfahrten, den Vergnügungen auf den Rutschbahnen und dem Schlittschuhlaufen auf den gefrorenen Teichen und Seen gab es mindestens ein Duell, das um ein Haar tödlich verlaufen wäre, und zahlreiche Unfälle. Und es gab in ganz Moskau Brände. Katharina erinnert sich an einen Tag, als sie aus dem Palastfenster sah und drei, vier oder fünf Feuersbrünste in verschiedenen Vierteln der Stadt erblickte. Die Kaiserin entkam nur knapp einer schweren Verletzung auf einer Wallfahrt zu einem nahe gelegenen Kloster. Ein Blitz schlug in den Hauptkirchenraum ein, und die Decke fiel in sich zusammen. Elisabeth hatte den Raum verlassen und betete in einer kleinen Kapelle nicht allzuweit davon entfernt.

Etwas Neues fesselte in dieser Zeit die Aufmerksamkeit der Kaiserin: Einer ihrer Lakaien war wahnsinnig geworden, er raste und tobte und hatte Schaum vor dem Mund. Sie übergab ihn Dr. Boerhaave und ließ ihn in einen speziellen Raum in ihrem Palast bringen. Von da an interessierte sie sich für solche Fälle und brachte im Lauf der Zeit eine ansehnliche Auswahl von Geistesgestörten in ihrer kleinen Palast-Irrenanstalt zusammen. Unter ihnen befanden sich ein Major des Semjonowski-Regiments, der den lieben Gott mit dem Schah von Persien verwechselte, zwei weitere Gardeoffiziere, ein Mönch – wahrscheinlich ein religiöser Fanatiker –, der sich mit einem Rasiermesser die Genitalien abgeschnitten hatte, und andere. Der Semjonowski-Major interessierte sie am meisten, denn abgesehen von seiner verrückten Meinung über den Schah schien er vollkommen gesund. Elisabeth entschloß sich schließlich, ihn aus der Obhut von Dr. Boerhaave zu nehmen und es mit der Behandlung eines Priesters zu probieren. Der Priester erklärte, der Major sei von einem Dämon besessen, und es wurde eine Teufelsaustreibung veranstaltet, der die Kaiserin beiwohnte. Sie war sehr enttäuscht, als der Major sich von dem Ritual unbeeindruckt zeigte und weiterhin auf seiner irrigen Meinung beharrte.

Es gab Leute, die sagten, daß auch der Großfürst in das kaiserliche Irrenhaus gehörte. Er trank mehr denn je, schlug seine Diener ohne Erbarmen und lebte in einer knabenhaften Phantasiewelt. Von Katharina hielt er sich entfernt; aber er beschwerte sich über sie und beleidigte sie nach Belieben, während er bei der Verwaltung seiner holsteinischen Ländereien und der Disziplinierung seiner Diener auf sie zählte. Es irritierte ihn, schrieb Katharina, daß er sich keinen Respekt verschaffen konnte, auch wenn er seine Untergebenen grün und blau prügelte, während die Diener seiner Frau ihr aufs Wort gehorchten.

Eines Tages betrat Katharina die Gemächer ihres Gemahls und erblickte eine riesige Ratte, die mit einem Strick um den Hals an einem hölzernen Galgen hing, den man in einem Kabinett errichtet hatte. Diese Ratte, erklärte ihr Peter, habe ein schweres Verbrechen begangen und verdiene nach dem Militärgesetz den Tod. Sie war in eine seiner Spielzeugfestungen eingedrungen und hatte mehrere seiner dort paradierenden Spielzeugsoldaten aufgefressen. Die Gesetze des Krieges seien grausam, sagte Peter. Sie verlangten, daß die Ratte gefangengenommen, gehängt und drei Tage lang am Galgen zur Schau gestellt werde, als abschreckendes Beispiel für andere Ratten, die sich in Versuchung fühlen könnten, ihrem großfürstlichen Hausherrn Schaden zuzufügen.

Dann kam das Frühjahr, und im Mai war Katharina erneut von Sergej Saltykow schwanger. Der Junge Hof verließ Moskau, um sich etwa fünfzehn Kilometer weiter in Ljuberzy niederzulassen, einem Anwesen, das Peter vor kurzem von der Kaiserin geschenkt bekommen hatte. Es bestand aus einem heruntergekommenen steinernen Herrenhaus, das auf Befehl des Großfürsten durch einen hölzernen Anbau ergänzt werden sollte. Aber der Anbau war noch nicht fertig, und so mußten die Gäste in Zelten schlafen, die rundum aufgebaut wurden.

Es scheint, daß Katharina sich bei dieser Schwangerschaft kaum vorsichtiger verhielt als bei der ersten. Sie wohnte in einem zugigen Zelt, ihr Schlaf wurde regelmäßig gegen Morgen durch das Sägen und Hämmern der Arbeiter unterbrochen, und sie fuhr fast jeden Tag in einer offenen Kutsche zur Jagd. Nach der Rückkehr nach Moskau verbrachte sie die langen

Sommertage halb dösend, aber nachts blieb sie lange wach, besuchte Bälle und Diners und verzichtete auf kein Vergnügen. Das Resultat war, daß sie plötzlich heftige Schmerzen im unteren Rücken bekam, und als Maria Tschoglokowa sie von einer Hebamme untersuchen ließ, prophezeite diese ihr eine baldige Fehlgeburt.

Noch einmal verlor Katharina ihr Kind, aber diesmal waren die gesundheitlichen Folgen schwerwiegend. Ein Teil der Nachgeburt blieb im Körper, und einige Wochen lang fürchtete man das Schlimmste. Man verheimlichte ihr diese Befürchtungen, aber sie muß erraten haben, daß irgend etwas nicht in Ordnung war: Plötzlich erschien die Kaiserin – die sich in letzter Zeit kaum bei ihr hatte sehen lassen und ihr ihre Mißbilligung deutlich zeigte – an ihrem Bett, und sie hatte ihre Lieblingsreliquien mitgebracht und machte ein sehr besorgtes Gesicht.

Die Thronfolge blieb ungeklärt, Katharinas Leben hing am seidenen Faden, aber sowohl Peter wie Sergej ließen sich nicht blicken. Auch die Kaiserin erschien nur zu jenem einzigen Besuch. Eine Zeitlang betete man für sie, und auf den Altären Moskaus wurden Kerzen für sie angezündet, aber als die Krisis vorüberging und die Großfürstin am Leben blieb, kümmerte man sich kaum noch um sie.

»Während der sechs Wochen, die ich im Zimmer bleiben mußte«, schrieb Katharina in ihren Memoiren, »langweilte ich mich tödlich. Meine ganze Gesellschaft bestand aus Frau Tschoglokowa, die aber nur selten zu mir kam, und einer kleinen Kalmückin, die ich recht gern hatte, weil sie sehr nett war. Oft weinte ich vor Langeweile.« Die Tage waren unerträglich heiß, die Nächte unruhig. Krank und allein, häufig schmerzgeplagt, sehnte sich Katharina nach Erleichterung ihrer Lage, nach Aufmerksamkeit und neuen Reizen. Scharf mag ihr in dieser Zeit der Verlust der Verbindung zu ihrer Mutter zu Bewußtsein gekommen sein, die nach dem Tod Christian Augusts in Paris lebte. Man hatte Katharina jegliche Kontaktaufnahme verboten, aber hin und wieder gelang es ihr, einen Reisenden zu finden, der einen Brief über die Grenze schmuggelte, und manchmal kam ein Besucher aus dem Westen, der ihr einen Antwortbrief zuspielte. Ein Jahr zuvor, im Jahre 1752, hatte Johanna ihrer Tochter viele Bahnen kostbarer Stoffe aus Paris geschickt, aber sie waren zu Katharinas Entsetzen von Maria Tschoglokowa sofort konfisziert und der Kaiserin ausgehändigt worden.

Im Herbst 1753 war Katharina soweit wiederhergestellt, daß sie aufstehen konnte, aber sie fühlte sich noch immer angeschlagen und in ihrem Seelenfrieden erschüttert. Zwei Fehlgeburten hatte sie hinter sich. Und sie hatte es dem herzlosen Sergej erlaubt, mit ihren Gefühlen zu spielen. Er war unzuverlässig, launisch und zuzeiten erschreckend kalt. Und sie hatte ihm vertraut! Das Spiel der höfischen Liebe erwies sich als qualvoll und gemein, es brachte Verletzungen mit sich, und doch mußte sie es weiterspielen. Es blieb ihr nichts anderes übrig. Denn es mußte endlich einen Thronfolger geben, und Sergej mußte ihn zeugen.

Eines kühlen Nachmittags im November saß Katharina im Salon der Tschoglokows im Golowinpalast, als sie vom Korridor her Schreie hörte. Sergej und Lew Naryschkin stürmten herein und riefen, daß ein Flügel des Palasts in Flammen stehe.

Katharina sprang auf und lief in ihre eigenen Räume, wo die Diener dabei waren, die Möbel herauszuräumen. Im Nu waren Säle, Vorzimmer und das große Treppenhaus mit dichten Rauchschwaden erfüllt. Das Treppengeländer, nur wenige Meter von Katharinas Gemächern entfernt, stand schon in Flammen. Ein Raum nach dem anderen fiel dem Brand zum Opfer, die Flammen fraßen sich durch das morsche Holz, es herrschte glühende Hitze. Vor Katharinas Augen zogen Tausende schwarzer Ratten und grauer Mäuse in ordentlichen Reihen die Treppe hinab in den sicheren Hof.

Maria Tschoglokowa und Katharina bahnten sich ihren Weg zwischen den flüchtenden Ratten und Mäusen hindurch und fanden die Kutsche eines spanischen Kapellmeisters, in der sie Schutz fanden und die ganze verheerende Katastrophe beobachten konnten. Es hatte tagelang geregnet, im Hof des Palasts versank man knietief im Schlamm. Hustende Bediente, die unter dem Gewicht von Truhen, Betten und Wäschestapeln ächzten, stolperten aus den brennenden Gebäuden und warfen alles, was sie gerettet hatten, auf den morastigen Boden. Katharina beobachtete die Rettung ihrer Kleider, ihrer Juwelen und einiger ihrer Möbel. Sie machte sich um ihre Bücher Sorgen. In den letzten zwei Jahren hatte sie Pierre Bayles *Historisch-kritisches Wörterbuch* gelesen, jenes Monumentalwerk eines skeptischen Rationalismus, das am Ende des siebzehnten Jahrhunderts erschienen war. Wie sie einst vom scharfen Intellekt ihrer Erzieherin Babette Cardel beeindruckt gewesen war, hatte sie sich auch von Bayles Werk tief angezogen gefühlt und jeden Artikel seines Werkes genußvoll studiert. Sie besaß vier Bände des *Wörterbuchs* und befürchtete schon, daß sie ein Raub der Flammen geworden seien. Doch zu ihrer größten Freude brachte man ihr die geliebten Bücher völlig unversehrt.

Viel wurde gerettet, doch noch mehr war verloren. Gemälde und Gobelins, unbezahlbares Tafelsilber, Möbel mit Einlegearbeiten aus Holz und Marmor, juwelenbesetzte Kleider und unzählige Wäschestücke – der ganze Palast brannte nieder bis auf die Grundmauern. Peters Lakaien gelang es, einige seiner Kommoden und Truhen voller Spielzeugsoldaten zu retten. Dutzende von Schubladen waren mit leeren Wein- und Likörflaschen gefüllt. Jetzt lag alles im Schlamm, und jeder konnte sehen, welche Schätze Peter in seinen Privaträumen hortete.

Drei Stunden lang wütete die Feuersbrunst. Die Kaiserin, die bei Ausbruch der Katastrophe in einem anderen Palast gewesen war, kehrte auf dem schnellsten Weg zurück, um den Schaden zu begutachten und die hilflosen Löschversuche zu überwachen. »So gefaßt wie nur möglich«, schrieb ein zeitgenössischer Beobachter, stand sie da und gab ihre Befehle, klammerte sich an ihre Ikonen und Reliquien und betete um göttliche Rettung. Vergeblich. Ihre wertvollsten Besitztümer verbrannten zu Asche; Monate oder Jahre würde es dauern, die Verluste zu ersetzen.

Die Nacht zog herauf, aber noch viele Stunden lang glühte der orangerote Feuerschein und sorgte für ein düsteres Zwielicht in der Palastgegend. Jedesmal, wenn einer der schwarzen Balken in sich zusammenfiel, sprühten rote Funken hoch in die Luft, bis alles in Schutt und Asche lag. Der beißende Geruch verbrannten Holzes hing in der Luft, in den Kleidern, in den Haaren und in der Haut derer, die zwischen flüchtenden Horden von Ratten und Mäusen immer wieder ins Feuer gegangen waren, um Möbel und anderes aus dem Palast zu retten.

Für die erschöpfte und deprimierte Katharina mag der Brand des Palastes Symbol einer größeren Tragödie gewesen sein. Neun Jahre war sie nun schon in Rußland, und in der ganzen Zeit hatte sie nur wenig erreicht. Wie der Palast befand sich auch ihr Leben in einem erbarmungswürdigen Zustand. Ihre Ehe verdiente diesen Namen nicht, ihre Affäre mit Sergej Saltykow entbehrte der Liebe, die sie sich so sehr gewünscht hatte, und alle Versuche, Mutter zu werden, waren gescheitert. Als der mächtige Bau vor ihren Augen stürzte, mag sie versucht gewesen sein, das Grab ihrer schönsten Hoffnungen darin zu erblicken.

Kapitel Elf

Im November 1753, sechs Wochen nach dem verheerenden Brand, saß die Kaiserin Elisabeth einem großen Neujahrsbankett in einem neuerbauten Palast vor. Sie hatte den Arbeitern befohlen, die großen Holzbalken aus drei anderen Palästen zu benutzen, um das geräumige Gebäude zu errichten, in das sie während der letzten Tage des alten Jahres eingezogen war. Moskauer Zimmerleute waren an schnelles Arbeiten gewöhnt. Was die Kaiserin befahl, hatten sie zu tun. Der Bau stand, die Wände aus frischem Holz wurden eingepaßt, die Öfen installiert, die Küchen und Vorratsräume eingerichtet; dann kamen die Möbel. Zum Neujahrstag konnte man in dem neuen Palast hofhalten, und die Kaiserin saß in ihrem ganzen Staat und angetan mit all ihren glitzernden Juwelen unter dem Thronhimmel. Katharina und Peter hatten die Ehre, neben ihr speisen zu dürfen.

»Während der Tafel schien Ihre Majestät sehr heiter und gesprächig zu sein«, erinnerte sich Katharina. Obwohl Elisabeth seit kurzem unter einem bösen Husten litt und nicht mit dem gewohnten Appetit aß, merkte fast niemand etwas von ihrem kränklichen Zustand. Lange hatte sie nicht mehr so gut ausgesehen. Aber sie konnte kein Menuett tanzen, ohne sich danach hinzulegen und sich auszuruhen, und das Treppensteigen hatte sie ganz aufgegeben. Spezielle Aufzüge waren für sie gebaut worden, die sie von Stockwerk zu Stockwerk beförderten, und wenn sie die Gutshäuser ihrer Edlen besuchte, mußten diese dafür sorgen, daß es mechanische Vorrichtungen gab, die sie von der Eingangshalle in den Ballsaal hinauf hieven konnten. Aber solange sie ruhig sitzenblieb, bemerkte man die Schwäche in ihren Beinen nicht, und an diesem Neujahrstag vergaß man nur allzu leicht, daß die Ärzte ihr vor ganz kurzer Zeit keine Überlebenschance mehr gegeben hatten und Vorbereitungen für einen sofortigen Regierungswechsel getroffen worden waren.

In einem großen Speisesaal saßen an langen Tischen Hunderte von Höflingen auf harten Bänken beim Diner. Und während sie aßen und tranken, wurden sie von den scharfen Augen der Kaiserin beobachtet.

»Wer ist die magere Person dort?« fragte sie Katharina und zeigte auf eine Frau. »Jene magere, häßliche Person mit dem Kranichhals.« Die Frage war unaufrichtig, denn die Kaiserin wußte sehr wohl, daß es sich um Marfa Schafirowa handelte, die sich Peters besonderer Gunst erfreute und die er selbst zwischen die Kammerfrauen Katharinas plaziert hatte. Man nannte der Kaiserin den Namen. Sie brach in Gelächter aus und beugte sich zu Katharina. »Das erinnert mich an ein russisches Sprichwort«, sagte sie. »Ein langer Hals ist nur gut zum Aufhängen.«

Als Katharina sich später daran erinnerte, schrieb sie: »Ich mußte über diesen boshaften kaiserlichen Witz lächeln. Er fiel nicht unter den Tisch. Von Mund zu Mund wiederholten ihn die Höflinge, so daß ich, als wir von der Tafel aufstanden, schon viele davon unterrichtet fand.«

Es machte der Kaiserin Spaß, Katharina auf diese Weise zu kitzeln. Sie wußte, daß Peter seit langem mit Marfa flirtete – und bedenkt man, wieviel Spione ihr zur Verfügung standen, wußte sie wohl auch über das Verhältnis Bescheid, das Sergej Saltykow hinter Katharinas Rücken mit Marfas Schwester unterhielt –, die Bemerkung über das Aufhängen war nicht mißzuverstehen. Sie genoß es, die Leute daran zu erinnern, welche Macht sie besaß, und es gab unter den Teilnehmern an diesem Bankett wohl keinen, der nicht das erdrückende Gewicht ihrer Autorität und der Bosheit, deren sie fähig war, auf sich lasten fühlte.

An ihren guten Tagen war die Kaiserin noch immer furchterregend. Sie kontrollierte ihre Minister, indem sie sie in beständiger Unsicherheit hielt, sie gegeneinander ausspielte und keinem von ihnen zuviel Freiraum ließ; gleichzeitig wußte sie sich ihr Wissen und ihr Können zunutze zu machen. Trotz ihrer Abneigung gegen die Arbeit des Regierens informierte sie sich gründlich über alles, was sie interessierte. Zum Beispiel wußte sie genau, daß ihr Einkommen stieg und daß die Gold- und Silberminen in Sibirien große Mengen Erz förderten. Für den riesigen neuen Winterpalast, den der italienische Architekt Bartolomeo Rastrelli zu bauen begann, schien mehr als genug Geld dazusein. Ebenso für die Hunderte von neuen Kleidern, die sie als Ersatz für die verbrannten gekauft hatte. An ihren guten Tagen feierte Elisabeth sich selbst – ihre Macht, ihren Reichtum, ihre jugendlichen Liebhaber. An schlechten Tagen allerdings – und sie waren weit zahlreicher als die guten – bedrängte sie die Angst.

Denn der Junge Hof gewann an Einfluß. Jeder wußte, daß der Großfürst und die Großfürstin langsam an Ansehen gewannen. Alle Amtsinhaber, von den höchstrangigsten Ministern bis zu den niedersten Beamten, wußten, daß es nach dem Tod der Kaiserin und der Erhebung der neuen Machthaber auf den Thron einschneidende Veränderungen geben würde. Und um sich selbst und ihre Stellungen zu schützen, suchten sie sich der Gunst der Thronfolger zu versichern.

Ausländische Gesandte am russischen Hof ergingen sich heimlich in Spekulationen darüber, wie und wann die Nachfolger die Macht übernehmen würden, wenn die Kaiserin erst einmal aus dem Weg wäre. Sie nahmen an, daß Katharina eine bedeutende Rolle in der zukünftigen neuen Regierung spielen würde – falls es ihrem Mann nicht gelang, sich ihrer zu entledigen. Katharina, nicht Peter, sahen alle als die eigentliche Favoritin für die Nachfolge Elisabeths an. Sie war listenreich und klug und besaß gesunden Menschenverstand; sie war willensstark und konnte stur sein. Verglichen mit ihr war Peter nur ein schwaches Kind. Doch einen überwältigenden Nachteil hatte Katharina noch immer: Sie war kinderlos.

Ein paar Wochen nach dem Neujahrsbankett stellte sie eine neuerliche Schwangerschaft fest. Diesmal aber faßte sie den festen Entschluß, Sergejs Kind nicht zu verlieren. Die Kaiserin befahl, daß Katharina beschützt und geschont werden müsse. Gleichzeitig aber wies sie ihr Räumlichkeiten in einem zugigen Haus an, dessen riesige Kachelöfen so alt waren, daß durch die Löcher und Ritzen Funken ins Freie flogen und kleine Brände verursachten. Nur die ständige Wachsamkeit der Dienerschaft verhinderte größeres Unglück. Der Anfang von Katharinas Schwangerschaft bestand aus morgendlicher Übelkeit, Erkältung und Fieber. Ständig brannten ihr die Augen vom Rauch in ihren Räumen, und zu diesen Leiden kam die Langeweile – viele trübe Nachmittage und lange Abende verbrachte sie mit vergeblichem Warten auf Sergej, der sie anscheinend vergessen hatte.

Gegen Ende April starb Nikolai Tschoglokow. Pflichtvergessene Ärzte, so flüsterte man sich zu, hätten sein Ende beschleunigt, Ärzte, die im Dienst seiner politischen Gegner standen. Dies waren hauptsächlich Iwan und Alexander Schuwalow. Alexander Schuwalow, »der Schrecken des Hofes, der Stadt und des ganzen Reiches«, wie Katharina schrieb, ersetzte Tschoglokow als Oberhaupt des großfürstlichen Haushalts. Katharina fürchtete ihn, nicht nur, weil sie wußte, daß er der Chef der Geheimen Kanzlei war, sondern auch wegen des Tics, unter dem er litt: Immer wenn er von starken Gefühlen überwältigt wurde, verzerrte sich die ganze rechte Seite seines Gesichts auf groteske Weise. Der Anblick dieser scheußlichen Grimassen ließ Katharina erschauern. Und da man in jener Zeit allgemein glaubte, daß alles, was einer werdenden Mutter zustieß, auch das Gedeihen des Embryos entscheidend beeinflußte, mußte man daran zweifeln, daß die Sorge um das Wohl Katharinas und ihres Kindes bei der Wahl eines solchen Mannes zum Oberhaupt des Haushalts eine wesentliche Rolle gespielt hatte.

Kurz darauf erhielt Katharina einen weiteren Schlag. Maria Tschoglokowa wurde vom Hof entfernt, und es wurde gesagt, daß die Gräfin Rumjanzowa, eine bekannte Intrigantin, deren gehässiges Gerede über Johanna viele Jahre zuvor großen Schaden angerichtet hatte, ihren Platz einnehmen sollte. Die

Gräfin war eine »geschworene Feindin von Sergej Saltykow«, und sie mochte die Prinzessin Gagarina nicht, Katharinas engste Freundin. Die Bedeutung ihrer Berufung war klar, und Katharina »verlor völlig die Fassung« und weinte bitterlich auf die Nachricht dieses »großen Unglücks« hin. Bestimmt würde die Gräfin sie bei der Kaiserin anschwärzen und ihr auf andere Weise Schaden zufügen. Sie bat Alexander Schuwalow flehentlich, sich bei der Kaiserin dafür zu verwenden, daß diese Entscheidung rückgängig gemacht werde.

Elisabeth gab nach, und man hörte nichts mehr von der Gräfin Rumjanzowa. Doch Katharina hatte unter der ständigen Anwesenheit des grausigen Schuwalow noch genug zu leiden. Man bestellte eine Hebamme, die jede ihrer Bewegungen zu beobachten hatte. Im Mai übersiedelte der Hof nach St. Petersburg, aber diesmal ließ man sich Zeit und reiste in Etappen. Insgesamt neunundzwanzig Tage brauchte man für den Weg. Katharina blieb das endlose Stoßen und Holpern erspart, das zu ihrer ersten Fehlgeburt geführt hatte, aber sie hatte noch genug Unangenehmes auszustehen, denn endlose Wochen war sie nun mit Schuwalow und seiner aggressiven und impertinenten Frau in einem Wagen eingesperrt und konnte nicht einmal ein paar zärtliche Worte mit Sergej wechseln, der sich in ihrem berittenen Gefolge befand.

Endlich kamen sie in der Hauptstadt an, und in den nächsten zwei Monaten wurde Katharina von finsteren Zweifeln und Ängsten gequält. Sie war sich dessen gewiß, daß man Sergej demnächst fortschicken würde, und in ihren schlimmsten Stunden fürchtete sie, daß er die Trennung begrüßte. Sie fühlte sich verlassen, mißbraucht und liebeskrank. »Tausenderlei Befürchtungen gingen mir durch den Kopf«, schrieb sie später. Bei der geringsten Veranlassung brach sie in Tränen aus. Auch auf den langen Spaziergängen, die sie unternahm, hellte sich ihre Stimmung nicht auf, und sie fand bei niemandem Trost.

Zu Beginn des neunten Monats ihrer Schwangerschaft erfuhr sie, daß man für ihre Niederkunft ein Gemach in der Suite der Kaiserin vorbereitete. Das war ein Schock für Katharina. Offenbar hatte Elisabeth vor, die ganze Geburt aus nächster Nähe zu überwachen. Katharina würde sich vollkommen in ihrer Hand befinden. Man erlaubte ihr nicht, sich in ihr eigenes Schlafzimmer zurückzuziehen und dort niederzukommen, wo ihre engsten Freundinnen ihr beistehen konnten. Man ließ ihr weder Freundinnen noch die vertrauten Dinge in ihrer gewohnten Umgebung.

Alexander Schuwalow zeigte ihr den Raum, in dem die Geburt stattfinden sollte: ein kahles, unfreundliches Zimmer, in dem nur wenige häßliche, von rotem Damast überzogene Sitzmöbel standen. Kalte Luft zog von der Newa her durch die beiden großen, schlecht schließenden Fenster. Es gab noch einen kleinen, ebenso spärlich möblierten Vorraum, aber man erblickte nirgends etwas Bequemes, Anheimelndes, nichts, was einer Hochschwangeren Erleichterung und Hilfe bei der kommenden Tortur versprach.

»Ich sah, daß ich hier einsam, ohne jede Gesellschaft und todunglücklich sein würde«, schrieb Katharina in Erinnerung an den Anblick dieses Zimmers. Nicht einmal Peter – dessen Gesellschaft sie normalerweise nicht gerade herbeisehnte – würde in der Nähe sein, und auch das bestürzte sie jetzt. Sie wandte sich an den entstellten Schuwalow, beklagte sich bei Prinzessin Gagarina. Beide fühlten offenbar wie sie, aber sie konnten nichts machen.

Immerhin – das Kind konnte man ihr nicht nehmen. Es war ihr größter Schatz, der Thronerbe der Romanows. Die Geburt ihres Kindes kam einem geheiligten Ereignis gleich, das man allerorten sehnlichst erwartete. Gebete waren dafür in den Himmel aufgestiegen, und wenn alles gutging, würde man es als ein Zeichen erneuerter göttlicher Gunst für Rußland und das russische Volk betrachten. Katharina war nur das Gefäß, das zur Menschwerdung des göttlichen Geschenks benötigt wurde. Ihr persönliches Wohlergehen blieb für den höheren Zweck, dem sie diente, völlig bedeutungslos. Wer anders dachte, mußte mit Zorn und Rache der Kaiserin rechnen.

Voller Furcht und voller Bedenken, schwerfällig und unbeholfen mit ihrem dicken Bauch, so verbrachte Katharina die letzten Tage ihrer Schwangerschaft, bis man sie in der Nacht des 19. September, einem Dienstag, in ihr zugiges Gebärzimmer brachte. Nach einigen Stunden Schlafs erwachte sie voller Schmerzen, und die Hebamme wurde gerufen. Die Wehen waren in vollem Gang.

Man weckte Peter und Alexander Schuwalow, der die Kaiserin benachrichtigte. Elisabeth warf einen Mantel über ihr Nachtgewand und lief zu Katharina, die auf einer harten Pritsche neben ihrem Bett lag und sich in schlimmsten Schmerzen wand. Während der ganzen Nacht hielt die Kaiserin Wache und betete zu ihren Ikonen um eine glückliche Entbindung, während die Hebamme mit den Händen auf Katharinas Bauch prüfte, in welchen Abständen die Wehen kamen.

Den ganzen Vormittag über hörten die Schmerzen nicht auf, bis gegen Mittag das Kind endlich kam. Die Hebamme hielt es hoch: Es war ein Junge, wohlgeformt und offenbar gesund. Sobald er gewaschen und nach der russischen Sitte in lange Streifen von Leinen und Flanell gewickelt worden war, ließ die Kaiserin ihren Beichtvater rufen, der dem Säugling den Namen Paul gab. Katharina war bezüglich des Namens nicht konsultiert worden; ihre Wünsche waren hier nicht im mindesten relevant. Paul hatte Elisabeths Bruder geheißen, das erste, früh verstorbene Kind von Peter dem Großen und seiner zweiten Frau Katharina.

Kaum hatte der Beichtvater seine Gebete beendet, nahm die Kaiserin das Baby und winkte der Hebamme, ihr zu folgen. Als sie aus dem Raum gerauscht waren, folgten Peter und die Schuwalows, und Katharina blieb mit einer einzigen Bediensteten zurück, Madame Wladislawowa, die so große Angst davor hatte, irgend etwas ohne ausdrücklichen Befehl der Kaiserin zu tun, daß sie Katharina vollkommen vernachlässigte.

»Ich blieb auf meinem Schmerzenslager liegen«, schrieb Katharina in ihren Memoiren. »Ich hatte stark geschwitzt und bat deshalb Frau Wladislawowa, mir die Wäsche zu wechseln und mich ins Bett zu legen, allein sie erklärte, sie wage das nicht zu tun.« Als Katharina nach einem Schluck Wasser verlangte, erhielt sie dieselbe Antwort. Drei Stunden lang blieb Katharina so liegen, sie fror, sie hatte Durst und fühlte sich elend, und der kühle Luftzug zog über ihr verschwitztes Bettzeug. Madame Wladislawowa ließ die Hebamme holen, aber die Kaiserin wollte nicht, daß sie den Neugeborenen allein ließ. Endlich kam Alexander Schuwalows Frau, um nach Katharina zu sehen; sie war erschrocken darüber, daß die Wöchnerin drei Stunden nach der Entbindung noch immer unversorgt auf der harten Pritsche lag. »Man will sie umbringen!« schrie sie und machte sich selbst auf den Weg, um die Hebamme zu holen. Eine halbe Stunde später war die Hebamme da, kümmerte sich um Katharina und brachte sie in ihr Bett.

Aber auch in der Folge kam niemand zu Besuch, und Katharina fühlte sich zutiefst vernachlässigt. Tränen der Wut und des Selbstmitleids flossen über ihre Wangen, während sie stundenlang einsam dalag. Überall um sie herum jauchzte man, in den Gemächern der Kaiserin, in den Straßen außerhalb des Palasts und bei Peter, wo man fleißig auf den Erben trank. Aber für die Mutter des Erben gab es bei all diesen Feierlichkeiten keinen Platz. Steif und wund, mit prallgefüllten Brüsten und voller Sehnsucht nach dem Kind, das man ihr weggenommen hatte, bekam sie hohes Fieber und hämmernde rheumatische Schmerzen im linken Bein.

Der folgende Tag verlief nicht viel anders. Katharina »weinte und stöhnte« in ihrem Bett, klagte Madame Wladislawowa ihre Schmerzen, beobachtete die Tür und hoffte, irgend jemand würde wenigstens einen Diener schicken, der sich nach ihr erkundigte. Aber der einzige Besucher war Peter, der einen Augenblick hereinkam und sofort wieder ging, da er, wie er sagte, keine Zeit habe.

»Ich liebte es nicht, bedauert zu werden oder mich zu beklagen«, schrieb sie. »Ich hatte einen zu stolzen Charakter, und schon der Gedanke, unglücklich zu sein, war mir unerträglich.« Unter Tränen versuchte sie, ihre Würde zu behalten, aber das Leid drohte sie zu überwältigen. Stunden vergingen. Sie hörte, daß man am anderen Flußufer Salut schoß, hörte, daß die Glocken von Hunderten von Kirchtürmen die Luft mit unablässigem Geläut erfüllten; aber den einen Ton, nach dem sie sich am meisten gesehnt haben muß, das Weinen ihres Kindes, hörte sie nicht.

Am dritten Tag nach der Geburt kam eine der Hofdamen der Kaiserin – nicht, um sich nach Katharinas Gesundheit zu erkundigen, sondern um Madame Wladislawowa zu fragen, ob sie das Cape aus blauem Atlas gesehen habe, das die Kaiserin getragen hatte, während sie an Katharinas Bett wachte. Das Cape wurde endlich im Vorzimmer gefunden, und die Dame verschwand mit ihm.

Wie Katharina später erfuhr, hatte es in den Gemächern der Kaiserin einen Aufruhr gegeben. Als man das Cape suchte, hatte man unter Elisabeths Kopfkissen ein Paket mit Wurzeln gefunden, um das menschliche Haare gewickelt waren. Es war ein Zauber, es hatte mit Hexerei zu tun. Die Kaiserin brach in Hysterie aus. Neben der Angst davor, ermordet zu werden, fürchtete sie sich am meisten davor, Zauberern und Hexen zum Opfer zu fallen. Sie sprang vor dem Paket zurück, als wäre es eine lebendige Giftschlange, und befahl, das schreckliche Ding sofort zu vernichten.

Alle Kammerfrauen wurden einer strengen Befragung unterzogen. Welche von ihnen übte die Schwarze Magie aus? Welche von ihnen hatte es gewagt, das böse Zaubermittel so dicht neben dem kaiserlichen Kopf zu plazieren?

Der Verdacht fiel auf Anna Dmitrijewna Domaschowa, die die Kaiserin besonders gern hatte und die von den Schuwalows wegen ihrer begünstigten Stellung gefürchtet wurde. Anna wurde samt ihrem Mann und ihren beiden jungen Söhnen verhaftet. Sie gestand – vielleicht unter der Folter –, daß sie den Zauber fabriziert habe, um sie und die Kaiserin in ewiger Freundschaft zu verbinden, und daß sie außerdem ein bestimmtes Zaubermittel in ein Glas Ungarwein geschüttet habe, das für die Kaiserin bestimmt gewesen war.

Dieses Geständnis rief im kaiserlichen Schlafzimmer Panik hervor. Eine Zeitlang vergaß man sogar den kleinen Paul in dem wilden Gedränge, das entstand, als man hektisch versuchte, alles zu vernichten, was nach Hexerei aussah, und den ganzen Haushalt von verdächtigen Bediensteten säuberte. (Anna und ihre Kinder wurden in die Verbannung geschickt; ihr Mann, von Angst und Grauen gepackt, schnitt sich mit einem Rasiermesser die Kehle durch.) Als man die Ordnung endlich wiederhergestellt hatte, waren mehrere Tage vergangen; Katharina befand sich auf dem Weg der Besserung.

All ihre Sorge galt nun ihrem Sohn. Verzweifelt versuchte sie zu erfahren, ob es ihm gutging, und fand endlich auch einen Weg, heimlich Mitteilungen über ihn zu erhalten. Sich direkt über sein Wohlergehen zu erkundigen war nahezu unmöglich, denn es wäre als Kritik an der Kaiserin aufgefaßt worden. Jetzt erfuhr sie zu ihrer Bestürzung von ihrem Informanten, daß er bald nach der Geburt einen eitrigen Ausschlag um den Mund herum entwickelt hatte, wodurch er nicht richtig saugen konnte. Das wiederum hatte ihn in Lebensgefahr gebracht. Die Pflegerinnen und die alten Frauen, die ihn umgaben, erstickten ihn fast mit ihrer ungesunden Fürsorglichkeit. Die Kaiserin selbst lief zu ihm – schwach auf den Beinen, wie sie war –, wenn er schrie. Seine Wiege stand in einem überhitzten Raum, man kleidete ihn in Flanell und bedeckte ihn mit dicken Decken aus Samt und schwarzem Fuchspelz.

Katharina durfte der Taufe ihres Sohnes nicht beiwohnen, aber nach der Zeremonie bekam sie Besuch von der Kaiserin, die ihr einen Wechsel über hunderttausend Rubel sowie ein Schmuckkästchen überreichte. Die geschenkten Juwelen bestanden aus minderwertigen Steinen, die handwerkliche Qualität ihrer Verarbeitung war nur durchschnittlich – »ein ärmliches kleines Kollier mit Ohrgehängen und zwei jämmerliche Ringe, die ich mich geschämt hätte meinen Kammerfrauen zu schenken«, schrieb Katharina später. Aber das Geld war willkommen, da Katharina mit ihrer Apanage nicht auskam und sich hoch verschuldet hatte. Sie freute sich darauf, den Wechsel einzulösen und das Geld zu erhalten. Aber als sie sich zu diesem Zweck beim Kabinettssekretär, Baron Tscherkassow, anmeldete, teilte ihr dieser mit, es sei kein Geld mehr für sie da. Die ihr zugedachten hunderttausend Rubel seien an Peter ausgezahlt worden; Peter nämlich, der davon erfahren hatte, daß Katharina ein großes Geschenk erhalten sollte, hatte eine Gabe derselben Größenordnung verlangt, und da der Staatsschatz nicht über genug Bargeld verfügte, um beiden eine solche Summe auszuzahlen, mußte Katharina eben auf ihr Geld warten.

Die Tage zogen sich hin. Der Herbst ging schnell vorbei, und als der Winter anbrach, konnte Katharina in ihre eigenen

Gemächer zurückkehren. Doch gemäß der Tradition lebte sie weiterhin zurückgezogen, umgeben lediglich von einigen Frauen ihres Gefolges. Von Zeit zu Zeit bekam sie Besuch von Peter, nicht weil dieser auf ihre Gesellschaft besonders erpicht gewesen wäre, sondern weil er sich in eine ihrer Kammerfrauen verliebt hatte. Dieser Flirt erregte Katharinas Groll, doch bald gab es größere Kümmernisse, die ihn überschatteten. Sie erfuhr nämlich, daß man vorhatte, Prinzessin Gagarina zu verheiraten und vom Hof zu entfernen. Außerdem teilte man ihr die baldige Abreise Sergej Saltykows mit. Er sollte nach Schweden reisen, um dort die Geburt des Thronerben zu verkünden. Viele Monate würden vergehen bis zu seiner Rückkehr.

Was sie am meisten gefürchtet hatte, war eingetroffen. Nachdem Sergej seinen Zweck erfüllt hatte, ihr ein Kind zu zeugen, wurde er fortgeschickt. Es war gut möglich, daß sie sich nie wiedersehen würden.

»Mehr als je vergrub ich mich in mein Bett, wo ich mich unaufhörlich grämte«, schrieb Katharina. »Um liegenbleiben zu dürfen, schützte ich eine Verschlimmerung der Schmerzen im Bein vor, die mich am Aufstehen hinderten. Aber in Wahrheit wollte und konnte ich niemand sehen, weil ich voller Kummer war.«

Katharina sah niemanden – während der kleine Paul am laufenden Band Besucher empfing. Jedermann wollte das langerwartete Kind sehen, das in seiner mit Pelzen ausgeschlagenen Wiege lag. Die Kaiserin betete für ihn, hegte und pflegte und bemutterte ihn unablässig.

»Wie dunkel er ist!« riefen die Höflinge heuchlerisch aus. Sie wußten sehr wohl, daß der schwarzhaarige Sergej Saltykow der Vater des Kindes war und nicht der Großfürst, der bleich war wie ein Champignon. Elisabeth aber kümmerte sich nicht um ihre Anzüglichkeiten. Wann immer die Rede auf Pauls zweifelhafte Abkunft kam, murmelte sie, daß er schließlich nicht der erste Bastard in ihrer Familie sei. Und sie machte keinen Versuch, die Geschichten, die über Katharina und Sergej im Umlauf waren, zu unterdrücken. Was zählte, war allein, daß die Großfürstin einen männlichen Erben zur Welt gebracht hatte. Ein Kind, das die Kaiserin lieben und fördern konnte, ein Kind, das die Kontinuität der Dynastie sicherte.

Die Kaiserin gab sich so überaus mütterlich, daß bei Hofe Gerüchte entstanden, Paul sei in Wahrheit ihr eigenes Kind. Trotz ihres fortgeschrittenen Alters und ihrer vielfachen Behinderungen sollte Elisabeth noch in der Lage sein, Mutter zu werden! Man wußte allerdings, daß sie junge und überaus männliche Liebhaber hatte. So entstand der Glaube, daß sie auf irgendeine Weise auch noch fähig gewesen sei, ein Kind zur Welt zu bringen.

Die Kaiserin selbst trat diesen Gerüchten nicht entgegen. Sechs Wochen ließ sie Katharina warten, bis sie ihr endlich erlaubte, einen Blick auf Paul zu werfen. »Ich fand ihn sehr hübsch«, schrieb Katharina später, »und sein Anblick heiterte mich ein wenig auf.« Aber nach kürzester Zeit wurde er wieder fortgetragen, und sie empfand den Verlust schmerzlicher denn je.

Am 1. November sollte Katharina die üblichen Glückwünsche der Höflinge empfangen, und zu diesem Zweck rüstete man das Schlafzimmer der Großfürstin mit ungewöhnlichem Mobiliar aus. Fein gearbeitete Sitzmöbel, Tische und Ziergegenstände wurden hereingebracht, Wandbehänge und Bilder aufgehängt, so daß der Raum fast so groß und so elegant aussah wie das Paradeschlafzimmer der Kaiserin. Mittelpunkt des Ganzen war ein großartiges Bett mit einer Polsterung aus rosa Samt mit Silberstickerei.

Auf diesem Bett saß Katharina, während die lange Reihe der kaiserlichen Amtsinhaber und Würdenträger, die Gesandten der ausländischen Höfe, die Beamten der Stadt, die Minister und die Angehörigen des Hochadels an ihr vorbeizogen. Jeder einzelne trat vor und küßte ihr die Hand. Sie war ein Bild strahlender Mutterschaft, eine überaus anziehende, doch bescheidene junge Frau mit zarter, heller, fast makellos reiner Haut, haselnußbraunem, dichtem, lockigem Haar, deren wohlproportionierte, schlanke Gestalt mit den schönen runden Armen und schmalen Händen den Vergleich mit einer klassischen Statue nicht zu scheuen brauchte. Für jeden ihrer Besucher hatte sie ein paar freundliche Worte, ein herzliches

Lächeln. Nur ihre Augen, groß und blau und bekümmert, enthüllten, was sie litt und gelitten hatte, obwohl sie sich nach Kräften um einen heiteren Blick bemühte.

Nach einigen erschöpfenden Stunden war der Empfang zu Ende, und Katharina sank dankbar in ihre rosasamtenen Kissen zurück. Aber man erlaubte es ihr nicht, sich auszuruhen. Sobald der letzte Gast hinausgegangen war, erschienen die Diener der Kaiserin und ließen all die herrlichen Möbel wieder verschwinden. Jeden Tisch und jeden Stuhl, jede Vase, jeden Leuchter trugen sie davon, bis der Raum so kahl und unelegant aussah wie zuvor. Sogar das große Bett – das Bett der Mutter des künftigen Kaisers – wurde auseinandergenommen und fortgetragen, und die, die darin gelegen hatte, stand auf schmerzenden Beinen unsicher da und bedachte die seltsamen Wege ihres Schicksals.

Kapitel Zwölf

Vernachlässigt, verlassen und der Gegenwart ihres Kindes beraubt, wandte sich Katharina nach innen, zu den Reichtümern ihres lebendigen und wissensdurstigen Geistes. Eine andere Frau in ihrer Lage wäre vielleicht krank geworden oder hätte sich aus dem tiefen Leid in den Wahnsinn gerettet, Katharina aber zog sich in ein kleines, dämmriges Zimmer zurück – den einzigen Raum, den sie finden konnte, wo es nicht ständig erbärmlich zog – und begann zu lesen.

Sie verschlang Voltaires *Universalgeschichte* (Voltaire wurde in dieser Zeit zu ihrem Lieblingsschriftsteller) und eine Geschichte Deutschlands, einen großen Stapel russischer Werke einschließlich zweier dicker Bände Kirchengeschichte des gelehrten Historikers des sechzehnten Jahrhunderts Baronius, die aus dem Lateinischen ins Russische übersetzt worden waren, Montesquieus *Über den Geist der Gesetze*, jene genaue und sentenzenreiche Untersuchung über Ursprünge und Formen staatlicher Gewalt, sowie die *Annalen* des Tacitus.

Voltaire amüsierte sie, bei Baronius holte sie sich Wissen, Montesquieu faszinierte sie, doch es war vor allem Tacitus, der ihre Phantasie anregte und ihr Verständnis aller Dinge vertiefte. Die *Annalen* erzählen die Geschichte Roms während der ereignisreichen Jahre des frühen Kaiserreichs, einer Zeit der Dekadenz und des Zynismus, als die Erben des Augustus um die Herrschaft stritten. Republikanische Ideale bröckelten, moralische Maßstäbe verloren an Wert; durch Palastintrigen und mit Hilfe der brutalen Gewalt der Prätorianergarde wurden Kaiser in verwirrend rascher Folge gekrönt und gestürzt. Verwirrend war all das jedoch nur für den nichtsahnenden, naiven Außenstehenden, der dem perfiden Ränkespiel notwendigerweise zum Opfer fiel. Als Eingeweihter hatte man gelernt, sich den Rücken freizuhalten und sich in jeder Beziehung zu schützen; man ging zum Angriff über und stellte den Feinden tödliche Fallen, bevor man selbst vernichtet werden konnte; man lenkte die Ereignisse zum eigenen Vorteil, statt von ihnen überrollt zu werden.

Katharina hatte den brennenden Schmerz jahrelanger Demütigung noch lange nicht verwunden. Erfüllt von tiefem Groll und trotz ihrer jüngsten Mißerfolge vor Ehrgeiz berstend, las sie Tacitus und malte sich ihre Rache aus. Sie wollte nicht länger Opfer sein. Sie würde die Taktik der Sieger von Tacitus' Rom übernehmen und ihre eigenen Interessen in Elisabeths Rußland durchsetzen. Die Augen waren ihr geöffnet worden. Nie mehr würde sie das eifrige junge Mädchen sein, das allen gefallen wollte. Von jetzt an sollte sie es sein, der die anderen gefällig sein mußten.

Tacitus, so berichtete Katharina später, habe »eine eigenartige Umwälzung« in ihrem Kopf hervorgerufen: »Vielleicht trug meine mißvergnügte Stimmung in dieser Zeit nicht wenig dazu bei. Ich begann viele Dinge schwärzer zu sehen und tiefere, mehr auf den unterschiedlichen Interessen beruhende Ursachen in allem zu suchen, was sich meinen Augen bot.«

Der Winter kam. Der Fluß gefror; die bleiche, wäßrige Sonne ging spät auf und schwamm ein paar fahle Stunden lang in einem gelblichgrauen Nebel über dem Horizont. Katharina schloß sich in ihrem winzigen Zimmer ein, legte ihr schmerzendes Bein auf Kissen ab und las an einem kleinen Schreibtisch. Wenn sie müde wurde, legte sie sich auf eine Chaiselongue und nickte ein. Obwohl sie alles tat, um sich vor der eisigen Zugluft zu schützen, erkältete sie sich immer wieder und bekam immer wieder hohes Fieber. Nach zwei Monaten Einsamkeit verließ sie ihr Zimmer, um an dem langen Weihnachtsgottesdienst teilzunehmen; danach bekam sie wieder Fieber, ein heftiger Schüttelfrost überfiel sie, und ihr ganzer

Körper schmerzte, so daß sie gezwungen war, sich wieder einmal tagelang ins Bett zu legen.

Den ganzen Winter dachte sie an Rache, grübelte über das Ränkespiel von Parteien und Cliquen bei Hofe im Licht ihrer neuen Erkenntnisse nach und war voller Entschlossenheit, neu zu beginnen. Das kleine Zimmer wollte sie nicht verlassen, wie sie später schrieb, bis sie sich stark genug fühlte, ihre »Hypochondrie« zu überwinden. Während die Höflinge sich bei den Feierlichkeiten zur Geburt des Thronerben zerstreuten, Bälle und Maskeraden besuchten, Illuminationen und Feuerwerk bestaunten, während Peter und sein Gefolge sich trinkend und lärmend und in Wolken schweren Tabakrauchs auf ihre Weise die Zeit vertrieben, blieb Katharina an ihrem asketischen Zufluchtsort und gewann mehr und mehr Kraft und Selbstvertrauen. Als der Karneval zu Ende ging, hatte sich ihre neue Lebenseinstellung gefestigt. Entschlossen bot sie der Welt die Stirn.

Die erste Probe dieser neuen Entschlossenheit endete schmerzlich. Sergej Saltykow kam nach seinem langen Aufenthalt am schwedischen Hof nach Rußland zurück, und er hatte es nicht eilig, Katharina zu besuchen. Von Bestuschew wußte sie, daß Sergej seine leichtlebigen Gewohnheiten in Schweden wiederaufgenommen hatte. Dies in Verbindung mit seinem jetzigen Zögern sagte alles. Im Innersten wußte Katharina, daß er die komplikationsreiche Affäre mit ihr nicht weiterführen wollte. Aber sie hatte ihren Stolz, und sie begehrte ihn noch immer. Ein heimliches Treffen wurde vereinbart. Sie wartete voller Ungeduld bis drei Uhr morgens, ohne daß er sich blicken ließ. Die Zurückweisung tat weh, und sie ging mit der Erkenntnis einher, daß dieser Mann, der ihr schon soviel Kummer gemacht hatte, ihrer Opfer nicht wert war. Sie hatte sein Kind zur Welt gebracht, sie hatte ihn viele Monate nicht gesehen – Monate der Niedergeschlagenheit und der Qual. Und er gab nichts auf ihre Leiden und hielt es offenbar nicht einmal für notwendig, eine Verabredung mit ihr einzuhalten.

Sie schrieb ihm einen zornigen Brief, in dem sie sein Benehmen ihr gegenüber verurteilte, worauf er sich sofort bei ihr meldete. Kaum war er bei ihr, wurde sie weich und zeigte sich verliebt wie eh und je. Bald darauf kam sie jedoch wieder zur Besinnung und wappnete sich gegen ihn und alle anderen, die sie gekränkt und mißbraucht hatten. Entschlossen, sich von keinem Menschen mehr verletzen zu lassen und sich für jede Schmach zu rächen, ließ sie sich von Sergej dazu überreden, ihre einsamen Räume zu verlassen und wieder in der Öffentlichkeit zu erscheinen. Bei diesem ersten Auftritt seit langem hinterließ sie bei allen, die sie sahen, einen tiefen Eindruck.

Der Hof hatte sich versammelt, um Peters Geburtstag zu feiern. Katharina trug ein wunderschönes Kleid aus blauem Samt mit Goldstickerei. Als sie eintrat – groß, schlank, mit rosigen Wangen, ganz Ehefrau des Thronfolgers, Mutter des zukünftigen Kaisers –, richteten sich alle Blicke auf sie. Beunruhigtes Geflüster erhob sich, während sie gewandt den Raum durchschritt, den Schuwalows und ihren Verbündeten den Rücken zukehrte und die gegnerische Fraktion mit besonderer Aufmerksamkeit bedachte.

Kein Zweifel, sie hatte sich gründlich verändert. Ihre Selbstsicherheit, ihr kühner und völlig unerwarteter Vorstoß gegen Iwan Schuwalow, den Günstling der Kaiserin, und seine Cousins Alexander und Pjotr, verblüffte alle Beobachter. Durch den ganzen Saal erschallte ihr helles Lachen, überall hörte man, wie sie sich mit ihrer angenehmen Stimme über die Schuwalows lustig machte, sie in ihrer Dummheit und Schlechtigkeit bloßstellte. Sarkasmus war ihre beste Waffe; sie sprühte vor Witz und Geist und erfand immer neue, boshafte Geschichten, die die Phantasie der Höflinge entzündeten und in Windeseile von Mund zu Mund gingen.

»Ich hielt mich aufrecht und schritt erhobenen Hauptes«, schrieb Katharina später. »Einen Augenblick wußten die Herren Schuwalow nicht, was sie tun sollten.« In Alarm versetzt, schlossen sie sich zusammen und hielten Rat. Katharina bedrohte auf unvorhergesehene Weise ihre Herrschaft.

Sie hatte der mächtigsten Partei bei Hofe den Fehdehandschuh hingeworfen. Alexander Schuwalow stand nicht nur an der Spitze der Geheimen Kanzlei, er war auch der überragende Kopf im Senat und Vorstand des großfürstlichen Haushalts.

Alexanders Bruder Pjotr herrschte über die kaiserlichen Finanzen und hatte zur Bereicherung des Landes beigetragen, indem er den Bau von Manufakturen und bestimmte Zweige des Handels begünstigte. Außerdem spielte er eine Schlüsselrolle bei den Expansionsplänen der russischen Armee, in der er einen hohen Rang bekleidete. Und der gutaussehende, kultivierte Iwan Schuwalow, der als Kammerherr zum kaiserlichen Gefolge gehörte, war als Geliebter und Günstling der Kaiserin der Einflußreichste der ganzen Familie. Er liebte alles Französische und war dafür verantwortlich, daß sich Elisabeth und mit ihr der ganze Hof nach dem französischen Vorbild ausrichtete; man kleidete sich nach französischer Mode, pflegte französische Umgangsformen, orientierte sich an französischer Kultur, und die Sprache bei Hofe war Französisch.

In Opposition zu den Schuwalows verband sich Katharina nicht nur mit deren persönlichen Feinden, wie etwa dem Kanzler Bestuschew, sondern allgemein mit solchen Politikern, die sich gegen Frankreich wandten und die Annäherung an die deutschen Staaten und England suchten. Dies scheint nur natürlich, wenn man an Katharinas Herkunft, Peters besessene Liebe zu Holstein und seine Idealisierung des preußischen Königs denkt, aber sie brachte sich mit dieser Politik in Gefahr. Voller Haß und Bitterkeit erinnerten sich die Russen der Herrschaft der deutschen Zarin Anna Iwanowna, die ihren Untertanen während der zehn Jahre ihrer Herrschaft unerträgliche Steuerlasten aufgebürdet und sie dadurch an den Rand des Hungertuchs gebracht hatte. Die Natur schien sich in jener Zeit mit der grausamen Anna und ihren deutschen Günstlingen verbündet zu haben, es gab schlimme Stürme und Hungersnöte, Epidemien und verheerende Feuersbrünste, und das ganze Volk stöhnte unter Not und Armut.

Die Kaiserin Elisabeth hatte Friedrich von Preußen schon immer gehaßt. Die überragende militärische Macht und die kontinuierlichen Grenzverletzungen der Preußen bedrohten nicht nur die Souveränität Rußlands, sondern die politische Stabilität ganz Europas.

Als Katharina eine aktive Rolle in der höfischen und ausländischen Politik zu übernehmen begann, war das heikle europäische Gleichgewicht in akuter Gefahr. Wieder einmal schien durch die expansionistischen Gelüste Friedrichs II. ein Krieg unvermeidlich, und die bestehenden Verträge mit den westlichen europäischen Verbündeten brachten es mit sich, daß Rußland sich nicht länger heraushalten konnte – obwohl die Kaiserin einen Krieg nur mit äußerstem Widerwillen ins Auge faßte.

Im Juni 1755 kam ein neuer britischer Gesandter in St. Petersburg an, Sir Charles Hanbury-Williams, ein gewiegter Diplomat, dem man seinen Beruf nicht sofort ansah: Er war ein gesunder, kräftiger Engländer in den Vierzigern, literarisch gebildet und von schlagfertigem Witz, und seine Mission war nicht einfach. Er sollte die Kaiserin und ihre Minister dazu bringen, daß sie im Falle eines preußischen Angriffs russische Truppen nach Hannover schickten. (Der englische König Georg II. war auch Kurfürst von Hannover; er hing mit großer Liebe an dem kleineren seiner beiden Reiche, und da er keine nennenswerte eigene Armee besaß, war er auf ausländische Truppen angewiesen, um das deutsche Gebiet zu verteidigen.)

Daß Rußland sich für diesen Dienst gegen die Armeen Friedrichs II. gewinnen lassen würde, stand außer Frage. Zweifelhaft war nur noch, was Großbritannien für die russische Hilfe zu zahlen bereit war. An diesem Punkt hatte man die Verhandlungen während der Amtszeit des unmittelbaren Vorgängers von Hanbury-Williams abbrechen müssen. Die Briten waren vom niedrigen Charakter der Russen überzeugt, die Russen hatten an den ehrlichen Absichten der Briten gezweifelt.

Hanbury-Williams war ein erfahrener Diplomat, aber Takt war nicht unbedingt seine starke Seite. Er hatte schon mit Maria Theresias Minister, dem Fürsten von Kaunitz, gestritten, hatte sich mit dem Preußenkönig und dessen Beamten in den Haaren gelegen und zeigte ganz allgemein ein besonderes Talent dafür, die Großen und Mächtigen dieser Welt mit manch einem allzu offenen Wort zu beleidigen. Seine Zunge war scharf, und er hatte sie nicht immer in der Gewalt. Aber es ging nichts über seine großartige Beobachtungsgabe, und die Regierung, für die er arbeitete – und deren Pläne er selbst oft nicht vollständig kannte –, verließ sich vollständig auf ihn. Die Briefe und Depeschen, die er während seiner Mission in Rußland schrieb, sind voller überraschender Erkenntnisse über Elisabeths Hof und die Persönlichkeiten, mit denen er zu tun hatte.

Er residierte in einem großen Haus an der Newa, das er auf eigene Kosten mietete und möblieren ließ (bisher hatte der Hof dem britischen Gesandten ein möbliertes Haus zur Verfügung gestellt). Alles Wichtige ließ er sich aus England schicken – unter anderem Goldfische, die er in den kalten Teichen des Anwesens aussetzte. Einige Dutzend Diener hatte er mitgebracht, und er stellte noch einige Dutzend Russen an, um sicherzugehen, daß die Öfen stets geheizt und Keller und Küche aufs beste versorgt wurden. Traditionsgemäß hatte er auch eine Leibwache, und er beklagte sich in einem Brief, daß er sechzig Pfund im Jahr dafür zu zahlen habe, von sechzehn Mann und einem Feldwebel »vor niemandem« geschützt zu werden.

Da er viele Jahre lang in diplomatischen Diensten gestanden hatte, war er an das Leben an ausländischen Höfen gewöhnt, aber der russische Hof versetzte ihn in Erstaunen. Nie hatte er etwas gesehen, was dem extravaganten Luxus, dem schwelgerischen Überfluß an Gold und Juwelen gleichkam, mit dem die Zarin sich umgab. Elisabeths prachtvolle Paläste mit ihren riesigen Sälen und Reihen funkelnder Leuchter aus Kristall, die jeden Lichtstrahl tausendfach reflektierten, mit ihren kunstvoll eingelegten Böden und hohen Spiegeln aus schimmerndem Glas, ihren herrlichen Gobelins und Möbeln aus glänzend poliertem Holz, ihrem Porzellan und Silber und Marmor – all das war weit kostbarer und pompöser als irgendeine Behausung irgendeines Königs oder Kaisers, die der Engländer je zu Gesicht bekommen hatte. Auch der berühmte Prachtbau von Versailles kam an Größe nicht an die russischen Paläste heran, wo die kleinsten und bescheidensten Räume massiven Goldschmuck aufwiesen und den Gästen feinster Champagner in goldenen Kelchen und Ananasschnitze auf goldenen Tellern kredenzt wurden.

»Die Ausgaben für Nebensachen an diesem Hof sind sehr hoch«, schrieb der Diplomat an seine Vorgesetzten in der

Hoffnung auf einen finanziellen Zuschuß. Es fehlte ihm an der angemessenen Ausstattung, um es mit den prachtvoll aufgeputzten Höflingen aufzunehmen; er mußte sich aus eigener Tasche kostspielige neue Kleider anfertigen lassen. Dennoch nahmen sich seine samtenen Hosen, die Westen und Röcke aus Brokat, die Spitzenärmel schäbig aus im Vergleich zu den blendend schönen Stoffen und Kleidern der Angehörigen des Hochadels.

Alexej Rasumowski, der Schafhirt aus der Ukraine, führte die Mode der brillantenbesetzten Schuhspangen und Gürtelschnallen ein; an seinen breiten Schultern glänzten brillantenbesetzte Schulterstücke, von denen die glitzernden Orden herabhingen, die ihm verliehen worden waren. Auch die anderen prominenten Männer im Umkreis der Kaiserin geizten nicht mit Schmuck und anderen Zeichen ihres Reichtums. Wenn Rasumowski in Paris eine Karosse im Wert von dreitausend Rubeln bestellte, brauchten seine Rivalen eine noch größere und prächtigere Kutsche, die viertausend Rubel kostete. Alexander Schuwalow kleidete seine Lakaien und noch die geringsten seiner Pagen in Livreen aus golddurchwirkten Stoffen, und es wurde erzählt, daß er sich von seinem Schneider in regelmäßigen Abständen jeweils zehn neue prächtige Gewänder anfertigen ließ. General Apraxin, ein weiteres Mitglied jener unermeßlich reichen aristokratischen Elite, reiste niemals ohne seine Sammlung brillantenbesetzter Schnupftabaksdosen (er hatte eine für jeden Tag des Jahres) und rundete seine ausschweifenden Diners gern dadurch ab, daß er vom Balkon seines Moskauer Palastes mit beiden Händen Goldmünzen und wertvolle Schmuckstücke zu den Bettlern im Hof hinabwarf.

Die edlen Damen des Hofes waren nicht weniger großartig herausgeputzt. Ihre weiten seidenen Röcke rauschten und raschelten, wenn sie über das Parkett schritten; Hälse und Handgelenke waren dick mit Perlen- und Juwelenschnüren umwickelt, im Haar funkelten Brillantreifen und Diademe. Jede Frau wollte so schön sein, daß ihr Bildnis im kaiserlichen Porträtsaal im Großen Palast von Peterhof aufgehängt wurde, wo über dreihundert Grazien von der Wand herablächelten. Die Königin konnte nicht länger vorgeben, die Schönste ihres Hofes zu sein; Alter und Krankheit hatten ihr dieses Vorrecht geraubt. Nun rivalisierten die Frauen offener als in der Vergangenheit um die allgemeine Bewunderung, und Hanbury-Williams konnte sich nicht genug wundern über die Mengen von Silberspitze und Goldstickerei, von wehenden Federn und blinkenden Juwelen, mit denen sie ihre Roben schmückten.

Unter diesen Frauen wäre ihm die Großfürstin Katharina ins Auge gefallen, auch wenn er ihren Rang nicht gekannt hätte. »Ihre Persönlichkeit hat sehr große Vorzüge, und ihr Benehmen ist äußerst gewinnend«, schrieb der Engländer. Er sah, wie sie sich hocherhobenen Hauptes zwischen den Höflingen bewegte, sah ihre kostbaren Gewänder, sah, mit welcher Freundlichkeit sie sich ihren Freunden zuwandte, und hörte die treffsicher formulierten Spitzen gegen ihre Feinde. Allmählich vervollkommneten sich ihre Kenntnisse auf dem Gebiet der höfischen Politik. Er war beeindruckt.

Bei Banketten saß er oft neben Katharina und hatte vielfach Gelegenheit, nicht nur ihren Geist und ihr Urteilsvermögen, sondern auch ihre reizvolle Persönlichkeit kennenzulernen. Ihre Konversation fand er »dem Verstand eines Richelieu, dem Genie eines Molière ebenbürtig«. Sie übertrafen sich gegenseitig beim Erfinden von geistreichen Sentenzen und witzigen Bemerkungen. Sie entdeckten gemeinsame literarische Vorlieben, bewunderten beide Voltaire und stimmten in der Ablehnung jeglicher Anmaßung und Prahlsucht überein. (»Ich kenne kein besseres Gericht als gesunde Vernunft, gewürzt mit Spott«, bemerkte er zu Katharina, »als Kost für eingebildete Ignoranten und falsche Vertraute.« Dem stimmte Katharina von ganzem Herzen zu.)

Da die Kaiserin immer schwächer und kränker wurde und ihr Nachfolger immer tiefer in trunkener Ohnmacht versank (Hanbury-Williams beurteilte Peter als »schwach und gewalttätig«), schien Katharina die natürliche Erbin der Krone. In einem Brief nach London schrieb der Gesandte, daß man im Falle eines plötzlichen Todes der Kaiserin einzig und allein mit Katharina zu rechnen habe. Denn trotz seiner knabenhaften Grausamkeit, seiner erbärmlichen Posen und seiner unbeschränkten Selbstsucht wandte sich Peter jedesmal an seine

Frau, wenn es um wichtige Entscheidungen ging. Er bewunderte ihre umfangreichen Kenntnisse; laut Hanbury-Williams sagte er zu allen, die es hören wollten, daß »er selbst von all diesen Dingen nichts verstehe, aber seine Frau alles wisse«. Lange Zeit nannte er sie »Madame la Ressource«.

Hanbury-Williams bewunderte rückhaltlos die kluge Anpassung Katharinas an ihre Umgebung und die Umstände. »Seit sie in dieses Land gekommen ist«, schrieb er nach London, »hat sie sich auf jede erdenkliche Weise bemüht, die Liebe ihrer Nation zu erringen.« Das Russische sprach sie inzwischen fließend – wenn sie auch hin und wieder noch kleine Fehler machte –, und sie hatte keine Schwierigkeiten, alles zu verstehen. Es sei ihr gelungen, sich allgemein »geschätzt und beliebt« zu machen, schrieb der Diplomat und fügte hinzu, daß Katharina das Reich schon bestens kenne und es weiterhin täglich zum Gegenstand ihrer Studien mache. »Sie besitzt Talent und Vernunft«, schloß Hanbury-Williams, »und der Kanzler berichtet mir, daß niemand über mehr Entschlußkraft und innere Festigkeit verfügt als sie.«

Diese Eigenschaften waren am kaiserlichen Hof sonst eher dünn gesät. »Der Hof wird nicht von Überlegung und Vernunft, sondern von Moden und Leidenschaften regiert«, urteilte der Engländer am Ende seines sechsmonatigen Aufenthaltes in Rußland. Die Kaiserin mit ihrem ständigen Husten, ihrer Kurzatmigkeit, ihren schwachen und geschwollenen Gliedern hielt noch immer das Zepter in der Hand, doch ihre Hand schien gelähmt. Den Schuwalows mangelte es an der nötigen Dreistigkeit, um sich der Herrschaft zu bemächtigen, doch waren sie durchaus in der Lage, Schaden anzurichten. Ein französischer Gesandter mit dem entsprechenden Durchsetzungswillen hätte sich, nach Meinung Hanbury-Williams', zum Nachteil britischer Interessen leicht der Schuwalows bedienen können.

Der Gesandte pflegte die Freundschaft mit der Großfürstin, und sie kam ihm mit der ganzen Herzlichkeit einer kultivierten Dame entgegen, die es nach urbaner Gesellschaft dürstete. Bei unzähligen Soupers und Diners unterhielten sie sich glänzend, und er besuchte sie in Oranienbaum, wo das großfürstliche Paar mehr und mehr Zeit verbrachte und sie die Pflanzung ausgedehnter Gärten überwachte. Sie stellte ihm ihren Gärtner Lamberti vor, der sich nebenbei mit Wahrsagerei beschäftigte und prophezeit hatte, daß Katharina souveräne Kaiserin von Rußland werden würde. Außerdem hatte er ihr ein langes Leben vorhergesagt: Sie würde noch die Geburt ihrer Urenkel erleben und erst mit über achtzig Jahren sterben.

Gemeinsam verfolgten der Gesandte und die Großfürstin den Skandal dieses Sommers, der sie mit Scham und Entsetzen erfüllte.

Peter, der für seine Liebe zu Deutschland schon überall verachtet wurde, zog sich nun den tiefen und bleibenden Haß des Regiments Ingermanland zu, das den Wachdienst im Schloß Oranienbaum versah. Die meisten dieser Soldaten waren Finnen, die sich dem russischen Thron gegenüber loyal verhielten. Doch ihre Loyalität wurde auf eine harte Probe gestellt, als der Großfürst – nominell ihr Kommandant und außerdem Oberstleutnant im Preobraschenski-Regiment – in der Uniform eines holsteinischen Offiziers vor ihnen erschien und im Sommer 1755 ein großes Kontingent holsteinischer Soldaten nach Oranienbaum brachte.

Die Holsteiner kampierten auf dem großfürstlichen Grundstück in einiger Entfernung zum Herrenhaus und den Wirtschaftsgebäuden. Sie stellten ihre Zelte auf, errichteten ein Waffenlager und Ställe für ihre Pferde. Es war eine recht zerlumpte kleine Armee, die nicht aus regulären Soldaten, sondern aus Vagabunden und Abenteurern bestand, aus weggelaufenen Handwerksburschen und Deserteuren diverser deutscher Armeen. Es gab nicht wenige Halbwüchsige unter ihnen, die kaum die Muskete halten konnten, und viele stammten nicht einmal aus Holstein. Das waren Peters Mannen, seine zum Leben erwachten Spielzeugsoldaten, die ihm gehörten, ihm ganz allein. Er drillte sie, wie er einst Katharina und die Diener gedrillt hatte, er schwang seine lange Peitsche, schrie Kommandos und wurde nicht müde, sie in Reih und Glied aufmarschieren zu lassen.

So verliebt war der Großfürst in seine deutschen Soldaten, daß er sich neben ihrem Lager ein Zelt aufstellen ließ und mit ihnen zusammenlebte. Er trank mit ihnen billigen Branntwein und rauchte ihren Tabak, hörte voller Entzücken die rauhen Laute ihrer Sprache und schwelgte in der Vorstellung, mit ihnen zusammen nach Holstein zu ziehen.

Immer an seiner Seite war der neueste Berater des Großfürsten, Oberst von Brockdorff, ein prahlerischer holsteinischer Edelmann, dessen beschränkter Verstand seiner unbeschränkten Trinkfestigkeit die Waage hielt. In der scharlachroten Uniform seines Ranges und mit einem Dreispitz auf dem Kopf war Brockdorff eine auffällige und für die russischen Truppen höchst irritierende Erscheinung – besonders nachdem er befohlen hatte, daß die russischen Soldaten die Holsteiner bedienen sollten.

Denn die Ausländer mußten ernährt werden; da sie über keine eigenen Vorräte verfügten, hingen sie von der Schloßküche ab. Die murrenden Wachsoldaten, die die Deutschen verachteten und sie als Verräter und Spione des Preußenkönigs bezeichneten, mußten ihnen auf Tabletts zu essen und zu trinken bringen und nach dem Essen ihre Tische abräumen und die Tabletts in die Küche zurückbringen. Dafür bekamen sie nicht einmal etwas bezahlt. Das Ergebnis war, daß sie rebellisch wurden.

»So sind wir also die Lakaien dieser verfluchten Deutschen geworden!« riefen sie und beschimpften Brockdorff, die Holsteiner und den Großfürsten in seinem lächerlichen Stolz.

Was Katharina betraf, so hielt sie sich bei dem ganzen Fiasko vorsichtig zurück. Allerdings hatte sie nichts dagegen, daß ihre Mißbilligung der Maßnahmen ihres Gatten bekannt wurde. Sie verspottete Brockdorff öffentlich und nannte ihn »einen intriganten Menschen von sehr schlechtem Charakter«. Er war für sie »der Pelikan«, während sie für ihn als »Viper« galt. Im übrigen benutzte er seinen Einfluß auf Peter, um die Kluft, die zwischen den Ehegatten bestand, zu vertiefen.

Im Lauf des Sommers, in dem die Anwesenheit der Holsteiner nicht nur die Palasttruppen, sondern die gesamte Öffentlichkeit beleidigte, vertraute Katharina Hanbury-Williams an, daß das Verhalten ihres Mannes immer sonderbarer werde. Angefeuert von Peter, fungierte Brockdorff bei einer endlosen Reihe von feuchtfröhlichen Feierlichkeiten und zügellosen Abendgesellschaften, die nicht selten zu »wahren Bacchanalen« ausarteten, als Zeremonienmeister. Der Großfürst roch ständig nach saurem Wein, starkem Tabak und ungewaschener Wäsche, was andere in die Flucht trieb. Sein Atem roch ekelerregend, und seine Wutanfälle endeten nicht selten in sadistischer Raserei.

Katharina überraschte ihn einmal, als er seinen Hund schlug. Er glaubte sich unbeobachtet. Einer seiner Diener mußte das hilflose Tier am Schwanz halten, während er erbarmungslos auf es eindrosch. Dabei war er der verrückten Überzeugung, der Hund habe irgendein Verbrechen begangen und verdiene seine gerechte Strafe. Der Anblick dieser Grausamkeit rührte die weichherzige Katharina zu Tränen. Als sie protestierte, schlug er mit seiner Peitsche nur um so heftiger zu, und sie wußte sich nicht mehr anders zu helfen, als den Raum zu verlassen.

Katharina erkannte, daß Peter jeglichem Mitgefühl abhold war. Wenn er bei anderen Mitgefühl spürte, machte es ihn wütend und trieb ihn zu noch größeren Grausamkeiten. Sie interpretierte dies als ein Zeichen seines in Unordnung geratenen Geistes – wiewohl sie es nicht wagte, dies laut auszusprechen.

Sie glaubte auch zu wissen, was seinen Geist in Unordnung gebracht hatte: Da er wußte, daß er sowohl die schwedische wie die russische Krone erben würde, hatte er einst die geheime Hoffnung gehegt, sich nach der Ernennung zum König von Schweden der russischen Thronfolge entledigen zu können. Im Jahre 1750 glaubte er noch, daß sich dieser Wunsch verwirklichen ließe, dann aber mußte er erkennen, daß er sich geirrt hatte. Die Enttäuschung nagte an ihm und machte ihn verbittert. Denn jetzt saß er in der Falle; er war gezwungen, in einem Land zu leben, das er haßte, unter der Kuratel einer Tante, die ihn verachtete und die er zunehmend ebenfalls verabscheute, verbunden mit einer Frau, die er nicht lieben konnte und die ihm in allem überlegen war. Was sollte er mit der Macht über ein Land anfangen, mit dem er sich nicht anfreunden konnte? So erklärten sich sein unkontrolliertes Trinken, seine sadistischen Anfälle und die bittere Wut, die ihn von innen her auffraß und ihn rasend werden ließ.

Stets war Katharina das erste Opfer seiner düsteren Stimmungen. Einige Monate vor der Ankunft des britischen Gesandten in Rußland war Peter eines Tages in ihr Gemach gekommen, torkelnd, grölend und mit seinem Degen in der Luft herumfuchtelnd. Er sagte zu ihr, daß sie anfange, unerträglich stolz zu werden, drängte sie gegen die Wand und bedrohte sie mit dem Degen.

Sie spielte sein Spiel mit, versuchte zunächst, der Sache mit Humor beizukommen. »Ich fragte ihn, was das bedeute«, schrieb sie in Erinnerung an die unangenehme Szene, »ob er sich mit mir schlagen wolle? Denn dann müsse ich auch einen Degen haben.«

Darauf stieß er seinen Degen wieder in die Scheide und sagte, sie sei erschreckend boshaft. Er lallte, aber Katharina verstand genug. Er beschwerte sich über ihre neuartige Kühnheit und Selbstsicherheit, über ihre offenen Angriffe der Schuwalows.

Sie sah ihm gerade ins Gesicht, wich ihm nicht aus. »Weil ich sah, daß er einfach Unsinn schwatzte, ließ ich ihn reden«, schrieb sie, »ohne zu antworten, und benutzte eine günstige Pause, um ihm den Rat zu geben, er solle zu Bett gehen. Denn ich sah deutlich, daß ihm der Wein die Vernunft geraubt und jeden Rest von gesundem Verstand genommen hatte.« Er aber hatte mit diesem kurzen Ausbruch offenbar schon sein Mütchen an ihr gekühlt und ging schwankend aus dem Zimmer, um ihren Rat zu befolgen.

Sic hatte gewonnen. Im Augenblick hatte sie nichts mehr von ihm zu befürchten. Sie machte sich keine Illusionen über ihn, wußte auch, daß er sie brauchte und auch in Zukunft noch brauchen würde. Und doch war er ihr Feind und würde ihr Feind bleiben, ein Feind der gefährlichsten Art, unberechenbar, irrational, voll von nagendem, bitterem Zorn.

Katharina hatte all das für sich behalten. Aber jetzt war Hanbury-Williams gekommen, der ihr seine unterhaltsame Gesellschaft anbot, sich über ihre Freundschaft hocherfreut zeigte und ihr auf viele Arten bewies, daß er ihr Verbündeter war. In ihm hatte sie endlich einen Menschen gefunden, dem sie vertrauen konnte. Natürlich wußte sie ebensogut, daß der Gesandte mit Hilfe ihrer Freundschaft auch seine eigenen Ziele verfolgte, und sie selbst benutzte ihn zum Schutz ihrer privaten Interessen. Sie versorgte ihn mit Informationen, die seiner Regierung nützlich waren; und im Gegenzug erbat sie sich Geld von ihm. Er lieh ihr große Summen, die sie teilweise zur Bezahlung ihrer Informanten im Haushalt der Kaiserin benutzte.

Aber das war nicht alles. Die Freundschaft zwischen dem älteren Diplomaten und der resoluten, willensstarken und kampfbereiten Großfürstin war echt und hatte Bestand. Und für Katharina, die außer Bestuschew bisher keinen politischen Mentor gehabt hatte, war Sir Charles etwas wie ein Geschenk des Himmels.

»Wieviel Dank schulde ich der Vorsehung, die Sie hierher sandte und wie ein Schutzengel uns beide in Freundschaft verband«, schrieb Katharina ihrem englischen Freund im April 1756. »Sie werden sehen, wenn ich eines Tages die Krone trage, so werde ich es wenigstens zum Teil Ihrem guten Rat zu verdanken haben.«

Kapitel Dreizehn

Im späten Oktober 1756 schwankte die Kaiserin auf ihren geschwollenen Beinen und fiel in eine todesähnliche Ohnmacht. Sofort liefen ihre Frauen zusammen und riefen in höchster Erregung nach dem Chirurgen. Er kam und legte sein Ohr auf die Brust der alten Dame.

Sie atmete zwar, aber der Atem war flach und unregelmäßig. Aus der Lunge kamen tiefe, rasselnde Geräusche, und bei jedem Atemzug hörte man ein ersticktes Husten. Ihr Augen waren fest geschlossen. Man massierte ihre Füße, schrie ihr ins Ohr, hielt ihr stark riechende Kräuter unter die Nase, rieb ihre Schläfen mit heißen und kalten Tüchern ab, aber alle Wiederbelebungsversuche erwiesen sich als vergeblich. Sie blieb in ihrer leichenartigen Starre, alle Gesichtsmuskeln erschlafften, der Unterkiefer hing klaffend herab, und ihre Haut war von tödlicher marmorner Blasse.

Ihr Beichtvater wurde gerufen, man hob sie ins Bett und bedeckte sie mit Pelzdecken. Ein Häuflein alter Frauen war schon in den vergangenen Monaten um sie gewesen, bäuerliche Heilerinnen und weise Frauen vom Land; jetzt schüttelten sie die Köpfe und bekreuzigten sich zu wiederholten Malen. Ihre Prognosen stellten sich als falsch heraus. Sie hatten vorausgesagt, daß die Kaiserin sich erholen werde; Nacht für Nacht hatten sie den abnehmenden Mond beobachtet, voller Vertrauen darauf, daß die Patientin mit dem Aufgang des neuen Mondes am Himmel nach und nach gesundete und sich all die Übel, die sie in letzter Zeit heimgesucht hatten, in Luft auflösten. Jetzt aber waren die Frauen sich ihrer Sache nicht mehr sicher. Auch der kaiserliche Arzt, der geborene Grieche Kondoidi, hatte die Hoffnung aufgegeben, und die meisten Höflinge nahmen an, daß die Kaiserin sterben würde.

»Ein wenig Geduld, ich bitte Sie«, hörte man den Griechen zu einer der alten Frauen sagen, die zwei Nächte lang an Elisabeths Bett gewacht hatte. »Es wird nicht mehr lange gehen. Das überlebt sie nicht.«

Elisabeth war monatelang schwer krank gewesen. Zu Beginn des Sommers hatte sie einen Schlaganfall gehabt. Fürchterliche Schmerzen im Magen, in den Beinen, im Kopf quälten sie, und sie konnte kaum sprechen, ohne sogleich von Husten geschüttelt zu werden. Ihr ganzer gepeinigter Körper war so empfindlich geworden, daß ihre Frauen sie nicht mehr schnüren konnten, ohne ihr unsägliche Schmerzen zu bereiten. Man mußte ihr die Mieder vom Fleisch schneiden, und sie bevorzugte nun lange, weite, formlose Gewänder, in denen sie sich trotz ihrer Schmerzen von Raum zu Raum schleppte, um die Huldigungen der Höflinge entgegenzunehmen. Die Öffentlichkeit durfte auf keinen Fall von ihrem Zustand erfahren, denn das Land befand sich im Krieg, und die Thronfolge war immer noch ungeklärt.

Peter und Katharina befanden sich in Oranienbaum, weit weg vom Zentrum des Geschehens, und der kleine Paul, der jetzt zwei Jahre alt war, wohnte in der Nähe seiner Großtante in seinem kaiserlichen Kinderzimmer. Der junge Verwandte der Kaiserin, der ehemalige Säugling auf dem Zarenthron, Iwan, vor vielen Jahren von ihr abgesetzt, wurde aus der sibirischen Verbannung in die Festung Schlüsselburg gebracht, nahe der Hauptstadt, und von dort schmuggelte man ihn in den Winterpalast, wo er unter direkter Beobachtung Elisabeths stand.

Hinter einem Wandschirm versteckt, betrachtete sie den bleichen, zu klein geratenen jungen Mann, den sie während seiner gesamten sechzehnjährigen Lebenszeit im Gefängnis gehalten hatte, und hörte zu, während andere ihm Fragen stellten. Ein-, zweimal zog sie Männerstiefel, weite Hosen und einen Kaftan an und sprach selbst einige Worte mit dem Jungen, ohne daß er wußte, wer da vor ihm stand.

Iwan war ein bedauernswertes Geschöpf. Lange Jahre der Isolation, der fast vollständige Mangel an Erziehung und normaler menschlicher Gesellschaft hatten ein schwächliches Männlein aus ihm gemacht, einen Halbidioten, der weder zu Paul, dem Kleinkind, noch zu dem trunksüchtigen Großfürsten Peter eine wirkliche Alternative darstellte.

Das Problem der Thronfolge lastete auf der immer schwächer werdenden Kaiserin fast so schwer wie der Krieg, in den ihr Land vor kurzem verwickelt worden war. Die Truppen Friedrichs II. rückten vor, und wann immer Elisabeth in der Lage war, auf zwei Beinen zu stehen, hielt sie flammende Reden, in denen sie sich zu der Prophezeiung verstieg, daß sie an der Spitze ihrer Soldaten selbst gegen die verhaßten Preußen ins Feld ziehen werde.

»Wie wollen Sie das tun?« fragte ein Herr ihres Gefolges. »Sie sind eine Frau.«

»Mein Vater hat es auch getan«, erwiderte die Kaiserin. »Glauben Sie, ich bin dümmer als er?«

»Er war ein Mann«, sagte der Herr.

Es war ein unnützer Zusammenstoß. Der einzige Erfolg des vorwitzigen Kavaliers bestand darin, daß die mürrische alte Frau noch reizbarer wurde. Seit ihrem Schlaganfall suchte sie noch öfter als früher Streit, manchmal war sie bockig wie ein Kind. Jetzt schwor sie voller Zorn, daß sie zu ihren Soldaten gehen und sie anführen werde, egal, was andere davon hielten, und versuchte tapfer, ihren Körper dazu zu bringen, daß er diesen Worten folgte – mit dem Ergebnis, daß sie in der nächsten Sekunde von ihrer Schwäche besiegt wurde. Die Anstrengung erschöpfte sie, und wieder hatte sie fürchterliche Bauchschmerzen. Doch sie beruhigte sich noch immer nicht, und Kondoidi mußte kommen – er konnte schnell kommen, denn er wohnte jetzt in einem angrenzenden Zimmer –, um ihr Arzneien zu verabreichen, die sie zum Schlafen brachten.

Während des Sommers und Frühherbstes erwartete man noch immer den baldigen Tod Elisabeths. Die Höflinge gingen auf Zehenspitzen durch die Palastkorridore, spitzten die Ohren, um die neuesten Neuigkeiten aus dem Krankenzimmer aufzuschnappen, warteten auf die Nachrichten der Ärzte und tauschten Informationen über den letzten Stand der Krankheit aus. Einige sagten, die Kaiserin habe »Wasser im Bauch«, was bekanntermaßen schnell zum Tod führte. Andere erwarteten einen neuen Schlaganfall. Hanbury-Williams' Informanten sprachen von einem Übel, das im Schoß der Kaiserin sitze, eine bösartige Geschwulst, an der sie zugrunde gehen müsse.

Mühsam atmend, benommen von den Arzneien, die sie einnahm, mißtrauisch allen und jedem gegenüber, kämpfte Elisabeth um ihr Leben. Sogar ihrem Arzt vertraute sie nicht gänzlich. Sie packte Kondoidi gewaltsam am Ärmel und zwang ihn zu schwören, daß er ihr heilende Arzneien einflößte und sich nicht hatte bestechen lassen, um sie zu vergiften. Am 2. Oktober sah man am hellichten Tag einen Kometen am Himmel. Elisabeth griff verzweifelt nach ihren Ikonen und preßte sie in namenlosem Schrecken an sich. Kometen galten als Todesboten. Einige Stunden nach der Himmelserscheinung starb einer der Höflinge, Baron Stroganow, eines plötzlichen Todes. Die Kaiserin, voller Angst, die nächste zu sein, wurde von einem Schwindel befallen, ihr Körper wand sich in Krämpfen. »Die Finger ihrer Hand waren zurückgebogen, ihre Füße und Arme fühlten sich eiskalt an, ihre Augen starrten blicklos geradeaus«, schrieb Katharina an Hanbury-Williams. »Sie zapften ihr viel Blut ab, danach kehrten ihre Empfindungen zurück, und sie konnte wieder sehen.«

Endlich, nach drei Wochen immer heftiger werdender Krankheitsattacken, fiel die Kaiserin Ende Oktober wieder in eine schwere Bewußtlosigkeit, und jeder Angehörige des Hofes war davon überzeugt, daß es nun endgültig mit ihr zu Ende ging. Es folgte der Kampf um die Macht. Wer immer politische Aspirationen hatte, nahm in der Arena Aufstellung.

Pjotr Schuwalow machte sich daran, eine Privatarmee von dreißigtausend Mann aufzustellen; Gerüchte wollten wissen, daß die Schuwalows planten, sich des jungen Iwans zu bemächtigen, um ihn als ihre Marionette auf den Thron zu setzen. Katharina, die mit Rat und Unterstützung Hanbury-Williams' und Bestuschews ein Jahr lang ihre Vorbereitungen getroffen hatte, machte sich bereit zu handeln, sobald sie vom Tode der Kaiserin erfuhr, und rief all jene zusammen, die ihr Beistand versprochen hatten.

Peter erhielt die Nachricht von der Aufstellung der Schuwalowschen Truppen und rannte sogleich erschrocken zu seiner Frau, von der er wie gewöhnlich Trost und Hilfe erwartete. Seine Holsteiner waren nach Hause geschickt worden, auf sie konnte er sich nicht länger stützen, und daß ihm die russischen Soldaten, die ihm nach wie vor unterstanden, gehorchen würden, durfte er mit Recht in Zweifel ziehen. Panik hatte ihn ergriffen. Von den Schuwalows fühlte er sich bedroht. An wen konnte er sich wenden, außer an Katharina?

Es gelang ihr, wenn auch mit Mühe, ihn zu beruhigen und ihm Vertrauen in ihre eigenen Pläne einzuflößen. Ihrer beider Sicherheit hänge von der Schnelligkeit ab, mit der sie nach dem Ableben der Kaiserin handelten, erklärte sie ihm. Und dank der drei bezahlten Informantinnen, die sie unter den Frauen hatte, die die Monarchin in ihrem Schlafzimmer bedienten, werde sie, Katharina, sofort Nachricht erhalten, wenn der Tod eingetreten sei.

Sobald ihr der letzte Atemzug der Kaiserin gemeldet worden sei, sagte Katharina, werde sie sich durch einen vertrauten Mittelsmann noch einmal davon überzeugen, daß Elisabeth wirklich tot war. Danach werde sie sich sofort in das Kinderzimmer in der kaiserlichen Suite begeben, um ihren Sohn Paul zu holen und ihn einem Mann zu übergeben, dessen Loyalität außer Zweifel stand, dem Grafen Kirill Rasumowski – Bruder des Gatten und ersten Günstlings der Kaiserin – und seiner Gardetruppe. Falls durch irgendeinen Zufall der Graf nicht auffindbar wäre, würde sie Paul mitnehmen in ihre eigenen Gemächer und schnelle Boten aussenden, um fünf von ihr bezahlte Gardeoffiziere zu benachrichtigen, von denen jeder fünfzig Mann mitbringe, die sie selbst, Paul und Peter beschützten. Jeder dieser Männer hatte hohe Geldsummen erhalten (das Geld stammte von der britischen Regierung und war Katharina via Hanbury-Williams zugestellt worden) und geschworen, von niemandem als von Katharina selbst und von Peter Befehle entgegenzunehmen.

Nachdem dies getan sei, fuhr Katharina fort, werde sie sich in das Sterbezimmer begeben und den Kommandanten der Garde rufen lassen. Sie werde von ihm verlangen, daß er seine Loyalität ihr und Peter gegenüber mit einem Eid bekräftige. Sie werde auch einige Mitglieder des Senats und General Apraxin, ranghöchsten Vertreter des Militärs und Präsident des Kriegskollegiums, zu sich rufen. Man könne darauf zählen, daß diese Männer, konfrontiert mit den Tatsachen, Peter die Treue schworen. Taten sie es nicht, oder sollte der Fall eintreten, daß die Schuwalows den Versuch unternahmen, Katharinas Pläne zu vereiteln und ihre eigene Ordnung aufzurichten, so würden Katharinas Gardeoffiziere auf den Plan treten, um ihre Gegner zu verhaften.

Diesen Plan hatte Katharina – eingedenk der Lektionen ihres Tacitus – sorgfältig durchdacht, und es war ihr gelungen, viele Gardeoffiziere durch entsprechende Geldgeschenke auf ihre Seite zu bringen. Aber auch ohne Bestechung waren besonders die unteren Ränge der kaiserlichen Leibwache bereit, ihr zu folgen. Über lange Jahre hin hatte sie sie für sich gewinnen können. In ihr – und nicht in ihrem Ehemann – sahen diese Männer die natürliche Thronfolgerin. Die meisten Offiziere zeigten ihre Meinung nur bei geheimen Treffen – so schrieb Katharina an Hanbury-Williams einige Monate vor der Krise im Oktober 1756. Aber sie vertraute ihnen und verließ sich auf sie, obwohl sie sehr wohl wußte, daß die Partei der Schuwalows mit »jedem schmutzigen Trick« versuchen würde, die Situation nach dem Tod der Kaiserin in ihrem Sinn auszunutzen.

Der Schlüssel zum Erfolg lag in den Händen des Grafen Rasumowski und der Garde. Katharina war sich dessen gewiß, daß diese Truppen im wesentlichen verläßlich waren und daß sie sie im entscheidenden Moment nicht im Stich ließen. Aber selbst wenn sie sie im Stich lassen sollten, war sie zum Kampf entschlossen. »Für mich gibt es keine andere als diese beiden Möglichkeiten: unterzugehen oder zu regieren«, schrieb sie an Hanbury-Williams.

Doch sie hatte nicht vor, allein zu regieren. Bei all ihren Plänen, ihren Bestechungsmanövern, ihren sorgfältig eingefädelten Allianzen ging sie unerschütterlich davon aus, daß es ihr Ehemann sein würde, der die Krone trug; sie selbst würde nur die Rolle der Helferin und Hauptberaterin spielen wie von jeher. Viele sagten, daß Katharina mit Peter zusammen die Regentschaft übernehmen solle. Hanbury-Williams, zu dieser Zeit Katharinas enger Vertrauter und Mentor, glaubte, daß, gleichgültig, wer die Krone trug, Katharina diejenige sein würde, die die Herrschaft ausübte. (»Sie sind geboren, um zu herrschen und zu regieren«, sagte er ihr. »Sie sind sich der Macht nur noch nicht bewußt, über die Sie in großem Maße verfügen.«)

Bestuschew, dessen eigene politische Stellung seit dem Aufstieg der Schuwalows wacklig geworden war, meinte, daß Katharina allein auf sich selbst gestützt oder im Namen ihres minderjährigen Sohnes regieren sollte, und die von ihm ausgearbeiteten komplizierten schriftlichen Pläne zeigten, wie dies zu bewerkstelligen war. (Allerdings ließ er sich nicht darüber aus, was aus dem unfähigen Peter werden sollte.) Katharina aber, die sich der Gefahr bewußt war, die ihr drohte, falls die Kaiserin nicht starb und man diese Pläne bei ihr fand, riet dem Kanzler zur Vorsicht und sagte, daß es nicht möglich sei, sein Vorhaben in die Tat umzusetzen.

Zuzugeben, daß sie selbst sich schon als Alleinherrscherin sah, wagte sie nicht. Aber in ihrer Korrespondenz mit Hanbury-Williams sprach sie klare Worte. In diesen Briefen sah sie eine Zukunft voraus, in der sie selbst auf dem Thron saß, ohne die Macht mit irgend jemandem zu teilen. Sie wußte ganz genau, daß niemand an Elisabeths Hof Peter der Herrschaft für fähig hielt; zum Kaiser gekrönt, würde er eine Marionette sein, und Katharina würde die Fäden ziehen.

Hanbury-Williams gegenüber stellte sich sich als zukünftige Alleinherrscherin dar. Sie sagte ihm, wie dankbar sie ihm sei für seinen Rat und seine Unterstützung, und sie versicherte, daß sie ihn zu gegebener Zeit mit kaiserlicher Großzügigkeit für alles entschädigen werde. »Die künftige Kaiserin wird ihre eigenen, wie auch Katharinas Schulden begleichen«, schrieb sie, und sie fügte hinzu: »Soweit es in meinen schwachen Kräften steht, werde ich alles tun, um den großen Männern dieses Landes nachzueifern.« Über die »großen Männer« Rußlands, Peter den Großen zum Beispiel und den Tyrannen Iwan den Schrecklichen, hatte sie Bücher gelesen. Sie träumte davon, daß man ihren eigenen Namen in ganz Europa mit Staunen und Bewunderung aussprechen würde wie die Namen jener Männer.

Furcht, Schrecken und freudige Erregung kennzeichneten die kurzen Tage dieses Oktobers. Katharina wußte, daß man viel von ihr erwartete, daß viele Menschen auf sie blickten und wünschten, daß sie sie führte. Sie war sich ihrer Fähigkeit, eine gute Menschenführerin zu sein, noch keineswegs sicher, aber sie war sich sicher, daß sie tapfer sein konnte. (»Es gibt keine mutigere Frau als mich«, sagte sie einmal zu einem Kavalier, »ich besitze schrankenlose Kühnheit.«)

»Im Vertrauen sage ich es Ihnen«, schrieb sie an Hanbury-Williams, »daß ich fürchte, meinem Namen, der zu bald Berühmtheit erlangt hat, nicht gerecht zu werden.« Sie mißtraute sich selbst und hatte Angst, die Unabhängigkeit ihres Urteils zu verlieren. Sie wußte von ihren Schwächen, wußte, daß Eitelkeit und Ehrgeiz sie verwundbar machten. »In mir selbst habe ich große Feinde meines Erfolgs«, vertraute sie dem Briten an. Sie war sich offenbar nicht einmal sicher, daß sie angesichts der Männer Schuwalows, die die Muskete auf sie richteten, oder verräterischer Gardesoldaten nicht all ihre »schrankenlose Kühnheit« verlieren würde.

Niemand konnte voraussehen, was nach dem letzten Atemzug der Kaiserin geschah, aber in jedem Fall würde die Ordnung zusammenbrechen. Was wäre, wenn die Schuwalows sich auf die Zeit des Machtübergangs besser vorbereitet hätten als Katharina? Was wäre, wenn sie von ihren Schachzügen Wind bekommen und schon alles vorbereitet hätten, um sie auszuschalten?

»Je mehr die Zeit vorrückt, desto größer wird meine Frucht, daß die Entschlossenheit mich verläßt und sich all meine Pläne als kindischer Tand erweisen«, schrieb sie ihrem Vertrauten Hanbury-Williams. »Beten Sie, daß Gott mir einen klaren Geist schenkt.«

Trotz wachsender Befürchtungen gab es für sie immer wieder eine einzigartige Quelle der Hoffnung. Sie war zu der Überzeugung gelangt, daß sie von einer Kraft geleitet wurde, die größer war als sie selbst, und daß ein vorbestimmtes Schicksal sie erwartete. Wie anders sollte sie es sich erklären, daß sie bis heute überlebt hatte? So vieles hatte sie durchgemacht – schwere Krankheiten, fürchterliche, sich über Jahre hinziehende Spannungen, Entbehrungen, Gefahren. »Die unsichtbare Hand, die mich dreizehn Jahre lang auf einem sehr unbequemen Weg geführt hat, wird niemals erlauben, daß ich jetzt abtrete, davon bin ich, auch wenn es töricht klingen mag, fest überzeugt«, schrieb Katharina dem britischen Gesandten. »Wenn Sie all die Abgründe kennten, die sich vor mir auftaten, wenn Sie wüßten, wie viele Mißgeschicke mich schon bedrohten! Wenn Sie erraten könnten, was ich alles überwunden habe, so könnten Sie jenen oberflächlichen Konklusionen besser vertrauen, für die Ihr Denken zu tief ist.«

Es gab einen Umstand, den selbst die unsichtbare Hand nicht ungeschehen machen konnte. Fast jeden Tag wurde Katharina von pochenden Kopfschmerzen heimgesucht, und frühmorgens hob sich ihr Magen – deutliche Anzeichen einer erneuten Schwangerschaft, wie sie glaubte.

Mehrere Monate lang war Stanislaus Poniatowski, der Sekretär Hanbury-Williams', ihr Geliebter gewesen, ein junger Adliger mit sanfter Stimme, heller Haut und weit auseinanderstehenden haselnußbraunen Augen. Sein bogenförmiger Mund war so hübsch wie der einer Frau. Der Reiz seiner Schönheit lag in der Mischung zwischen chorknäblicher Unschuld und katzenhafter Grazie. Mit seinen dreiundzwanzig Jahren war er drei Jahre jünger als Katharina, als sie einander begegneten.

Mitten in der Verkommenheit des Hofes stach Poniatowski als ein Muster unschuldiger Liebe und aufrichtiger Zuneigung hervor. Vor Verlassen seines Heimatlandes Polen hatte er seiner Mutter versprochen, nicht zu trinken, keinen Würfelbecher anzurühren und bis zum Alter von dreißig Jahren nicht zu heiraten. Keuschheit hatte er seiner Mutter nicht versprochen, doch die leichten, wohlfeilen Amouren und Affären bei Hofe stellten keine Versuchung für ihn dar. Tändeleien und Intrigenspiele schüchterten ihn eher ein. Als er sich in Katharina verliebte, war es die erste Liebe seines Lebens, und es war sein Ernst, als er ihr Treue bis zum Tod versprach.

Nicht nur, was das Äußere betraf, hätte der Gegensatz zwischen Poniatowski und dem erfahrenen Verführer Sergej Saltykow nicht größer sein können. Während dieser zu heftiger Aggressivität neigte, blieb jener reserviert; während dieser sich tollkühn und dreist benahm und doch nie über seine höfische Oberflächlichkeit hinauskam, war jener wirklich geistvoll und kultiviert. Und noch wichtiger: Während Saltykow Katharina als ein reines Geschlechtswesen gesehen hatte, das auf gefährliche und aufregende Weise seinen Eroberungswillen herausforderte, sah Poniatowski in ihr einen sehr klugen und äußerst anziehenden Menschen und eine strahlend schöne Frau. Er verehrte und liebte sie auf eine Weise, wie nur ein empfindsamer und nachdenklicher junger Mann lieben kann.

Und Katharina, der seine Verehrung unendlich wohltat, stürzte sich mit all dem Überschwang und all der Kühnheit, deren sie fähig war, in ein aufregendes romantisches Abenteuer.

Poniatowski paßte gut zu ihr – viel besser als der hochgewachsene, blasse Graf Lehndorff, den Bestuschew an den Hof gebracht hatte in der Hoffnung, daß er Katharina über Saltykow hinweghelfen würde. Lehndorff sah gut aus, aber Poniatowski besaß Schmelz und Zärtlichkeit, und die Aufrichtigkeit seiner Zuneigung war Balsam für ihr verwundetes Herz. Er gehörte zum Gefolge ihres lieben Freundes, des britischen Gesandten. Er teilte ihre Vorliebe für französische Bücher und die englische Regierung. Über die Geschichte ihrer Leidenschaft ist uns nichts überliefert, aber Poniatowskis Briefe zeigen, daß er ein ungewöhnlicher sensibler, ja poetischer Mann gewesen ist, der nichts mehr fürchtete, als irgend jemandem weh zu tun. (Einmal, als er glaubte, Hanbury-Williams mißfallen zu haben, drohte er, sich von einer hohen Mauer zu stürzen. Der entsetzte Gesandte vergab ihm den kleinen Fehler, dessen er sich angeblich schuldig gemacht hatte, und flehte ihn an, sein Leben nicht wegen einer solchen Bagatelle wegzuwerfen.)

Obwohl sich Peter völlig gleichgültig zeigte – manchmal ermutigte er seine Frau sogar scherzend zu ihrer Affäre –, mußte doch Diskretion gewahrt werden, und für Katharina war die notwendige Heimlichkeit selbst ein aufregendes Ingredienz ihrer Liebe. Es machte ihr Spaß, schnelle, private Stelldicheins zu arrangieren. Es machte ihr Spaß, zu wissen, daß jeden Moment eine Wache oder ein Diener sie entdecken und bei der Kaiserin anschwärzen konnte. Sie trafen sich, sooft es ging, mindestens einmal in der Woche, manchmal zwei-, manchmal dreimal. Lew Naryschkin stellte ihnen einen Zufluchtsort zur Verfügung, und Katharina, die ihren Frauen nicht voll und ganz vertrauen konnte, stahl sich aus ihren Gemächern und zog Hemd und Rock und Stiefel über, die sie sich von ihrem kalmückischen Friseur geborgt hatte, um sich verkleidet zum Haus von Naryschkin zu begeben. Einige Male mußte sie nach solchen ausgedehnten Abenden mit Poniatowski allein zurücklaufen; tapfer sah sie dabei den Gefahren ins Auge, die ihr in den dunklen Gassen drohten.

»Wir fanden ein besonderes Vergnügen an diesen heimlichen Zusammenkünften«, schrieb sie in ihren Memoiren über ihre Affäre mit dem Polen. Sie genoß sie in vollen Zügen. Ob Poniatowski, der wußte, daß Saltykow in Ungnade gefallen war, und der davon munkeln gehört hatte, daß russische Prinzessinnen ihre Liebhaber voller Grausamkeit behandelten, wenn sie genug von ihnen hatten, dasselbe reine Vergnügen durch sie erfuhr, bleibt dahingestellt.

Die heimliche Flucht aus dem Palast, die Verkleidungen, das Versteckspiel mit den Spionen der Kaiserin und dann die zärtlich geöffneten Arme des Geliebten, in die sie sich mit vor Erregung klopfendem Herzen sinken ließ – das alles machte Katharinas Wangen wieder rot und brachte neuen Glanz in ihre Augen. Der Chevalier d'Eon, ein französischer Agent, der sie zu dieser Zeit sah, beschrieb sie auf folgende Weise:

»Die Großfürstin ist romantisch, leidenschaftlich, kühn; ihre Augen glänzen und faszinieren, sie haben etwas Gläsernes, etwas vom Blick eines wilden Tieres. Die Stirn ist stolz, und wenn ich nicht irre, so malt sich eine lange und schreckliche Zukunft auf dieser Stirn. Liebenswürdig und gefällig, so erscheint die Großfürstin in Gesellschaft, doch wenn sie sich mir nähert, weiche ich instinktiv zurück. Sie erschreckt mich.«

Der Chevalier bezeugt die Wildheit, die in Katharina loderte. Es hatte diese Wildheit schon immer gegeben, seit ihrer Kindheit. Jetzt hatte sie sich wieder Bahn gebrochen, da Katharina sich nach langer Gefangenschaft einen Fluchtweg ertrotzte. Dennoch waren ihrer Freiheit deutliche Grenzen gesetzt, Grenzen, die sie niemals überschritt. Wie groß die Macht des Hofes über sie war, zeigte sich, als schon bald nach ihren ersten Treffen mit dem bildhübschen Polen der ganze Hof von ihrer Affäre wußte. Noch übte man Toleranz – hauptsächlich deshalb, weil Bestuschew und die Kaiserin Poniatowskis politische Schachzüge akzeptierten.

Ein halbes Jahr lang durften sie sich ungestört sehen, und dann, im August 1756, wurde der junge Graf nach Polen geschickt. Sie tat alles, was sie konnte, um ihn zurückzuholen an den kaiserlichen Hof, obwohl sie ihn keineswegs mit derselben verzweifelten Sehnsucht begehrte wie seinerzeit Saltykow. Und durch die dramatische Verschlechterung des Gesundheitszustandes der Kaiserin schoben sich bald andere Sorgen in den Vordergrund.

Trotz Übelkeit, trotz heftiger Kopfschmerzen arbeitete Katharina an ihrem Schreibtisch, während sie Tag und Nacht auf neue Kunde aus dem Krankenzimmer wartete. Sie las Briefe und Papiere und setzte Antwortbriefe an ihre Vertrauten auf, und sie erledigte selbst die Arbeit des Kopierens, schrieb mit eigener Hand Seite um Seite großformatigen, dicken Schreibpapiers voll. »Von sieben Uhr früh bis zu diesem Augenblick«, schrieb sie an Hanbury-Williams, »unter Auslassung der Essenszeiten, habe ich nichts anderes getan als geschrieben und Papiere gelesen. Sollte man mich nicht mit Fug und Recht als einen echten Staatsminister bezeichnen?«

Schon jetzt, da sich die Ära Elisabeths ihrem Ende zuneigte, fühlte Katharina das Gewicht der Verantwortung, das bald ganz auf ihr lasten würde. Die Verwaltung von Peters holsteinischen Ländereien hatte ihr einen Vorgeschmack davon gegeben, was Regieren hieß. Jetzt war sie mit der ungleich größeren Aufgabe der kaiserlichen Herrschaft konfrontiert. Es forderte ihre ganze Kraft, es war unendlich anstrengend und ermüdend – um so mehr, da ihre Kopfschmerzen nicht aufhören wollten –, aber es war auch erregend. Wenn es keine Briefe und Dokumente mehr gab, die sie lesen und auf die sie schreibend reagieren mußte, beschäftigte sich Katharina mit der Niederschrift ihrer Memoiren.

Sie war erst siebenundzwanzig, doch ihr Leben war so reich an Ereignissen gewesen, daß kaum eine Sechzigjährige es mit ihr aufnehmen konnte. Nahezu die Hälfte ihrer Jahre hatte sie in Rußland verbracht, hatte in dem rauhen Klima um ihre Gesundheit gekämpft und sich gegen die Feindseligkeiten des Hofes zur Wehr gesetzt. Auf den Vorschlag Hanbury-Williams' hin formulierte sie nun die Erinnerungen an ihre Kindheit, ihre Erziehung, die Entwicklung ihres Geistes und Temperaments, die Geschichte ihrer Ehe. Es war ein Werk, das ihr entsprach. Sie vermittelte ein umfassendes Bild ihres unerschütterlichen Selbstvertrauens und ihres kraftvollen Intellekts, all der geistigen und seelischen Fähigkeiten, auf die sie sich während ihrer langen Leidenszeit gestützt hatte.

Die Tage wurden kürzer, die Luft roch nach Winter. Im kaiserlichen Schlafzimmer zog es durch alle Ritzen. Da lag die Kranke, bleich und still, unter einem Berg von Pelzdecken. Eine Woche ging vorüber. Noch immer arbeiteten die verwüsteten Lungen, und durch die heisere Kehle strömte der Atem röchelnd ein und aus. Die alten Frauen, die den Tod erwartet hatten, begannen miteinander zu flüstern.

Eine weitere Woche verging, und die Hofbeamten, erschöpft von den langen, nervenaufreibenden Tagen und spannungsvollen Nächten, gingen zu Bett und befahlen ihren Dienern, sie unverzüglich zu wecken, falls irgend etwas Wichtiges passieren sollte. Die Schuwalows witterten die kommende Veränderung, bezahlten ihre Soldaten und schickten sie nach Hause – aber sie schärften ihnen ein, sich bereit zu halten, da man sie binnen kurzem wieder benötigen könnte. Peter, noch immer voller Furcht, doch zu Spaß und Zerstreuung jederzeit bereit, flirtete mit einer Nichte der Rasumowskis, Madame Teplowa, und lud eine deutsche Sängerin namens Leonora zu einem privaten Diner in seinen Gemächern ein. Katharinas

Kopfschmerzen und die Übelkeit verschwanden langsam, und dann stellte sie eines Tages mit Erleichterung fest, daß Poniatowski sie doch nicht geschwängert hatte.

Pawel Sacharowitsch Kondoidi, der kaiserliche Chirurg, war müde und ausgelaugt. Seine Patientin weigerte sich zu sterben. Noch immer wurde der ganze Körper Elisabeths von schrecklichen Hustenanfällen gemartert, aber auf ihren Wangen zeigte sich wieder ein Hauch von Farbe, und sie öffnete die Augen. Die Leichenblässe des nahen Todes machte der zarten Frische erneuerter Gesundheit Platz. Kondoidi gab zu, es sei möglich, daß die Kaiserin sich erholte.

Die weisen Bauersfrauen nickten einander vielsagend zu und deuteten zum Himmel. Am Ende hatten sie doch recht gehabt, und der Doktor hatte sich geirrt. Jede Nacht standen sie an den Fenstern des kaiserlichen Schlafzimmers, schauten in die schwarze Nacht hinaus und warteten auf den Aufgang des Mondes.

Kapitel Vierzehn

Peter hatte die Liebe seines Lebens gefunden.

Müde der Sängerinnen, der koketten Hofdamen und unschuldigen jungen Dienstmädchen, begegnete er in Jelisaweta Woronzowa, der unansehnlichsten unter Katharinas Kammerfrauen, einer Seelenverwandten und schenkte ihr sein Herz.

Schon als Mädchen war Jelisaweta besonders unattraktiv gewesen. Als sie im Alter von elf Jahren an den Hof gebracht wurde, wo sie zum Gefolge Katharinas gehörte, hatte sie mit ihrer Häßlichkeit die anderen Damen beleidigt. Sie hinkte und schielte und besaß keinerlei Anmut, und im Lauf der Zeit entwickelte sie sich zu einer drallen, trägen Person, die besser auf einen Bauernhof gepaßt hätte als unter die in feine Stoffe gewandeten und auf Marmor schreitenden Damen der Paläste. Jedermann liebte den hellen Teint, Jelisawetas Haut aber war dunkel und großporig, und als sie nach einigen Jahren in Katharinas Diensten die Pocken bekam, blieben ihr von dieser Krankheit ärgerliche rötliche Narben und Flecken zurück, die sie noch mehr entstellten. Sie war die Nichte Michail Woronzows, des Verbündeten der Schuwalows und Rivalen Bestuschews im kaiserlichen Rat, und nur ihre hohe Geburt bewahrte sie davor, vom Hof entfernt zu werden. Ihre lautstarken Tiraden, bei denen sie reichlich Speichel versprühte, verschreckten die Gäste bei Diners und Festlichkeiten. Sie konnte prahlen und fluchen wie ein Soldat, und sie griff jeden an, der versuchte, sie zu beschwichtigen oder eines Besseren zu belehren.

Peter erkannte sich in ihr wieder. Sie war ebenso verwöhnt, undiszipliniert, launisch und häßlich wie er. Wie er trank sie gern. Unweigerlich beleidigte und erboste sie alle, die mit ihr umgingen – auch darin war sie Peter ähnlich. Peter hatte der Gesellschaft der spröden Höflinge mit ihren eleganten, geschliffenen Manieren stets den Umgang mit Niedriggestellten vorgezogen. Jetzt amüsierte es ihn zu sehen, wie Jelisaweta die feine Gesellschaft Katharinas und ihrer Damen durch ihre Grobheit vor den Kopf stieß. Die freche, provokante achtzehnjährige Jelisaweta beleidigte alles, was ihm selbst am kaiserlichen Hof mißfiel; und als Mätresse eignete sie sich vorzüglich dazu, seine Frau zu ärgern.

Peter brauchte Zerstreuung. Sein schlimmster Alptraum war Wirklichkeit geworden: Rußland befand sich im Krieg gegen sein Idol Friedrich II. und hatte bei Großjägersdorf eine wichtige Schlacht gegen die Preußen gewonnen. Er weinte, nicht nur wegen der Demütigung der Preußen, sondern auch weil er davon überzeugt war, daß er längst als General in Friedrichs Armee dienen würde, daß er ein militärischer Held und ein großer Soldatenführer geworden wäre, wenn er nicht nach Rußland hätte gehen müssen. Vergeblich versuchte er vor der verwirrenden Möglichkeit die Augen zu verschließen, daß Rußland den Krieg gewinnen konnte, und er ließ seinen ganzen Ärger über die unerwünschte Wendung der Kampfhandlungen an den Soldaten und Offizieren der Garde aus, die er kränkte, indem er den Preußenkönig vor ihnen in den höchsten Tönen lobte und einen auffälligen Ring mit Friedrichs Porträtbildnis darauf trug.

Im privaten Kreis kompensierte Peter den unerfüllten Wunsch, auf preußischer Seite am Krieg teilzunehmen, indem er sich immer mehr mit Militärs und militärischen Gegenständen umgab. Seine Zimmer, bisher Aufbewahrungsorte für Spielzeugsoldaten, die Spielzeugfestungen zu verteidigen hatten, wurden nun Waffenarsenale, gespickt mit Musketen, Schwertern und Pistolen. Im Sommer kamen in zunehmend größerer Zahl holsteinische Truppen nach Oranienbaum; Marketenderinnen aus Petersburg stellten sich ein, und der ganze Ort verwandelte sich in ein Heerlager samt den dazugehörigen Kaschemmen und Bordellen. Zu Peters liebsten Vergnügungen gehörte es, für diese wilde Gesellschaft große Festmähler auszurichten. Zusammen mit Jelisaweta Woronzowa fungierte er als Gastgeber für die bunt zusammengewürfelte Gesellschaft, die an langen Tafeln zusammensaß und es sich wohlsein ließ, wenn der Wein in Strömen floß und Sänger und Tänzer der großfürstlichen Opernkompanie für Unterhaltung sorgten.

Im Herbst kehrten die Holsteiner nach Hause zurück, Peter aber umgab sich nach wie vor mit Militärs; gemeine Soldaten bedienten ihn, und wo immer er hinging, begleiteten ihn zwei Dutzend holsteinische Offiziere, an ihrer Spitze der abstoßende Brockdorff. Brockdorff und Katharina konnten einander weniger denn je ausstehen. Katharina zufolge, die um ihren Gatten und seine Kumpane einen weiten Bogen machte und sich in ihre Gemächer zurückzog, wenn die Gesellschaft den Gipfel der Ausgelassenheit erreichte, wirkte Brockdorff wie ein Magnet auf Abenteurer und zwielichtige Gesellen, »die aus den Wachstuben und Kneipen Deutschlands oder Petersburgs stammten, weder Treu noch Glauben kannten und nur tranken, aßen, rauchten und gemeine Redensarten über dummes Zeug führten«.

Wenn Katharina nicht da war, um ihn zu zügeln, ließ Peter seinen Phantasien freien Lauf und erzählte Geschichten darüber, wie er als kleiner Junge in Kiel von seinem Vater damit beauftragt worden war, mörderische Zigeunerbanden zu bekämpfen, und wie er sie in glorreichen Schlachten besiegt hatte. Wenn er in düsterer Stimmung war, ging er zu Iwan Schuwalow und flehte ihn an, Elisabeth davon zu überzeugen, daß es am besten wäre, sie ließe ihn eine Weile ins Ausland reisen, bis der schmerzliche Konflikt mit Preußen beigelegt wäre. Wenn er erfuhr, daß sie nichts davon hören wollte, betrank er sich hemmungslos und stolperte, wilde Drohungen in unverständlichem Deutsch ausstoßend, durch die Zimmer.

Poniatowski, der im Januar 1757 an den russischen Hof zurückkehrte, betrachtete Peter als einen unzurechnungsfähigen Tölpel. Auch die Schuwalows machten sich hinter seinem Rücken über den Großfürsten lustig; für sie war er ein hoffnungsloser Trunkenbold, der es an der Spitze des Reiches nicht mehr lange aushalten würde. Katharina aber, die die Ausschweifungen ihres Gatten nur zu gut kannte, wußte, daß sie trotz allem vorsichtig sein mußte. Das Leben der Kaiserin hing am seidenen Faden. Alle paar Monate erlitt sie einen Rückfall, wodurch der ganze Hof in Panik geriet und der Machtkampf mit dem Jungen Hof von neuem entflammte. Jeden Augenblick konnte Peter Kaiser werden. Dem neuen britischen Botschafter Lord Keith hatte er anvertraut, daß er vorhabe, sich von Katharina scheiden zu lassen. Ein Informant hatte Katharina davon Mitteilung gemacht.

Peter verfolgte eigene Pläne, dessen war sie gewiß. In Krisenzeiten kam er nicht mehr zu ihr, um sich zu unterrichten, sich beraten oder trösten zu lassen. Er ließ sich weniger als früher bei ihr sehen. Und obwohl er mit dem polyglotten Poniatowski freundlich tat, weil er sich mit ihm unterhalten und ihm seine Probleme auf deutsch vortragen konnte, blieb Katharina mißtrauisch. Konnte man seinem oberflächlichen Entgegenkommen trauen? Mehr und mehr war sie davon überzeugt, daß er nur Zeit gewinnen wollte. Er wartete, so glaubte sie, bis die Kaiserin aus dem Weg war, um sich dann seiner Frau zu entledigen. Die ordinäre Jelisaweta Woronzowa und ihr ehrgeiziger Onkel fungierten nun als Ratgeber des Großfürsten, und zweifellos rieten sie ihm dazu, seine unbequeme Frau zum Teufel zu schicken und die zu heiraten, die er liebte.

Mindestens in einem Punkt aber brauchte Peter keinen Rat. Wie Katharina wußte er ganz genau, daß die Kirche eine Scheidung nicht nur erlaubte, sondern dem mit seiner Gemahlin unzufriedenen Gatten noch eine weitere Möglichkeit bot, sich von unerwünschten ehelichen Banden zu befreien. Die lästige Ehefrau konnte in ein Kloster geschickt werden, wo sie zusammen mit ihren geächteten Leidensgenossinnen (zum Teil Frauen, die sich, um ihren grausamen Gatten zu entkommen, in den Schoß der Kirche geflüchtet hatten), ihrer weltlichen Habe beraubt, mit geschorenem Kopf und in düstere schwarze

Gewänder gehüllt, für den Rest ihres Lebens ein Kerkerleben führen mußte. Diesen Frauen war es nicht vergönnt, ihre Kinder oder andere Verwandte wiederzusehen; in den Augen der Welt waren sie Tote, und sie durften nicht hoffen, jemals in den Kreis der Lebenden wiederaufgenommen zu werden.

Jedesmal, wenn Katharina der unsäglichen Jelisaweta Woronzowa begegnete oder Peter beim Zusammensein mit seinen vulgären Kumpanen beobachtete, überlief sie ein Schauder. Peter zeigte sich ihr gegenüber zunehmend gereizt, und das Wissen darum, daß diese Reizbarkeit die Folge seiner Verzweiflung über die Verluste der Preußen auf dem Schlachtfeld war, half wenig, da sie sich andererseits darüber klar war, daß sich seine Haltung ihr gegenüber womöglich grundlegend geändert hatte. Alles sprach dafür, daß sie vor leiblicher und seelischer Beschädigung niemals wieder sicher sein konnte, solange Peter lebte.

Im Juli 1757 gab Katharina einen großen Ball – teilweise, um ihren cholerischen Gemahl zu besänftigen, teilweise, um Rivalen und Beobachter zu beeindrucken, die den Stern des Jungen Hofes schon sinken sahen. Unterhaltungen dieser Art wurden von der Kaiserin stets gern gesehen. Auch diesmal ließ sie sich trotz Hustens und starker Schmerzen an einen Ort tragen, wo sie hinter einem Wandschirm verborgen alles verfolgen konnte.

Katharina stürzte sich mit Feuereifer in die Planung ihres Fests, und alles klappte wie am Schnürchen. Die natürlichen Umstände spielten mit: Es war die Jahreszeit der »weißen« Nächte. Am Festabend lag ein balsamischer Duft in der Luft, und in den Gärten von Oranienbaum, wo alles herrlich grünte und blühte, waren lange Eßtische aufgestellt. Als die vielen hundert Gäste ankamen, fanden sie die große Allee von unzähligen Lampions illuminiert, wodurch alle Dinge in der Dämmerung zu schimmern und zu leuchten schienen. Nach dem Ende des ersten Ganges hob sich ein Vorhang, und man sah in der Ferne einen großen Wagen, den zwanzig bekränzte Ochsen zogen. Darauf saßen sechzig Musikanten und Sänger, die die vom Hofkapellmeister eigens für diese Gelegenheit komponierten Musikstücke zum besten gaben. Vom Hofpoeten wurden Verse vorgetragen. Um den langsam und majestätisch heranrollenden Wagen tanzten Hunderte von Tänzern und Tänzerinnen auf die versammelten Gäste zu. Und gerade als der Wagen vor den Eßtischen hielt, ging der riesige gelbe Mond über der Szene auf, wie um das prachtvolle Schauspiel würdig abzurunden.

Später am Abend erscholl eine Fanfare, und die Gäste wurden aufgefordert, sich in den überall aufgebauten Buden kleine Gaben abzuholen, Fächer, Handschuhe, Degenquasten, Bänder und Porzellan – Flitterkram und Ziergegenstände, von denen keiner über hundert Rubel gekostet hatte, wie Katharina in ihren Memoiren berichtet, die jedoch den Gästen das größte Vergnügen bereiteten. Nach dem Ende des Diners, bei dem große Mengen Wein ausgeschenkt worden waren, als der Mond die ganze Szene mit seinem silbernen Licht beschien, begann man zu tanzen. Erhitzt vom Wein und von der warmen, würzigen Luft und berauscht vom Mondlicht, vergaß man alle Sorgen und gab sich ganz dem vergnüglichen Augenblick hin; alles stampfte und drehte sich und wirbelte paarweise dahin bis lange nach dem ersten Hahnenschrei des folgenden Morgens.

Das Fest war ein großer Erfolg, an dem auch die ewigen Nörgler und Mäkler nichts auszusetzen hatten. Jedermann, von der Kaiserin herunter zur niedrigsten Dienstmagd, sang noch lange danach in höchsten Tönen Katharinas Lob und rühmte geradezu ekstatisch die exzellenten Weine, das wunderbare Essen, die Unterhaltung und die großzügigen Geschenke. Sogar Peter, die rauhen Holsteiner und Katharinas bitterste Feinde hatten sich dem Zauber dieses Fests nicht entziehen können und zeigten nachher voller Stolz ihre Andenken vor.

»Das habe ich von Ihrer Kaiserlichen Hoheit der Großfürstin«, sagten die Leute zueinander. »Sie ist reizend; sie hat mich vergnügt und freundlich angesehen, und es hat ihr Vergnügen gemacht, uns tanzen, essen und spazierengehen zu lassen.«

So sprach man noch tagelang. Katharina erfuhr es von ihren Informanten und gibt es später in ihrer Lebensbeschreibung wieder. Man bemerkte allgemein ihre Liebenswürdigkeit, Heiterkeit und Güte. Und man hatte gesehen, wie sie dafür gesorgt hatte, daß selbst Leute niedrigeren Standes einen Platz fanden. Tausend neue Tugenden entdeckte man an ihr.

»Ich entwaffnete meine Feinde«, schrieb Katharina. »Das war auch meine Absicht. Aber es war doch nicht für lange.« Das Fest hatte fast die Hälfte ihrer jährlichen Apanage verschlungen. Dabei konnte sie auf das Geld vertrauen, das sie durch die Vermittlungsdienste Charles Hanbury-Williams' zur Begleichung ihrer Schulden von England bekam. Doch was ihre politischen Pläne betraf, so mußte sie einen Rückschlag hinnehmen. Einen Monat nach ihrem extravaganten Ball wurde Sir Charles nach England zurückgerufen; seine Mission hatte nicht den erwarteten Erfolg gehabt. An seine Stelle trat der mittelmäßige Diplomat Lord Keith, der nach Katharinas Meinung ihrem alten Freund und Mentor nicht das Wasser reichen konnte. Sie schrieb dem schmerzlich Vermißten einen liebevollen Brief, in dem sie ihm für seine Hilfe und Unterstützung und für alles dankte, was er sie gelehrt hatte. »Leben Sie wohl«, schrieb sie, »mein lieber, bester Freund.«

Von England wollte niemand mehr etwas wissen; statt dessen stiegen die Franzosen am russischen Hof zu neuem Ansehen auf. Der neue französische Gesandte, der Marquis de L'Hôpital, kam im Sommer 1757 in St. Petersburg an, er brachte nicht nur einen vielköpfigen Stab, sondern auch eine große Menge Spione mit. Rußland war jetzt mit Frankreich gegen Preußen verbündet, die russischen Truppen zeigten sich vielerorts siegreich, und der Junge Hof verlor an Einfluß. Katharina, Peter und der Kanzler Bestuschew sahen weiterhin England als Rußlands standhaftesten und vorteilhaftesten Verbündeten, aber die Schuwalows und deren Verbündeter Michail Woronzow ergriffen für Frankreich Partei, und sie besaßen das Ohr der Kaiserin. Elisabeth hatte Preußen immer gehaßt, und mit Bestuschew war sie nie gut ausgekommen; sie verachtete Peter, und wenn sie für Katharina auch ab und zu Sympathie an den Tag legte, so hatte sich diese doch stets mit Haß und Verachtung gemischt und war nie von Dauer gewesen. Die politische Wendung gen Frankreich bedeutete für Katharina eine Bedrohung, gleichgültig, ob man sie ihrer Bälle wegen lobte oder nicht.

Und eine weitere schwere Sorge bedrückte sie. Es hatte sich herausgestellt, daß sie wieder schwanger war. Diesmal war sie ganz sicher. Eines Nachmittags während der Vorbereitungen für ihr Fest glitt sie vom Trittbrett ihrer Kutsche und fiel hin. Den ganzen Abend, während sie ihre Gäste bewirtete und mit ihrer Liebenswürdigkeit beeindruckte, fürchtete sie, eine Fehlgeburt zu erleiden. Es sollte sich zeigen, daß ihre Sorge unbegründet war, doch wie schwer muß es ihr gefallen sein, sich an diesem Abend mit hoheitsvoller Gelassenheit zwischen ihren Gästen zu bewegen!

Die weiteren Monate ihrer Schwangerschaft verliefen ohne Komplikationen. Die Höflinge stürzten aus der Euphorie über die militärischen Siege dieses Sommers in neuerliche angstvolle Erwartung, als die Kaiserin im September einen weiteren schweren Schlaganfall erlitt. Da Katharina bereits einen Sohn geboren hatte, wurde ihre zweite Schwangerschaft für weniger bedeutsam für die Thronfolge angesehen. Doch gerade deshalb kam man um die unangenehme Frage der Vaterschaft nicht herum. Vielleicht aus Stolz weigerte sich Peter zuzugeben, daß das Kind nicht von ihm war; aber bei Hofe bestand kein Zweifel an der Vaterschaft Poniatowskis.

Noch etwas anderes bedrückte Katharina. Was wäre, wenn die Kaiserin starb, während sie selbst in den Wochen lag und zu schwach sein würde, ihre Interessen auf die jahrelang geplante Weise durchzusetzen? Ihre Feinde könnten ihren Zustand ausnutzen, oder Peter wählte diesen Zeitpunkt ihrer größten körperlichen Schwäche, um sie des Ehebruchs zu bezichtigen und hinter den Mauern eines Klosters verschwinden zu lassen.

Im Herbst 1757, als die Kaiserin infolge ihres Schlaganfalls noch das Bett hüten mußte, machte sich Katharina klar, welche Handlungsmöglichkeiten ihr in Zukunft offenstanden. Im Oktober und November zeigte ihr Peter, daß er sich über sie ärgerte, denn da sie wegen ihrer fortgeschrittenen Schwangerschaft kaum mehr in der Öffentlichkeit erschien, wurde er von den Hofbeamten dazu gedrängt, die Repräsentationspflichten zu erfüllen. Er mochte es überhaupt nicht, in seinen Lieblingsbeschäftigungen gestört zu werden; wenn er sein privates

Waffenarsenal ordnete oder mit seiner Mätresse Trinkgelage abhielt, wollte er nicht an seine offiziellen Ämter erinnert werden. Katharina beobachtete das alles und sah ihn und sich selbst in jenen spannungsvollen Wochen mit neuen Augen.

»Drei gleich schwierige Wege« standen zu ihrer Wahl, wie sie in ihren Memoiren schrieb. »Erstens konnte ich das Schicksal Seiner Kaiserlichen Hoheit teilen, so wie es sich entwickeln würde. Oder zweitens konnte ich mich ständig allem aussetzen, was er für oder wider mich anzuordnen belieben würde. Drittens konnte ich einen von allen Ereignissen unabhängigen Weg einschlagen. Aber um deutlicher zu sein: Es handelte sich darum, entweder mit ihm oder durch ihn unterzugehen oder aber mich selbst, meine Kinder und vielleicht auch das Reich aus dem Schiffbruch zu retten, dessen Gefahr alle moralischen und physischen Eigenschaften dieses Fürsten voraussehen ließen.«

Nur die dritte Handlungsmöglichkeit ergab einen Sinn, obwohl Katharina ihrer ganzen vielgepriesenen Kühnheit bedurfte, um sich dazu durchzuringen. Sie entschloß sich also in den letzten Monaten ihrer Schwangerschaft, Peter weiterhin beratend zur Seite zu stehen, so er sie überhaupt noch um Rat fragen sollte, ihm jedoch nichts mehr mitzuteilen, was seinen Unmut erregen konnte, und sich im übrigen in »dumpfes Schweigen« zu hüllen und sich so gut es ging um ihre eigenen Interessen und die Belange ihrer Kinder zu kümmern.

In der Nacht des 8. Dezember setzten die Wehen ein. Katharina schickte Madame Wladislawowa, um es Peter mitzuteilen; Alexander Schuwalow sollte der Kaiserin die Nachricht überbringen. Die Frauen versammelten sich, das »Schmerzenslager« wurde vorbereitet. Nach einigen Stunden, in denen die Wehen unregelmäßig, aber heftig auftraten, betrat Peter das Zimmer.

Er war gestiefelt und gespornt, trug seine holsteinische Uniform, eine Schärpe mit all seinen glitzernden Orden über der Brust und einen großen Degen an der Seite. Es war halb drei Uhr morgens.

Vor Staunen vergaß Katharina ihre Schmerzen und fragte ihren Gatten, was das zu bedeuten habe.

»Nur in der Not erkennt man seine wahren Freunde«, erwiderte er mit dumpf klingender Stimme. »In dieser Kleidung bin ich bereit, der Pflicht gemäß zu handeln. Die Pflicht eines holsteinischen Offiziers ist es, seinem Eid getreu das großfürstliche Haus gegen alle Feinde zu verteidigen. Da Sie sich nicht wohl befinden, komme ich Ihnen zu Hilfe.«

Katharina mußte zweimal hinsehen, um zu erkennen, daß Peter nicht scherzte. Er war eine Figur von rührender Komik, wie er da in seinen glänzenden Stiefeln, mit dem Degen an der Seite zwischen den Tüchern und dampfenden Schüsseln mitten im Zimmer stand. Dann sah Katharina seine glasigen Augen, und es wurde ihr klar, daß er so betrunken war, daß er kaum noch aufrecht stehen konnte. Es kostete sie einige Mühe, ihn dazu zu bewegen, das Zimmer zu verlassen und sich hinzulegen. Nur die Drohung, daß die Kaiserin – die die holsteinische Uniform verabscheute – ihn in diesem Aufzug und betrunken, wie er war, sehen würde, zeitigte Wirkung. Mit Hilfe von Madame Wladislawowa und einer Hebamme, die ihm versicherte, daß es bis zur Niederkunft noch einige Stunden dauern werde, gelang es schließlich, ihn aus dem Raum zu bugsieren.

Kurz danach trat die Kaiserin ein und verlangte zu wissen, warum ihr Neffe Katharina nicht beistehe. Es wurden Ausreden erfunden, die sie beschwichtigten, und nachdem sie sich davon überzeugt hatte, daß die Geburt noch nicht unmittelbar bevorstand, verließ auch sie wieder das Zimmer.

Erschöpft schlief Katharina ein. Morgens stand sie auf und zog sich an wie gewöhnlich. Außer einem gelegentlichen Zwicken fühlte sie sich wohl und glaubte schon, daß die Wehen des Vortags falscher Alarm gewesen seien. Am Abend aß sie, ermutigt von der Hebamme, eine kräftige Mahlzeit. Dann aber, als sie vom Tisch aufstand, empfand sie einen neuen und so heftigen Schmerz, daß sie einen lauten Schrei ausstieß. Sofort ergriffen die Hebamme und Madame Wladislawowa sie unter den Achseln und trugen sie ins Bett zurück, und Peter und die Kaiserin wurden erneut benachrichtigt. Kurze Zeit darauf – die Kaiserin war soeben wieder ins Zimmer eingetreten – wurde Katharina von einer Tochter entbunden.

Sie bat Elisabeth, das Kind nach ihr benennen zu dürfen, aber Elisabeth erlaubte es nicht, denn sie hatte schon selbst einen Namen ausgewählt: Anna Petrowna, nach ihrer eigenen verstorbenen Schwester, der Mutter des Großfürsten. Also hieß das Mädchen nun Anna Petrowna. Katharina hatte kaum Zeit, sich ihr Kind richtig anzuschauen, da wurde es ihr schon weggenommen und in die Gemächer der Kaiserin gebracht, wo auch der kleine Paul wohnte.

Wieder einmal wurde Katharina im Wochenbett vernachlässigt und vergessen. Die Kaiserin hatte Befehl gegeben, daß keiner in ihre Nähe kommen sollte. Madame Wladislawowa bediente sie, aber sonst besuchte sie niemand; niemand fragte nach ihrem Befinden, niemand gratulierte ihr. Wieder einmal war sie »wie eine arme Unglückliche ganz allein«, schrieb Katharina später. »Wie schon das erste Mal litt ich sehr unter dieser gänzlichen Verlassenheit.« Diesmal jedoch hatte sie Vorsichtsmaßregeln getroffen, um sich vor der Zugluft zu schützen und sich ihre private Sphäre zu sichern.

Nach ein paar Wochen fand sie heraus, wie sie das Besuchsverbot der Kaiserin umgehen konnte. Poniatowski und einige ihrer vertrauten Freundinnen wurden hinter einem Wandschirm versteckt. Betrat Pjotr Schuwalow – von Katharina das »Hoforakel« genannt – den Raum, um sich zu versichern, daß Katharina nichts Ungehöriges tat, so fand er sie allein. Währenddessen standen ihre Freunde und Freundinnen mit angehaltenem Atem und mit Mühe das Kichern unterdrückend hinter dem Wandschirm, um mit Lachen herauszuplatzen, sobald der hohe Gast das Zimmer verlassen hatte. Wieviel Spaß es machte, diesen hochwohlgeborenen Schlaumeier an der Nase herumzuführen! Katharina mit ihrem ausgeprägten Geschmack für Ränkespiel und Abenteuer genoß diese heimlichen Zusammenkünfte an ihrem Wochenbett, doch ebensooft fühlte sie sich einsam, denn sie wußte, daß Abend für Abend große Bälle und Bankette zu Ehren der kleinen Anna Petrowna stattfanden, von denen sie ausgeschlossen war. Peter und seine Mätresse hingegen standen bei all diesen Feierlichkeiten im Mittelpunkt, und Peter hatte einen weiteren Grund zur Fröhlichkeit: Die Kaiserin hatte ihm nämlich ein

Geldgeschenk von sechzigtausend Rubeln verehrt – genausoviel, wie sie der Kindesmutter hatte schicken lassen.

Katharina hatte jetzt zwei Kinder, die sie nie sah. Aber sie scheint diese unnatürliche und zweifellos traurige Tatsache als Preis für die hohe Position, die sie innehatte, akzeptiert zu haben. Wenn es mit der Thronfolge so klappte, wie sie es vorgesehen hatte, würde eines Tages ihr Sohn der Herrscher über Rußland sein; und ihre Tochter erwartete ein beinah ebenso glänzendes Los. Unter dem Schutz der Kaiserin stehend, waren die Kinder vollkommen sicher. Falls Katharina in Ungnade fiel, würden sie davon nichts merken. Diese Gewißheit muß ihr Trost gegeben haben während der Tage und Wochen dieses Winters, als sie wieder einmal die Schlinge einer Verschwörung spürte, die sich um sie zusammenzog.

Im Februar 1758 wurde der Hof von einem Erdbeben erschüttert: Der Kanzler Bestuschew wurde in Haft genommen. Außer ihm ging es noch drei weiteren Männern an den Kragen, die in enger Verbindung mit ihm und Katharina gestanden hatten, dem Juwelier Bernardi, der für Katharina geheime Botschaften transportiert hatte und in ihre politischen Pläne eingeweiht war, Iwan Jelagin, ein Freund Poniatowskis und standhafter Getreuer Katharinas, der die Meinung vertrat, daß sie und nicht Peter die Nachfolge Elisabeths antreten solle, und Wassili Adadurow, Katharinas ehemaliger Russischlehrer und seit einigen Jahren enger Vertrauter Bestuschews. Die Verhaftung war geheim, doch Poniatowski erfuhr davon und ließ Katharina schon am Morgen danach eine Warnung zukommen.

Sie erkannte sofort, daß sie in größter Gefahr schwebte. Denn sie hatte nicht nur eine geheime Korrespondenz mit Bestuschew unterhalten, sondern auch des langen und breiten mit ihm über die Thronfolge diskutiert. Das war in Anbetracht der Umstände durchaus verständlich, galt aber nichtsdestoweniger als Hochverrat. Bestuschews ehrgeizige Pläne sahen vor, daß nach Elisabeths Tod Katharina zur Herrschaft gelangte, er selbst aber alle wesentlichen Regierungsämter bekleiden würde. Katharina hatte diesem Vorhaben ihre Zustimmung verweigert, hatte mehr Umsicht und Wachsamkeit gezeigt als der alternde Kanzler. Doch das alles würde nicht mehr ins Gewicht fallen. Die Existenz ihrer geheimen Korrespondenz genügte als Rechtfertigung, sie ebenfalls gefangenzunehmen.

Zum Glück für Katharina hatte Bestuschew die wichtigsten Papiere verbrennen können, bevor Alexander Schuwalow und sein Heer von Agenten und Informanten fündig wurden. Auch Katharina verbrannte ihre Korrespondenz, aber sie wußte, daß sie damit noch nicht gerettet war. Bernardi, Jelagin und Adadurow wurden vom Hof verbannt, Bestuschew verlor seine Ämter und Titel und wurde einer speziellen Kommission übergeben, die das Verhör durchführte.

Im April wurde Katharina in die Gemächer der Kaiserin befohlen. Schon seit Wochen hatte sie darauf gewartet, hatte der Begegnung mit Bangen entgegengesehen. Es war ihr, als sollte sie schon bald die kalte Hand der allerhöchsten Macht an ihrer Kehle spüren. Eines Morgens war Alexander Schuwalow bei ihr erschienen und hatte Madam Wladislawowa mitgenommen. So bitterlich weinte Katharina über den Verlust dieser vertrauten alten Dienerin, daß das Herz des grimmigen Schuwalow schmolz und er mit Tränen in den Augen zu ihr sagte, er werde alles tun, damit die Kaiserin persönlich mit ihr über die Angelegenheit redete. Katharina warnte noch ihre anderen Diener, da sie möglicherweise ebenfalls in Gefahr schwebten. Ihre innere Erregung wurde so groß, daß sie nur noch in ihrem Zimmer auf und ab gehen konnte, keinen Appetit mehr verspürte und nicht mehr schlief.

Das Gespräch mit der Kaiserin fand nach Mitternacht statt. Alexander Schuwalow begleitete sie durch die von Fackeln erleuchteten Korridore. Als sie die Tür der Galerie erreichten, sahen sie Peter, der sich durch eine andere Tür gleichfalls zur kaiserlichen Suite begab. Katharina hatte ihn lange nicht gesehen; wie die meisten anderen Höflinge hatte er den Kontakt mit ihr gemieden – ein sicheres Anzeichen dafür, daß sie als Verdächtige galt und jeden Augenblick festgenommen werden konnte, glaubte sie. Welches seine Rolle in diesem Spiel war, darüber konnte sie nur spekulieren. Jedenfalls stand sie ihm im Weg. Denn daß es sein größter Wunsch war, Jelisaweta Woronzowa zu heiraten, darüber bestand für sie kein Zweifel.

Er würde vor keiner Lüge zurückschrecken, um sie loszuwerden.

Voller Verzweiflung und voller Angst vor seiner Aussage warf sich Katharina der Kaiserin zu Füßen und flehte sie unter Tränen an, sie heimzuschicken zu ihren Angehörigen.

Elisabeth, durch Katharinas Kapitulation entwaffnet, wollte sie aufheben, aber Katharina blieb, wo sie war, weinte und flehte und verhielt sich wie ein reuiges Kind.

»Wie können Sie wünschen, daß ich Sie fortschicke?« fragte Elisabeth, selbst zu Tränen gerührt. »Denken Sie daran, daß Sie Kinder haben.«

»Meine Kinder sind in Ihren Händen und könnten nirgends besser aufgehoben sein«, erwiderte Katharina. »Ich hoffe, Sie werden sie nicht verlassen.«

»Aber welchen Grund soll ich der Welt angeben, wenn ich Sie fortsende?«

»Eure Kaiserliche Majestät wird, wenn Sie es für richtig halten, einfach sagen, weshalb ich mir Ihre Ungnade und den Haß des Großfürsten zugezogen habe.«

Bis jetzt hatte Peter geschwiegen. Und wie Alexander Schuwalow fuhr er fort zu schweigen, während das Gespräch zwischen den beiden Frauen seinen Fortgang nahm. Niemand anderer befand sich außer ihnen in dem langgestreckten Raum, aber Katharina hielt es für möglich, daß weitere Zeugen sich hinter zwei großen Wandschirmen verbargen.

Die Kaiserin bestand darauf, daß Katharina aufstand und ihr in die Augen sah.

»Gott ist mein Zeuge«, sagte Elisabeth, »wieviel ich geweint habe, als Sie nach Ihrer Ankunft in Rußland todkrank waren, und wenn ich Sie nicht liebgehabt hätte, würde ich Sie nicht hierbehalten haben.«

Katharina dankte ihr für alles, was sie für sie getan hatte. Niemals werde sie ihre Güte vergessen, versicherte sie ihr, und würde es stets als ihr größtes Unglück betrachten, sich ihre Ungnade zugezogen zu haben.

Aber nun war Elisabeth durch nichts mehr zu beschwichtigen. Mit trockenen Augen klagte sie Katharina ihres allzu großen Stolzes an. »Sie bilden sich ein, niemand sei klüger als Sie«, sagte die Kaiserin.

»Wenn ich diesen Glauben hätte«, gab Katharina zurück, »so wäre nichts geeigneter, ihn mir zu nehmen, als meine gegenwärtige Lage und diese Unterredung.«

Peter begann mit Schuwalow zu flüstern. Die Kaiserin bemerkte es, trat zu ihnen und flüsterte ebenfalls. Katharina verstand nur wenig von dem, was gesagt wurde, sie stand in dem großen Raum zu weit von ihnen weg. Ganz deutlich hörte sie allerdings den Großfürsten sagen: »Sie ist schrecklich bösartig und sehr eigensinnig.«

»Wenn Sie von mir sprechen«, entgegnete Katharina, indem sie sich an ihren Gemahl wandte, »so freue ich mich, Ihnen in Gegenwart Ihrer Kaiserlichen Majestät sagen zu können, daß ich allerdings schlecht bin gegen die, welche Ihnen raten, Ungerechtigkeiten zu begehen, und daß ich eigensinnig geworden bin, seit ich sehe, daß meine Gefälligkeit zu nichts anderem führt als zu Ihrer Feindschaft.«

»Eure Kaiserliche Majestät ersieht aus dem, was sie sagt, selbst, wie bösartig sie ist«, rief Peter vom anderen Ende des Raumes her.

Das Wortgefecht ging weiter, doch allmählich merkte Katharina, daß Elisabeths Stimmung milder wurde. Peter allerdings brauste noch einmal auf, als er davon erfuhr, daß Katharina in einem früheren Gespräch mit der Kaiserin an seinem geliebten Brockdorff Kritik geübt hatte.

»Sie mischen sich in viele Dinge ein, die Sie nichts angehen«, sagte die Kaiserin, die wieder zu Katharina zurückkam. »Ich hätte das zur Zeit der Kaiserin Anna nicht zu tun gewagt.« Sie zeigte auf einige Briefe in einem großen goldenen Becken und klagte Katharina an, dem Feldmarschall Apraxin – der mittlerweile ebenfalls zu ihren Getreuen gehörte – geschrieben zu haben, während er im vergangenen Jahr an der Spitze der Truppen stand. Die Großfürstin beteuerte, nichts Illoyales getan zu haben. Apraxin habe sie nur geschrieben, weil sie ihn mochte und sich um sein Wohlergehen sorgte. Einer der Briefe, setzte sie hinzu, enthalte ihre Glückwünsche zum neuen Jahr, ein weiterer gratulierte ihm zur Geburt seines Sohnes.

»Bestuschew behauptet, es hätte noch viele weitere Briefe gegeben«, sagte Elisabeth mit drohend erhobener Stimme.

»Wenn Bestuschew das sagt, lügt er.«

»Nun wohl, wenn er über Sie die Unwahrheit spricht, werde ich ihn foltern lassen!«

Katharina wußte, daß Elisabeth dies sagte, um sie zu erschrecken, doch sie beherrschte sich und blieb ruhig. Anderthalb Stunden lang prasselten die Beschuldigungen auf sie nieder, und Katharina parierte sie. Die Kaiserin, hellwach und offenbar im vollen Besitz ihrer physischen Kraft, hatte nicht vor nachzugeben. Mehrmals ging sie aus dem Raum und kam wieder zurück, wandte sich bald an Katharina, bald an Peter und konferierte des öfteren mit Alexander Schuwalow, der sich wiederum fast ständig im Flüsterton mit Peter unterhielt.

Der Großfürst wurde immer zorniger und aufgebrachter. In leidenschaftlichen Ausbrüchen tat er, was er konnte, um die Kaiserin gegen Katharina einzunehmen, doch Katharina spürte, daß Elisabeth sich von ihren eigenen ruhig und vernünftig vorgebrachten Antworten weit mehr beeindrucken ließ als von Peters unbeherrschter Gehässigkeit. »Mit besonderer Aufmerksamkeit und einer Art unfreiwilliger Billigung hörte sie meine festen und gemäßigten Antworten«, schreibt Katharina in ihren Memoiren über diese Szene, die sie in allen Details wiedergibt. Elisabeth wußte genau, daß Peter vorhatte, seine Frau zu entmachten, um seine Mätresse zu heiraten, und sie war keineswegs gewillt, ihm dies zu gestatten. Doch es gab weitere, ernstere Probleme, über die man zu reden hatte.

Endlich, um drei Uhr morgens, sagte Elisabeth mit leiser Stimme zu Katharina: »Ich hätte Ihnen noch vieles zu sagen, aber ich kann nicht sprechen, weil ich Sie beide nicht noch mehr in Unfrieden bringen will, als Sie es schon sind.« Katharina nahm ihren Mut zusammen und flüsterte zurück, daß sie nichts anderes wünsche, als Ihrer Kaiserlichen Majestät »mein Herz und meine Seele zu eröffnen«.

Sie hatte gewonnen – vorerst. Noch einmal sah sie Tränen der Sympathie in den Augen Elisabeths glitzern, bevor diese abrupt den Raum verließ. Ohne Katharina eines Blickes zu würdigen, stapfte auch Peter hinaus. Katharina ging aufgewühlt in ihr eigenes Gemach zurück. Während ihre Frauen sie entkleideten und zum Schlafen zurechtmachten, hörte sie es an der Tür klopfen. Es war Alexander Schuwalow, der sich noch mit Elisabeth beraten hatte.

»Ihre Kaiserliche Majestät sendet ihren Gruß«, sagte er feierlich. Er richtete ihr aus, sie solle nicht betrübt sein, da die Kaiserin noch einmal mit ihr allein reden werde.

Höchst erleichtert verbeugte sich Katharina tief vor dem Grafen und ließ ihrerseits Elisabeth ihren untertänigsten Respekt ausrichten. In den darauffolgenden Tagen hörte sie durch ihre Informanten, daß Elisabeth zu jedermann gesagt hatte, die Großfürstin sei eine sehr kluge Frau. Ihr Neffe aber sei ein Dummkopf.

Kapitel Fünfzehn

Drei Jahre dauerte der Krieg gegen Preußen schon, und die russischen Truppen, von denen man einst angenommen hatte, sie seien schlecht ausgerüstet und ohne Disziplin, erwiesen sich für die Soldaten Friedrichs II. als eine harte Nuß.

Auch die Hauptstadt wurde vom Krieg in Mitleidenschaft gezogen. Die Straßen waren voller Soldaten. Soldaten taumelten angriffslustig grölend aus Schenken und Tavernen. Und bei Hofe sprach man über nichts anderes als über Soldaten und Armeen.

Obwohl ihre Krankheiten sie immer wieder dazu zwangen, Bettruhe zu halten, verfolgte die Kaiserin den Krieg mit größter Anteilnahme. Kein Opfer, keine Ausgabe sei zu groß, wenn es um das Wohl der kämpfenden Männer Rußlands ging, erklärte sie. Zur Finanzierung des Krieges werde sie, wenn nötig, alle ihre Kleider und Juwelen verkaufen. Wann immer die Russen eine Schlacht gewannen, ließ Elisabeth zu ihrem Gedenken Medaillen prägen und beschenkte die siegreichen Offiziere mit Orden. Bei Hofe zeigten sich diese Männer stolz im Glanz ihrer goldenen und silbernen Auszeichnungen, sie redeten über nichts anderes als über ihre Heldentaten, vermieden es dabei aber peinlich, dem Großfürsten zu begegnen, dessen preußenfreundliche Ansichten überall zur Genüge bekannt waren.

Nach jeder Schlacht versammelten sich die Höflinge, um über die Verdienste der Befehlshaber zu diskutieren. Welcher von ihnen war der Tapferste? Welcher war verwundet worden, welcher hatte für das Vaterland sein Leben gelassen? Welcher hatte sich am meisten Ehre verdient? Oft waren sehr große Verluste zu beklagen. In der blutigen Schlacht bei Zorndorf fielen Zehntausende von Russen und Preußen. Als die furchtbaren Nachrichten St. Petersburg erreichten, riefen sie überall Bestürzung hervor, denn fast jedermann im kaiserlichen Hauswesen hatte Verwandte oder Freunde verloren. Unter diesen Umständen schien es schwierig, den Verlautbarungen der Kaiserin Glauben zu schenken, in denen behauptet wurde, die Russen hätten die Schlacht gewonnen und man habe allen Grund, den Sieg zu feiern.

Mitten im allgemeinen Jammer gab es eine Begebenheit, die alle Herzen höher schlagen ließ. Man erzählte einander die erstaunliche Geschichte eines gewissen Grigori Orlow, Artillerieoffizier im Ismailowski-Eliteregiment.

Orlow, der beste Soldat seines Regiments, ein wahrer Riese mit breiten Schultern, langen, muskulösen Beinen und einer Brust, die wie ein Fels war, hatte sich bei Zorndorf nicht nur durch Kühnheit, sondern auch durch ein bemerkenswertes Durchhaltevermögen vor allen anderen hervorgetan. Um ihn herum lagen die Toten und Sterbenden, und er warf sich ohne Zögern in das schlimmste Kampfgewühl, ins mörderische preußische Feuer. Seine Kameraden, die ihn fallen sahen, riefen ihm zu, sich zu retten. Doch er stand auf und lief, statt sich in Sicherheit zu bringen, wiederum direkt auf das grausigste Getümmel zu. Dreimal wurde er verwundet, dreimal überwand er seine Schmerzen, um den Tod herauszufordern.

Wo immer sich Soldaten versammelten – in den Tavernen der Hauptstadt, in den Kasernen der Garde, sogar in den Gemächern der fürstlichen Paläste –, wurde Orlows Loblied gesunden. Nicht nur in der Schlacht sei er ein wahrer Held, wurde erzählt; auch an den Spieltischen war er der hohen Risiken wegen, die er einging, bekannt, er jagte leidenschaftlich gern und hatte schon so manche blutige Kneipenprügelei heldenhaft bestanden. Und die Frauen – bezaubert von seiner physischen Kraft und seinem hübschen Gesicht – lagen ihm zu Füßen.

Besonders eine Frau hatte ihm nicht widerstehen können, Jelena Kurakina, die bildschöne Mätresse von Pjotr Schuwalow, der in Orlows Regiment als Oberst diente. Leidenschaftlich und tollkühn, wie er war, hatte Orlow ihm Jelena abspenstig gemacht und dabei riskiert – es war das mindeste, was ihm drohte –, von seinem mächtigen Vorgesetzten eigenhändig exekutiert zu werden. Doch wie immer besiegte er den Tod, indem er ihm mutig die Stirn bot. Bevor sich Schuwalow an seinem Rivalen rächen konnte, starb er und überließ damit Orlow das Feld, der sich ungehindert seiner neuen Eroberung erfreute und nun erst recht als unbesiegbar galt.

Im Frühjahr 1759 war Grigori Orlow im Gefolge des Grafen von Schwerin, des angesehenen preußischen Kriegsgefangenen und früheren Adjutanten Friedrichs II., nach St. Petersburg gekommen. Der Graf wurde luxuriös untergebracht, und er hielt sich oft als Gast im Palast auf, wo er sich am liebsten mit dem Großfürsten unterhielt. Auch Orlow wurde eingeladen und Katharina vorgestellt, die wie jedermann in der Hauptstadt von seinen Verdiensten im Krieg schon viel gehört hatte.

Sie war hingerissen. Er war nicht nur der tapferste Soldat, sondern auch der schönste Mann weit und breit. Um Hauptes-länge überragte er die anderen Offiziere, und mit Leichtigkeit gelang es ihm dank seiner Körperkraft, sich überall Respekt zu verschaffen. Er war das zum Leben erweckte Bild eines antiken Helden. Kein Römer verdiente nach Katharinas Meinung mehr Bewunderung als dieser unerschrockene, kühne und kriegerische Gardesoldat in seiner ganzen vielgerühmten Männlichkeit. Er begeisterte und berückte sie, und sie war entschlossen, ihm ihre besondere Gunst zu erweisen.

Sie befand sich in einer Sackgasse. Ihre früheren politischen Verbündeten, allen voran der Exkanzler Bestuschew, hatten ihre Ämter verloren und waren verbannt worden. Sie selbst war nur um Haaresbreite der Gefangennahme entgangen. Ihre Stellung bei Hofe hing nun vollkommen vom Wohlwollen der Kaiserin ab, was sie alles andere als sicher machte. Poniatowski war fortgeschickt worden, und sie wußte, daß sie auf seine Rückkehr nicht hoffen durfte. Sie brauchte dringend Unterstützung, doch jegliche offene politische Aktivität machte sie verwundbar. Und obwohl sie ihre Attraktivität noch nicht verloren hatte, war sie doch nicht mehr jung; im gleichen Monat, in dem Grigori Orlow in St. Petersburg ankam, feierte sie ihren dreißigsten Geburtstag und hatte damit, nach dem Maßstab der Zeit, die Blütezeit der Schönheit hinter sich.

Jean-Louis Favier, ein französischer Gewährsmann, der Katharina in jenen Jahren oft sah, schrieb seine Eindrücke über sie nieder. Es waren Eindrücke, die sich genauer Beobachtung und kluger Beurteilung verdankten. Favier gehörte nicht zu Katharinas Parteigängern; er war entschieden gegen den Jungen Hof und dazu geneigt, das vollmundige Lob abzuschwächen, das man von den Bewunderern der Großfürstin zu hören bekam.

Was die Attraktivität ihrer Persönlichkeit betraf, so fand Favier sie »blendend«, und dies »ohne jede Übertreibung«. Ihre Taille sei schlank, doch es fehle ihr die Geschmeidigkeit; ihr Gang sei königlich, doch es mangele ihm an Anmut; ihre Gesten seien edel und groß, doch oft übertrieben; ihre Brust sei nicht voll genug, und ihr Gesicht mit den blassen Flecken, dem vorspringenden Kinn, dem flachen Mund und der Nase »mit einem winzigen Höcker« sei zu lang und zu schmal, um wirklich schön zu sein. Ihre Augen fand Favier »wachsam und freundlich«, doch nicht besonders liebreizend, und er schloß, daß Katharina »eher hübsch denn häßlich« sei, daß sie jedoch keineswegs eine außergewöhnliche Schönheit genannt zu werden verdiene.

Hinsichtlich ihrer Fähigkeiten und ihres Charakters wies Favier jegliches »unbegründete Lob« anderer zurück und bemerkte als Folge der langjährigen erzwungenen Isolation zu Beginn ihres Lebens in Rußland ihre außerordentliche Belesenheit. Ihr Geist sei, wenn auch nicht brillant, so doch geschliffen und klar. In der Erwartung, eines Tages als Beraterin ihres Gemahls zu wirken, habe sie sich umfassend gebildet. »Das Lesen und das Denken galten ihr als Hauptmittel, um diesen Zweck zu erreichen«, meinte Favier. Anerkennenswert sei, daß sie sich nicht nur auf vielen Gebieten kundig gemacht, sondern sich auch in der Kunst des Denkens geübt habe.

Katharina sei eine wahre spekulative Denkerin; abstrakte Fragen und philosophische Probleme seien wie das tägliche Brot für ihren beweglichen, lebendigen Kopf. Allerdings glaubte der Franzose auch, daß der prononcierte Intellektualismus, dem sie sich so gern hingab, sie zu einem fundamentalen Irrtum verführt habe. »Statt theoretische und praktische Kenntnisse der Verwaltung eines Staates zu erlangen«, schrieb er, »ergab sie sich der Metaphysik und studierte die moralischen Abhandlungen moderner Philosophen.« (Offenbar wußte Favier nichts davon, daß Katharina einige Jahre lang eine durchaus praktische Regierungslehre absolviert hatte, während sie Peters holsteinischen Besitz verwaltete.) Die Lektüre von Montesquieu, Voltaire und Diderots *Enzyklopädie* habe sich bei ihr in allerlei hochfliegenden Ideen über die Erziehung der Unwissenden zu Vernunft und gerechtem Denken niedergeschlagen; sie stelle sich vor, über sie herrschen zu können, nicht in der Weise, wie Russen immer schon beherrscht worden seien, durch Angst, Zwang und Gewalt, sondern mittels Überzeugung und der Beweiskraft unparteiisch angewendeter Gesetze.

Favier glaubte, daß Katharina »einen Kodex politischer Überzeugungen« ausgebildet habe, »erhaben in der Theorie, doch praktisch nicht anwendbar«. Es sei aber nicht nur unmöglich, sondern sogar gefährlich, derartige Luftgebilde mit der harten politischen Wirklichkeit zu vermengen, die ihr Gemahl – mit ihrer Hilfe – als russischer Kaiser zu bewältigen habe. Schließlich seien die Russen Barbaren, »ein rohes und geistloses Volk, das dem Aberglauben huldigt und Mangel leidet an jeglicher Bildung und Kultur, da es nichts kennt als die dumpfe Furcht der Sklaverei«. Immer schon seien die Russen so gewesen, und für Favier war es der Gipfel der Verrücktheit, dieses Volk neue Traditionen lehren zu wollen.

Doch wenn Favier auch Katharinas geistige Haltung mißbilligte, so verteidigte er sie stets bereitwillig gegen den Vorwurf, den ihr ihre Liebesaffären einbrachten: Sie lasse sich von ihren Leidenschaften leiten und sei unmoralisch.

»Auch ihre Neigung zur Koketterie ist übertrieben worden«, schrieb er. In Wahrheit sei sie »voll tiefer Gefühle« und sehne sich nach Liebe; sie höre einzig auf »die Stimme ihres

Herzens« und hege vielleicht auch »den ganz natürlichen Wunsch nach Mutterschaft«.

Eine kurze Zeitlang wurde dieser Wunsch jetzt auch erfüllt: Die Kaiserin gab die Erlaubnis, daß Katharina ihre Kinder einmal in der Woche sah. Zu diesem Zweck reiste die Großfürstin regelmäßig von Oranienbaum nach St. Petersburg. Ihre Tochter Anna Petrowna war noch ein Kleinkind, das gerade krabbeln konnte; im Lauf der nächsten Wochen beobachtete sie, wie Anna stehen lernte und dann ihre ersten selbständigen Schritte machte. Paul, ein blondes, braunäugiges Kind von vier Jahren, kränkelte beim ersten Besuch seiner Mutter und war viel zu klein für sein Alter. Sicher konnte Katharina ihn nicht ansehen, ohne an Saltykow und den Kummer, den er ihr gemacht hatte, erinnert zu werden, während Anna, Tochter des sanfteren, ergebeneren Poniatowski, freundlichere, aber ebenfalls wehmütige Gefühle in ihr wachrief.

Die kleine Anna sollte nie erwachsen werden. Gegen Ende des Winters wurde sie krank, höchstwahrscheinlich infolge der eisigen Zugwinde, die durch den Palast pfiffen, und im März 1759 starb sie. Niemand hat uns den Namen ihrer Krankheit überliefert, niemand hat festgehalten, ob ihr Tod ein schmerzloses Hinüberdämmern war oder das Ende eines langen Leidens. Durfte Katharina am Bett ihrer Tochter wachen, durfte sie sie in ihren letzten Stunden und Tagen begleiten? Wir wissen es nicht. Katharina selbst berichtet uns ihre Gefühle über diesen Verlust mit keinem Wort; vielleicht ist ihr Schweigen das beste Zeugnis ihrer Trauer. Der Tod im Kindesalter war um die Mitte des achtzehnten Jahrhunderts überall wohlbekannt, und Töchter galten viel weniger als Söhne. Und dennoch ist es schwer vorstellbar, daß die weichherzige Katharina durch diesen Verlust nicht tief getroffen wurde. Ganz leer und tief unglücklich muß sie sich gefühlt haben, als man den kleinen Sarg unter feierlichen Gebeten und den Gesängen der Mönche in die Erde senkte.

In diesen traurigen Stunden muß ihr auch mit aller Schärfe die Kränklichkeit ihres Sohnes bewußt geworden sein. Er war ein so zartes Kind! Würde er ebenfalls sterben? Würde dadurch der wesentliche Beitrag, den sie zum Weiterbestand der

Romanow-Dynastie geleistet hatte, ohne Lohn bleiben? Im Falle von Pauls Tod würde Peter endlich einen plausiblen Grund haben, Katharina in ein Kloster zu schicken und die jüngere und wohl auch fruchtbarere Jelisaweta Woronzowa zu heiraten.

Der Familie Woronzow ging es immer besser. Michail Woronzow hatte den verbannten Bestuschew als Kanzler ersetzt, und seine Nichte Jelisaweta hatte sich bei Peter eingenistet, trug die Nase hoch und machte die Honneurs, als ob sie schon seine Frau wäre. Katharina wußte, daß die allgemeine Stimmung für Peter und seine Mätresse günstig war und daß Peter darauf baute, sich sehr bald mit Jelisaweta verheiraten zu können. Katharina nannte ihre Rivalin »Madame Pompadour«, eine scherzhafte Anspielung auf die ernsthaften und gefährlichen Bestrebungen der Jüngeren, sie zu verdrängen, wie die berühmte Mätresse die Gemahlin Ludwigs XV. verdrängt hatte.

Und wieder beschäftigte sich der Hof nur noch mit dem Krieg. Im Sommer 1759 kam es zwischen der russischen Armee und Preußen nur knapp hundert Kilometer von Berlin entfernt zur Schlacht von Kunersdorf. Zwölf Stunden lang stürmten und feuerten die Soldaten, wurden von der Gegenseite beschossen und formierten sich neu. Mit jeder Gewehrsalve fielen Hunderte von Männern. Unbarmherzig brannte die Sonne auf das rauchende Schlachtfeld nieder. Die Preußen, ausgezehrt von Hunger und völlig entkräftet, befanden sich in der Minderzahl. Ihre Reihen begannen sich aufzulösen. Friedrich selbst zeigte sich unter ihnen und rief ihnen zu, sich zu sammeln. Er wußte, das Schicksal seiner Hauptstadt stand auf Messers Schneide, und er setzte alles ein, um das Unheil doch noch abzuwenden. Sein Heldenmut riß die Soldaten mit. Das Blatt schien sich zu wenden. Aber am Ende wurden die Preußen doch geschlagen.

Geschichten über diesen russischen Sieg machten in Petersburg die Runde, und die Regimenter füllten sich mit neuen Männern. Dann kam der Winter, und mit ihm eine außerordentliche, grausame Kälte. Die Preußen, die, ungenügend ausgerüstet, in Eis und Schnee kampieren mußten, starben an Seuchen, oder sie verhungerten. Rußland und seine Verbündeten schöpften neuen Mut. Die allesentscheidende Schlacht schien nah. Nur noch ein Feldzug, und man hätte die Preußen ein für allemal in die Flucht geschlagen.

Im Frühjahr marschierte ein riesiges Heer russischer, österreichischer und französischer Soldaten, fast vierhunderttausend Mann insgesamt, auf die preußischen Stützpunkte zu. Den ganzen Sommer über wurde die Generalschlacht vorbereitet. Im Oktober 1760 wurde Berlin nach fortgesetzten Angriffen von russischen Truppen besetzt. Obwohl die Russen die Stadt bald wieder aufgaben, hatten sie doch genug Zeit, die Verteidigungsanlagen zu schleifen und die Waffen- und Vorratslager zu plündern. Mit diesem Lösegeld der entsetzten Berliner in ihren Taschen zogen sie dann in Richtung Osten ab. Friedrich verweigerte trotz monumentaler Verluste noch immer die Kapitulation. Seinen Soldaten mutete er eine fürchterliche Zerreißprobe zu. Im November ernüchterte der preußische Sieg bei Torgau die Alliierten; dann zogen sich beide Seiten zurück, und die lange winterliche Kampfpause trat ein.

Katharina war unterdessen mit ihrem eigenen Kampf um das politische Überleben vollauf beschäftigt. Allen Voraussagen zum Trotz konnte noch immer der Fall eintreten, daß die Kaiserin ihren Neffen von der Nachfolge ausschloß, um Paul – und damit Katharina als Regentin – zu ihrem Erben zu erklären. Von dieser heimlichen Hoffnung erfüllt, sammelte Katharina eine neue Gruppe von Verbündeten um sich.

Als Ersatz für ihren Berater Bestuschew wählte sie einen seiner einstigen Protegés, den Grafen Nikita Panin. Er war Diplomat und ein ausgesprochener Englandfreund wie Katharina selbst. Mit der profranzösischen Politik der Woronzows und Schuwalows hatte er gebrochen; er hatte als Gesandter in Schweden gewirkt und war nun Erzieher des jungen Großfürsten Paul. Durch seinen Scharfsinn und seine politischen Fähigkeiten nahm er Katharina für sich ein. Schon einige Jahre lang hatte sie ihn als Ministerkandidaten für die neue Regierung, die nach dem Tod der Kaiserin eingesetzt werden sollte, im Auge gehabt. Jetzt vertraute sie ihm ihre Pläne an, und er dankte ihr für ihr Vertrauen, indem er ihr die Verachtung eingestand, die er gegenüber Peter hegte, und seiner hoffnungsvollen Erwartung Ausdruck gab, daß Elisabeths Herrschaft bald durch die Regentschaft Katharinas abgelöst werde.

Auch in der Geheimdiplomatie – einst Bestuschews Domäne – spielte Katharina nun eine aktive Rolle. Verschiedene europäische Regierungen ließen die Großfürstin wissen, daß sie für die Vorbereitung von Plänen zur Ausschaltung Peters erhebliche Geldsummen bereitstellen würden. Rußlands militärische Verbündete, hauptsächlich Österreich und Frankreich, erwogen mit Schrecken die Möglichkeit, daß der preußenfreundliche Peter nach seiner Thronbesteigung die russischen Truppen zurückziehen könnte. Sie öffneten Katharina bereitwillig ihre Staatskassen. Katharina akzeptierte diese Angebote dankbar; in allernächster Zukunft würde es womöglich notwendig sein, alles anzunehmen, was man bekommen konnte.

Ein unerwarteter Verbündeter kam von der Gegenseite. Peters Mätresse Jelisaweta Woronzowa hatte eine jüngere Schwester, Jekaterina, die mit dem Fürsten Daschkow verheiratet war, einem Offizier der Garde. Jekaterina Daschkowa hatte wenig gemein mit ihrer aufdringlichen und liederlichen älteren Schwester, außer daß sie ebenfalls recht häßlich war. Sie bewunderte Katharina, war unstet und wissensdurstig wie sie und allem Neuen gegenüber aufgeschlossen. Im Alter von siebzehn Jahren, als ihre Freundschaft mit Katharina begann, war die Fürstin Daschkowa als stolze Besitzerin einer der größten Bibliotheken der Hauptstadt in den Werken französischer Philosophen wohlbewandert. Kein Wunder, daß Katharina die Gespräche mit der frühreifen Fürstin genoß. Und dann entdeckte sie auch noch, daß die idealistische Jekaterina nichts mehr wünschte als die Herrschaft Katharinas über Rußland und daß sie insgeheim an einem Netz der Unterstützung für sie arbeitete.

Ein Name kam zum anderen, und ganz allmählich vergrößerte sich die Liste der Verbündeten. Eine Reihe von Offizieren der prestigeträchtigen und strategisch entscheidend wichtigen Garderegimenter ließen die Großfürstin wissen, daß sie, wenn es darauf ankam, auf ihrer Seite stehen würden. Kirill Rasumowski, Oberst des Ismailowski-Regiments, hatte ihr schon einige Jahre zuvor versichert, daß er sie um den Preis des eigenen Lebens verteidigen würde und daß sie auf viele weitere geheime Gefolgsleute rechnen könne, die bereit wären, dasselbe zu tun.

Daß die Garderegimenter die militärische Hauptstütze der kaiserlichen Macht waren, wußte Katharina sehr wohl. Keine Regierung konnte sich lange halten, wenn diese Regimenter rebellierten, noch konnte ein Umsturz gelingen, wenn die Preobraschenski-, Semenowski- und Ismailowski-Regimenter nicht mitmachten.

Die Geschichte der Machtübernahme Elisabeths, achtzehn Jahre zuvor, die ohne die Petersburger Garderegimenter niemals gelungen wäre, war bei Hofe wohlbekannt. Eines bitterkalten Dezembermorgens im Jahre 1741 hatte sich Elisabeth zu den Kasernen der Preobraschenski-Grenadiere begeben. Wie eine schöne Erscheinung war sie den Männern vorgekommen: kühn und verletzlich zugleich, mit einem ledernen Harnisch um ihre zierlichen Schultern und dem russischen Kreuz in der Hand. Und als sie sie aufgerufen hatte, sie gegen die Regentin Anna und ihre deutschen Minister zu unterstützen, hatten sie sie mit lauten Schreien und Hochrufen ihrer unverbrüchlichen Treue versichert und geschworen, daß niemand anderes als sie, Elisabeth, Tochter Peters des Großen, es verdiente, Rußland zu regieren. Und Elisabeth war in einem Schlitten über den eisigen Schnee vor den Soldaten hergefahren zum Winterpalast, und dort hatte sie die Regentin geweckt und sie mitsamt ihrem Sohn, dem Kaiser Iwan, verhaften lassen.

Die Männer des Preobraschenski-Regiments hatten Elisabeth zur Kaiserin gemacht. Zusammen mit ihren Brüdern in der Garde konnten sie auch diesmal wieder den Ausschlag geben – um Katharina an die Macht zu bringen.

Grigori Orlow, der Held von Zorndorf, war Leutnant beim Ismailowski-Wachregiment. Und er hatte vier prachtvolle Brüder: Iwan, Alexej, Fjodor und Wladimir. Alle dienten in der Garde. Alle waren außerordentlich stark und mutig. Alle waren angesehene Befehlshaber, die ihre Soldaten auch politisch führten und beeinflußten.

Wir wissen nichts Genaues darüber, wie Katharina und Grigori Orlow ein Liebespaar wurden. Sie war eine erfahrene Frau von dreißig Jahren, romantisch und leidenschaftlich, die nach der Macht griff, sich aber bewußt darüber war, daß sowohl ihr Geschlecht wie die heikle Beziehung zu ihrem Gemahl entscheidende Hindernisse darstellten. Was sie brauchte, war ein Mann, der sie liebte und ihr treu war und ihre Sache voranbrachte. Orlow war ein glänzender, gefeierter Kriegsheld von fünfundzwanzig mit einer Menge überschüssiger Kraft, die er in wüsten Kämpfen, beim Spiel und mit Frauen verausgabte. Er strebte nach Beförderung, doch es fehlte ihm die hohe Abkunft, er war nicht sehr gebildet und ohne Verbindungen am Hof. Was er brauchte, war eine Gelegenheit, sich nützlich zu erweisen. Vielleicht entzündete ihre Leidenschaft seinen Ehrgeiz; vielleicht liebte er Katharina aber auch aufrichtig, wie er nie zuvor geliebt hatte.

Gewiß ist einzig, daß im Sommer 1761 – Preußen ist noch immer nicht geschlagen, Monat für Monat steigen die Verluste auf beiden Seiten, die Kaiserin liegt in todesähnlicher Ohnmacht und wacht nur noch gelegentlich auf, um den verhaßten Preußenkönig lauthals zu verfluchen, Jelisaweta Woronzowa zählt die Tage bis zu ihrer Verheiratung mit Peter, Peter läßt den Preußen heimlich militärische Informationen zukommen –, daß in diesen Monaten also Katharina von Grigori Orlow schwanger wird.

Ihre Verbindung blieb weitgehend geheim, und Katharina gelang es, auch ihre Schwangerschaft zu verbergen und sich während der Ereignisse des Herbstes im Hintergrund zu halten.

Niemand hatte eine Ahnung, welche Maßnahmen die Kaiserin als nächstes ergreifen würde. Verzweifelt wünschte sie einen Sieg Rußlands über den Erzfeind Preußen herbei und sandte zu diesem Zweck einen Befehl nach dem anderen an die Truppen, tauschte Generäle aus, wie es ihr beliebte, und überhäufte jeden mit Beschimpfungen, der es wagte, ihr zu widersprechen.

Sie konnte nicht mehr stehen; und oft griff sie nach ihrem Herzen, wie um sein regelloses Schlagen zu dämpfen. Wenn sie in Erregung geriet, floß Blut aus ihrer Nase; ihre Diener hielten Leintücher bereit, um es zu stillen. Eine schwärende Wunde, die nicht heilen wollte, entstellte ihren linken Fuß. Oft starrte sie den wehen Fuß an wie in Trance und murmelte, daß die Wunde eine Strafe Gottes sei, die ihr gesandt wurde, weil ihr Vater, Peter der Große, vor langer Zeit diese Stelle geküßt habe. Zuzeiten wirkte sie wie abwesend, verloren in abstrusen Träumen und Überlegungen, dann aber nahm sie sich zusammen, überwand ihre schreckliche Lethargie und krächzte Fragen, Befehle und finstere Drohungen.

All jene, deren Wohl und Wehe von der Thronfolge abhing, hatten Angst. Was wäre, wenn die Kaiserin den Verstand verlor? Jahrelang hatte das Phänomen des Wahnsinns sie fasziniert; vor langer Zeit hatte sie in den Räumen des Palasts ein Irrenhaus eingerichtet, in das in regelmäßigen Abständen Männer und Frauen eingeliefert wurden. Katharina bemerkt in ihren Memoiren, daß einmal zwölf wahnsinnige Frauen auf einmal in den Palast gebracht wurden; vielleicht weil die Kaiserin Mitleid mit ihnen hatte; wahrscheinlich aber deshalb, weil sie das bizarre Verhalten dieser Leute unterhaltsam fand.

Und jetzt schien Elisabeth in Gefahr, selbst so verrückt zu werden wie ihre verrückten Schützlinge. Wenn das aber geschah – würden Michail Woronzow und seine Partei dann die Macht übernehmen? Oder würde Peter es schaffen, sich als Regent für seine unzurechnungsfähige Tante auf den Thron zu setzen?

Im Oktober schickte der neuernannte russische General Buturlin trotz der beginnenden Kälte Tausende von russischen Truppen in das Feuer der Schlacht gegen Preußen. Er hatte Grund zu der Annahme, daß es der letzte Feldzug sein würde. Die Heere der Österreicher und Schweden vereinigten sich mit den Russen in diesem Generalangriff gegen den entkräfteten und entmutigten Feind.

Preußen hatte sechs bittere Kriegsjahre hinter sich. Fast eine halbe Million Soldaten und Zivilisten hatten den Tod gefunden, bei einer Gesamtbevölkerung von weniger als fünf

Millionen. Auf jeden Mann, der in der Schlacht oder als Folge einer schweren Verwundung gestorben war, kamen zwei weitere, die infolge der mittelbaren Kriegswirkungen ihr Leben gelassen hatten, durch ruinierte Ernten, brennende Städte, Not und Armut infolge der Zerstörung der Lebensgrundlage. In jeder Familie hatte man Tote zu beklagen. Man sah keine lebendigen Männer mehr, nur noch Greise. Vierzehnjährige Knaben wurden in die Armee gepreßt, um die Gefallenen zu ersetzen. Es konnte nicht mehr lange dauern bis zum Ende. Friedrich II. hatte dem Großfürsten vor einigen Monaten eine heimliche Botschaft überbringen lassen: Würde er sich dazu bereit erklären, gegen ein Geschenk von zweihunderttausend Rubel auf seine Tante, die Kaiserin, einzuwirken, damit sie einen Separatfrieden mit Preußen schloß und die russischen Truppen abzog?

Bevor Peter seine Antwort abschicken konnte, überrollte eine neue Panikwelle den Palast. Die Kaiserin hatte Krämpfe bekommen. Sie spuckte Blut. Ärzte und Priester umstanden ihr Bett. Erstere schüttelten düster ihre Köpfe, letztere begannen mit den Sterbegebeten. Der Beichtvater spendete ihr die Sakramente. Schon einige Male hatte er geglaubt, Elisabeths letztes Stündlein hätte geschlagen, und immer wieder hatte sie noch einmal zu leben begonnen. Diesmal aber war er überzeugt davon, daß er seine Herrin tatsächlich auf die Ewigkeit vorbereitete.

Wie sonderbar, daß auch Pjotr Schuwalow zu dieser Zeit in die zwielichtige Welt der Sterbenden einging. Sein Herzschlag hatte ausgesetzt. Bleich und starr lag er auf seiner seidenen Bettdecke. Hilflos flatterten seine Augenlider – er spürte nichts mehr.

Es war Mitte Dezember. Dicke Schneeflocken fielen aus dem dunklen Himmel herab. Der Winterpalast war schon am Mittag von Kerzenlicht hell erleuchtet. In den kaiserlichen Gemächern kamen und gingen die Diener auf leisen Sohlen, während überall für die Rettung von Elisabeths unsterblicher Seele gebetet wurde. Auch Katharina gehörte zu denen, die am kaiserlichen Bett Wache hielten. Sie beobachtete die mühsamen Atemzüge der alten Frau, das allmähliche Schwächerwerden ihres nutzlosen Körpers. Ohne Zweifel ging sie in Gedanken die Abläufe durch, die für die Zeit nach dem Tod der Kaiserin geplant waren: als erstes mußte Paul in Sicherheit gebracht werden, dann mußte sie Grigori Orlow und seine Brüder und alle auf sie eingeschworenen Gardeleute um sich versammeln, damit sie sie, falls nötig, vor Peters Rache beschützten. Angesichts ihrer Schwangerschaft wollte sie nicht weiter gehen. Sie hatte beschlossen, jenen Stimmen, die sie dazu drängten, selbst die Macht zu übernehmen, kein Gehör zu schenken.

Fünf Tage vor Weihnachten stattete die Fürstin Daschkowa ihr einen privaten Besuch ab und flehte sie an, sich an die Spitze ihrer Soldaten und Verbündeten zu stellen und den Umsturz zu wagen. Katharina erhob Einwände.

»Was immer geschehen wird«, sagte sie zu der Fürstin. »Ich werde mich den Dingen stellen und nicht ausweichen.«

Die Fürstin war ungehalten. »Dann müssen Ihre Freunde an Ihrer Stelle handeln«, sagte sie.

»Ich bitte Sie, keiner darf sich für mich opfern«, erwiderte Katharina. »Und was kann überhaupt irgend jemand tun?«

Es war nicht leicht für Katharina, ihre Verbündeten davon zu überzeugen, daß es besser war, sich zurückzuhalten. Sogar während sie Wache hielt am Bett der Sterbenden, erreichten sie Botschaften von Leuten, die ihr helfen wollten beim Kampf um die Kaiserkrone. Doch ihnen allen gab sie eine negative Antwort. Sie fürchtete die Anarchie. Ihrer Überzeugung nach war es besser, man überließ Peter den Thron. Später, wenn ihr Kind geboren und sie wieder bei Kräften war, wenn keine unmittelbare Gefahr mehr bestand, daß man sie des Ehebruchs und des Verrats bezichtigte, später würde sie ihre Pläne vielleicht ändern.

Elisabeth räumte jegliche Ungewißheit über die Thronfolge aus, als sie Peter und Katharina zu sich befahl und Peter eine Reihe von letzten Instruktionen gab. Katharina stand stumm an einer Seite und hörte den Rat der Kaiserin an ihren Gemahl: Er solle sich nicht von Haß und Rachsucht leiten lassen, sagte sie, und die neue Ära im Geist der Vergebung beginnen. Mit Tränen in den Augen bat sie ihn außerdem, für seinen Sohn Paul zu sorgen und sich den Dienern gegenüber, die sie in seiner Obhut zurückließ, gnädig zu erweisen. Es muß ihr Kummer bereitet haben, alles, was ihr im Leben etwas bedeutet hatte – Thron und Macht und die Menschen, die sie liebte –, jenem sonderbaren Mann zu überlassen, der anscheinend ohne jedes Gefühl an ihrem Bett kniete, auch ohne das Gefühl für die Feierlichkeit des Augenblicks. Aber auch für Katharina muß es traurig gewesen sein, die Szene zu beobachten – auf der einen Seite Elisabeth, selbst im Sterben noch eine majestätische Erscheinung, auf der anderen Seite ihr Neffe, steif, hölzern, verkümmert. Wie sollte dieser Mensch in der Lage sein, Kaiser zu werden?

Elisabeth fand keine letzten Worte für Katharina. Sie hatte ihre angeheiratete Nichte immer beneidet, und dieses Gefühl mag noch in den letzten Stunden ihres Lebens vorherrschend gewesen sein. Aber sie muß gewußt oder gespürt haben, daß sie durch die offizielle Übergabe der Thronfolge an Peter in Wahrheit Katharina die Macht überließ. Es ist möglich, daß sie Katharina so kühl behandelte, um Verschwörer abzuschrecken. Entdeckten ihre schwachen alten Augen den schwellenden Bauch unter Katharinas weitem Rock? Wenn ja, so kommentierte sie es mit keinem Wort. Die Dämmerung kam. Sie hatte getan, was sie tun konnte.

Kalt und klar zog der Weihnachtsmorgen herauf. In ganz Petersburg läuteten die Glocken zu Ehren des großen kirchlichen Festtags. Und es gab einen weiteren Grund zur Freude: Am Abend zuvor war bekanntgeworden, daß die russische Armee unter Führung Buturlins die wichtigen preußischen Festungen Schweidnitz und Kolberg eingenommen hatte. Der Krieg war so gut wie gewonnen.

Im Winterpalast hörte man nur gedämpften Jubel. Eine Gruppe von Höflingen hatte sich vor dem Eingang zum kaiserlichen Schlafzimmer versammelt, um zu erfahren, wie es Elisabeth ging. Die Nachrichten von draußen, vom Krieg, hatten sie begeistert, aber sie machten sich Sorgen um das, was innerhalb des Palastes vor sich ging. Würde es einen Umsturzversuch geben? Würde Peter zur Herrschaft fähig sein und wenn ja, wie würde er die Herrschaft ausüben? Würde er seine Frau ausschalten?

Stunden vergingen, und man hörte noch immer nichts aus dem Sterbezimmer. Die hohen, geschnitzten Doppeltüren, die ins Innere der kaiserlichen Gemächer führten, blieben geschlossen. Endlich, um vier Uhr nachmittags, öffneten sie sich, und die gefürchtete Kunde hallte durch den Raum:

»Ihre Kaiserliche Majestät Elisabeth Petrowna ist im Vater entschlafen. Gott erhalte unseren gnädigen Herrn, Kaiser Peter den Dritten.«

Alle, die sich versammelt hatten, fielen auf die Knie, zahlreiche Höflinge weinten. Sie bekreuzigten sich dreimal und murmelten ihre Gebete: für die Kaiserin, für ihren Nachfolger und für die langerwartete Rückkehr des Friedens.

Kapitel Sechzehn

In schwarzer Trauerrobe und mit dicht verschleiertem Gesicht kniete Katharina am Fuß der Bahre der Kaiserin in der Kasaner Kathedrale. Die harten und kalten Steine des Fußbodens des Gotteshauses hatten ihre Knie wund gescheuert, und ihre ermüdeten Muskeln hatten sich verkrampft. Doch Stunde um Stunde blieb sie an ihrem Platz, beugte den Kopf und bekreuzigte sich und warf sich hin und wieder, anscheinend von tiefer Trauer überwältigt, auf den Boden. Mit all diesen Handlungen befolgte sie minutiös die traditionellen Trauervorschriften, wie es sich für die Gemahlin des neuen Kaisers geziemte.

Sechs Wochen war die Kaiserin jetzt schon tot. Die Leiche, einbalsamiert und in eine Robe aus glitzernder Silberspitze gekleidet, eine goldene Krone über der eingesunkenen Stirn, verströmte einen so eklen Gestank, daß es Katharina übel wurde, doch sie wagte es nicht, sich von dem marmornen Katafalk wegzubewegen, damit niemand sagen konnte, sie habe es an der nötigen Ehrfurcht fehlen lassen. Glücklicherweise überdeckten schwere Weihrauchschwaden den Verwesungsgestank; dampfende Wolken stiegen aus den schwingenden Kesseln auf und füllten die Kathedrale, als Dutzende von Priestern in goldenen Gewändern die Bahre umrundeten und die Gebete für die Verstorbene rezitierten.

Hunderte von Trauernden defilierten an dem Sarg vorbei, Beamte, Gesandte ausländischer Höfe, Priester und Mönche und das Volk von St. Petersburg. Alle bemerkten die schwarzgekleidete kniende Gestalt, viele lobten ihre Frömmigkeit. Katharina hatte durch die genaue Befolgung ihrer religiösen Pflichten beim Tod der Kaiserin standhafte Treue bewiesen, und dies trotz der eisigen Kälte, ohne Rücksicht auf ihren eigenen schmerzenden Körper. Von ihrem Gemahl, jetzt Peter III., konnte dies keineswegs behauptet werden. Er erschien selten am Sarg seiner Tante, und wenn er erschien, blieb er nicht lange. Man bemerkte allgemein, daß er nicht niederkniete und nicht betete und sich der Verstorbenen gegenüber, die ihn zum Kaiser gemacht hatte, nicht mit dem gebotenen Respekt verhielt. Statt dessen benahm er sich wie ein Schuljunge, beleidigte die Priester und machte jedermann durch sein lautes Gelächter, seine Witze und seine Flirts mit den Damen seines Gefolges befangen.

Tatsächlich war Peter überglücklich. Er jubelte über Elisabeths Tod und strengte sich nicht einmal an, sein Entzücken zu verbergen. Endlich, nach zwanzig Jahren Demütigung und Zwang, der fast bis zur wirklichen Gefangennahme ging, war er nun sein eigener Herr, mußte niemandem mehr Rede und Antwort stehen und brauchte keinerlei Regeln mehr zu befolgen außer denen, die er sich selbst gab. Zum erstenmal in seinem Erwachsenenleben war er vom übergroßen Schatten der Kaiserin befreit. Zum erstenmal lebte er ohne Angst vor ihren Launen und ihrer Rachsucht und ohne die ständige Sorge, daß ein anderer an seiner Stelle die Krone erbte. Ein langer Alptraum von Gehorsam und Unterwerfung war zu Ende. Peter konnte tun und lassen, was er wollte.

Nach sechs Wochen ständiger Gebete und Zeremonien überkam ihn Ungeduld. Der verwesende Leichnam in seinem Marmorkatafalk ging ihn nichts mehr an, und wenn es möglich gewesen wäre, hätte er befohlen, daß man ihn wegbrachte und in irgendeiner Grube versenkte. Er weigerte sich, die schwarzen Trauerkleider anzulegen, und es mißfiel ihm, wenn andere sie trugen. Besonders mißfiel ihm die schwarze Farbe bei seiner Frau, und ihre ständigen Gebete am aufgebahrten Sarg Elisabeths ärgerten ihn ebenfalls maßlos. Statt die vorgeschriebenen Riten zu vollziehen, befahl Peter seinem Hofmarschall, große Festmahlzeiten im Palast zu arrangieren, um das Ableben seiner Vorgängerin zu feiern. Hunderte von Gästen wurden eingeladen, und sie alle durften nicht in schwarzen Trauergewändern erscheinen, sondern hatten helle Farben zu tragen und ihren ganzen Schmuck anzulegen. Wenn er bei diesen Festen den Vorsitz führte, trug er seine Lieblingsuniform, die eines preußischen Generalleutnants, und beleidigte damit alle anwesenden russischen Offiziere und die vielen Familien, deren Söhne und Brüder, Ehemänner und Väter im Krieg gefallen waren.

Doch der Krieg sei vorbei, erklärte Peter seinen Gästen. Friedrich II. sei nicht länger ihr Feind, und deshalb dürften und sollten Trinksprüche auf ihn ausgebracht werden. Die erste Amtshandlung des neuen Kaisers am Abend nach der Thronbesteigung bestand darin, daß er allen russischen Generälen im Feld berittene Kuriere schickte, die ihnen den Befehl überbrachten, nicht weiter auf preußisches Gebiet vorzudringen und alle Feindseligkeiten einzustellen. Preußische Friedensangebote sollten nicht länger abgelehnt werden. Preußische Kriegsgefangene wurden zu Banketten eingeladen, mit Geschenken überhäuft und nach Hause geschickt.

Und damit nicht genug. Der neue Kaiser ließ bekanntgeben, daß die ganze russische Armee reformiert werde. Ein neuer Oberbefehlshaber wurde ernannt – kein anderer als Peters und Katharinas Onkel Georg (Katharinas einstiger Verehrer), der zwar nur über mangelhafte militärische Erfahrung verfügte, dafür aber deutsche Disziplin bei den Truppen einführen sollte. Die russische Leibgarde sollte durch Holsteiner ersetzt werden. Statt ihrer grünen Uniformen sollten russische Infanteristen künftig kurze Kittel in Preußischblau tragen. Neue Kommandos und Marschordnungen mußten gelernt werden – und alles war dem preußischen Militär entliehen. Sogar die Offiziere würde man zwingen, ihren Stolz zu vergessen, um neu zu lernen – und ihre einstigen Feinde sollten ihre Lehrer sein.

Die Soldaten, besonders die Männer der Petersburger Garde, die während der letzten Tage der Kaiserin einen Ring um den Palast gebildet hatten, der dafür sorgte, daß Peter ungehindert den Zarenthron besteigen konnte, schämten sich nun

Katharina triumphiert: Im Juni 1762 führt sie ihre Truppen gegen Peter III. (Stich von Cockerell nach einem Porträt von Vigilius Ericksen.)

Medaille, geprägt zur Erinnerung an die Thronbesteigung Katharinas II.

Sergej Saltykow, Katharinas erster Geliebter und Vater Pauls I.

Peter III. (Stich nach einem Gemälde von G. C. Grooth.)

Trinkglas aus Deutschland, hergestellt zum Gedenken an einen russischen Sieg über die Türken.

Medaille, geprägt zum Gedenken an Alexej Orlows Sieg über die türkische Flotte bei Tschesme.

Grigori Potemkin, Katharinas große Liebe und vertrauter politischer Partner.

Katharina in mittlerem Alter. In einfacher Kleidung, begleitet von einem Windspiel, geht sie im Park von Zarskoje Selo spazieren. (Stich von Borowikowsky.)

Alexander Lanskoi, Katharinas Günstling in späteren Jahren. Er sollte die Stütze ihres Alters sein, starb jedoch tragisch eines frühen Todes.

Katharinas Portefeuille, in dem sie Papiere und wichtige Dokumente verwahrte.

Katharina im Alter von 57 Jahren auf einem populären Stich
nach dem Gemälde von Michail Schibanow.

Katharina
gegen Ende
ihres Lebens.

Kaiser Paul I.

der Rolle, die sie als seine Beschützer zu spielen hatten. Sie hatten gehört, wie er im privaten Kreis von ihnen als den »Janitscharen« sprach und ihre Tapferheit in Zweifel zog. Sie spürten, daß er ihren Kampfgeist brechen und sie in bloße Marionetten verwandeln wollte – deutsche Marionetten! All die langen Leidensjahre, ihr Mut und ihr Stehvermögen und das preußische Territorium, das sie gewonnen hatten und für das so viele gefallen waren, all das sollte einer Laune des neuen Kaisers geopfert werden? Sie sahen ihn an, diesen dünnen, häßlichen Mann im enganliegenden blauen Rock mit goldenen Knöpfen, mit dem Prachtdegen um die magere Taille – und sie verachteten ihn. Er gehörte nicht zu ihnen, würde niemals einer der Ihren sein. Sie gehorchten seinen Befehlen, doch die heimliche Verachtung blieb in ihnen bestehen, und sie sehnten den Tag herbei, an dem sie wieder einem russischen Herrn dienen könnten.

Einigen Beobachtern schien es, als ob Peter nach seinem Machtantritt an Statur gewonnen habe. Der britische Gesandte Keith schrieb an seine Vorgesetzten, die russische Regierung unter Peters Oberhoheit arbeite straffer und zweckmäßiger; er hob lobend hervor, daß Peter, anders als seine Vorgängerin, sich selbst um die ausländischen Angelegenheiten kümmere und entsprechende Entscheidungen treffe. Auch schien Peter seinen einstigen politischen Gegnern nichts nachzutragen. Er schickte niemanden in die Verbannung, und niemand wurde in die Peter-Paul-Festung geworfen. Er behielt Michail Woronzow trotz seiner profranzösischen Sympathien als Kanzler und schien sich der Notwendigkeit, eine Politik heilsamer Kontinuität zu betreiben, durchaus bewußt – außer natürlich, wenn es um den einen, entscheidenden Punkt der Beendigung des Krieges ging.

Mit einigen seiner Entscheidungen war sogar Katharina einverstanden: mit der Abschaffung der Geheimen Kanzlei, jener allseits gefürchteten Maschinerie des Schreckens, die so viele Leben ausgelöscht und vorzeitig beendet hatte; mit der Öffnung der Staatsgefängnisse und der Freilassung der Feinde Elisabeths; mit der Zurückholung der von Elisabeth Verbannten (alle kehrten zurück, außer Bestuschew, der für Peters Geschmack zu eng mit Katharina liiert gewesen war); mit der Befreiung des Adels von seiner Dienstpflicht dem Staat gegenüber, einer Last, an der er seit der Ära Peters des Großen schwer zu tragen hatte. Alles in allem überraschte Peter in den ersten Monaten seiner Herrschaft viele durch sein energisches Auftreten und seine verantwortungsbewußte Tatkraft. Statt sich von seiner Frau beraten und führen zu lassen, hatte er sich auf sich selbst besonnen und zeigte sogar einen kleinen Anschein von Reife.

Doch die alten Dämonen – Trunksucht, Launenhaftigkeit, leichte Erregbarkeit und Jähzorn – schliefen nicht. Es fiel ihm schwer, seine Vergnügungssucht zu zügeln. »Das Leben, das der Kaiser führt«, schrieb der französische Gesandte Breteuil, der den Marquis de L'Hôpital abgelöst hatte, »ist überaus schändlich. Die Nächte verbringt er rauchend und Bier trinkend, und erst wenn er in seinem Rausch fast umfällt, gegen fünf oder sechs Uhr morgens, hat er von solchen Ausschweifungen genug.« Nach ein paar Stunden Schlaf machte er sich mit schwerem Kopf und in übelster Stimmung an die Arbeit. Katharina ging ihm möglichst aus dem Weg. Jelisaweta Woronzowa jedoch, die in vielerlei Beziehung Katharinas einstige Rolle übernommen hatte, bekam die volle Wucht seiner mitleidlosen Bosheit zu spüren.

Zwischen dem Kaiser und seiner Mätresse gab es heftige Auseinandersetzungen; nicht selten wurden sie in aller Öffentlichkeit geführt. Breteuil, der dem neuen Regime ablehnend gegenüberstand und von den Streitereien, die er selbst oder seine Informanten miterlebten, nur zu gern detailliert Bericht erstattete, beschreibt ein Diner im Palast des Kanzlers, zu deren Teilnehmern Peter, Jelisaweta Woronzowa und Katharina gehörten.

Jelisaweta war an diesem Abend nervös und verärgert, weil Peter, der ewige Schwerenöter, eine neue Favoritin gefunden hatte, eine siebzehnjährige Hofdame. An diesem buckligen Mädchen, Mademoiselle Schaglikow, war nichts Besonderes – dem französischen Gesandten schien sie »recht hübsch«, was taktvoll ihren Mangel an Schönheit umschrieb –, doch besaß sie den großen Vorzug, jünger und frischer zu sein als die regierende Mätresse, und sie geriet mit Sicherheit nicht so schnell in Wut wie diese. Gegen zwei Uhr früh konnte Jelisaweta ihre Eifersucht nicht mehr bezähmen. Sie traktierte ihren Liebhaber mit beißenden Bemerkungen, während Peter, der schon einiges getrunken hatte, ihr nicht weniger beleidigende Antworten gab. Flüche und Beschimpfungen flogen an dem massiven eichenen Eßtisch hin und her. Alle Anwesenden, ausgenommen vielleicht Katharina, die an die Ausfälle ihres Gemahls gewöhnt war, rutschten unbehaglich auf ihren Sitzen hin und her und machten sich auf einen kaiserlichen Wutanfall gefaßt.

Schließlich stand Peter schwankend auf und befahl Jelisaweta, in ihr Vaterhaus zurückzukehren. Sie weinte, keifte und gab nach. Das brachte ihn aus dem Konzept; er blieb zornig, aber seine Entschlossenheit wankte. Aus dem erbitterten Wortgefecht ging Jelisaweta als Siegerin hervor. Um fünf Uhr morgens konnten die geräderten Gäste kaum noch aus den Augen schauen, aber der Kaiser und seine Mätresse hatten sich zusammengerauft und Frieden geschlossen.

Vier Tage später brach allerdings ein Streit zwischen ihnen aus, der sich als weitaus länger und hitziger erwies. Diesmal waren die Beleidigungen, die von den Kontrahenten ausgestoßen wurden, dermaßen vulgär, daß selbst die abgebrühtesten Höflinge sich die Ohren zuhielten. Es gab keine Versöhnung. Tagelang hing eine schwarze Wolke über dem Palast. Jeder wußte, daß sich Peter mit seiner Mätresse entzweit hatte; niemand wußte, welche Bosheiten er in seiner Rachsucht ersinnen würde, ob er bei der Heftigkeit seiner Wut nicht womöglich endgültig den Verstand verlöre. Er verdoppelte seine Aufmerksamkeit Madame Schaglikow gegenüber und suchte Trost in Strömen von Wein.

Es war kein gewöhnlicher Krach. Jelisaweta Woronzowa hatte etwas ganz besonders Ärgerliches aufs Tapet gebracht, etwas, was Peter schon seit Jahren wurmte. Sie hatte ihn angeklagt, impotent zu sein.

Zu Beginn seiner Herrschaft beschäftigte er sich eingehend mit der Frage der Thronfolge. Seine Vorgängerin hatte ihn schwören lassen, seinen Sohn Paul zu beschützen. Doch er wußte, daß Paul nicht sein Sohn war, sondern der Sohn Katharinas. Der Sohn von Katharina und Saltykow. Peter wollte mit diesem Kind nichts zu tun haben, er weigerte sich, es zu sehen, und diese Weigerung blieb bei Hofe nicht unkommentiert. Falls Jelisaweta Woronzowa – oder gar die bucklige Mademoiselle Schaglikow oder irgendeine andere Frau, die Peter gerade favorisierte – ein Kind haben würde, flüsterte man sich zu, so hätte der Kaiser eine Rechtfertigung, seine Gemahlin fortzuschicken und die Mutter seines eigenen Kindes zu heiraten. Falls er aber wirklich impotent sein sollte, so wären all diese Erwägungen gegenstandslos.

Peter wünschte sehr wohl, sich Katharinas zu entledigen, doch er brauchte einen Erben, und wenn er kein eigenes Kind zeugen konnte, würde er entweder in den sauren Apfel beißen und Paul zu seinem Thronfolger ernennen müssen, oder er fand einen anderen, der den gleichen Zweck erfüllte.

Das waren die Hintergedanken bei seinem Besuch des unglücklichen Iwan, einst Iwan VI., in der Festung Schlüsselburg. Daß Iwan ein Einfaltspinsel war, wußte Peter schon; jetzt entdeckte er, daß der arme Mensch vollkommen verstört war. Sein Geist brachte die krudesten Einfälle hervor. So vertraute er Peter an, daß er in Wahrheit nicht Iwan sei, der als Kind die Zarenkrone getragen hatte, sondern ein Hochstapler. Der wahre Iwan sei schon lange im Himmel. Es muß eine sehr sonderbare Szene gewesen sein: Der gestörte Peter in vertrautem Gespräch mit dem irren Iwan, jeder von ihnen ein Herrscher, keiner von ihnen in der Lage, die Herrschaft auszuüben. Am Ende des Treffens befahl Peter, Iwan nach St. Petersburg zu bringen. Entweder wollte er ihn unter strengere Bewachung stellen, oder er plante tatsächlich, ihn in nächster Zeit zum Thronfolger zu ernennen. In jedem Fall schien der traurige »Hochstapler« plötzlich wieder eine wichtige Rolle zu spielen.

Peter brachte auch Sergej Saltykow wieder an den Hof – eine Entscheidung, die Katharina verständlicherweise Schlimmes befürchten ließ. Saltykow hatte in Paris einen zweitrangigen diplomatischen Posten innegehabt; der plötzliche Rückruf erschreckte ihn. Es war nicht schwer, sich vorzustellen, was Peter von ihm wollte: das formelle Eingeständnis, daß er Katharina geschwängert hatte und Pauls Vater war.

Als Saltykow in der russischen Hauptstadt eintraf, im April 1762, zog sich Peter sofort mit ihm in sein Kabinett zurück, und die beiden Männer führten ein Gespräch, das Stunden dauerte, ein privates und zweifellos äußerst angespanntes Gespräch. Saltykow war sich der Gefahr bewußt, in der er schwebte. Wenn er die Wahrheit zugab und der Kaiser sich unversöhnlich zeigte, konnte es ihn den Kopf kosten, oder aber er wurde für den Rest seines Lebens in Haft genommen. Angesichts der drohenden Konsequenzen eines vollen Geständnisses weigerte sich Saltykow zu sagen, was Peter hören wollte. Ein zweites Gespräch fand statt und ein drittes. Noch immer beharrte der eingeschüchterte, doch zungenfertige und gewandte Saltykow darauf, daß er nicht Katharinas Liebhaber gewesen sei. Das Kind sei nicht von ihm gezeugt worden. Am Ende gab Peter auf. Saltykow wollte nicht kollaborieren. Er war offenbar der ungeeignete Partner für das Vorhaben, Paul als illegitim zu erklären und die Scheidung der Ehe einzuleiten.

In diesem Frühjahr befand sich Katharina unter großem Druck. Ihre Schwangerschaft ging zu Ende. Ihr Gemahl haßte sie und wünschte nur noch, sie loszuwerden. Die Mätresse ihres Gemahls hatte schon halb ihr Ziel erreicht, sich an Katharinas Stelle zu setzen. Obwohl sie durch die treue und selbstlose Befolgung der komplizierten Trauervorschriften nach dem Tod der Kaiserin viele Sympathien gewonnen hatte und nicht nur die Geistlichkeit, sondern auch das Volk von St. Petersburg ihr wohlwollend gegenüberstand, wußte sie, daß sie im Grunde allein war. Ihre politischen Gefolgsleute, die sich bereit erklärt hatten, einen Umsturz anzuzetteln, um sie an die Macht zu bringen, blieben vorerst im Schatten. Sie warteten auf ihr Signal, und sie wagte nicht, das Signal zu geben, bevor sie entbunden und sich von der Geburt erholt hatte. In der Zwischenzeit mußte sie die täglichen Beweise von Peters Bosheit und Zorn und von Jelisawetas hochmütiger Verachtung erdulden und gewöhnte sich fast daran, unwürdig und ehrlos behandelt zu werden.

Der Gesandte Breteuil, der zu Beginn der neuen Ära einer ihrer Vertrauten wurde, schrieb in seinen Depeschen, daß sie unter den größten Demütigungen zu leiden habe und stets niedergeschlagen sei. Doch hinter ihrer Unterwürfigkeit entdeckte er auch eine wachsende Verbitterung.

»Die Kaiserin lebt unter grausamsten Bedingungen und wird weiterhin mit Hohn und Spott bedacht«, schrieb er. »Auf das Benehmen des Kaisers antwortet sie mit Ungeduld, den zur Schau getragenen Stolz der Mademoiselle Woronzow erträgt sie kaum. Ich zweifle nicht daran, daß der entschiedene Wille dieser Prinzessin, deren Kühnheit und Kraft mir wohlbekannt sind, früher oder später dazu führen wird, daß sie zu den äußersten Maßnahmen greift.«

Er fügte hinzu, daß Katharina sich wohl bewußt darüber war, daß ihr Gemahl die Macht besaß, sie lebenslang in einem Kloster unter Verschluß zu halten, wie es Peter der Große mit seiner ersten Frau Jewdokja getan hatte. Diese Geschichte war im übrigen allen Angehörigen des Hofes vertraut. Peter der Große hatte seine erste Ehe nur aus Gründen der Staatsraison geschlossen – er stand also ähnlich zu Jewdokja wie Peter III. zu Katharina –, und er war seiner Frau überdrüssig geworden, nachdem er sich in eine andere verliebt hatte, die er zu seiner Geliebten machte. Er hatte verlangt, daß die unerwünschte Jewdokja freiwillig in ein Kloster eintrete, damit die Ehe annulliert würde. Als sie sich weigerte, befahl er seinen Dienern, sie zu entführen. Sie verschafften sich Zutritt zu ihren Gemächern, hielten ihr den Mund zu und verfrachteten sie mit Gewalt in einen Wagen. Niemand kam ihr zu Hilfe. Einige Monate später nahm Jewdokja den Schleier, und der Kaiser heiratete seine Mätresse.

Das alles bedrückte Katharina, und es wurde nicht besser, als sie am 18. April die ersten Wehen spürte. Vor kurzem war sie in einen neuen Gebäudeflügel des Winterpalasts gezogen, der weit weg von den Räumen lag, in denen Peter residierte. Unter den gegebenen Bedingungen war es nur gut, daß sie Abstand von ihm halten konnte, doch er hatte ihr diese Gemächer angewiesen, um ihr zu zeigen, daß er auf ihre Anwesenheit keinen Wert legte (dafür wohnte Jelisaweta Woronzowa in einer Suite in seiner unmittelbaren Nachbarschaft).

Es waren nur die allernotwendigsten Geburtsvorbereitungen getroffen worden. Der Hof wußte offiziell nichts von der Schwangerschaft; Katharinas Diener streuten das Gerücht aus, ihre Herrin leide unter einem leichten Fieber und sei daher indisponiert. Die wenigen Menschen, die sie in den letzten Tagen vor der Niederkunft zu Gesicht bekamen, beobachteten, daß sie besorgniserregend schlecht aussah und äußerst niedergeschlagen wirkte. Sie war kaum wiederzuerkennen. Man befürchtete, sie würde die Geburt nicht überleben.

Es ist nicht bekannt, wie viele Menschen überhaupt wußten, daß Katharina von Orlow ein Kind erwartete. Bestimmt machte sie selbst es nicht bekannt, versuchte im Gegenteil, ihre Schwangerschaft zu verschleiern. Es besteht kein Zweifel daran, daß Peter Bescheid wußte, ebenso wie seine engsten Berater. Für ihn war dieses Kind nur ein weiterer Beweis von Katharinas Treulosigkeit und von ihrem unmoralischen Lebenswandel. Und wenn sich die Dinge so entwickelten, wie er es hoffte, würde es bald ohnehin gleichgültig sein, was Katharina tat und wie viele Bastarde sie noch zur Welt brachte. Sie würde vom Hof verbannt werden. Sie würde Peter nie mehr behelligen.

Der kleine Knabe, der am 18. April, drei Tage vor dem dreiunddreißigsten Geburtstag seiner Mutter, geboren wurde, erhielt den Namen Alexej Grigorjewitsch: Alexej, Sohn Grigoris. Es läuteten keine Glocken, und es wurden keine Kanonen abgeschossen. Es gab keine Feierlichkeiten, weder offiziell noch inoffiziell. Zum erstenmal durfte Katharina das Kind nach der Geburt bei sich behalten; sie konnte den gesunden Säugling ansehen und ihn an sich drücken nach Herzenslust. Er gehörte zu ihr – und zu Grigori Orlow. Es gab keine eifersüchtige Kaiserin mehr, die einfach eindringen und ihn ihr wegnehmen konnte.

An ihrem Geburtstag, als die Höflinge sich anmeldeten, um ihr ihre Glückwünsche und ihren Respekt zu entbieten, schmückte sich die frischgebackene Mutter und präsentierte sich ihren Freunden auf die gewohnte Weise. Aber sie zog sich frühzeitig zurück, wie sie es oft tat, da sie zu erschöpft war, um die langen Stunden des Festmahls und die darauf folgende ausschweifende Nacht körperlich durchzustehen. Sie wußte, daß sie keinem der Anwesenden fehlen würde.

Eine Woche nach der Entbindung hatte Katharina eine spannungsvolle und peinliche Begegnung. Die Hofetikette verlangte, daß sie Sergej Saltykow empfing, und sie wagte nicht, sich zu widersetzen, um keinerlei Verdacht auf sich zu ziehen. Es war ihr bewußt, warum man ihn an den Hof zurückgerufen hatte, und sie mag auch erfahren – oder vermutet – haben, daß er bei der stundenlangen Befragung durch Peter über ihre lang zurückliegende Liaison Stillschweigen bewahrt hatte.

In den Jahren, seit sie sich zum letztenmal gesehen hatten, war Katharina zu einer klugen, vorsichtigen politischen Überlebenskünstlerin gereift. Sie war in ihre Rolle hineingewachsen und hatte doch ihre physische Anziehungskraft nicht verloren, während Saltykow sein gutes Aussehen gänzlich eingebüßt hatte: Die Haut war erschlafft und von zahllosen Furchen durchzogen, in dem gelichteten schwarzen Haar zeigten sich deutliche Geheimratsecken. Er sah ganz wie ein schmieriger, alternder Verführer aus. Daß er sein gewohntes Leben auch an den ausländischen Höfen, an die er berufen worden war, fortgesetzt hatte, war ihr zu Ohren gekommen. Zweifellos gab sie schon lange nichts mehr darauf, was er tat, doch wenn man bedenkt, wie stark sie von ihren Gefühlen bestimmt wurde, kann man sich nicht vorstellen, daß sie bei der Begegnung keinen Stich in der Herzgegend verspürte – Nachklang ihrer alten Schmerzen. Er hatte sie ausgenutzt und ihr alle Illusionen geraubt. Jetzt war er in der Lage, sie substantiell zu schädigen; doch er wußte auch, daß er, wenn er sich zum Plaudern entschied, sich selbst mit in den Abgrund reißen würde. »Die Menschen denken stets zuerst an ihren eigenen Vorteil«, sagte Katharina gern, frei nach Machiavelli. Nie hatte sie so sehr darauf gehofft, daß ein anderer an seinen eigenen Vorteil dachte, wie jetzt.

Über das Treffen zwischen Katharina und Saltykow gibt es kein schriftliches Zeugnis. In ihren Memoiren hatte Katharina einst geschrieben, daß ihr Saltykow als ein sehr stolzer und argwöhnischer Mann erschienen sei, als sie ihn kennenlernte. Man fragt sich, ob es zu dieser Zeit noch der Stolz war, der ihn leitete. Denn inzwischen war er in Ungnade gefallen und hatte viele Enttäuschungen erlebt. Sein Abenteuer mit Katharina hatte sein Schicksal besiegelt; er würde niemals mehr sein als ein Diplomat der unteren Ränge, der ein Leben weit weg von seinem Heimatland führt, ein umherschweifender Weltbürger, der von Hof zu Hof und von Schlafzimmer zu Schlafzimmer wandert. Auch wenn ihn nicht die volle Wucht von Peters Zorn traf, würde er immer unter ihm leiden. Im Wissen darum und im vollen Bewußtsein der Verheerungen, die die Zeit in diesem Mann angerichtet hatte, dem sie sich einst hingegeben und der ihre Jungfräulichkeit geraubt hatte, muß es Katharina schwergefallen sein, diese Stunde mit Saltykow zu überstehen, eine Stunde, die von beiderseitiger taktvoller Höflichkeit und oberflächlichen Schmeicheleien bestimmt war und in der – wie man annehmen muß – kein Wort über den blonden, dunkeläugigen Knaben geredet wurde, der die einzige und immerwährende Verbindung zwischen ihnen darstellte.

Es gab neue Ereignisse, mit denen die neue Regierung kaum Schritt hielt. In den Kasernen hörte man nicht mehr nur das Gemurmel des Mißbehagens, sondern allmählich immer lauteres Protestgeschrei. Geschürt von den Orlows, die Katharina priesen und Peter bei jeder Gelegenheit schlechtmachten und in Katharinas Namen an die Soldaten Geld und Wein austeilten, steigerte sich die latente Unzufriedenheit zu offener Empörung. Peters Militärreform wurde als Bestrafung aufgefaßt, sein Friedensvertrag mit Preußen – es wurde gesagt, er sei von einem Beauftragten Friedrichs entworfen worden – galt als offener Affront, den man nicht hinnehmen wollte. Die Soldaten haßten ihre neuen deutschen Kommandeure, und noch mehr haßten sie die neuen blauen Uniformen, die ihnen aufgezwungen worden waren. Der versprochene Sold ließ auf sich warten, und es gab Gerüchte über einen Feldzug gegen Dänemark, nicht im Interesse der russischen Souveränität, sondern zur Rettung der holsteinischen Besitzungen des Kaisers.

Die Vorbereitungen für diesen Feldzug wurden intensiviert, als die Kälte nachließ. Die dicke Eisschicht, die den Fluß bedeckt hatte, barst knirschend, und riesige Schollen trieben in Richtung Meer. Ausrüstung, Waffen und Vorräte wurden in die Petersburger Kasernen geschafft und dort gelagert. Es hieß, daß sich Peter selbst an die Spitze der russischen Truppen stellen wolle, sobald das Wetter es zulasse und die notwendige Ausrüstung verfügbar sei. Er war begierig, sich im Felde auszuzeichnen, in der offenen Schlacht zu kämpfen und Ruhm zu erringen. Die verstorbene Kaiserin hatte ihm diese Chance niemals gegeben. Jetzt wollte er beweisen, zu was er fähig war. Und er würde auf preußischer Seite kämpfen, wie er es immer gewollt hatte. Einige russische Einheiten sollten sogar schon unter preußischem Kommando stehen.

Die Männer machten sich bereit, einem Führer zu folgen, den sie haßten und der sie zu einem militärischen Abenteuer zwang, das sie verabscheuten, bevor es begonnen hatte. Kein Wunder, daß nun überall ganz offen darüber geredet wurde, wieviel besser es wäre, wenn die Frau des Kaisers, die ihre zweite Heimat kannte und verstand, statt sie zu verachten, auf dem Thron sitzen würde. Einige verloren nicht ganz das Vertrauen zu Peter, den sie, wie verächtlich er auch erschien, als ihren legitimen Herrscher betrachteten. Aber viele hofften auf Veränderung und gelobten insgeheim, sich demjenigen zur Verfügung zu stellen, der für Veränderung sorgen würde.

Nicht nur unter den Soldaten herrschte Unruhe, sondern auch unter der Geistlichkeit. Denn der Kaiser hatte sich angesichts leerer Staatskassen kirchlichen Grundbesitz angeeignet.

Schon während der Regierungszeit Elisabeths hatte es Pläne gegeben, einen großen Teil der kirchlichen Besitztümer zu säkularisieren, aber sie waren niemals verwirklicht worden. Jetzt stürzte sich Peter auf dieses Projekt. Aus seiner Verachtung für die russisch-orthodoxe Kirche hatte er nie einen Hehl gemacht. Er haßte ihren Glanz und ihren Pomp, ihre langen und komplizierten Rituale, ihre feierlichen, klangvollen Gesänge und die Vielzahl ihrer Heiligen, deren kostbare Bildnisse man allseits verehrte. Auch nachdem er schon so lange in Rußland lebte, fühlte er sich immer noch dem schlichten und ernsten lutherischen Glauben seiner Vorväter verbunden, und er hatte oft sowohl Priester wie fromme Gläubige beleidigt, wenn er mitten in einem russischen Gottesdienst in Gelächter ausgebrochen war oder ausfällige Bemerkungen gemacht hatte.

Truppen wurden ausgesandt, um im Namen des Kaisers

Ländereien zu besetzen, die seit Hunderten von Jahren der Kirche gehörten. Wo sie auf Widerstand stießen, wandten die Soldaten Gewalt an, um sich des Besitzes zu bemächtigen. Viele von ihnen waren mit diesen Maßnahmen keineswegs einverstanden, und doch gehorchten sie, wenn ihnen befohlen wurde, in die Häuser von Priestern und die Anwesen der höheren Geistlichkeit einzubrechen, um sie zu plündern. Keine Kapelle, keine Einsiedelei, kein Kloster blieb verschont. Man schreckte nicht einmal davor zurück, die Zellen der Mönche zu durchwühlen.

Offizielle Proteste der Geistlichkeit verhallten ungehört. Es schien fast, als handelte es sich um einen persönlichen Rachefeldzug Peters gegen die Priester. Er befahl ihnen, ihr langes Haar und ihre bis zur Taille reichenden Bärte abzuschneiden. Statt der langen schwarzen Gewänder hatten sie nun nüchterne dunkle Mäntel, Leinenhemden und Hosen zu tragen, auf dem Kopf die Dreispitze der lutherischen Pastoren. Zu diesen schweren Eingriffen in die alten Traditionen der Geistlichkeit kam die beleidigende Anweisung, daß in Zukunft die Söhne verheirateter Priester eingezogen werden sollten. Bisher waren sie vom Militärdienst befreit gewesen.

Doch das Schlimmste stand noch bevor. Nach den schweren Attacken auf kirchlichen Besitz und kirchliche Traditionen ging Peter nun, wie viele Gläubige es sahen, zum Angriff auf den Glauben selbst über. Er ließ den Erzbischof Dmitri von Nowgorod zu sich kommen – denselben Mann, der ihm einige Monate zuvor als Souverän gehuldigt und der bei derselben Gelegenheit den ranghöchsten höfischen Würdenträgern den Treueeid auf ihren Kaiser abgenommen hatte –, um ihm zu verkünden, daß in Zukunft in allen Gotteshäusern nur noch jene Ikonen hängen durften, die Jesus Christus und die Jungfrau Maria darstellten.

Ein größerer Schlag gegen die traditionelle russische Frömmigkeit war nicht vorstellbar. Die Ikonen der Heiligen standen im Zentrum des orthodoxen Glaubens. Jeden Tag beugten die Gläubigen sich andächtig vor ihnen nieder, in der Schlacht wurden die Bilder den Soldaten vorangetragen, in jedem russischen Haus gab es eine »schöne Ecke«, wo Tag und

Nacht Lampen brannten, um die länglichen, dünnlippigen Gesichter und schimmernden Augen der heiligen Bilder zu beleuchten. Auf jedem Markt wurden Ikonen feilgeboten, die Geschäfte der Devotionalienhändler florierten. Jeder Russe besaß mindestens eine Ikone; besonders verehrte Bildnisse wurden von Generation zu Generation weitergegeben und gehörten zu den wertvollsten Besitztümern einer Familie. Von einzelnen Ikonen glaubte man, daß sie wundertätige Kräfte besäßen. In kleinen und großen Kirchen wurde der anbetende Gläubige von heiligen Bildnissen überwältigt, sie hingen an jeder Säule und an jeder Wand und reihenweise an der hohen, schimmernden Ikonostasis, dem Eingangstor zum Allerheiligsten.

Ein Aufschrei der Gläubigen antwortete Peter. Nein, ihre Ikonen durfte er ihnen nicht nehmen! Die heiligen Bilder durften nicht entweiht werden! Diesmal war der Kaiser zu weit gegangen. Er mußte ersetzt werden. Und wer ihn offensichtlich am besten ersetzen konnte, war Katharina. In den Straßen von Petersburg und Moskau hörte man aufrührerische Reden. Gemunkel von Umsturz und Rebellion beunruhigten jene, die der gegenwärtigen Regierung noch die Stange hielten.

»Jedermann haßt den Kaiser«, bemerkte Breteuil. »Die Kaiserin sammelt den Mut ihres Herzens und ihres Geistes. Man liebt und verehrt sie ebensosehr, wie man den Kaiser haßt und verabscheut.« Der Haß wuchs, doch noch fehlte es ihm an Kraft. »Um die Wahrheit zu sagen: Jeder hier ist feig wie ein Sklave«, fügte der französische Gesandte hinzu. Er wußte nicht, daß sich diese Menschen, in denen er nur Feiglinge und Sklaven sah, bereits zu einem großen Aufstand rüsteten.

Baron Korff, der Generalpolizeimeister, war sich des ganzen Ausmaßes der Unzufriedenheit in der Hauptstadt wohl bewußt. Während der Monate April und Mai erhielt er von seinen Spionen Nachrichten von den Unruhen in den einzelnen Vierteln, von den verräterischen Reden in den Kasernen der Garde und von dem Groll, der selbst in den Reihen der Polizei herrschte. Wenn die Polizei nicht sofort und hart durchgriff, würde es einen Aufstand geben. Doch Korff entschied sich dafür, nichts zu tun.

Monatelang hatte er zu den engsten Vertrauten des Kaisers gehört und sich Peters besonderer Gunst erfreut. Häufig befand er sich unter den Gästen bei den Festbanketten im Winterpalast; er war sowohl Zeuge wie auch Teilnehmer des ausschweifenden Lebens, das Peter führte. Doch plötzlich, Ende Mai, war es mit der kaiserlichen Gunst vorbei. Höchst unklugerweise hatte Peter aus einer Laune heraus mit Korff einen Streit angefangen, dessen Ergebnis war, daß der Baron nun nicht mehr zu den gerngesehenen Gästen im Winterpalast gehörte. Tage nach dem Bruch führte sich Korff bei Katharina ein. Er hatte sich endgültig auf ihre Seite geschlagen und hielt jede Wette, daß Petersburg sich im Namen Katharinas erheben würde, sobald der Kaiser in den Krieg gezogen war. Da die Gewinnerin des unvermeidbaren Konflikts feststand, schien es angebracht, sich ihr zur Verfügung zu stellen. Und Korff zögerte nicht, dabei das ganze Gewicht seines Amtes in die Waagschale zu werfen.

Anfang Juni veranstaltete Peter ein großes Bankett, um den Frieden mit Preußen zu feiern. Hunderte von Gästen versammelten sich in dem großen Speisezimmer, in dem lange Tische aufgebaut worden waren, bedeckt mit feinem weißem Leinen, glänzenden goldenen Tellern und riesigen silbernen Tafelaufsätzen. Schlanke weiße Kerzen in vergoldeten Kandelabern erleuchteten den großen Raum, während der Abend langsam verdämmerte. Die Sonne ging in dieser Jahreszeit erst kurz vor Mitternacht unter, und die Fluten der Newa spiegelten, orangerot und golden funkelnd, das Himmelslicht.

Der Salon füllte sich mit Gästen, man setzte sich zu Tisch. Die ersten Gänge wurden aufgetragen. Der Kaiser saß auf einem erhöhten Podium, neben ihm Jelisaweta Woronzowa, deren Häßlichkeit durch ihren reichen Brillantschmuck kaschiert wurde. All diese glitzernden Rubine und Saphire hatten einmal der verstorbenen Kaiserin gehört. In unmittelbarer Nachbarschaft befand sich der Platz des preußischen Gesandten, des heutigen Ehrengastes. Weit weg, am entgegengesetzten Ende der Tafel, vom Podium durch Hunderte von Gästen getrennt, saß Katharina, freundlich und gelassen und in auffälliger schwarzer Trauerkleidung.

Peter übersah den Raum voller Zufriedenheit. Jetzt war er hier Herr. Die Beamten und Höflinge hatten zu tun, was er befahl, sie waren seinem Willen unterworfen, wie er einst dem Willen der verstorbenen Kaiserin unterworfen gewesen war. Gewiß, es gab Unruhe in der Stadt, und vor kurzem war die Nachricht gekommen, daß die Bauern von Astrachan sich erhoben hätten. Aber Astrachan war weit, und außerdem hatte sich schon ein Regiment auf den Weg gemacht, das den Auftrag hatte, die Führer gefangenzunehmen und den Aufstand zu zerschlagen. Etwas irritierender waren die Berichte, die Peter von seinen Generälen erhielt. Danach hatte sich eine große Zahl von Soldaten krank gemeldet, so daß sie den dänischen Feldzug nicht mitmachen konnten. Aber er wußte, wie man dem begegnete. Er hatte einen Ukas herausgegeben, einen Erlaß mit Gesetzeskraft, der ihnen befahl, ihre Gesundheit wiederherzustellen. Sie würden es nicht wagen, sich einem kaiserlichen Erlaß zu widersetzen.

Weitere Schüsseln wurden herumgereicht, und es flossen Ströme von Wein. Immer wieder leerte der Kaiser seinen Pokal, bis er beinahe das Gleichgewicht verlor, wenn er dem preußischen Gesandten zuprostete. Er wußte, daß es Leute gab, die ihn davor warnten, das Land zu verlassen, um nach Dänemark zu marschieren. Sogar sein Mentor Friedrich, den er mehr als irgend jemanden sonst verehrte, hatte ihm geschrieben und ihm den Rat gegeben, bis zur Krönungszeremonie Rußland nicht zu verlassen. Dem Volk sei nicht zu trauen, hieß es in seinem Schreiben. Es könnte sein, daß es sich gegen einen Herrscher erhob, dessen Kaiserwürde noch nicht durch die Krönung sanktioniert worden war. Aber Peter hatte fest vor, den Feldzug anzuführen, trotz allem, er wollte am Soldatenleben teilnehmen und selbst einmal Soldat sein. Er konnte sich jetzt nicht damit aufhalten, nach Moskau zu fahren – jene abscheuliche, von Priestern beherrschte Stadt mit ihren Hunderten von Gotteshäusern und Tausenden von lärmenden Kirchenglocken –, nur um sich irgendeinem archaischen kirchlichen Ritual zu unterwerfen.

Peter ließ sich seinen Pokal erneut vollgießen und erhob sich, um einen Trinkspruch auszubringen. »Wir wollen trinken«, rief er mit schwerer Zunge, »auf die Gesundheit des Königs, unseres Herrn.« Und das Rascheln von Seide und das Scharren der Stuhlbeine auf dem Boden zeigte, daß die Gäste aufstanden, um mit ihm das Glas zu erheben.

»Auf Friedrich, den König«, sagte Peter noch einmal, »der mir die Ehre erwies, ein Regiment zu führen. Ich hoffe, daß er es mir nicht wieder fortnimmt.« Er wandte sich zu dem preußischen Gesandten. »Sie dürfen ihn dessen versichern – wenn er es von mir verlangt, werde ich mit meinem ganzen Reich sogar der Hölle den Krieg erklären.«

Und damit leerte der Kaiser seinen Trinkbecher, und die Gäste taten es ihm gleich. Weitere Trinksprüche folgten. Jemand stand auf und formulierte einen Toast auf die kaiserliche Familie. Und wieder standen die Gäste auf – sogar die französischen und österreichischen Gesandten und die grollenden russischen Hofbeamten; die Diener, die alle den scharfen, gewalttätigen Unterton in Peters Rede gehört hatten, erschraken.

Alle standen auf, bis auf Katharina. Sie blieb auf ihrem Stuhl sitzen, provozierend selbstbeherrscht, stumm, allein. Peter bemerkte es, versuchte es zu ignorieren und konnte sich schließlich nicht länger zurückhalten. Warum stand sie nicht auf wie alle anderen? Er schleuderte ihr die Frage hin.

Die Gäste erstarrten, die Diener wagten nicht, die Flaschen und Tabletts abzusetzen, die sie in Händen hielten. Man hörte kein Glas klirren, kein Messer kratzen. Katharina drehte sich zu ihrem Gemahl.

»Der Toast wurde auf die kaiserliche Familie ausgebracht. Ich gehöre dieser Familie an, ebenso wie der Kaiser und unser Sohn. Wie könnte ich aufstehen und auf mein eigenes Wohl trinken?«

Ebenso wütend über Katharinas Gelassenheit wie über die Logik ihrer Entgegnung, schrie er sie an.

»Närrin!« Seine Stimme hallte in dem riesigen Saal wider. Die Gäste, erschrocken über die häßliche Schärfe und Bitterkeit seines Tons, blieben sitzen wie gelähmt und wagten kaum zu atmen.

Katharina aber behielt ihre äußere Selbstsicherheit trotz der Gefahr, in der sie schwebte, bei. Am frühen Abend desselben

Tages war sie ganz für sich zu einer Entscheidung gekommen: Sie würde dem armseligen Affentheater ihres Gemahls nicht länger untätig zusehen. Sie würde nicht warten, bis er seine Rache an ihr stillte. Sie würde jene, die so sehr darauf drängten, in ihrem Namen zu handeln, tun lassen, was sie geplant hatten. Mit ihrer Hilfe und im Vertrauen auf die unsichtbare Hand, die alles leitete, würde sie sich des Throns bemächtigen.

Kapitel Siebzehn

Warme, feuchte Luft floß in trägem Strom von der Ostsee her. Die Sonne hing als wäßrig hellgelbe Scheibe über dem Horizont, als die trübe Dämmerung der Nacht dem ungewissen Morgen Platz machte. Es war Juni, und es sollte ein heißer Monat werden. Die Kutsche, die von der Hauptstadt in Richtung Peterhof fuhr, holperte und schwankte auf der schlechten Straße, ohne in ihrer rasenden Fahrt innezuhalten; selbst als die Pferde stolperten und der elegante hölzerne Kutschenkasten rumpelte, als ob er gleich umfallen würde, durfte der Kutscher nicht bremsen. Im Innern des Gefährts befanden sich Alexej Orlow und sein Leutnant Wassili Bibikow, letzterer als Lakai verkleidet. Sie befanden sich auf dem Weg zu Katharina, um ihr eine Botschaft von größter Wichtigkeit zu überbringen. Einer der Männer, der den Umsturz wesentlich mit vorbereitet hatte, war verhaftet worden, und die anderen, die fürchteten, daß er unter der Folter den ganzen Plan preisgeben würde, hatten entschieden, daß es Zeit war, sofort zu handeln.

Es war der 28. Juni. In zwei Tagen wollte Peter an der Spitze seiner Truppen nach Dänemark ziehen. Wochenlang hatten Katharina und ihre Verbündeten in aller Stille ihre Vorbereitungen getroffen. Sie hatten sich im Haus der Fürstin Daschkowa getroffen und immer mehr Gardeoffiziere in die Verschwörung einbezogen. Tausende weiterer Soldaten hatten Katharina geschworen, ihr zu Hilfe zu eilen, wann immer sie sie rufen würde. Grigori Orlow hatte die Führung übernommen und seine ganze Kraft und sein enormes Prestige eingesetzt, um viele, die noch schwankten, auf die Seite der Aufständischen zu ziehen. Er und seine Brüder kümmerten sich um die militärische Vorbereitung, sie versicherten sich der Loyalität des Artilleriekorps, planten die Vorgehensweise gegen Widerstandsnester und die Abriegelung der Straßen, während Nikita Panin, Katharinas Hauptberater, für die politische Seite des Umsturzes zuständig war; unter anderem trug er die Verantwortung dafür, daß dem Thronerben Paul, dessen sich Peter – wie neueste Gerüchte wissen wollten – zusammen mit seiner Mutter entledigen wollte, nichts geschah.

Panin und Katharina hatten ein Manifest aufgesetzt, das am Tag des Umsturzes überall verteilt werden sollte. Zu dieser Stunde wurde es in größter Heimlichkeit gedruckt, von einem Beamten, der damit sein Leben aufs Spiel setzte.

Die Kutsche beendete ihre holpernde Fahrt vor dem Eingang einer kleinen Villa namens Mon Plaisir, in der Katharina lebte, und die Diener, die schon wach waren, führten den hochgewachsenen Alexej Orlow zu ihrem Schlafzimmer.

Sanft weckte er die Schlaftrunkene. »Es ist Zeit zum Aufstehen«, sagte er mit bemerkenswert gelassener Stimme. »Alles ist bereit.«

Es war von den Verschwörern ausgemacht worden, daß sich im Falle eines Verrats die Garde sofort versammeln und Katharina zur Kaiserin ausgerufen werden sollte – gleichgültig, wo Peter sich aufhielt und was er tat. Im Augenblick befand sich Peter in Oranienbaum, nur einige Kilometer entfernt, mit seinen fünfzehnhundert Holsteinern. Doch ohne Zweifel war er noch nicht aufgestanden und schlief seinen Rausch vom vergangenen Abend aus, und wenn Katharina so schnell wie möglich in die Stadt fuhr, konnte mit etwas Glück alles geschehen sein, bevor ihr Gemahl Zeit hatte, sie verhaften zu lassen.

Während ihre Frauen sie rasch ankleideten – sie wollte nichts anderes tragen als ein schlichtes schwarzes Kleid, denn die Trauerzeit für die verstorbene Kaiserin war noch nicht vorbei –, erzählte ihr Orlow von der Gefangennahme des Leutnants Passek, der aufwieglerische Reden geführt hatte und von Peters Spionen dabei erwischt worden war. Katharina verstand, daß es jetzt darauf ankam, Zeit zu gewinnen. Sie stieg in die wartende Kutsche, und in rasender Fahrt ging es zurück nach Petersburg.

Während der nervenzerreißenden anderthalb Stunden, die folgten, als der Kutscher mit sausender Peitsche die Pferde zu halsbrecherischer Geschwindigkeit antrieb, ohne der Schlaglöcher zu achten, die den Wagen immer wieder gefährlich aus dem Gleichgewicht brachten, war Katharina bald hellwach und sammelte sich, so gut es ging. Endlich war die Stunde gekommen, in der sie ihre Entschlossenheit unter Beweis stellen mußte. Einst hatte sie vor dem französischen Gesandten ihre eigene Kühnheit gepriesen und sich Charles Hanbury-Williams gegenüber ihres maßlosen Ehrgeizes gebrüstet, und nun würde sie der Welt zeigen, daß sie solchen Prahlereien auch Taten folgen lassen konnte!

Vielleicht verweilten ihre Gedanken noch ein wenig bei Hanbury-Williams, der an sie geglaubt und sie ermutigt hatte. Leider war er kurz nach seiner Rückkehr nach England schon gestorben. Wie oft hatte sie mit ihm über ihren tiefverwurzelten Glauben gesprochen, daß ihr Leben von einer überirdischen Macht bestimmt werde, die sie allen Unbilden des Schicksals zum Trotz schützte und bewahrte! Vielleicht schickte sie ein stilles Gebet zu jener Macht, als die ersten Häuser Petersburgs in Sicht kamen und sie anfangen mußte, sich ganz auf die nächsten Schritte zu konzentrieren.

Der ursprüngliche Plan sah vor, daß man einen günstigen Zeitpunkt wählte und Peter in seinem Gemach im Palast verhaftete. Die Gardesoldaten sollten ihn einschließen und dann darauf vertrauen, daß sich die Leibwache im Palast, eingeschüchtert von der Überzahl ihrer Gegner, kampflos ergab. Jetzt mußten die Verschwörer improvisieren. Mit Hilfe der Garde mußte die Stadt abgeriegelt und Peter in Oranienbaum isoliert werden, wenn nötig, wollte man den ganzen Ort umstellen. Unter allen Umständen mußte verhindert werden, daß der Kaiser – und jene, die ein Interesse daran hatten, daß er an der Macht blieb – mit fremden Regierungen Verbindung aufnahm und ins Ausland floh.

Hunderterlei Fragen und Zweifel müssen Katharina durch

den Kopf gegangen sein, während sie in ihrem schwankenden Gefährt auf ungepflasterten Straßen in die Stadt fuhr. Würden sich alle Angehörigen der Garde auf ihre Seite stellen, oder würden einige sich weigern? Wie viele Leben würde der Umsturz kosten? Würde Zeit genug sein, um alles Notwendige zu tun, bevor die Gegenattacke kam? Würde das Volk in der Hauptstadt sie unterstützen? Man wußte, daß Peter unter den gewöhnlichen Bürgern ebenso große Popularität genoß, wie er beim Adel, bei den Soldaten und Geistlichen verhaßt war – aber auch Katharina liebte man im Volk, wahrscheinlich noch mehr als ihren Gemahl. Konnte sie gewinnen? Hatte sie die Kraft, sich in dem kommenden Kampf zu behaupten?

Aber nun mußten alle Zweifel beiseite geschoben werden, sie hatte keine Wahl mehr. Vor einigen Wochen erst, am Abend der Feier des Friedens mit Preußen, hatte sie gespürt, daß ein Wendepunkt erreicht war und daß es kein Zögern mehr geben konnte. Sie kannte Peter zu lange und zu gut, um die Veränderung, die mit ihm vorgegangen war, nicht zu bemerken, jene neue Rücksichtslosigkeit, die er im Umgang mit allen Feinden und vermeintlichen Feinden an den Tag legte. Von einem neuartigen Vernichtungswillen beseelt, holte er zum Schlag aus gegen die Kirche, den Hofadel und sie selbst. Um sich vor seinem Zorn zu schützen, hatte sie sich nach Peterhof zurückgezogen, wo sie, ohne Aufmerksamkeit zu erregen, mit ihren heimlichen Verbündeten in Verbindung blieb. Jetzt wurde die Verschwörung offenbar. Es gab nichts mehr, hinter dem sie sich verstecken konnte. Entweder sie setzte alles auf eine Karte und wagte den entscheidenden Schritt, oder sie zog sich feige zurück und blies die Sache ab. Letztere Möglichkeit entsprach nicht ihrem Charakter. Katharina war noch nie feige gewesen.

Mit einem Ruck kam die Karosse am Straßenrand zum Stehen. Die schweißnassen Pferde waren am Ende ihrer Kraft. Eine zweite Kutsche wartete auf sie, aus der die ehrfurchtgebietende, hochgewachsene, straffe Gestalt Grigori Orlows in seiner grün-roten Uniform sprang.

Als sie seiner ansichtig wurde, muß Katharina Erleichterung verspürt haben; denn von Anfang an war er Herz und Seele des ganzen Umsturzplans. Er hatte die Soldaten auf ihre Seite gebracht, hatte die bezwingende Kraft seiner Persönlichkeit eingesetzt, um aus Unzufriedenen entschlossene Rebellen zu machen, hatte den Einsatz von Schmiergeldern, Alkohol und berechnender Herablassung nicht gescheut, um die Schwankenden in die Pflicht zu nehmen, während er die kaiserlichen Spione ablenkte und hinters Licht führte und verhinderte, daß ihnen wesentliche Informationen in die Hände fielen. »Alles war sein Werk in diesem Unternehmen«, schrieb Katharina später von ihm. Er war ihr Kundschafter, ihr Geliebter, ihr Held. Sie stieg ein, er setzte sich neben sie, und der Kutscher schwang die Peitsche.

Orlow hatte Katharinas Ankunft in der Stadt sorgfältig geplant. Zuerst fuhren sie zu den Holzbaracken, in denen das Ismailowski-Regiment untergebracht war. Dort gab es viele Soldaten und zehn Offiziere, die den Treueeid auf Katharina geschworen hatten. Von der Mehrzahl der Soldaten würde kein Widerstand zu erwarten sein. Katharina wartete im Innern der Kutsche, während ihr Gefährte absprang und sich in die Wachstube begab, wo er ein paar gähnende Männer vorfand. Einem Trommler befahl er, ein bestimmtes Signal zu trommeln, und gleich darauf rannten von allen Seiten Soldaten herbei, ungeordnet, viele nur halb angezogen, um sich zu den Waffen zu begeben.

Jetzt gab Orlow Katharina das Zeichen, und sie stieg aus dem Wagen und zeigte sich der wachsenden Menge; die Männer staunten sie an – eine liebenswürdige, hoheitsvolle Gestalt im einfachen schwarzen Kleid, das braune Haar ungepudert und aus dem Gesicht gekämmt. Alle hatten sie von der Drohung des Kaisers gehört, seine Frau verhaften zu lassen. Bevor sie den Mund öffnete, um zu ihnen zu sprechen, wußten sie, daß sie in Gefahr schwebte.

»Matuschka, Mütterchen!« riefen sie und drängten sich vorwärts, um ihre Hände und Füße zu küssen. Einige weinten, andere verbeugten sich tief oder knieten vor ihr nieder, um in Demut den staubigen Saum ihres Gewandes zu küssen.

Als immer mehr Männer aus den Baracken strömten, wurden von Offizieren vereinzelt Rufe laut, die nach Paul und einer Regentschaft verlangten; einige andere mögen gezögert haben, weil sie an den Eid dachten, den sie auf ihren Kaiser geschworen hatten, und sich ins Gedächtnis riefen, daß ihre geliebte Kaiserin Elisabeth Peter, nicht Katharina für die Thronfolge bestimmt hatte. Doch am Ende floß alles zusammen in einem Schwall edlen, ritterlichen Gefühls für die Dame, die vor ihnen stand. Und das Gefühl steigerte sich noch, als der Regimentskommandeur Kirill Rasumowski Katharinas Anspruch auf den Thron nachdrücklich billigte und der Priester der Kaserne, Vater Alexej, den versammelten Soldaten den Treueeid auf Katharina abnahm.

Mit lauten Rufen und Gesang sammelten sich die Gardesoldaten hinter Katharinas Kutsche, die weiterfuhr zu den Unterkünften des Semjonowski-Regiments. Neugierige, die sich in der Nachbarschaft versammelt hatten, wurden dazu aufgefordert, für Katharina Partei zu ergreifen. Die Nachricht ihres Kommens flog ihr voran. Die Semjonowski-Soldaten – unter ihnen mindestens ein Dutzend begeisterter Offiziere – befanden sich in Hochstimmung; die Aussicht, den verhaßten Kaiser endlich abzusetzen und ihre Heldin Katharina aus der drohenden Gefahr zu retten, feuerte sie an, und sie liefen auf die Straße, um die Kutsche zu empfangen und Katharina ihrer ewigen Verbundenheit zu versichern.

Inzwischen war es fast neun Uhr, und die ganze Hauptstadt schien hellwach und vor Erregung fiebernd. Soldaten von anderen Kasernen liefen herbei, »vor Freude springend und lärmend«, wie Katharina später schrieb, um sich mit der stetig länger werdenden Prozession der Gefolgsmänner, die hinter der Kutsche hermarschierten, zu vereinigen. Unterwegs entledigten sie sich der ihnen aufgezwungenen Uniformen in den preußischen Farben und zogen ihre alten russischen Röcke wieder an. Geistliche, denen die Berichte davon, daß Peter in der Palastkapelle den Gottesdienst nach lutherischem Ritus feierte und die Ikonen der Heiligen überall entfernen lassen wollte, tiefe Sorgen gemacht hatten, empfingen mit Freude die Kunde, daß Katharina nun Kaiserin werden sollte. Gerüchte machten die Runde. Es gab Leute, die wissen wollten, daß Peter gestorben sei und Katharina seine Nachfolge antrete. Andere flüsterten, daß Peter die russische Armee an den König von Preußen verkauft habe und daß die Soldaten deshalb beschlossen hätten, ihn zu stürzen.

Auch Männer der vor kurzem aufgelösten kaiserlichen Leibwache – viele von ihnen waren dabeigewesen, als sich Elisabeth vor einundzwanzig Jahren des Thrones bemächtigt hatte – schlossen sich dem Zug an, ebenso die berittene Garde in voller Marschordnung, mit den Offizieren an der Spitze, die mit wilder Freude riefen, daß Rußland endlich erlöst sei. Und die wogende Menge wurde immer noch größer, und Vivatrufe füllten die feuchte Morgenluft. Tausende von Soldaten, beritten oder zu Fuß, folgten der Kutsche, in der Katharina und Orlow saßen, und voran ritt Vater Alexej mit dem Kruzifix.

Bald wurde es offenbar, daß weder die Polizei noch Peters loyale Holsteiner – die sich noch immer in Oranienbaum befanden, einige Stunden von der Hauptstadt entfernt –, noch irgendein Mitglied des Senats oder der kaiserlichen Behörden sich dem Umsturz widersetzen würden. Schon früher war Katharina versichert worden, daß der Feldzeugmeister der Artillerie, General de Villebois, auf ihrer Seite war; er hatte ihr garantiert, daß keines der Artilleriekorps auf die Rebellen schießen werde. Was die Mitglieder des Senats betraf, die während der Abwesenheit des Kaisers nominell die Macht über die Hauptstadt innehatten – sie hatten für Peters schikanöse Wichtigtuerei nie etwas übrig gehabt und hatten sich seinen radikalen Veränderungen stets widersetzt. Während der wenigen Monate seiner Regierung hatte er sie vieler ihrer geheiligten Privilegien beraubt und ihnen erst vor kurzem wieder Grund zum Murren gegeben, als er befahl, daß die von ihnen ausgesprochenen Urteile und Erlasse seiner Billigung bedurften, bevor sie in Kraft traten. Sein politisches Ende kam ihnen also nur zu gelegen. Die gesamte Regierung kapitulierte kampflos.

Nur im stolzen Preobraschenski-Regiment, dem ältesten und ehrwürdigsten der Garderegimenter, regte sich Widerstand. Als die ersten Soldaten dieses Regiments, ohne sich um ihre Befehle zu kümmern, die Kasernen verließen, um zu Katharinas aufrührerischem Schwarm zu stoßen, versuchten einige Offiziere, sie aufzuhalten. Es schien zu einem ernsten Geplänkel zwischen denen, die zu Katharina hielten, und den Parteigängern Peters zu kommen, doch bevor Blut vergossen werden konnte, ergaben sich die letzteren und schworen Katharina die Treue. Die wenigen Gegner, die ihren Kaiser hartnäckig verteidigten, konnten bald besiegt und von jenen Kräften gefangengenommen werden, die binnen kürzester Zeit zur legitimen Macht erhoben worden waren. Legitimiert wurde diese Macht – nach dem Urteil von Zeitgenossen, die selbst an den schwindelerregenden Ereignissen teilnahmen – durch die stürmischen Beifallsbekundungen und aktive Unterstützung der Soldaten und der Bürger der Stadt und durch den Willen Gottes.

In staunenswerter Geschwindigkeit sicherten die Regimenter den Palast, wo die Senatoren sich selbst eingeschlossen hatten, um das Ergebnis von Katharinas kühnem Unterfangen abzuwarten, und allerorten wurden Vorbereitungen getroffen, um die Stadt gegen einen möglichen Angriff von außen, durch kaisertreue Kräfte, zu verteidigen. Währenddessen wollte Katharina die Übernahme der Macht in aller Eile von der Geistlichkeit sanktionieren lassen. Sie begab sich, flankiert von einer Phalanx von Offizieren, in die Kasaner Kathedrale und wurde dort, in Gegenwart einer großen Anzahl von Zeugen und unter den Augen der heiligen Ikonen zur Selbstherrscherin ernannt und vom Metropoliten von St. Petersburg gesegnet. Nikita Panin hatte auch Paul in die Kathedrale gebracht, er stand neben seiner Mutter. Wolken von Weihrauch stiegen auf, und Glocken läuteten, als der Siebenjährige zum Erben und Thronfolger Katharinas ernannt und ebenfalls gesegnet wurde.

Der Jubel des Volkes, der der neuen Kaiserin entgegenschallte, als sie die duftgeschwängerte Dämmerung der Kathedrale verließ und wieder ins Freie trat, überstieg alle Erwartungen. Der Alptraum von Peters schwächlicher, schwankender Herrschaft war zu Ende. Nun regierte eine neue, bessere und mildere Herrscherin. Die Glocken läuteten unablässig. Rasch verbreitete sich die Nachricht in der ganzen Stadt. Atemlose Diener stürzten in die Gemächer ihrer Herren, um ihnen mitzuteilen, daß der Kaiser so schnell überwältigt worden war, daß man in derselben Zeit kaum hätte frühstücken können.

Auch in den Stadtvierteln, die weit vom Palast entfernt lagen, wurde die Nachricht mit Freude und im allgemeinen ruhig aufgenommen. Auf den breiten Avenuen gab es keine tumultuarischen Szenen, weder Widerstand noch Unruhe; die einzigen Hinweise der Veränderungen waren die Posten, die an jeder Brücke und an den Straßenkreuzungen auftauchten, und die berittenen Patrouillen, die in bestimmten Abständen alle Viertel kontrollierten, um sicherzustellen, daß es auch weiterhin ruhig blieb.

Der einzige Schaden entstand am Haus von Katharinas Onkel Georg, Kommandeur der berittenen Garde, den seine Soldaten haßten. Er hatte versucht, die Stadt zu verlassen – zweifellos in Richtung Oranienbaum, dem Quartier Peters –, und war verhaftet worden. Seine Bewacher mißhandelten ihn; und rachsüchtige Elemente in der riesigen Menschenmenge hatten Georgs Anwesen – ein Geschenk Peters – geplündert, seine kostbaren Besitztümer zerstört. Katharina wußte, daß ihr Onkel sich in Gefahr befand, und sandte eine Abordnung Männer zu seinem Schutz, doch sie kamen zu spät, um die Plünderungen zu verhindern.

Ohne ihren Triumph zu lange auszukosten, begab sich Katharina in den Winterpalast, wo sich der Senat und die führenden Köpfe der Geistlichkeit aufhielten, ebenso Panin. Man setzte das offizielle Thronbesteigungsmanifest auf, dessen bewegende Worte man der wartenden Menge vorlas.

»Wir, Katharina die Zweite, von Gottes Gnaden Kaiserin und Selbstherrscherin aller Russen ...« begann es – und damit erhielt diesen feierlichen Ehrentitel zum erstenmal eine deutsche Prinzessin, die einst auf den Namen Sophie Friederike von Anhalt-Zerbst getauft worden war.

»... haben angesichts der Gefahr, die Unseren getreuen Untertanen droht, Uns genötigt gesehen, mit der Hilfe Gottes, besonders aber auf den ausdrücklichen ungeheuchelten Wunsch aller Unserer getreuen Untertanen hin den Thron als Selbstherrscherin aller Russen zu besteigen.«

Katharina spricht in diesem Dokument weiter von der Gefahr, die ganz Rußland und der »rechtgläubigen griechischen Kirche« durch Peters Unglauben, Verachtung und Verspottung der kirchlichen Gebräuche drohe und von den nicht akzeptablen Bedingungen des Friedensvertrages mit dem Erzfeind Preußen. Sie beklagt den ruinösen Zustand der Regierungsbehörden und Verwaltungsinstitutionen, wodurch Einheit und Wohlergehen des ganzen Landes auf dem Spiel stünden, und sie bezeichnet sich selbst als Verteidigerin Rußlands und aller Russen. Was Peter zerstörte, werde sie wiederherstellen. Als Retterin erhebt sie Anspruch auf die Krone, nicht, weil sie im Besitz irgendwelcher erblicher oder gesetzlicher Rechte wäre. Tatsächlich setzt sie sich mit ihrer Thronbesteigung über alle verwandtschaftlichen Rechte hinweg. Alles, was sie tat und tun wird, gründet sich auf dieses große, öffentlich gegebene Versprechen, die Retterin ihres Reiches zu sein.

Niemand sah dies mit größerer Klarheit als die neue Kaiserin selbst. Nachdem sie die Parade abgenommen hatte – mehr als vierzigtausend Männer unterstanden ihr nun, die Garderegimenter und die Infanteriesoldaten aus anderen Regimentern, die gekommen waren, um sich mit den hauptstädtischen Truppen zu vereinigen –, zog sich Katharina in den Winterpalast zurück, um mit ihren Beratern zu sprechen und zu beschließen, was als nächstes zu tun sei. Eilkuriere wurden ausgeschickt, um Kopien ihres Thronbesteigungsmanifestes im ganzen Land zu verbreiten. Admiral Talysin sollte sich nach Kronstadt begeben, um sich der Loyalität der Marine zu versichern. Dann befahl Katharina dem Metropoliten, die geheiligten Zeichen der Monarchie – Krone, Zepter und heilige Bücher – in ihren Palast zu bringen, da sie um die Wertschätzung dieser Symbole bei ihren Untertanen wußte. Die Thronbesteigung mußte baldmöglichst durch die öffentliche Krönungszeremonie bestätigt werden.

Kuriere gingen den ganzen Nachmittag hindurch im Palast ein und aus. Sie brachten Nachrichten aus Peterhof und aus jedem Viertel der Hauptstadt und nahmen Depeschen mit, die für Provinzgouverneure und Garnisonskommandeure, Diplomaten und Würdenträger bestimmt waren. Im Mittelpunkt der hektischen Aktivitäten standen Katharina und ihre Berater.

Pausenlos erteilten sie Befehle, schrieben Instruktionen, überflogen Schriftstücke und klärten ihre Strategie. Katharina selbst würde, unterstützt von ihren Truppen, nach Peterhof ziehen und etwaigen Widerstand, den Peter noch leisten würde, niederschlagen. Wenn alles nach Plan lief, würde man ihn gefangennehmen und in die Festung Schlüsselburg bringen, wo auch Iwan noch schmachtete. Erst wenn Peter sich hinter Schloß und Riegel befand, konnte Katharina sich sicher fühlen.

Am späten Nachmittag kam der Kanzler Woronzow aus Peterhof, der erste aus Peters innerem Kreis, der sich der neuen Kaiserin näherte. Die Soldaten hatten ihn an der Stadtgrenze ungehindert passieren lassen und geleiteten ihn zum Palast. Als er eintrat und sich der Frau gegenübersah, die jahrelang seine politische Gegnerin gewesen war und jetzt die Hauptstadt beherrschte, zeigte er sich furchtlos. Katharina war nur die rebellische Gemahlin des Kaisers für ihn, er beschimpfte sie und zieh sie der Unbotmäßigkeit, worauf Katharina, ohne ihn einer Antwort zu würdigen, befahl, daß er in die Kathedrale gebracht wurde, wo man ihn zwang, den Treueeid auf die Kaiserin zu leisten.

Kurz darauf erschien ein düsteres Gespann, Fürst Trubezkoi und Alexander Schuwalow, die von Peter geschickt worden waren und erfahren wollten, ob man dem neuesten Gerücht Glauben schenken durfte, nach dem das Preobraschenski-Regiment sich im Namen Katharinas erhoben habe. Katharina aber glaubte, daß die beiden Männer heimlich Order erhalten hatten, sie zu töten. Bevor sie Gelegenheit hatten, Unheil anzurichten, ließ sie sie in die Kathedrale schaffen, wo sie ebenfalls den Treueeid auf die Kaiserin schwören mußten.

Der Abend zog herauf, ein helles, mittsommerliches Zwielicht. Die Soldaten, die überall in der Stadt seit dem Vormittag auf ihrem Posten waren, gähnten. Ihre Wachsamkeit ließ langsam nach. Das Volk, das Katharinas Triumph noch immer bejubelte, war in die Schenken und Tavernen geströmt, um sich an Bier und Schnaps gütlich zu tun. Infolgedessen kam es zu einigen meist harmlosen Raufereien. Doch im Lauf der Nacht brachen unter den betrunkenen Feiernden immer wieder Kämpfe aus, und es gab Einbrüche und Plünderungen. Polizei war nicht zu sehen. Den Polizeichef, Baron Korff, hatte man gefangengesetzt, obwohl er auf seiten Katharinas war; man ließ ihn nach kurzer Zeit wieder frei, aber er hütete sich, in die Straßengefechte einzugreifen. Katharina, auch sie müde und erschöpft, doch auch voller Aufregung und gelegentlich von einem Schauder der Angst überlaufen, machte sich bereit, um die nächste Etappe ihrer großen Unternehmung in Angriff zu nehmen. Sie zog die rot-grüne Uniform eines Obersten des Preobraschenski-Regiments an, dazu trug sie hohe schwarze Stiefel und einen goldbetreßten, pelzbesetzten schwarzen Dreispitz auf dem Kopf. Als sie den Männern auf ihrem Schimmel entgegenritt, belohnte sie ohrenbetäubender Beifall. Sie ritt noch immer meisterhaft und hielt sich kerzengerade: ein Bild jugendlicher, strahlender Majestät. Der Schmuck ihres Pferdes schimmerte im geheimnisvollen nächtlichen Dämmer, und man sah ihr Gesicht – bleich, doch voller Entschlossenheit. Zum zweitenmal an diesem Tag schrien sich die Soldaten heiser bei ihrem Anblick; und der augenfällige Kontrast zwischen ihrem fraulichen Körper und der soldatischen Uniform, der kriegerischen Haltung rührte sie zu Tränen.

Katharina führte die Nachhut. Mit ihr ritt die Fürstin Daschkowa, ebenfalls in Gardeuniform, und eine Eskorte von mehreren Offizieren. Zu dieser Eskorte gehörten auch die beiden Männer, die am Vormittag des gleichen Tages gekommen waren, um sie zu ermorden, Graf Schuwalow und Fürst Trubezkoi. Wenige Stunden in der Hauptstadt hatten ausgereicht, um die Überzeugung in ihnen reifen zu lassen, daß ihr ehemaliger Herr, gegen den sie sich nun wandten, auf verlorenem Posten stand.

Katharinas Truppen verließen die Stadt und nahmen die Straße, die nach Nordwesten, in Richtung Peterhof führte. Trotz der späten Stunde kamen überall die Leute aus ihren Häusern, um die Soldaten zu grüßen und Katharina hochleben zu lassen. Erst als sie die letzten Vororte hinter sich gelassen hatten, wurde es stiller, und man hörte nichts anderes mehr als das Getrappel der Hufe und das metallische Klirren des Zaumzeugs. Vier Stunden lang ritten die Soldaten durch die Nacht, bis sie einen Gasthof erreichten, wo sie, todmüde und erschöpft, Rast machten bis zum Morgengrauen.

Peter hatte den langen Tag des 28. Juni im wesentlichen damit verbracht, sich auf die immer schlimmer werdenden Nachrichten einzustellen.

Der Tag hatte angenehm begonnen. Nach einem faulen Morgen hatte er sich in Begleitung einer größeren Gesellschaft von Herren und Damen seines Hofstaats einschließlich Jelisaweta Woronzowas und des Barons von Goltz, des preußischen Gesandten, von Peterhof nach Oranienbaum auf den Weg gemacht. Er war bester Laune; die Gesellschaft zeigte sich heiter und unbekümmert; und er freute sich auf seine Abreise am übernächsten Tag nach Dänemark, wo er zeigen würde, was für ein ausgezeichneter militärischer Kopf er war. Ruhm und Ehre würde er erringen und als stolzer Kämpfer zurückkehren.

Seine Kutsche hatte Oranienbaum noch nicht erreicht, als einer der Adjutanten, der vorausgeschickt worden war, dem Zug mit beunruhigender Kunde entgegenritt. Katharina war verschwunden. Keiner der Diener wußte, wo sie sich aufhielt. Peters Jähzorn flammte auf. Herrisch befahl er den Damen, seine Kutsche zu verlassen, und fuhr in aller Eile zur Villa Mon Plaisir, wo er durch dieselbe Tür eintrat wie kaum acht Stunden zuvor Alexej Orlow. Er stellte die Diener zur Rede. Wo hatten sie Katharina versteckt? Ohne einen Hehl aus seiner Verärgerung zu machen, stürmte er durch das ganze Haus, öffnete Schränke, zog Schubladen auf und sah hinter jeden Wandschirm, während die Diener vor Angst zitterten. Immer wieder rief er nach seiner Frau; es klang, als wollte er ihren flüchtigen Geist beschwören. Aber er konnte sie nicht finden, und als die Damen und Herren seiner Gesellschaft das Haus erreichten, mußte er ihnen eingestehen, daß Katharina tatsächlich verschwunden sei.

»Was habe ich Ihnen gesagt?« sagte er zu Jelisaweta Woronzowa. »Diese Frau ist zu allem fähig.«

Während der nächsten Stunden grübelte Peter mit wachsender Besorgnis darüber nach, wozu Katharina tatsächlich fähig sein könnte. Ein Holsteiner, der vormittags zufällig in der

Stadt gewesen war und gerade noch hatte entkommen können, bevor die Straßen abgeriegelt worden waren, brachte die Nachricht von den Ereignissen in Petersburg. Sprachlos vor Zorn über den Verrat seiner Frau, hörte Peter ihn an. Zunächst nahm er an, daß seine Regierung es mit nichts Schlimmerem zu tun habe als einem kurzen Aufruhr mit Schlägereien in den Schenken und Handgemenge in den Straßen. Was Katharinas Größenwahn betraf, ihre groteske Idee, sich Kaiserin zu nennen, so konnte er nicht glauben, daß seine Untertanen dem mehr Bedeutung beimaßen, als es einer vorübergehenden weiblichen Anwandlung zukam.

Ohne auf die viel erschrockeneren und besorgteren Angehörigen seines Hofstaats zu achten, rief Peter seine Sekretäre und ließ sie seine vernichtenden Anklagen gegen Katharina und alles, was sie getan hatte, niederschreiben. Er beauftragte seinen Kanzler, Alexander Schuwalow, und den Fürsten Trubezkoi, in die Stadt zu fahren und Katharina mittels Überredung oder Zwang zurückzuholen. Und er schickte Kuriere, die ihm über alles, was in der Stadt geschah, Bericht erstatten und den Garderegimentern seine Befehle überbringen sollten, nach denen sie sich sofort nach Oranienbaum in Marsch zu setzen hatten, um ihn und seinen Hof zu verteidigen. Den Rat des preußischen Gesandten ignorierte er. Danach hätte er alles liegen- und stehenlassen und sich so schnell wie möglich in Richtung Finnland auf den Weg machen sollen.

Er schickte einen Reiter nach Peterhof, der dafür zu sorgen hatte, daß sich die Holsteiner mit ihrer ganzen Artillerie nach Oranienbaum begaben. Wenn Katharina so dumm wäre, ihn in seinem Palast zu belagern, so würde er gerüstet sein. Sie würde schon noch herausfinden, zu was seine Truppen fähig waren.

Während er auf die Rückkehr seiner Kuriere und Kundschafter und die Ankunft der Garderegimenter wartete, beschäftigte sich Peter mit der Planung seiner Verteidigung. Den Rat des bejahrten und erfahrenen Generals Münnich, der einen Staatsstreich klug zu beurteilen verstand, hatte er in den Wind geschlagen. Er hatte gelautet, daß er mit einer militärischen Eskorte unbedingt selbst in die Hauptstadt reiten und sich den Rebellen stellen solle. Aber er spielte mit einem Gedanken, auf den ihn ebenfalls der kluge und vernünftige Münnich gebracht hatte: sich nämlich auf die stark befestigte Insel Kronstadt zurückzuziehen, die direkt vor Oranienbaum im Finnischen Meerbusen lag. Dort würde er unter dem Schutz nicht nur einiger tausend Soldaten, sondern auch der gesamten russischen Flotte stehen.

Tatsächlich schickte Peter zwei Offiziere nach Kronstadt – ohne zu wissen, daß der Kommandant von der neuen Kaiserin bereits Order zur Absperrung der Festung erhalten hatte –, aber er verschob den Aufbruch zur Insel auf unbestimmte Zeit. Während er auf die Holsteiner wartete, setzte er sich mit seiner Mätresse und den anderen Frauen im Garten zu Tisch, trank auf seine zukünftigen Erfolge und wurde schläfrig und inaktiv durch Wein und falsche Hoffnungen. Die Tatsache, daß keiner seiner Kuriere aus der Stadt zurückgekehrt war, schob er beiseite, und daß sich Woronzow, Trubezkoi und Schuwalow nicht blicken ließen, versuchte er einfach nicht zur Kenntnis zu nehmen.

Als die holsteinischen Garden ankamen, ließ er sie hier und dort Aufstellung nehmen, schob sie auf dem Schachbrett von Oranienbaum herum wie einst die Spielzeugsoldaten in seinem Zimmer. Diese Aufgabe nahm ihn ganz gefangen und vertrieb die lästigen Sorgen und Zweifel. Obwohl er großsprecherisch so oft das Gegenteil verkündet hatte, hatte er niemals Truppen in die Schlacht geführt. Wenn Katharina Soldaten gegen ihn ausschickte, würde er den Mut haben, ihnen zu begegnen? Und was wäre, wenn die Gardesoldaten aus St. Petersburg den Befehl verweigerten?

Irgendwann nach zehn Uhr abends, als er schon zum Umfallen müde war, ließ er sich dazu überreden, nach Kronstadt überzusetzen. Im Innersten muß er zu dieser Zeit schon gewußt haben, daß die Verstärkung aus der Stadt niemals ankommen würde und daß seine Frau ihm die Macht aus der Hand gerissen hatte. Aber er konnte es sich nicht eingestehen. Statt dessen trank er und ärgerte alle, die um ihn waren, mit Gerede darüber, daß er das Schiff nach Kronstadt nicht besteigen werde, bevor nicht sichergestellt sei, daß sich genug zu trinken und alles Gerät aus der Küche an Bord befinde. Es dauerte mindestens eine Stunde, bis die Diener all die Flaschen und Fässer, Töpfe und Pfannen und schließlich die gesamte Entourage von fünfzig Personen auf die Galeere gebracht hatten. Ein weiteres kleines Boot wurde benötigt, um das überzählige Gepäck aufzunehmen. Endlich, kurz vor Mitternacht, wurden die Segel gesetzt.

Ein kalter Wind wehte ihnen entgegen, und Peter fröstelte. Um sich die ganze Reise etwas angenehmer zu machen, nippte er immer wieder an seinem Branntwein, bis er sich in einem dumpfen Zustand voller Verwirrung, Furcht und Sorge befand. Es gab keinen Menschen, der ihn trösten konnte, außer seiner Mätresse, deren aschgraues Gesicht verriet, daß sie das Schlimmste befürchtete. Als eine Stunde später endlich die Lichter der Festung in Sicht kamen und der Kapitän ihm berichtete, daß die Hafenketten geschlossen seien und das Schiff nicht anlegen konnte, muß Peter vor Schreck erstarrt sein. Doch sein Dünkel war noch nicht vollkommen besiegt.

Er befahl, ein Beiboot zu Wasser zu lassen, und ließ sich in Richtung Festung rudern.

»Entfernen Sie diese Ketten sofort! Ich bin es, der es Ihnen befiehlt, ich, der Kaiser!« schrie er, sobald er sich in Rufweite des wachhabenden Soldaten befand. Einer der Ruderknechte mußte die Laterne hochhalten, und er öffnete seinen Rock, um als Beweis seiner Worte die von Orden funkelnde kaiserliche Brust zu zeigen.

Die Antwort ließ das Blut in seinen Adern gefrieren.

»Es gibt keinen Kaiser – nur eine Kaiserin.«

Als das Ruderboot kehrtmachte, hörte man Trompeten und Trommeln in der Festung, die die Männer zu den Waffen riefen. Und die lauten Schreie erreichten auch Peters Ohren: »Hoch lebe Katharina! Vivat! Vivat!«

Alles war noch nicht verloren. An Bord seiner Galeere hatte Peter noch eine letzte Chance. Er konnte versuchen, die Flotte zu umfahren und einen der westlichen Häfen zu erreichen. Es schien möglich, obwohl Kriegsschiffe ihm überall den Weg versperrten. In einer der weiter entfernten Festungen konnte er noch auf loyale Truppen stoßen, und mit ihrer Unterstützung war es vielleicht sogar möglich, sich des Throns wieder zu bemächtigen.

Peter hörte die lärmenden Stimmen ringsum, und hörte sie doch nicht. Er konnte nicht mehr denken, geschweige denn handeln. Der Wein und die Kälte und der Schock der Enteignung hatten ihn betäubt. Nachdem er dem Kapitän befohlen hatte, nach Oranienbaum zurückzusegeln, zog er sich in seine Kabine zurück, und umschlossen von den fleischigen Armen seiner Mätresse, sank er in tiefen, traumlosen Schlaf.

Kapitel Achtzehn

Am folgenden Morgen, dem 29. Juni, ergab sich Peter in Oranienbaum Alexej Orlow und seinen Husaren. Kurz darauf unterzeichnete er ein eilig aufgesetztes Abdankungsmanifest, gab seinen Degen ab und mußte sich auch von seiner geliebten Uniform trennen, was die größte Schmach für ihn bedeutete.

Er war nicht länger Allrussischer Kaiser. Er war nur noch Peter, Gemahl der Kaiserin Katharina, ein hilfloser Gefangener, abhängig von der Gnade seiner leidgeprüften Ehefrau, die jeden Grund der Welt hatte, sich fürchterlich an ihm zu rächen. Er schrieb ihr einen mitleiderregenden Brief, in dem er zugab, daß er sie schlecht behandelt hatte, und sie bat, ihm zu verzeihen. Sein einziger Wunsch sei es, zusammen mit seiner Geliebten Rußland verlassen zu dürfen, schrieb er. Nikita Panin, der im Verlauf des ganzen traurigen Schauspiels miterlebte, wie Peter sich immer mehr entwürdigte, war es äußerst peinlich, als der ehemalige Kaiser, um Gnade bittend, nach seiner Hand griff und sie zu küssen versuchte. Jelisaweta Woronzowa, voller Angst vor der neuen Kaiserin, warf sich vor Panin nieder und flehte ihn an, sie nicht von Peter zu trennen. Doch der Befehl der Kaiserin lautete unmißverständlich, daß Jelisaweta nach Hause geschickt würde zu ihrem Vater, während Peter unter strenger Bewachung zu seinem Schloß in Ropscha geleitet werden sollte. Dort sollte er unter den wachsamen Augen Alexej Orlows bleiben, bis man einem längeren Aufenthalt angemessenere Räumlichkeiten für ihn in der Festung Schlüsselburg gefunden hatte, wo sich auch Iwan VI. noch immer aufhielt.

Obwohl bisher noch kein Anzeichen einer Opposition gegen die neue Macht zu bemerken war, mußten Katharina und ihre Berater doch befürchten, daß es zu einem Gegenputsch zugunsten Peters kommen würde. Rückgratlos, wie er war, blieb der abgesetzte Kaiser eine Gefahr, die Unzufriedenen jeglicher Färbung konnten sich um ihn sammeln und ihn für ihre Zwecke benutzen. Und die ungewisse Lage in St. Petersburg verlangte es, daß man Peter an einen weit entfernten Ort brachte.

Noch Tage nach den Ereignissen des 28. Juni befand sich die Hauptstadt in einem Zustand von Erregung und Verwirrung. Handel und Wandel waren unterbrochen, überall sah man Betrunkene, und es gab Prügeleien und Unruhe. Auf kaiserlichen Befehl wurden bald die Schenken geschlossen. Soldaten paradierten, Glocken läuteten ohne Unterlaß, Feiernde jubelten und lärmten, kurz, es herrschte ein solches Getöse und ein solcher Wirrwarr, daß niemand mehr an seine gewöhnlichen Angelegenheiten denken konnte. Doch die allgemeine Freude war stets mit Sorge gemischt. Obwohl an jeder Straße, an jeder Kreuzung bewaffnete Truppen postiert waren, fühlten sich weder das Volk noch die Soldaten sicher. Periodisch traten Gerüchte über hinterhältige Aktionen der Preußen auf, und wer in einer preußischen Uniform gesehen wurde, mußte um sein Leben laufen. In den Kasernen des Ismailowski-Regiments brach eines Nachts das helle Chaos aus, als eine wilde Geschichte die Runde machte: Angeblich näherte sich die preußische Armee mit dreißigtausend Mann der Stadt, um Katharina vom Thron zu stürzen. Erst als sich die Kaiserin selbst ihren treu ergebenen Soldaten zeigte und sie beruhigte, legte sich die Erregung.

Dann, am 6. Juli, hieß es aus Ropscha, daß Peter bei einem plötzlichen heftigen Streit mit einem seiner Bewacher, dem Fürsten Fjodor Barjatinski, ums Leben gekommen sei. Diese äußerst unerquickliche Nachricht überschattete den Beginn der Herrschaft Katharinas und ihr ganzes restliches Leben.

Laut Alexej Orlow, der Katharina aus Ropscha einen Brief

schrieb, war das »Unheil« unvorhersehbar gewesen. Ein Streit brach aus, die Kontrahenten wurden handgreiflich – »wir konnten sie nicht mehr auseinanderbringen, und schon war er nicht mehr«. Wahrscheinlich ist, daß sich eine viel dunklere Wahrheit hinter diesem Satz verbirgt: Orlow oder seine Untergebenen erdrosselten Peter, und sie konnten in der Gewißheit handeln, der Kaiserin damit einen Gefallen zu tun.

Wann und von wem der Vorschlag zum erstenmal ausgesprochen wurde, den abgesetzten Kaiser zu ermorden, werden wir niemals mit Sicherheit wissen. Gewiß profitierte Katharina von dem Verbrechen, das in Anwesenheit eines ihrer wesentlichsten Verbündeten Alexej Orlow und einer Reihe anderer ausgeführt wurde. Peters Tod allein dem Übereifer des Grafen Orlow zuzuschreiben hieße, sowohl Katharinas eiserne Entschlossenheit und politische Klugheit wie die Tatsache, daß sie vor dem Unvorstellbaren niemals zurückgeschreckt war, außer acht zu lassen. In diesem Augenblick hatte sie ein Kaiserreich gewonnen; sie war weder zu zartbesaitet noch zu skrupulös, um sich dessen zu entziehen, was getan werden mußte, auch wenn sie sich die Hände dabei schmutzig machte. Denn es galt jetzt vor allem, sich die errungene herrscherliche Autorität zu erhalten. Dennoch ist es fraglich, ob sie den Befehl ausgesprochen hat, ihren Gemahl zu töten, oder auch nur andeutete, daß sein Tod ihr willkommen sei. Ihre Kritiker haben allerdings stets darauf hingewiesen, daß sie keinen der Männer jemals für das Verbrechen bestrafte.

Als die Kunde von der bösen Tat sie erreichte, nahm Katharina sie äußerlich ungerührt auf, doch am folgenden Tag ließ sie ihren Tränen freien Lauf und weinte an der Schulter der Fürstin Daschkowa. Zwei Fragen beschäftigten sie vor allem: Wie würde das Volk auf Peters Tod reagieren? Und wie würde ihr vertrauter Berater Panin reagieren? Letzterer, so fürchtete sie, könnte sich von dem schweren Verbrechen so abgestoßen fühlen, daß er sich von ihrer Regierung distanzierte. Schließlich hatte er immer für eine Regentschaft plädiert, die Peters Macht nur einschränkte, und war mit Katharinas Griff nach der Krone niemals einverstanden gewesen. Es konnte sein, daß er Peters Tod nicht nur als Verbrechen, sondern als enormen politischen Fehler und Beweis dafür betrachtete, daß Katharina sich zum Regieren nicht eignete.

Einige Stunden lang wurde die Krise auf höchster Ebene diskutiert. Katharina, Panin und einige andere waren anwesend, und die Atmosphäre war gespannt. Es gibt keinerlei Dokumente über das, was während dieser Zusammenkunft gesprochen wurde, aber für Katharina muß es eine entscheidende Prüfung gewesen sein. Der französische Gesandte zu dieser Zeit berichtete, daß Katharina mit aller Überzeugungskraft, deren sie fähig war, Panin erklärte, daß sie mit dem Mord an ihrem Gemahl nichts zu tun habe. Am Ende zeigte er sich kooperationswillig und half ihr beim Aufsetzen des offiziellen Manifests zum Tod Peters.

Diesem Manifest zufolge war der einstige Kaiser an einer schweren Kolik infolge eines »hämorrhoidalen Anfalls« – tatsächlich hatte er dieses Leiden schon längere Zeit gehabt – verstorben. Das russische Volk wurde aufgerufen, »diese unerwartete göttliche Bestimmung seines Todes als göttliche Vorsehung hinzunehmen« – als Zeichen des Himmels, daß Katharina zum Regieren ausersehen war. Außerdem wurden »alle treuen Untertanen« aufgefordert, von dem Toten Abschied zu nehmen, dessen sterbliche Hülle im Alexander-Newski-Kloster aufgebahrt wurde.

Tausende machten sich auf, um ihrem toten Kaiser die letzte Ehre zu erweisen; viele schreckten vor dem Anblick der Leiche zurück: Das Gesicht, nur unvollkommen unter einem großen Militärhut versteckt, war von abstoßend violettschwarzer Farbe, und um den Hals hatte man eine breite Halsbinde gelegt, um – so flüsterte man sich zu – die Abdrücke der Mörderhand zu verbergen. Das Gerücht kam auf, daß Peter zuerst vergiftet und dann erdrosselt worden war.

Eine Welle des Ressentiments gegen das neue Regime überschwemmte, von St. Petersburg ausgehend, das Land. In den Provinzen, in denen Peter niemals als der hassenswerte Unmensch gegolten hatte, den man in der Hauptstadt in ihm sah, wurde er tief und aufrichtig betrauert. Es gab Militärs, die die Petersburger Garderegimenter öffentlich anklagten, die Macht in ihre eigenen Hände genommen und dazu benutzt zu haben, um die neue Kaiserin auf den Schild zu heben. Viele sagten, offen und weniger offen, daß Katharina bei ihrem Regierungsantritt nicht nur die Greueltat der Usurpation begangen, sondern auch das widerliche Verbrechen des Königsmords auf sich geladen habe.

Auch die Grabstätte des verstorbenen Kaisers gab Anlaß zu Unzufriedenheit und Murren im Volk. Katharina hatte ihrem Gemahl ein Grab in der geheiligten letzten Ruhestätte aller russischen Herrscher, der Peter-Paul-Kathedrale, verweigert. Statt dessen wurde er, von seinen Vorfahren isoliert, im Newski-Kloster beigesetzt, gleichsam zum Zeichen seiner ewigen Verworfenheit. Gewiß, Peter unterschied sich in einem wesentlichen Punkt von allen seinen Vorgängern und Vorgängerinnen, daß er nämlich nie gekrönt worden war und somit des göttlichen Funkens entbehrte, den nur dieses heilige Sakrament gewähren konnte. Doch die Wahl seiner Grabstätte bestätigte den allgemeinen Verdacht, daß auch die Umstände seines Todes kläglich und entwürdigend gewesen seien. Und Katharina, die nicht einmal an seiner Beisetzung teilnahm – angeblich hatte der Senat sie ihrer angegriffenen Gesundheit wegen zurückgehalten –, war offensichtlich schuldig.

Die Reaktion der Untertanen in Rußland auf diese Tatsachen und Gerüchte war irritierend genug, doch was die Journalisten und Nachrichtenhändler im westlichen Europa daraus machten, war empörend. Beinahe ausnahmslos bezeichneten sie die Kaiserin als barbarische Herrscherin über ein barbarisches Reich, in dem Grausamkeit und Mord zu den Kennzeichen der Macht gehörten und das Licht der Vernunft und des humanen Regierens noch vom Dunkel der Unkultur verdeckt werde. Katharina, die sich selbst als Leuchtfeuer der Aufklärung mitten in einem Morast von Vulgarität, Unwissen und Ausschweifung sah, bestürzten solche Anschuldigungen. Mit Iwan dem Schrecklichen verglichen zu werden oder mit der englischen Königin Isabella, die den Mord an ihrem Gemahl Eduard II. befohlen hatte, machte sie auch deshalb wütend, weil sie selbst ja die großen Herrscherpersönlichkeiten Peters des Großen und der englischen Königin Elisabeth als ihre Vorbilder betrachtete.

Nur wenige Beobachter innerhalb und außerhalb Rußlands glaubten, daß Katharina sich lange würde halten können. Eine junge Frau als Selbstherrscherin, die des Schutzes und der Autorität eines Gemahls entbehrte und bei weitem nicht über die nötige Erfahrung verfügte, die zum Regieren notwendig war, mußte bald hinweggefegt werden, sei es von einer neuen Palastrevolution infolge einer Regierungskrise, sei es durch einen Aufstand der Garde. Der damalige englische Gesandte, der Earl of Buckinghamshire, nannte Rußland zu jener Zeit »eine große Masse brennbaren Materials, das jederzeit an jeder Ecke in Brand gesetzt« werden könne, und darin stimmten ihm die Gesandten aller anderen Länder zu, besonders nachdem sich die Semjonowski-Garde im August erhoben hatte.

Die zu impulsiven Aktionen neigenden Gardisten, stets leicht entflammbar, waren durch einen Funken der Unzufriedenheit in Brand geraten. Es hatte ein Gerücht gegeben, eine Beleidigung, eine Prügelei – und binnen kurzem hatte man es mit einem Großfeuer zu tun. Um Mitternacht schlugen die Trommler das Signal: Zu den Waffen! Und bald waren alle Männer im Kasernenhof versammelt, und wirre Schreie flogen hin und her. Man schoß in die Luft, teilte Schläge aus. Ganze Stadtviertel gerieten in Panik, und viele dachten an einen neuen Umsturz. Mit größter Mühe gelang es den Offizieren, ihre Soldaten zur Ordnung zu rufen und die Empörung niederzuschlagen, aber Polizei und Behörden und Katharina selbst befanden sich in größter Unruhe.

In der folgenden Nacht wiederholte sich das Geschehen: Um Mitternacht das Trommelsignal, hastiges Sammeln der Soldaten im Kasernenhof, Lärm, Panik, Chaos. Diesmal gab es auch Offiziere unter den Unruhestiftern, und diejenigen, die nicht mitmachten, hätten sich um ein Haar geschlagen geben müssen.

Katharina reagierte rasch. Viele Offiziere und Soldaten wurden verhaftet. Man schickte sie an geheime Orte, wo sie auf unbestimmte Zeit in Gewahrsam genommen wurden. Doch noch bestand, für jedermann deutlich, die Drohung eines Aufstands der Garden. Denn da sie Katharina dorthin befördert hatten, wo sie sich jetzt befand, konnten sie sie nicht ebensogut wieder absetzen, wenn es ihnen gefiel?

Auch wenn es Katharinas junger Regierung gelang, die unruhigen Gardesoldaten unter Kontrolle zu halten, so durfte sie doch kaum hoffen, die riesigen Hindernisse zu überwinden, die vor ihr lagen: Staatsverschuldung, Desorganisation und ein administratives Chaos – Vermächtnis der Herrschaft Elisabeths. Diese Probleme allein, so schrieben Beobachter, würden die neue Kaiserin und ihre Berater in die Knie zwingen, und den Rest würde dann der zu erwartende Staatsstreich besorgen.

Katharinas Regierung stand am Rand des Abgrunds. Um die Finanzkrise mit ihren enormen Dimensionen in den Griff zu bekommen, waren sofortige und drastische Maßnahmen nötig. Die Staatskasse war vollständig leer, die Schulden beliefen sich auf viele Millionen Rubel und kletterten in immer schwindelerregendere Höhen; weitere Darlehen zu erhalten schien angesichts des Verfalls der russischen Währung auf den ausländischen Märkten aussichtslos. Die Geldknappheit brachte es mit sich, daß die Soldzahlungen in der Armee sich im Rückstand befanden. Doch die Regierung mußte sich auf die Armee verlassen, nicht nur, um sich selbst zu schützen, sondern auch zur Sicherung des Reichs gegen Angriffe von außen, um die allgemeine Ordnung aufrechtzuerhalten, Steuern einzutreiben und Revolten niederzuhalten.

Dazu kamen Katastrophen verschiedenster Art, mit denen die Regierung ebenfalls fertig werden mußte. Es gab Mißernten und Hungersnöte; viele Bauern konnten ihre Steuern nicht zahlen, einige flohen vor ihren Herren oder rebellierten gegen sie, und da die lokalen Behörden so gut wie nicht mehr arbeiteten, konnte sich der Funke der Rebellion mit größter Geschwindigkeit ausbreiten. Im ukrainischen Grenzland gab es häufige Übergriffe auf russisches Territorium durch Türken und Tataren; Bauern wurden verschleppt und versklavt. Banditen terrorisierten die Straßen, Piraten machten den normalen Schiffsverkehr auf der Wolga unmöglich. Auch Naturkatastrophen traten auf. Extreme Wetterbedingungen führten zu riesigen Überschwemmungen in einigen Gebieten, einige Provinzen wurden von Stürmen und Orkanen oder langen Dürreperioden heimgesucht.

Katharina wandte sich angesichts dieser Kalamitäten an den Senat, der aus einer Handvoll schlecht bezahlter, unzuverlässiger Provinzgouverneure und einem antiquierten bürokratischen Apparat bestand, der völlig unfähig war, das riesige Reich zu kontrollieren. Niemand wußte besser als Katharina selbst, wie schwierig sich die Bewältigung der nächsten Aufgaben gestalten würde. Über die Arbeitsweise des Senats schrieb sie in ihren Memoiren: »Der Senat schickte allerdings Ukase und Befehle in die Gouvernements, aber dort wurden die Anordnungen des Senats so schlecht ausgeführt, daß die Redensart ›Man wartet auf den dritten Ukas‹ fast sprichwörtlich geworden war, weil dem ersten und zweiten nie Folge geleistet wurde.« Schlamperei und Korruption waren überall an der Tagesordnung.

Und eine weitere Hürde war zu überwinden. Im Bewußtsein ihrer eigenen heiklen Position sah sich Katharina gezwungen, sich fortwährend um die Senatoren und älteren Beamten zu bemühen, um ihre Loyalität zu gewinnen. Sie verbrachte lange Stunden mit diesen Herren, die ihr schlechte Ratschläge gaben, umständliche Bitten vorbrachten und unvernünftige Projekte vor ihr ausbreiteten. Jeder Tag, an dem sie hofhielt, brachte neue aufdringliche Bittsteller und selbsternannte Ratgeber zu ihr, die ihre Geduld auf eine harte Probe stellten, jeder Tag brachte mehr Geschwätz und sinnlose Vorschläge, und sie verlor noch mehr von ihrer kostbaren Zeit. Dennoch versuchte sie, jedermann davon zu überzeugen, daß sie das jeweilige Anliegen ernst nahm, hörte so aufmerksam zu, wie sie es vermochte, und wenn sie etwas ablehnte, so machte sie sich die Mühe, den Grund dafür zu erklären.

All das raubte ihr Kraft. Dem französischen Gesandten vertraute sie an, daß sie sich vorkomme wie ein von Jägern gehetzter Hase, der bald hier, bald dort einen Durchschlupf sucht und nur mit wildem Hakenschlagen den überall lauernden Gefahren entkommt.

Doch sie hielt stand. Schon Tage nach ihrer Thronbesteigung war es jedem Sekretär, Beamten und Minister klar, daß im Palast ein frischer Wind wehte. Wenn Elisabeth sich indolent und dem Regierungsgeschäft abgeneigt gezeigt hatte und Peter ein sinnlos strenger und schwacher Zuchtmeister gewesen war, so regierte Katharina mit Fleiß und Pragmatismus und gesundem Menschenverstand, voller Aufmerksamkeit für die kleinsten Details. Mit Panin erarbeitete sie klare Vorstellungen über die Richtung, in die sie das Reich führen wollten, und die anzuwendenden Methoden ihrer Führung.

Jeden Tag begab sich die Kaiserin frühmorgens an ihren Schreibtisch, wo sie Berichte und Depeschen las, über Petitionen und Stellenbesetzungen entschied. Sie wies Provinzgouverneure und regionale Militärkommandanten an, ihr in regelmäßigen Abständen Berichte über den Stand der Dinge im Bereich ihrer Gerichtsbarkeit zu schicken. Sie erließ Ukase, die sich auf alles bezogen, angefangen vom Transportwesen auf den Straßen bis zu strittigen Fischfangrechten.

Um ihre Untertanen gegen Ausbeutung durch Kornspekulanten zu schützen, befahl sie den Bau von kaiserlichen Kornspeichern in jeder Stadt, so daß sie selbst die Preise regulieren konnte. Vielleicht in Erinnerung an die armen Irren, die Elisabeth sich zu ihrem Amüsement am Hof gehalten hatte, ersuchte Katharina das Kollegium für Auswärtige Angelegenheiten, Informationen zu sammeln, wie in den europäischen Ländern mit Geisteskranken umgegangen wurde, damit man sich in Rußland beim Aufbau neuer Anstalten an den besten Modellen orientieren konnte.

Entschlossen, die erste Regierungsbehörde, den so lethargischen Senat, zu stärken, gab Katharina ihm wesentliche Machtbefugnisse zurück, die Peter ihm genommen hatte, vor allem das Recht, Gesetze zu erlassen und Petitionen zu prüfen. Sie teilte den Senat in Departements auf; jedes Departement war für bestimmte Angelegenheiten zuständig, und um die Behörde effektiver zu machen, bewilligte Katharina mehr Sekretäre und Beamte. Peter hatte alles getan, um den Senat zu schwächen, Katharina beabsichtigte, ihm vor allem die Erledigung der Routineaufgaben zu übertragen, so daß sie und Panin von diesen zeitraubenden Arbeiten entlastet wären und sich auf die schwierigeren und längerfristigen Entscheidungen, die die Zukunft des Reiches betrafen, konzentrieren konnten. Gleichzeitig machte Katharina immer wieder deutlich, daß sie keineswegs beabsichtigte, sich ihrer Verantwortung zu entziehen. Statt der kurzen zusammenfassenden Rapporte, die die Senatoren ihren Herren abzuliefern gewohnt waren, verlangte sie detaillierte Berichte, die nichts ausließen. Auch wo sie Aufgaben an andere abgab, ließ ihre Aufmerksamkeit nicht nach.

Jahrelang hatte Katharina immer wieder über das Rätsel nachgedacht, wie Rußland am besten regiert werden konnte. Ihre politischen Prinzipien hatte sie anhand der Lektüre Montesquieus formuliert. »Die Gesetze sollen befolgt werden«, notierte sie einige Jahre vor der Thronbesteigung, »aber ich will keine Sklaven. Mein allgemeines Ziel besteht darin, Glück zu schaffen ohne Grillen, Exzentrik und Tyrannei, die es zerstören.« Sie wollte Gesetze erlassen und auf faire und humane Weise dafür sorgen, daß sie eingehalten wurden; sie wollte den Staat vom Parteienhader und von der Fehlbarkeit seiner Herrscher unabhängig machen. Herrscher kommen und gehen, Generationen von Untertanen werden geboren und sterben, aber ein weise eingerichtetes Regierungssystem besteht für immer.

Dieses Regierungssystem sollte nach Katharinas Vorstellungen die allgemeine Moral befördern und der primitiven Grausamkeit, Gier und Selbstsucht entgegenwirken. Ihre Institutionen sollten zum Nutzen vernünftiger Beziehungen zwischen den Menschen arbeiten, Milde und Toleranz befördern und eine Bastion gegen die Exzesse schaffen, zu denen die niedrige Natur des Menschen ihn immer wieder verleitet.

Das waren die hohen Ziele der Kaiserin, zu denen sie großenteils durch Lektüre und Nachdenken gekommen war, aber auch durch Beobachtung der Unfähigkeit ihrer Vorgänger auf dem russischen Zarenthron. Niemals wollte sie kapriziös und launisch sein wie Elisabeth oder narzißtisch wie Peter oder faul und unbeständig, wie sie beide gewesen waren. Wo sie nur sich selbst gesehen und sich selbst gerühmt hatten, wollte Katharina den Staat an die erste Stelle setzen, der unter ihrer Führung zu einem Instrument des Fortschritts werden und deshalb Ruhm verdienen würde. Sie wollte die Hebamme des Fortschritts sein, wollte ein reformiertes, aufgeklärtes Rußland zur Welt bringen.

Panin und sein Assistent Grigori Teplow setzten ein Dokument auf, das die Ziele der neuen Regierung festhielt. In diesem Text hieß es, daß es fortan keine Günstlingswirtschaft mehr geben werde; niemand werde mehr ein hohes Amt bekleiden, nur weil er der Monarchin gefiel. Die Ära der Willkürherrschaft sei vorbei, nun beginne ein neues Zeitalter, in dem die Ausübung der Macht durch Recht und Gesetz geregelt werde. Die Monarchin werde professionelle Berater um sich versammeln, die ihr Gewissen seien und ihr helfen würden, ihre Instinkte zu zügeln, so daß sie niemals zur Tyrannin werden könnte.

Das alles wären jedoch nur leere Worte gewesen, wäre Katharina nicht von dem aufrichtigen Wunsch beseelt gewesen, ihr Land und seine Institutionen zu verbessern, und hätte sie nicht die Energie besessen, ihre Ziele durchzusetzen. Ohne fanatisch zu sein, fühlte sie sich ihrem Vorhaben tief und ehrlich verpflichtet, und sie besaß Geduld, Gesundheit und gleichmäßig gestimmte Beharrlichkeit genug, um es zu verwirklichen. Ihr persönliches Abzeichen war die Biene, die unermüdlich von Blüte zu Blüte fliegt und alles sammelt, was sie brauchen kann; auf ihrem Wappen erscheint die Biene zusammen mit ihrem Wahlspruch: »Das Nützliche«.

In diesen ersten Tagen und Wochen nach dem Regierungsantritt half ihr immer wieder die Besinnung auf ihr großes Vorbild Peter den Großen, dem sie begeistert nacheiferte. Sein unermüdlicher Einsatz für das Vaterland, seine visionären Projekte und administrativen Neuerungen waren von späteren Zaren nie mehr erreicht worden. Einzig in Katharina sollte er eine würdige Nachfolgerin finden. Unter den Dingen, die sie überallhin mitnahm, war auch eine Schnupftabaksdose mit seinem Porträt. Es erinnere sie daran – so teilte sie einmal ihren Beratern mit –, daß man sich jeden Moment fragen müsse, was er bestimmt, verboten, getan hätte, wenn er an ihrer Stelle gewesen wäre.

Der Geist Peters des Großen sah ihr über die Schulter, bewertete jede ihrer Taten, zog sie zur Rechenschaft. Er war es, der Rußland Europa nähergebracht hatte; er hatte das Land mit seiner Kraft befruchtet und einen neuen Geist hervorgebracht. Seine energischen politischen Taten hatten große Veränderungen bewirkt. Er hatte die alte passive, zeitlose, neuerungsfeindliche Kultur Rußlands in Frage gestellt und durch die Kraft seiner eigenen Vitalität und seiner großartigen vorwärtsweisenden Projekte in die Zukunft gerissen. Katharina hoffte, sein Werk fortzusetzen – nachdem die Arbeit an diesem Werk während der Herrschaft von drei weit weniger fähigen Nachfolgern praktisch zum Stillstand gekommen war.

Und sie hatte noch viel mehr vor. Während Peter der Große das militärische und technische Wissen aus Westeuropa importiert hatte, wollte sie den belebenden Hauch europäischen Denkens nach Rußland bringen.

Hochgeschätzte neue Ideen, stolze Proklamationen der menschlichen Freiheit, die Emanzipation von hinderlichen Traditionen sollten endlich auch ihren Einzug in Rußland halten. Russische Intellektuelle – zugegebenermaßen gab es noch nicht viele davon, aber nach Einführung einer neuen, breite Schichten erfassenden Erziehung würde sich ihre Zahl bald vergrößern – sollten die Gedanken westlicher Philosophen über neue Herrschaftsformen und eine Religion ohne Dogma nachvollziehen; das dem Aberglauben verhaftete Volk sollte eine neue Rationalität kennenlernen, und die ganze Kultur mußte auf eine neue Basis gestellt werden. Katharina wollte die Russen lehren, mit Ideen zu spielen und sich mit den verschiedenartigsten Konzepten auseinanderzusetzen; sie sollten lernen, Gedanken nicht danach einzuschätzen, wie lange man sie schon vertrat und ob die althergebrachten Autoritäten sie lobten oder tadelten, sondern nach ihrem wahren Wert, den sie selbst durch ihr geschultes intellektuelles Vermögen erkannten. Soweit es in ihren Kräften stand, wollte Katharina die geistige Elite Rußlands nach ihrem eigenen Bild formen. Aber auch sich selbst wollte sie nach Kräften weiterhin formen, und zwar nach dem Bild Voltaires.

Voltaire, der Fürst der europäischen Literatur, war achtundsechzig, als Katharina den Zarenthron bestieg. Seine Werke – Romane, Dramen, Geschichtswerke und literarische Kritik – füllten Dutzende von Bänden. Jeder gebildete Christenmensch seiner Zeit kannte seinen Namen, seine Bedeutung als aufgeklärter Streiter gegen Unwissenheit und Voreingenommenheit, Ungerechtigkeit und Unterdrückung war unbestritten. Jahrzehntelang war er mit außerordentlichem Mut gegen Intoleranz und klerikale Tyrannei zu Felde gezogen und hatte sich für die Meinungsfreiheit engagiert, ohne andere Waffen zu benutzen als seinen Stift und die geistreichen, treffsicheren, schonungslosen Kritiken, die er damit schrieb.

Von seinem Schloß in Ferney an der Schweizer Grenze aus regierte Voltaire über das literarische Europa. Hunderte von Bewunderern pilgerten nach Ferney, um Voltaire einmal persönlich zu Gesicht zu bekommen (und viele kehrten voller Enttäuschung zurück, nachdem sie hatten erkennen müssen, daß ihr Idol ein schäbig gekleideter, ungekämmter, mürrischer und exzentrischer alter Edelmann war), Tausende verkehrten brieflich mit ihm; er war auch berühmt für seine ausgedehnte Korrespondenz. Seine Briefe waren viel mehr als persönliche Botschaften; sie galten als hochgeschätzte Heiligtümer, die von Hand zu Hand gingen und denjenigen, die nicht lesen konnten, laut vorgetragen wurden. Einige Briefe wurden schon zu seinen Lebzeiten veröffentlicht. Voltaire verbreitete Informationen und Einschätzungen über jedes wichtige Thema des Tages, und seine Meinungen fanden in allen Gesellschaftsschichten Anklang. Was Voltaire dachte und schrieb, war von Belang.

Als Katharina mit dem Eremiten von Ferney – den sie ihren Lehrer nannte – zu korrespondieren begann, bezweckte sie damit mancherlei neben dem offensichtlichen Ziel, einen Dialog mit ihm zu eröffnen. Wenn es ihr gelingen würde, sein Wohlwollen zu erringen, würde er seine gute Meinung über sie verbreiten und damit ihrem schlechten Ruf entgegenwirken. Nach dem Tod ihres Gemahls hatte die europäische Presse sie fast einhellig als machthungrige Gattenmörderin verurteilt. Sie hoffte, daß sie Voltaire für ihre ehrgeizigen, zukunftsträchtigen Projekte interessieren könnte, wodurch diese einer breiteren Öffentlichkeit bekanntgemacht würden und man infolgedessen vielleicht auch ihr die Anerkennung nicht länger versagte.

Ihre ersten Briefe an Voltaire (die sie mit dem Namen ihres Sekretärs unterschrieb, obwohl ihre Autorschaft ein offenes Geheimnis war) riefen nicht mehr als eine lauwarme Erwiderung hervor, aber Katharina war hartnäckig, und bald stand sie mit ihrem »Lehrer« auf bestem brieflichem Fuß. Sie bat ihn, ihr seine letzten Veröffentlichungen zu schicken, und teilte ihm mit, daß einige seiner Stücke an ihrem Hof aufgeführt würden. Sie pries ihn für das, was sie als seine größten Verdienste betrachtete: »Sie haben die vereinigten Feinde der Menschheit bekämpft: den Aberglauben, den Fanatismus, die Unwissenheit, die Rechtsverdrehung, die schlechten Richter und den Teil der Macht, der in den Händen der einen oder anderen ruht.« Sie bezeichnete ihn als Überwinder aller Hindernisse auf dem Weg des Fortschritts. Sie bezeichnete ihn als »Anwalt des Menschengeschlechts« und »Verteidiger unterjochter Unschuld«.

Voltaire, der ein stetiges Interesse an Rußland als einer »neuen Zivilisation« zeigte, geschaffen von Peter dem Großen aus der Finsternis und dem Schlamm des barbarischen Slawentums, antwortete in aller Form auf Katharinas aufrichtige, wenn auch nicht absichtslos vorgebrachte Schmeicheleien. Seine Erwiderung wurde freundlicher, als er erfuhr, daß Katharina seinen Freund Diderot, den berühmten Autor der *Enzyklopädie*, eingeladen hatte. In Rußland sollte Diderot die Möglichkeit erhalten, die Veröffentlichung seines großen Werkes abzuschließen. (Die französische Regierung hatte das Werk verboten, und Diderots Versuche, die Publikation in aller Heimlichkeit fortzusetzen, wurden zunehmend gefährlicher.) Katharina hatte auch Diderots Mitarbeiter D'Alembert eingeladen; er sollte der Erzieher ihres Sohnes werden.

Überzeugt von der Ehrlichkeit ihrer fortschrittlichen Absichten, ließ sich Voltaire in seinen Briefen bald zu begeisterten Elogen über Katharina hinreißen. Er nannte sie den »strahlendsten Stern des Nordens« und verglich sie in der vorteilhaftesten Weise mit ihrem glänzenden Vorgänger Peter dem Großen. Die moralischen Fehltritte, die Katharina im Zusammenhang mit dem Tod ihres Ehemannes begangen hatte, schienen für ihn kaum ins Gewicht zu fallen. (»Ich weiß, daß man sie wegen ihres Gemahls einiger Kleinigkeiten beschuldigt«, schrieb er an einen anderen Briefpartner, »aber das sind Familienangelegenheiten, in die ich mich nicht einmische.« Das Thema Königsmord war damit für ihn erledigt.)

Für Katharina war zu dieser Zeit der Anfang ihrer Herrschaft gemacht, und es war ein guter Anfang: Sie hatte sich eine breite Basis politischer Loyalität geschaffen, hatte die existierenden Institutionen so gut wie möglich genützt und plante ihren Ausbau; und sie hatte sich darangemacht, dem Sturm der Ablehnung, der ihr bei der Thronbesteigung ins Gesicht geblasen hatte, entgegenzuwirken. Sie hatte ein ehrgeiziges und idealistisches Programm ausgearbeitet, an das sich ihre Regierung halten konnte. Vor allem aber hatte sie ihre Fähigkeit zu eifrigem, unermüdlichem Arbeitseinsatz unter Beweis gestellt.

In den Provinzen drohten Aufstand und Anarchie. Doch sie ging gelassen und unbeirrt ihren Weg und wies durch ruhige Pflichterfüllung und tägliche Bewältigung des Notwendigen das Unglück in die Schranken. Sie tat, als wäre alles in bester Ordnung, als lebte man schon im bestregierten Kaiserreich aller Zeiten. Sie überschüttete ihre Gefolgsmänner mit Zehntausenden von Rubeln, als ob die Staatskasse übervoll wäre, herrschte kenntnisreich über ihre Beamten, rechnete, ernannte, entwarf und zeigte sich dabei stets voller Vertrauen in die Zukunft, als gäbe es keinerlei Bedrohung ihrer neuen Macht. Und um die lange und fruchtbringende Herrschaft, die ihr vor Augen stand, mit dem Siegel göttlicher Gunst zu versehen, plante sie nun ihre Krönung im Herzen des alten Rußlands, in der heiligen Stadt Moskau.

Kapitel Neunzehn

Moskau, die weiße Stadt, die schimmernde Stadt, die sich weithin sichtbar aus hügeliger Landschaft erhob und in frostiger Kühle über den Wäldern der Umgebung thronte; Moskau, Stadt der fünfhundert Kirchen und der fünftausend goldenen Hauben und Kuppeln, der farbenprächtigen Türme mit den hoch aufragenden Kreuzen, die sich wie eine Kette aus funkelndem Metall über die ganze Stadt hin miteinander verbanden, Stadt der glänzenden Dächer, rot und grün gedeckt, blau und silbern glasiert, mit goldenen Sternen oder im schwarzweißen Schachbrettmuster bemalt; Moskau, Stadt der hohen Zinnen, umringt von seinen sechs festungsgleichen Klöstern, beherrscht von der hohen, wuchtigen Pracht des Kremls, der von einer felsigen Anhöhe auf Häuser und Plätze herniederblickte.

Moskau, Stadt der Glocken. Von jedem der sechzehnhundert Glockentürme erklang des unaufhörliche Geläut Dutzender riesiger, volltönender Metallglocken, deren Schall die Erde erdröhnen ließ, Unterhaltungen unmöglich machte und Neuankömmlinge dazu trieb, sich die Ohren zuzuhalten und um Erbarmen zu flehen. An Sonntagen und Feiertagen läuteten sie ohne Unterlaß, Tag und Nacht; an Werktagen riefen sie die Gläubigen zu den Gottesdiensten, zu Beerdigungen oder zu besonderen Feierlichkeiten für den Heiligen des Tages, sie zeigten Feuersbrünste und andere Katastrophen an, signalisierten Beginn und Ende der Arbeit; manchmal ließ man sie auch einfach als Zeichen der Freude erklingen. Wann immer die Bevölkerung sich von Krankheiten, schlechtem Wetter oder irgendeinem anderen Übel bedroht fühlte, läuteten alle Glocken, und ihr durchdringender Lärm war einerseits dazu bestimmt, den Himmel zum Einlenken zu bewegen, andererseits sollte er helfen, die bösen Dämonen zu vertreiben. Glocken besaßen magische Kraft, und Moskau besaß mehr von dieser magischen Kraft als irgendeine andere Stadt der Christenheit.

Wenn man Moskau zum erstenmal besuchte, war man betäubt vom Klang der Glocken, und es gab kaum jemanden, den sie nicht mit Staunen und Ehrfurcht erfüllten. Bauern, die ihre Waren auf den Markt brachten, bekreuzigten sich, wenn die Stadt in der Ferne vor ihnen auftauchte, und grüßten »Mutter Moskau«. Europäische Reisende, die sich der Stadt näherten, ließen ihren Kutscher anhalten, um das vor ihnen ausgebreitete Panorama der riesigen Metropole, deren zahllose weiße Kirchenbauten über den niedrigen Holzhäusern wie eine Aureole wirkten, ausgiebig zu bewundern.

Moskau war Gottes heilige Stadt, die heiligste Stadt des Erdkreises, wie die Bewohner selbst glaubten. Moskau würde immer dasein, so hieß es, weil es das Dritte Rom war, das laut einer uralten Prophezeiung ewig dauerte. Das erste Rom war durch Ketzerei zugrunde gegangen; Barbaren hatten es in der Spätantike erobert. Das Erbe hatte Byzanz angetreten; Konstantinopel war das zweite Rom geworden. Aber 1453 war Konstantinopel an die Türken gefallen, und die ruhmreiche Verpflichtung, der christlichen Wahrheit zum Sieg zu verhelfen, war an Moskau übergegangen.

Dreihundert Jahre lang hielt das Dritte Rom als ein Leuchtfeuer des Glaubens nun schon allen Feinden stand. Regiert wurde es vom Nachfolger der Cäsaren, dem gottgleichen Zaren. Und jetzt würde Katharina II. in diese heilige Stadt kommen, um zur Repräsentantin Gottes auf Erden gesalbt zu werden.

Aber sie haßte Moskau. Ihre Abneigung gegen Rußlands zweitwichtigste Stadt war unter der Regierung Elisabeths immer größer geworden, und es hatte sich schließlich ein unüberwindlicher Abscheu daraus entwickelt. In ihren Memoiren schrieb sie, Moskau sei ein Hort der Trägheit, der Verweichlichung und des Nichtstuns, was sie teilweise der Tatsache der unermeßlichen Ausdehnung dieser Stadt zuschrieb. Man brauchte Tage, um jemanden zu besuchen oder um Botschaften zuzustellen. Die Adligen, die in Moskau wohnten, waren nach Katharinas Beobachtung unendlich stolz auf ihre Stadt. Kein Wunder: sie lebten in ihren riesigen Palästen in Saus und Braus. »Hier würden sie gern ihr ganzes Leben damit zubringen«, schrieb sie, »sich in einer übertrieben reich vergoldeten, gebrechlichen Karosse sechsspännig umherfahren zu lassen, ein Symbol des falsch verstandenen Luxus, der da herrscht und den Augen der Masse die Unsauberkeit des Herrn, die völlige Unordnung seines Hauswesens und seiner Lebensführung verbirgt.«

Durch die riesigen Ausmaße der Stadt selbst erschienen alle menschlichen Ziele zwergenhaft klein, was zu Apathie und Stumpfheit führte; ganz Moskau schien von ewiger Schläfrigkeit erfüllt. Für die bienenfleißige, hart arbeitende Katharina, die kaum eine Stunde ungenutzt verstreichen ließ, war eine solche Lebenshaltung unentschuldbar. Außerdem beschäftigten sich die Moskowiter, so schien es Katharina, vorwiegend mit Klatsch und Tratsch und ähnlichen Trivialitäten; sie sah hier nur geistige Verkommenheit, leeres Getändel und launisches Getue.

Und sie sah, daß in dieser Stadt die Gesetze nicht beachtet wurden. So bestanden die oberen Klassen aus lauter kleinen Tyrannen, die nichts Besseres zu tun hatten, als ihre Untergebenen zu schikanieren und grausam zu mißhandeln.

»Nirgends in der bewohnten Welt ist der Boden für den Despotismus so günstig wie dort«, schrieb Katharina. »Vom zartesten Alter an gewöhnen sich die Kinder an ihn, weil sie sehen, mit welcher Grausamkeit ihre Eltern die Dienerschaft behandeln.« In jedem Haus gab es eine Schreckenskammer, in der Ketten, Halseisen, Peitschen und andere Werkzeuge zur Bestrafung der Diener aufbewahrt wurden; und es gab schwerste Strafen schon für die kleinsten Vergehen. Zu behaupten, daß Diener »ebensogut Menschen sind wie wir«, wie Katharina es ganz offen tat, hieß aber, sich den lauten Zorn des »adligen Pöbels« zuzuziehen, dessen Brutalität nur von seiner Dummheit überboten wurde.

Alle Übel des Moskauer Lebens wurden verschärft durch die Religiosität, die hier in Blüte stand. Es war keineswegs die ehrliche Frömmigkeit, wie Katharina sie schätzte, sondern eine viel dunklere Art der Gottesverehrung, die zu Intoleranz, Irrationalität und Verstiegenheit führte. Die Stadt sei voll von Symbolen des Fanatismus, beobachtete Katharina, Kirchen, wundertätige Ikonen, Priester, Klöster. Endlose Prozessionen, tagelange Zeremonien, das ohrenbetäubende Geläut Tausender von Glocken stellten eine Atmosphäre her, die weniger von einer höheren Welt Kunde gab als von einer Welt des dunklen Ungeists, allem Konkreten, Vernünftigen, Fortschrittlichen abhold. In Moskau verkümmerte der aufgeklärte Geist unter dem frostigen Hauch des Übernatürlichen.

Unordentlich, undefinierbar und labyrinthisch, so stand das äußere Bild Moskaus der ordentlichen, regelmäßigen und rechteckigen Erscheinung Petersburg gegenüber, das Katharinas Wunsch nach Harmonie und Organisation weit mehr entsprach. Moskaus Großartigkeit und Pomp widersprach ihrem Geschmack für Einfachheit, sein extravaganter Luxus empörte ihren Sinn für Proportionen, seine schamlose Trägheit störte auf die ärgerlichste Weise ihren Traum eines zu neuem Leben erwachten Rußlands, das sich in einer mächtigen reformerischen Anstrengung mit den eigenen Händen aus dem Sumpf zog. Kein Wunder, daß sie die abergläubische, verkommene alte Stadt haßte! Kein Wunder, daß sie sich mit zähneknirschendem Mißvergnügen auf den Weg zu ihrer Krönung machte!

So prächtig sich Moskau aus der Ferne ausnahm, so schmutzig, brüchig und unbefestigt sah es aus, wenn man sich in seinen Straßen umsah. Da es häufig Feuersbrünste gab, die Hunderte, manchmal Tausende von Häusern binnen kürzester Zeit in Schutt und Asche legten, wurde an allen Ecken und Enden gebaut. Brandgeschwärzte Bohlen lagen in regellosen Haufen überall herum, daneben schichtete man das frisch geschlagene Holz auf, das man für die neuen Häuser brauchte. Herabgefallene Ziegel und andere Überreste zerstörter oder verfallener

Bauten säumten die gewundenen Straßen. Und selbst die Häuser, die bewohnt waren, sahen oft eher aus wie Ruinen. Seit zwei Generationen – seit der Zeit, als St. Petersburg Sitz der Regierung geworden war – hatte man die Stadt vernachlässigt. Das sah man ihr an.

Überall lag der Dreck. Haushohe Abfallberge verursachten Wolken stechender Gerüche in jedem Viertel. Übervolle Latrinen und Jauchegruben machten aus jeder Straße einen fauligen, Übelkeit erregenden Morast. In den armseligen, engen und dunklen kleinen Häusern der Armen stank es nach Abfall und ranzigem Öl und den Ausscheidungen von Menschen und Tieren. Auch in den Palästen des Adels häufte sich der Schmutz in den Vorzimmern und Korridoren, und die Treppen waren von Exkrementen und dem Staub der Jahrhunderte bedeckt. Besucher beklagten die russische Sitte des formlosen Ausspuckens »in alle Richtungen und zu jeder Zeit« und hielten sich die Nase zu, wenn sie die ungepflasterten, schlammigen Straßen überqueren mußten.

Die große Zahl von Tieren, die in Moskau gehalten wurden, trug nicht wenig zu dem hier herrschenden infernalischen Gestank bei. Auf den riesigen Grundstücken der Reichen tummelten sich nicht nur Pferde und Hunde, sondern auch Kühe, Schweine, Hühner und Enten; in Moskau war man an den Anblick von Ställen und Scheunen, Hundezwingern und Schweinekoben gewöhnt.

Städtischer Pomp und ländlicher Schmutz lagen nah beieinander. Katharina, mit ihrem scharfen Auge für alles Absurde, schrieb: »Es ist keine Seltenheit, aus einem großen, von Haufen Schmutz und Unrat erfüllten Hofe, der zu einer elenden Baracke aus verfaulten Brettern gehört, eine prachtvoll gekleidete Dame in einem wundervollen Wagen mit sechs schlechten, schmutzig geschirrten Pferden herauskommen zu sehen, mit ungekämmten Lakaien in hübscher Livree, der sie durch ihr linkisches Benehmen Schande machen.«

Solche Szenen sah man oft in den Quartieren des Adels, wo die geräumigen Häuser der ersten Familien an große Waldgebiete, Seen und Flüsse grenzten. Näher zur Mitte der Stadt hin lagen die Viertel der Handwerker, in denen Weber, Hutmacher,

Brauer, Ikonenmaler, Waffenschmiede, Ziegelbrenner und Kupferschmiede ihre Waren verfertigten und verkauften. Diese Viertel waren streng nach Berufsgruppen eingeteilt. Die Brotbäcker lebten zusammen, daneben die Konditoren. Kringelbäcker mischten sich nicht mit den Herstellern feinerer Backwaren, Glockengießer hielten sich von gewöhnlichen Schmieden entfernt, und die Maler der heiligen Bildnisse hatten mit den Malern gewöhnlicher Gegenstände nichts zu tun.

In der deutschen Vorstadt – wo sich Katharina zweifellos am meisten zu Hause fühlte – hatten die ausländischen Händler im Lauf der Zeit eine nordeuropäische Stadt in Kleinformat aufgebaut. Hier gab es ein Netz breiter Straßen, Häuser mit Vorgärten, öffentliche Plätze, klassizistische Architektur. Doch diese Oase relativer Sauberkeit und musterhafter Ordnung schien fehl am Platz, wenn man sich die Umgebung ansah, die aus regellos gebauten Buden, Hütten und Heiligtümern bestand, tatarischen Tempeln und chinesischen Pagoden und hier und da einer türkischen Moschee.

Das Herz Moskaus war der geschäftige Marktdistrikt Kitaigorod, in dem sich unter den hohen Mauern des Kremls Reihen von Verkaufsbuden am Ufer der Moskwa entlangzogen. Kitaigorod war ein summender Bienenstock des Handels. Die gewundenen Gäßchen unter den überhängenden Dächern schienen niemals zu enden, und in den dämmrigen Nischen wurden Waren aus der halben Welt feilgeboten: Metallarbeiten aus Jaroslawl, Häute aus Kasan, Samt und Brokat aus Frankreich und Italien, Säbel aus Damaskus, Emailmalereien aus Kiew und Solwytschjegorsk, sogar Knochenschnitzereien aus Archangelsk. Sibirische Pelze lagen da neben Töpferwaren aus Samarkand, Früchte und Gemüse aus Astrachan neben getrocknetem Fisch (es hieß, die Moskowiter bevorzugten ihren Fisch getrocknet) aus Moskaus zwanzig Flüssen und Bächen und der unteren Wolga.

Kaufleute und Handwerker schlugen Verschläge auf, deren Balken mit Baumrinde verkleidet und mit Heiligenbildern verziert wurden; dämmriges Licht aus schwankenden Lampen erhellte die engen Räume. Während sie auf Käufer warteten, tranken die Inhaber dieser Buden Tee und murmelten ihre Gebete, schwatzten mit Freunden, spielten Ball und fütterten die Taubenschwärme, die unter den gewölbten Dächern nisteten. Tauben wurden wie Glocken heilig gehalten; in Moskau verehrte man sie als Symbol des Heiligen Geistes und beschützte sie vor allem, was ihnen schaden konnte.

Reiche Händler, die Moskau besuchten, übernachteten in den Gasthäusern von Kitaigorod; und sogar hohe Adlige unterhielten Bauernhöfe an den Rändern dieses wichtigen Viertels.

Pferdewagen und -schlitten brachten tagaus, tagein frische Güter und Waren, und Lumpensammler durchkämmten die Quartiere auf der Suche nach zerbrochenen, zerrissenen oder ausrangierten Dingen, die man noch auf dem Flohmarkt verhökern konnte. Was auf diesem riesigen Basar nicht gekauft werden konnte, war des Besitzes nicht wert. Aber es wurde nicht nur gekauft und verkauft; hier fand man auch Leute, die Zähne zogen, rasierten und kurierten, man konnte sich mit Zaubermitteln und Kräutern behandeln oder aus der Hand lesen lassen.

Kitaigorod war an Markttagen von den Armen Moskaus bevölkert, die sich durch die schmalen Gassen schoben, nach günstigen Angeboten Ausschau hielten, schrien und feilschten. Beim Anblick eines Heiligenbildes, eines Priesters oder eines Beerdigungszuges bekreuzigten sie sich ehrfürchtig. Sie preßten ängstlich ihre Geldbörsen an sich und hielten mit Argusaugen nach Dieben Ausschau. Das ganze lärmende Tohuwabohu schien sie kaum zu stören; aber ab und zu hielten sie sich die Nase zu, wenn eine unerträgliche Geruchsmischung aus saurem Bier und Kohlsuppe, gegerbten Häuten, Schuhwichse und orientalischem Moschus sie erreichte. Dieser Markt war eine Brutstätte von Krankheiten und Seuchen, von Verbrechen und Chaos. Doch in den verrufensten Bezirken, wo die Verkaufsbuden auf morastigem Grund standen und Regen und Schnee durch die löcherigen Dächer fielen, gab es die günstigsten Preise – den Armen blieb nichts anderes übrig, als hier zu kaufen.

Auf dem Holzmarkt wurden Särge angeboten, Hunderte von Särgen in allen Größen, winzige Kindersärge und wuchtige, breite für bärenstarke Männer. Es waren kaum bearbeitete hohle Baumstämme mit schlecht schließenden Deckeln. Roh und unfertig, wie sie waren, gingen sie doch schnell weg in den langen, eiskalten Wintern und beinahe ebenso schnell in den kurzen, krankheitsträchtigen Sommern. Außer den Särgen verkauften die Händler hier auch ganze Häuser, bei denen die Balken numeriert waren, so daß man sie schnell abschlagen und an jeder beliebigen Stelle wieder aufbauen konnte. Nach Feuersbrünsten stieg die Nachfrage nach neuen Häusern steil an, und das Gewerbe der Holzhändler, Schreiner und Zimmerleute florierte.

Auf dem Roten Platz, vor einem der Haupttore zum Kreml, befand sich das offizielle Zentrum der Stadt. Hier wurden die Zarenerlasse verlesen, hier standen die Patriarchen, die ihre Gläubigen segneten. Hier ragt die Basiliuskathedrale mit ihren vielen Kuppeln, eine prächtiger, phantasievoller dekoriert als die andere, in die Höhe. Hier sangen blinde Bettler, und fahrendes Volk ließ Tanzbären kreiseln und springen. Komödianten und Akrobaten führten ihre Kunststücke vor und warteten auf Vergeltung durch die klingenden Münzen ihres zahlreichen Publikums, während fliegende Händler lebenden Fisch aus Wasserbassins, Fleischkuchen, heißen Honigwein und Kwaß verkauften.

Es gab auch Priester ohne Kirchen auf dem Roten Platz, die sich gegen Geld anerboten, Messen zu lesen. Oder Schreiber, die sorgfältig kopierte Heiligenleben verkauften, Berichte von Wundern, Chroniken, aber auch saftigere Geschichten und vulgäre Verse – obwohl sie letztere gut versteckt halten mußten. Nicht auf den ersten Blick sichtbar waren auch die Prostituierten, die den Roten Platz frequentierten; sie hielten sich fern von dem jahrhundertealten Lobnoe Mesto (Richtplatz), ursprünglich ein Ziegelpodest, auf dem die heiligen Reliquien vergraben wurden und Exekutionen stattfanden. In diesem Bereich wurden Mörder und Diebe mit der Axt enthauptet, Rebellen mit der Knute geschlagen und auf das Rad geflochten, wo sie eines langsamen, qualvollen Todes starben. Abtrünnige Gottesmänner, auf denen die Anklage lastete, Unfrieden im Volk gesät zu haben, wurden unter den Kuppeln der Kathedrale gehängt, und man nahm ihre Leichen nicht aus der Schlinge und ließ sie oft lange Zeit unbeerdigt als Warnung für die ganze Stadt. Schwerverbrecher wurden gevierteilt; mit dem Beil schlug man ihnen zuerst die Gliedmaßen ab, am Ende den Kopf.

Als Katharina am 13. September 1762 auf dem Roten Platz ankam, wurde sie von einer großen Menschenmenge begrüßt. Der Himmel zeigte sich grau und verschlossen, es war kalt, und die Pflastersteine auf dem Platz waren von einer dünnen Eisschicht überzogen. Doch die in warme Mäntel gehüllten Moskowiter hießen Katharina mit lauten Rufen und Segenssprüchen willkommen, als sie ihrer Kutsche ansichtig wurden, die die eigens zu dieser Gelegenheit aufgestellten, mit grünbelaubten Zweigen geschmückten Ehrenbögen durchfuhr. Fürst Trubezkoi, beauftragt mit der Vorbereitung der Krönungsfeierlichkeiten, hatte dafür gesorgt, daß die Stadt die Kaiserin würdig empfing. Er hatte ihr mitgeteilt, daß das Volk verstimmt sei. Zu Beginn des Herbstes hatten heftige Regenfälle eingesetzt, die die Straßen nahezu unpassierbar gemacht hatten; die Lebensmittellieferungen vom Land waren ins Stocken geraten; dazu kamen Preissteigerungen, die mit den frühen Frösten einhergingen – es fehlte nicht mehr viel, und das Faß der Unzufriedenheit würde überlaufen.

Katharina nickte den Menschen, die sich um ihre Karosse drängten und die sie meist zum erstenmal sahen, huldvoll zu. Ihr Sohn saß neben ihr, und sie redete ihm immer wieder zu, daß er sich mit seinem schmalen, blassen Gesicht der Menge zuwandte. Paul war krank gewesen und hatte sich noch nicht ganz erholt, aber Katharina brauchte ihn an ihrer Seite, denn sie wußte, daß sie dadurch bei ihren Untertanen an Ansehen gewann. Sie wollte nicht, daß man die ehrgeizige Deutsche in ihr sah, die den Mord an ihrem Gemahl befohlen hatte; sie wollte für die Leute eine Muttergottesfigur sein, eine gutherzige, fürsorgliche Herrscherin.

In Wahrheit dachte sie nicht an ihren Sohn (wenn ihr sein schlechter Gesundheitszustand auch ständig Sorgen bereitete, denn wenn er sterben sollte, würde man sogleich die Legitimität ihrer Herrschaft anzweifeln), sondern an das Problem, wie man in den folgenden zehn Tagen, zu Beginn der Krönungsfeierlichkeiten, Ruhe und Ordnung in Moskau aufrechterhalten konnte. Es durfte keine Hungeraufstände geben, es durften keine Unruhestifter und keine Opportunisten auftreten, die die moralische Eignung der Kaiserin in Frage stellten. Überall in ihrer Umgebung gab es Illoyalität und potentiellen Verrat, dessen war sich Katharina bewußt, sogar unter den Frauen, die sie bedienten und in ihren privaten Gemächern täglich ein und aus gingen.

Diese Frauen wußten über ihre persönlichsten Dinge Bescheid, daher konnten sie gefährlich werden. Sie wußten zum Beispiel, daß Katharina wieder guter Hoffnung war. Wieder war es Grigori Orlows Kind, aber diesmal würde es nicht von einer Großfürstin, sondern von einer regierenden Kaiserin geboren werden. Falls es ein Junge werden würde, könnte die Thronfolge geändert werden. Es war möglich, daß Orlows robuster Sohn den kränklichen Paul verdrängte. (Der kleine Alexej, Katharinas erstes Kind von Orlow, befand sich in der Obhut ihres Kammerdieners Schkurin. Den Blicken des Hofes entzogen, erwartete ihn ein ungewisses Schicksal.) Doch noch war die Schwangerschaft nicht weit fortgeschritten. Das einzige Anzeichen war ihr schwacher Magen – ein Symptom, das Katharina im Lauf der Zeit zu verbergen gelernt hatte.

In den zehn Tagen, die Katharina nun im Kreml verbrachte, demonstrativ fastend und sich reinigend in Vorbereitung auf das heilige Sakrament der Krönung, traf sie sich mit ihren Beratern, lernte die Worte, die sie während der Zeremonie zu sprechen hatte, auswendig, und ging mit dem Fürsten Trubezkoi jede Einzelheit durch. Die Staatskasse war leer, doch die Krönung mußte durch verschwenderische Prachtentfaltung blenden und staunen machen. Es mußte pompöse Karossen geben, reich geschmückte Pferde; wohin man auch blickte, mußte es kostbaren Zierat, Gold- und Juwelengefunkel geben. Und Katharinas Robe aus goldenem Seidenstoff, mit Silber- und Goldfäden reich bestickt, mußte aller Augen auf sich ziehen, denn sie selbst bildete den glänzenden Mittelpunkt des ganzen Schauspiels.

Die Garderobe der verstorbenen Kaiserin Elisabeth wurde

geplündert, um der Krönung noch mehr Glanzlichter aufzusetzen. Edelsteine wurden aus Schnallen und Knöpfen herausgebohrt, Perlen von Stoffen und Haarnetzen geschnitten. Aus Samtkleidern wurden neue Livreen geschneidert. Alte Seidenstoffe kamen zu neuen Ehren. Von den besten Goldschmiedemeistern wurde Katharinas Krone verfertigt, auf der fünftausend kleine Diamanten und sechsundzwanzig große, herrlich schimmernde Perlen saßen. Ein gigantischer Rubin funkelte auf der Spitze, überragt von einem Kreuz. Die anderen kaiserlichen Insignien wurden für das Ritual vorbereitet. Auf ihrem Zepter, Symbol der Herrscherwürde, sprühte der wunderbare Orlowdiamant wie Feuer und erinnerte sie an den Mann, der ihr geholfen hatte, den Thron zu besteigen.

Am Sonntag, dem 22. September, dem Krönungstag, schossen alle Kanonen des Kremls Salut. Glocken läuteten, Regimenter setzten sich in Marsch und nahmen an den Plätzen, die man ihnen angewiesen hatte, Aufstellung. Musiker sammelten sich und packten ihre Instrumente aus, und die erste lange Reihe prächtiger Karossen rollte langsam in Richtung der Kremlmauer.

Vier Stunden dauerte es, bis sich die Adligen, die ausländischen Würdenträger, die Hofbeamten und die in goldene Gewänder gehüllten Priester in der Mariä-Himmelfahrts-Kathedrale versammelt hatten, in der Tausende von flackernden Kerzen ein überwältigendes Durcheinander goldener und silberner Kruzifixe, Reliquienschreine, Fresken und juwelenbesetzter Ikonen beleuchteten. Über einem hölzernen Podium erhob sich ein riesiger Baldachin. Darunter sollte Katharina, für alle Zuschauer gut sichtbar, während der Zeremonie sitzen.

Endlich, um zehn Uhr, verließ Katharina ihre Gemächer im Palast, strahlend in ihrer goldenen Robe, deren lange Schleppe von sechs Hofdamen getragen wurde, und mit einem Mantel um ihre zarten Schultern, der aus viertausend Hermelinpelzen genäht worden war. Ihr Beichtvater schritt vor ihr her, er sprengte Weihwasser über den Teppich, die Treppe, die steinernen Stufen, die zur Kathedrale führten. Eine laute Fanfare hieß Katharina auf dem Vorplatz willkommen, und die Menschen, die dichtgedrängt außerhalb der Kremlmauern warteten, nahmen das Signal mit begeisterten Hochrufen und Segenssprüchen auf.

Unter dem getragenen Gesang feierlicher Chöre betrat Katharina die Kathedrale mit hoch erhobenem Kopf und majestätisch langsamem Schritt und bestieg die von dem Baldachin überschattete Empore. Sie lauschte dem langen Gebet des Archimandriten – er rezitierte nicht auf russisch, sondern benutzte das Kirchenslawische, jene archaische, religiösen Zeremonien vorbehaltene Sprache der orthodoxen Kirche –, nahm dann ihr Buch auf und stimmte das Glaubensbekenntnis an. Sie nahm den kaiserlichen Purpurmantel und drapierte ihn über ihr Gewand, und dann empfing sie aus den Händen des ehrwürdigen Priesters die Reichsinsignien, die Wladimir Monomach einst aus den Händen des byzantinischen Kaisers Konstantin erhalten hatte, die goldene Krone, Reichsapfel und Zepter.

Mit der Krone auf dem Haupt und im Besitz der Insignien ihres hohen Amtes, so bot sich Katharina in feierlicher Majestät nun zum erstenmal den Blicken ihres Volkes als heilige Selbstherrscherin dar. »Sterblich wie alle Menschen« ist die Zarin, so hieß es im Text des Krönungsrituals, doch nach ihrer Macht »kommt sie Gott dem Allmächtigen gleich«.

Noch einmal wurden die Kanonen abgefeuert, und wieder hörte man laute Rufe von jenseits der Kremlmauer. Zu dieser Zeit muß sich Katharina, die seit vielen Stunden keinen Bissen zu sich genommen hatte, sehr schwach, wenn nicht einer Ohnmacht nahe gefühlt haben. Eingezwängt in ihre enge Robe, mit dem schweren Mantel auf den Schultern und den noch schwereren Reichsinsignien in den Händen, mit knurrendem Magen und abgelenkt von den dunklen Mosaiken der Engel und Heiligen, die sie auf Säulen und Wänden ringsumher einschlossen, muß sie das Ende der Zeremonie herbeigesehnt haben.

Aber noch war sie nicht zu Ende. Katharina betete an den Gräbern ihrer Vorgänger, der Großfürsten, Zaren und Zarinnen Rußlands, und verlieh sich selbst den silbernen Stern des St.-Andreas-Ordens an seinem blauen Band mit dem dazugehörigen goldenen Kreuz und der goldenen Kette. Dann zelebrierte der Archimandrit die Messe, und während des sehr langen Gottesdienstes stand die Kaiserin auf und kniete nieder und stand wieder auf, lauschte der endlosen Predigt, den Gebeten, den gesungenen Psalmen. Fast vier Stunden verstrichen, bis das ganze kräftezehrende Ritual überstanden war. Endlich durfte die neue, mit dem heiligen Öl gesalbte Kaiserin, die das geweihte Brot und den geweihten Wein entgegengenommen hatte, die Stufen der Empore wieder hinabsteigen und sich zu ihrem Volk begeben.

Als sie sich am Eingang der Kathedrale zeigte, wurde sie mit jauchzenden Freudenschreien begrüßt. Als sie weiterging zur Mariä-Verkündigungs-Kathedrale und zur Erzengelkathedrale, um dort vor den ehrwürdigen Ikonen zu beten, schienen die Zuschauer außer Rand und Band zu geraten, sie weinten und sangen und knieten vor ihrer neuen Herrscherin auf den eisigen Pflastersteinen nieder. Später ließ Katharina einhundertzwanzig mit kleinen Münzen gefüllte Fässer öffnen und das Geld in die Menge werfen. Auf diese traditionelle Zurschaustellung kaiserlicher Großherzigkeit hin erschallten wie erwartet noch einmal Freudenschreie und Hochrufe. Doch Katharinas Geschenke an das Volk waren unbedeutend im Vergleich zu dem, was sie ihren Höflingen bot: Es gab lukrative Ämter, Titel, Orden und Edelsteine in Hülle und Fülle. Besonders auffällig waren die Belohnungen für Grigori und Alexej Orlow, aber auch für alle anderen gab es genügend Geschenke und Gunstbeweise. Auch der letzte Palastdiener wurde mit irgendeiner Gabe bedacht, keiner wurde vergessen.

Als der Abend heraufzog, konnten die Höflinge kaum noch stehen. Sie lehnten sich gegen die Wände, ihre Augen waren glasig vor Müdigkeit. Vielleicht hatte Katharina die Gelegenheit, zwischendurch ein Schläfchen zu machen, oder durch die dauernde Aufregung an diesem großen Tag kam ihr die Erschöpfung gar nicht zu Bewußtsein. Jedenfalls erschien sie gegen Mitternacht zum letztenmal in feierlichem Ornat auf dem obersten Absatz der dem Facettenpalast vorgelagerten Roten Treppe, um die phantastische Illumination der Kremltürme und aller Tore mit gelben Lampen zu besichtigen. Die Lichter, die jedes Türmchen, jede Zacke und Zinne anstrahlten, verwandelten die mächtige, schwerfällige und bedrohliche Festung in ein träumerisch-zartes Märchengebilde. Noch immer schlenderten die Menschen zu Hunderten in dem großen Hof umher und genossen in vollen Zügen das lockere Treiben im Gefolge der Feierlichkeiten. Als sie Katharina sahen, brachen sie in Freudenrufe aus, wünschten ihr immer wieder Gesundheit und ein langes Leben, bis sie sich heiser geschrien hatten.

Der Krönungstag war der Anfang unzähliger offizieller und inoffizieller Feierlichkeiten, die monatelang andauerten. Jeden Tag gab es Bankette, Empfänge, formelle Einladungen zu Ehren der Kaiserin – fast zu viele Aktivitäten für die Moskowiter, die ihren Schlendrian so sehr liebten. Doch wer von diesen luxusliebenden Nichtstuern hätte sich die vielen Gelegenheiten entgehen lassen, Klatsch und Tratsch auszutauschen und sich in prächtigen, von dünnen, spatkranken Pferden gezogenen Kutschen in den Straßen zu zeigen?

Katharina ließ sich oft sehen, verströmte ihren unwiderstehlichen Charme und verbarg das Unwohlsein ihrer frühen Schwangerschaft hinter einer liebenswürdigen und fröhlichen perfekten Fassade. Oft begleitete sie Grigori Orlow, der noch immer der größte, breitschultrigste, bestaussehende Mann weit und breit war. Er trug einen goldbestickten Mantel und Juwelen an den Fingern, und seine Brust glitzerte von Orden und Auszeichnungen – offensichtliche Zeichen der kaiserlichen Gunst, der er sich erfreuen durfte –, hätte man seinen Namen nicht gekannt, hätte man ihn für den Gemahl der Kaiserin halten können. Denn offensichtlich war er mehr als nur ein prachtvolles Schmuckstück. Er war souverän, ohne sich jemals in den Vordergrund zu spielen, seine Gegenwart erhöhte vielmehr den Reiz Katharinas. Er redete gefühlvoll, doch ohne allzuviel Vertraulichkeit mit ihr, er schien sich niemals zu überschätzen oder sich etwas herauszunehmen, was ihm nicht anstand.

Sein felsenfester Beistand war für Katharina lebenswichtig, denn hinter der lächelnden und gleichmütigen Fassade verbargen sich Sorgen und Angst.

Zehn Tage nach ihrer Krönung erfuhr sie von ihrem vertrauten Kammerdiener Wassili Schkurin, daß sich unter den jungen Offizieren, die ihren Staatsstreich unterstützt hatten, eine Gruppe von Verschwörern befand, die planten, sie zu stürzen, um an ihrer Stelle den gefangenen Iwan VI. an die Macht zu bringen. Sie reagierte prompt, ließ die Betroffenen verhaften und foltern und rief eine geheime Institution ins Leben – sie unterschied sich nur unwesentlich von Elisabeths Geheimer Kanzlei –, die sich um politische Verschwörungen und Verrat zu kümmern hatte. Wer sich verdächtig machte, sollte verhaftet, peinlich befragt und bestraft werden.

Die ganze Angelegenheit wirkte auf die grundsätzlich human und gerecht gesinnte Katharina ernüchternd. Sie stand nun in einer langen Reihe absoluter Herrscher in Rußland, die über Jahrhunderte zurückreichte, und sie begann zu begreifen, warum diese Herrscher zu Tyrannen geworden waren. Hatte sie nicht immer den Mißbrauch der Macht beklagt, wo immer sie ihn mit ihrem gewohnten Scharfblick erkannte? Jetzt, da sie selbst den eisigen Hauch perfiden Verrats im Gesicht spürte, begriff sie, daß ihr nichts anderes übrigblieb, als zu tyrannischen Maßnahmen zu greifen. Die Macht hatte ihr eigenes Gesetz. Absolute Herrschaft verlangte unnachgiebige Härte gegenüber Verrätern. Nur unwandelbare Strenge konnte sie schützen. Und vielleicht würde sie nie mehr einem Menschen trauen können.

Im Oktober, als ein dicker Schneeteppich Moskau bedeckte und eine neue Runde rauschender Feste eingeläutet wurde, auf denen sich die Bürger der Stadt prächtig amüsierten, beschäftigte sich die Kaiserin damit, Verräter aufzuspüren. Sie kaufte Informationen, bezahlte Offiziere dafür, daß sie andere denunzierten. Sie stellte fest, wer sie gern kritisierte, wer unzufrieden war, wer Geheimnisse verriet, wenn er zuviel getrunken hatte. Schon vorher hatte sie gewußt, daß sie nicht auf alle, die sie unterstützten, hundertprozentig zählen konnte, daß jede ihrer Handlungen, jede ihrer Bewegungen genauestens beobachtet und beurteilt wurde und sich binnen kürzester Zeit die ganze Situation vollkommen verändern konnte. Einige der Männer fühlten sich brüskiert, andere waren eifersüchtig auf die Gunst, die die Brüder Orlow genossen. Wieder andere, die sich genau über die Verwundbarkeit der neuen Regierung im klaren waren, wollten bei der nächsten sich bietenden Gelegenheit selbst nach der Macht greifen. Katharina hatte bisher nicht geahnt, wie vorsichtig und wachsam sie sein mußte, um sicherzugehen, daß Unzufriedenheit nicht in offene Verschwörung ausartete, und noch weniger hatte sie vorausgesehen, wie sehr das allgemeine Klima vermuteten und tatsächlichen Verrats sie auslaugen und an ihren Kräften zehren würde.

In der letzten Oktoberwoche verkündete Katharina ihren Untertanen, daß eine verräterische Verschwörung den Zarenthron bedroht habe, daß es jedoch gelungen sei, sie aufzudecken und den Schaden abzuwenden. Sie hatte vorgehabt, die Hauptdrahtzieher hinrichten zu lassen, doch am Ende befahl sie, die Männer ihrer militärischen Ränge, ihres adligen Status und all ihrer Privilegien zu entkleiden und in die Verbannung nach Sibirien zu schicken.

Wieder einmal versammelte sich eine Menschenmenge auf dem Roten Platz. Die Strafen wurden verlesen. Die Gefangenen, jetzt nur noch gewöhnliche Arbeiter und Bauern, wurden vorgeführt, ihre Degen über ihren Köpfen zerbrochen. Katharina ließ sich über diese Ereignisse auf dem Roten Platz ausführlich Bericht erstatten, denn sie konnte nicht selbst anwesend sein. Sie lag in ihrem Bett, blaß und mit verweinten Augen. Die Hebammen liefen geschäftig umher, die Ärzte warteten im angrenzenden Zimmer. Sie hatte ihr Kind verloren.

Kapitel Zwanzig

Der erste Winter in Moskau, den Katharina als Kaiserin erlebte, bestand aus einer unabsehbaren Folge von Bällen, Diners, Empfängen und zeremoniellen Abendgesellschaften. Sie stand früh auf und arbeitete bis tief in die Nacht und unterbrach die Arbeit nur, um ihre seidene Robe und ihren Diamantschmuck anzulegen und voller Anmut und Liebenswürdigkeit Hoffesten und privaten Soireen vorzusitzen, Hochzeiten oder endlose Gottesdienste zu besuchen.

Die Stadt war von einem zarten hellen Teppich aus Schnee bedeckt, der all ihren Schmutz, alle Schäbigkeiten vergessen machte. Während der eisigen Nachmittage, wenn es nicht gerade in dicken Flocken schneite, fuhren die Leute mit Rennschlitten auf der gefrorenen Moskwa. Die Pferde schienen auf dem Eis zu fliegen, die Glocken an ihrem Zaumzeug hörte man weithin. Am Ufer spielten Kapellen. Und die Zuschauer drängten sich heran, um Schlittschuhfahrer zu bewundern oder Wetten auf die Rennschlitten abzuschließen. Auch die Kaiserin stand am Ufer und sah dem Treiben auf dem Eis zu, auch sie schloß Wetten ab auf die Rennschlitten, und Beobachter bemerkten ihre sorglose Heiterkeit, ihre Fröhlichkeit.

Sie zeigte sich nach außen hin vollkommen sicher und ohne Angst, obwohl zur Furcht sehr wohl Anlaß bestand. Auf keinen Fall wollte sie wie die verstorbene Kaiserin Elisabeth erscheinen, der die Sorge um ihr Leben, die Angst vor Verrat alles vergällt hatte, die sich am Ende sogar vor dem Einschlafen gefürchtet hatte. Elisabeths Dasein war nur noch ein Alptraum heimlicher Vorkehrungen und Absicherungen gewesen. Katharina wollte einen gegensätzlichen Akzent setzen. Oft fuhr sie in einer offenen Kutsche nachts durch die Stadt und ließ sich dabei nur von einer kleinen Eskorte zu ihrem Schutz begleiten. Wenn sie zum Senat fuhr, saßen nur zwei Lakaien neben ihr – wer wollte sie also ängstlich nennen? Bei jeder Gelegenheit bewies sie, wie frei und ungezwungen sie sich fühlte.

Doch sie wußte, welches Risiko sie damit einging. Mindestens einmal im Monat wurde eine Verschwörung entdeckt und im Keim erstickt, manchmal noch häufiger, Agenten der wiedererstandenen Geheimpolizei, des sogenannten Geheimen Büros, berichteten der Kaiserin über jedes verschwörerische Tun, das sie entdecken, jedes verräterische Wort, das sie aufschnappen konnten. Die kleinste illoyale Handlung konnte ihre Autorität untergraben. Zwei Kammerjungfern in ihrem Schlafzimmer wurden verhaftet, weil sie Klatsch über die Kaiserin ausgetauscht und über sie gespottet hatten: Sie sei mehr Mann als Frau. Sie wurden vom Hof verbannt. Gardeoffiziere drohten mit Rebellion, prahlten damit, daß sie jederzeit einen Aufstand gegen die Kaiserin entfachen könnten. Sie wurden nach Sibirien geschickt. Es gab viele, die auf die Favoritenstellung Grigori Orlows neidisch waren. Katharina hatte ihm den Titel eines Grafen verliehen, hatte ihn zum Kammerherrn und Generaladjutanten befördert und ihm weitere lukrative Stellungen verschafft, ihn außerdem großzügig mit Geld und Juwelen bedacht. Jene Neider planten, Orlow aus dem Weg zu räumen, ihn vielleicht sogar zu ermorden. Sie wurden dingfest gemacht, verhört und schließlich ebenfalls verbannt.

Doch trotz der Wachsamkeit des Geheimen Büros blieb das Klima der Unsicherheit bestehen. Lord Buckinghamshire, der britische Gesandte, schrieb im Februar 1763 nach London, daß in Katharinas Regierung »große Verwirrung« herrsche. »Nirgendwo ist jene Atmosphäre allgemeiner Befriedigung zu verspüren, die noch vor zwei Monaten jedermann hier besser atmen ließ«, fuhr er fort, »und viele machen keinen Hehl daraus, daß die von der Regierung angewandten Mittel ihnen falsch erscheinen.« Die Moskauer Bürger hielten mitten in ihren winterlichen Vergnügen inne, um ihrem Mißvergnügen über die Kaiserin und ihren Liebhaber Ausdruck zu verleihen. Bauern, die ihre Waren in die Stadt brachten, murrten und sagten, seit Katharina Kaiserin sei, habe es kein gutes Wetter mehr gegeben. Ihre Thronbesteigung habe Unglück gebracht, sagten sie, indem sie sich bekreuzigten und Gebete murmelten.

Katharina bemühte sich, so gut es ging ihr Gleichgewicht zu behalten. Sie arbeitete viel und ließ dennoch das Vergnügen nicht aus. »Das Leben der Kaiserin«, berichtete Buckinghamshire, »besteht aus einer Mischung aus frivolem Amüsement und echter Hingabe an die Geschäfte – wiewohl ihre Hingabe bis jetzt noch kein Ergebnis zeitigte, was einerseits an den vielen Knüppeln liegt, die ihr in den Weg geworfen werden, andererseits daran, daß sie zu viele verschiedene Vorhaben verfolgt.« An anderer Stelle bemerkt er: »Ihre Pläne sind groß und zahlreich, doch stehen sie zu den Mitteln, über die sie verfügen kann, in keinem Verhältnis.«

Tag für Tag hielt sie mit ihren sechs Sekretären Beratungen ab, ließ sich die offiziellen Schriftstücke von ihnen vorlegen und diskutierte mit ihnen über die nächsten Entschließungen, Dekrete und Aufrufe, die zu verfassen waren. Sie beriet sich mit Panin und mit dem alten Bestuschew – den sie aus der Verbannung zurückgerufen hatte und auf dessen Rat sie mit größter Aufmerksamkeit hörte –, sie las, studierte und arbeitete sich in zahlreiche neue Problemkreise ein. Und Tag für Tag mußte sie sich nach stundenlangen Anstrengungen immer wieder sagen, daß ihre Mühe umsonst gewesen war. Trägheit, Feindseligkeit, kleinlicher Egoismus derer, auf die sie sich wohl oder übel verlassen mußte, warfen sie immer wieder zurück und machten ihre Pläne zunichte.

Es stellte sich heraus, daß das Regieren ganz anders war, als sie es sich vorgestellt hatte; in ihrem tiefsten Inneren war Katharina enttäuscht.

Anfang des Jahres 1763 öffnete sie dem französischen Gesandten Breteuil ihr Herz. Sie sagte zu ihm, daß sie »ganz und gar nicht glücklich« sei und über ein Volk herrsche, »dem man es niemals recht machen« könne. Mehrere Jahre werde es dauern, bis sich ihre Untertanen an sie gewöhnt hätten, was ihr großes Unbehagen bereite, wenn sie daran denke.

Der Gesandte war von Katharinas Offenheit überrascht, aber auch von ihrer Eitelkeit. »Sie hat eine hohe Meinung von ihrer eigenen Größe und Macht«, schrieb er. In den Gesprächen mit ihm kam sie immer wieder auf ihr »großes und mächtiges Reich« zurück, benutzte diese Formel fast gebetsmühlenartig. Mehr als einmal sprach sie auch ihren eigenen ausgeprägten Ehrgeiz an, der sie vom Tag ihrer Ankunft in Rußland an nach der Herrschaft hatte streben lassen.

Ganz gewiß hatte sie sich verändert, seit sie die Macht über das riesige Rußland in Händen hielt, aber ebenso gewiß hatte sie auch mehr Angst denn je – was kein Wunder sei, bemerkte Breteuil, angesichts des Ränkespiels an ihrem Hof. Jedermann – auch diejenigen, denen sie am meisten vertraute – kämpfte um Einfluß, Reichtum und hohe Posten. Der französische Gesandte beobachtete wachsende Parteienwirtschaft und Cliquenbildung allerorten, und es schien ihm, daß die einst so felsenfest stehende Katharina jetzt, da ihr der Wind heftig ins Gesicht blies, ins Wanken geriet und ihre Fähigkeit zu raschem und entschiedenem herrscherlichem Handeln verlor.

»Die Kaiserin zeigt Schwäche und Unbeständigkeit – Mängel, die man nie zuvor an ihr bemerkte«, schrieb er. »Die Angst vor dem Verlust dessen, was sie sich mit soviel Kühnheit eroberte, spürt man in ihrem ganzen Verhalten, wodurch es anderen leichtgemacht wird, sie auszunutzen.«

Nicht nur Breteuil, sondern auch andere Beobachter bemerkten Katharinas Unentschlossenheit zu dieser Zeit und schoben es darauf, daß ihr der Ehemann fehlte. Besonders Bestuschew drängte sie zu einer Heirat und begann mit ihrem Wissen und ihrer Billigung, die Stimmung in der Öffentlichkeit, dieses Thema betreffend, zu sondieren.

Bald entdeckte er – was ihn keineswegs überraschte –, daß die Frage, ob die Kaiserin heiraten sollte oder nicht, je nach der politischen Meinung des Befragten unterschiedlich beantwortet wurde. Zwei Fraktionen hatten sich unter den kaiserlichen Beratern herausgeschält; die eine sammelte sich um Panin, die andere um Grigori Orlow, seine Brüder und Bestuschew selbst. Die Orlow-Gruppe war dafür, daß Katharina das Logische und Natürliche tat und den Mann heiratete, den sie liebte und dessen persönlichem Einsatz und Einfluß sie so viel zu verdanken hatte. Wäre Grigori Orlow erst einmal ihr Gemahl, so könnte sie die Dynastie stärken, indem sie weitere Kinder zur Welt bringen würde. Einen Sohn hatte sie ja schon von ihm. Sollte der schwächliche Paul sterben, wäre die Nachfolge in jedem Fall gesichert.

Grigori Orlow selbst hatte Katharina zu einer Heirat mit ihm gedrängt seit der Entdeckung der Verschwörung der Gardesoldaten im Oktober 1762. In welcher Form er sie zu überreden versuchte, darüber kann man nur spekulieren; doch zweifellos hatten sie weiterhin ein Liebesverhältnis, und es gab einen Präzedenzfall, den er ins Feld führen konnte: Hatte nicht die Kaiserin Elisabeth ihren Geliebten geheiratet, der ein Nichtadliger gewesen war? Warum tat Katharina nicht dasselbe?

Panin und seine Gruppe nahmen den entgegengesetzten Standpunkt ein. Wenn Katharina überhaupt heiratete, sagten sie, so sollte sie einen Prinzen von kaiserlichem Geblüt nehmen, möglicherweise einen Bruder des abgesetzten Iwan VI. oder einen Mann aus einem entfernteren Zweig der Familie Romanow. Nähme sie einen Niedriggestellten wie Orlow zum Mann, würde sie damit unweigerlich ihre zu diesem Zeitpunkt ohnehin nicht starke Stellung weiter schwächen. Und man sollte bedenken, daß der Skandal um Peters Tod noch immer nicht vergessen war, in dem die Brüder Orlow eine entscheidende Rolle gespielt hatten. Wie würde es aussehen, so argumentierte Panin, wenn die Kaiserin einen Mann ehelichte, von dem allgemein angenommen wurde, daß er bei dem verbrecherischen Komplott gegen Peter mitgewirkt hatte?

Es ist schwer zu ergründen, was Katharina selbst in jenen Winter- und Frühjahrsmonaten des Jahres 1763 über die Frage ihrer Heirat dachte. Sie bewunderte Frauen, die als Unverheiratete regiert hatten, wie Elisabeth I. von England, doch sie sah auch die politischen Vorteile, die ihr aus einer Heirat erwachsen konnten, wenn sie den richtigen Mann wählte. Ihre Erfahrungen mit der Ehe waren bisher nur negativ gewesen; wenn sie sich daran erinnerte, sah sie ein alptraumhaftes Gewirr aus Grausamkeit, Vernachlässigung und Leiden vor sich. Und doch mag es genau dieser Grund gewesen sein, der den Wunsch in ihr erweckte, die noch offene Wunde zu heilen, indem sie sich mit einem gutmütigen und liebenswerten Mann ihrer Wahl auf glücklichere Weise vereinigte.

Orlow gefiel ihr, aber sie kannte auch seine Mängel und neigte keinesfalls dazu, seine Talente überzubewerten. Nach ihren eigenen Worten war er ein »verzogenes Kind der Natur«, das sich auf sein hübsches Gesicht und seine Muskeln verließ und sich ansonsten nicht allzusehr anstrengte, um Dinge zu erlangen, die es sich wünschte. Er war klug, doch auch undiszipliniert und träge. Er liebte üppige und extravagante Vergnügungen und gab das Geld, das sie ihm schenkte, mit vollen Händen aus. Er spielte. Arbeit galt ihm wenig, und er beschäftigte sich so wenig wie möglich mit den ernsten Dingen des Lebens.

Ihrem Freund, dem Baron Friedrich Melchior von Grimm, gestand sie einige Jahre später, daß sie sich immer schon gern von Männern habe mitreißen lassen, die entschlossener und kraftvoller seien als sie selbst. Für diesen Zweck war niemand geeigneter als Orlow. Wie sie Grimm schrieb, übernehme er »ganz instinktiv« die Führung, und sie folge ihm. Er hatte sie zum Thron geführt; sie konnte darauf bauen, daß er sie als Gemahl auch durchs Leben führte.

Aber sie war vorsichtig, und sie ließ sich Zeit für ihre Entscheidung. Im Mai machte sie eine Wallfahrt zum Auferstehungskloster in Rostow. Die Moskauer Bürger, die Orlow nicht wohlwollten, sagten, sie werde die Gelegenheit nutzen um, befreit von Panin und seinem Einfluß, ihren Geliebten dort heimlich zu heiraten.

Die Geschichten, die man sich erzählte, wurden immer phantastischer, abstruser und bedrohlicher. Orlow zwinge Katharina, ihm zu Willen zu sein, sagten die Leute. Katharina habe niemals Kaiserin werden wollen; sie habe nur als Regentin für ihren Sohn herrschen wollen. Wenn Orlow nicht gewesen wäre, hätte sie niemals den Thron bestiegen. Orlow sei der heimliche Drahtzieher, er benutze Katharina, um seine eigene Macht zu vergrößern. Jetzt, in diesem Augenblick, verwirkliche er den letzten Teil seines teuflischen Plans.

Neid, Eifersucht und Mißtrauen gegen Orlow ließen die Gerüchteküche brodeln. Das Klima war für Verschwörungen bestens geeignet. Eine Gruppe von Gardeoffizieren plante, Katharina zu stürzen und Orlow zu ermorden, sobald die Heirat öffentlich verkündet würde. Die Verschwörer handelten in dem ermutigenden Bewußtsein, daß Panin gegen die Heirat mit Orlow war. Gern zitierte man Panin mit dem angeblich von ihm stammenden Satz, daß »eine Madame Orlow niemals über Rußland herrschen könnte«.

Diese oft wiederholte schneidende Bemerkung führte zu einem Aufschrei der Moskowiter. In der ganzen Stadt hörte man ungebärdiges Gerede und wortreichen Protest, und plötzlich schien ein Aufstand kurz bevorzustehen. Loyale Gardesoldaten nahmen Aufstellung auf dem Roten Platz, in den Vororten und entlang der großen Durchgangsstraßen. Gasthäuser und Kaschemmen wurden geschlossen, Versammlungen aufgelöst, während die Kaiserin ein »Manifest der Stille« erließ, das jegliches »unziemliche Gerede und das Verbreiten von Gerüchten betreffend der Regierung« verbot.

Ein kurzer, heißer Sommer brach an. Mückenschwärme tanzten über den staubbedeckten Straßen. Das Hämmern der Zimmerleute erscholl in den Vororten, in denen während der kalten Jahreszeit verheerende Brände gewütet hatten. Der Moskauer Adel zog sich auf seine Landgüter zurück. Auch die Angehörigen dieser Gesellschaftsklasse sahen sich von der Kaiserin und den unterwürfigen Geschöpfen in ihren Diensten enttäuscht. Sie waren stolz auf ihre alten, ehrwürdigen Namen und ihre Unabhängigkeit. Viele Familien trugen ihre Titel seit zwölf Generationen oder länger, während der Adel in Katharinas Gefolge weit jüngerer Abkunft war. Einige, wie die Orlows, hatten mit atemberaubender Schnelligkeit die höchsten Ämter erlangt. Daß Katharina erwog, einen von diesen Emporkömmlingen zu heiraten, bewies nur ihre Vulgarität, deren sie sich nicht einmal schämte. So lautete die Meinung des Moskauer Hochadels. Wer war sie denn schon? Die Tochter eines deutschen Soldaten, der sich Fürst genannt hatte, mehr nicht.

Katharina wußte um diese Meinung; sie entnervte und zermürbte sie nicht weniger als die ständigen Verschwörungen und Aufstände, die ebenso ein Teil der alten Stadt zu sein schienen wie die Mücken und der Gestank, die Kirchen und die vielstimmigen Glocken. Resigniert gab sie jeden Gedanken an eine Ehe mit Orlow auf und kam zu der traurigen Einsicht, daß sie wohl nie mehr die Freiheit besitzen würde, nach ihrer Wahl zu handeln. Denn so lange sie auf dem Thron saß, so lange würde sie auch Feinde haben, und wahrscheinlich würde sich ihre Zahl im Laufe der Zeit noch vermehren. Freiwillig wich die Opposition nicht zurück. Undankbarkeit, nicht Bewunderung und Wohlwollen hatte die Kaiserin zu gewärtigen, und sie würde lernen müssen, ihre Erwartungen zurückzuschrauben.

Auf irgendeine Weise einigte sie sich mit Orlow. Vielleicht war er klug genug, um einzusehen, daß ihr Verzicht auf die Heirat mit ihm unter den gegebenen Umständen das beste war. Doch die politische Niederlage, die diese Entscheidung bedeutete, muß auch ihm schmerzlich gewesen sein. Vom gleichen Zeitpunkt an stieg der Stern Panins, und im Herbst 1763 verließ Bestuschew den Hof und zog sich aus dem politischen Tagesgeschäft zurück. Katharina hatte sich entschieden. Panin, der vorsichtige Pragmatiker, hatte den Fraktionskampf vorerst gewonnen.

Nach der Rückkehr nach St. Petersburg fühlten sich Katharina und Orlow wohler. Aber es gab noch ein häßliches Nachspiel zu den jüngsten Ereignissen. Orlow erhielt ein sorgfältig eingewickeltes Paket aus Moskau. Es lag kein Brief bei, der Absender blieb anonym. Im Innern des Pakets befand sich ein großer ausgehöhlter Käselaib, gefüllt mit Pferdemist, in dem ein riesiger Holzknüppel steckte.

Zweifellos gelang es dem unerschrockenen Orlow, den Zwischenfall schnell zu vergessen, aber Katharina konnte die Sorgen nicht so schnell abschütteln. War es nicht genug, daß sie darauf verzichtet hatte, ihn zu heiraten? Jetzt wußte sie, daß es Leute gab, die über seinen Tod nachdachten, solange er als Geliebter an ihrer Seite blieb.

Jahre vergingen, bis Katharina sich wieder einmal für längere Zeit in Moskau aufhielt. Jetzt ging sie ganz in ihrem Petersburger Alltag auf und widmete ihre Arbeit praktischen Angelegenheiten, die das ganze Reich betrafen.

Was sie in dieser Zeit besonders beschäftigte, war die Tatsache, daß Rußland in seiner riesigen Ausdehnung so dünn besiedelt war. Montesquieu und andere Denker hatten die Stärke eines Reichs an der Größe seiner Bevölkerung gemessen. Und die junge Katharina hatte, lange bevor sie Kaiserin geworden war, geschrieben, daß Rußland Menschen brauche, die die Wildnis in einen wimmelnden Bienenstock verwandelten. Nun brachte sie Tausende fremder Siedler ins Land und rief eine regierungsamtliche Agentur ins Leben, die weitere Kolonisten anwerben und ihnen Land zuweisen sollte. Nominell war Grigori Orlow der Kopf dieser Agentur. Unter seiner immer sprunghafter werdenden Leitung entstanden Kolonien an der unteren Wolga, auf dem fruchtbaren Boden der Steppe. Aber auch das Gebiet um St. Petersburg, das aus unfruchtbarem Sumpfland und Nadelwald bestand, wurde urbar gemacht. Katharina ließ die Sümpfe trockenlegen und die Wälder abholzen. Im Herbst 1766 gab es drei blühende Dörfer an einem Ort, der wenige Jahre zuvor nur aus wucherndem Sumpfgras, Rohrdickicht und stehendem Wasser bestanden hatte.

Ein heikles und vieldiskutiertes Thema, dem Katharinas besondere Aufmerksamkeit im gleichen Maße galt, war die Kirche – nicht als religiöse, sondern als ökonomische Institution. Die russische Kirche war Eigentümerin ausgedehnter Ländereien, die von über einer Million Leibeigener bewirtschaftet wurden. Die Regierung brauchte dringend sowohl Geld wie auch materielle Ressourcen. Sollte man die Kirche auf ihren Reichtümern sitzen lassen und zusehen, wie die Staatskasse immer leerer wurde?

Kaiserin Elisabeth, aber auch Peter III. hatten bereits Vorstöße in dieser Richtung unternommen. Beide waren kurz davor gewesen, das gesamte Kirchenland zu säkularisieren, um im letzten Moment davor zurückzuschrecken oder entsprechende Anfangsmaßnahmen schnell wieder zurückzunehmen. Katharina aber zögerte nicht lange. Im Februar 1764 verfügte sie, daß die Kirchengüter, die man sich nach den Worten ihres Dekrets widerrechtlich angeeignet habe, einer Regierungsbehörde unterstellt werden sollten, dem Kollegium der Ökonomie. Auf einen Streich war damit die Regierung wieder zahlungsfähig geworden – doch was sie an Finanzkraft gewann, verlor sie an Popularität.

Wieder einmal bekam Katharina eine Flut von beunruhigenden Nachrichten auf den Schreibtisch, Geheimberichte über zersetzendes Gerede, Putschpläne, Verschwörungen in der Garde. In Pskow, Orel und Woronesch – Gebieten, die weit genug entfernt waren von den Sitzen der staatlichen Kontrolle – brachen offene Aufstände aus. Banditen hielten Dörfer in Angst und Schrecken und belagerten Herrensitze. Um dem Chaos ein Ende zu setzen, verstärkte Katharina die Herrschaftsrechte des Adels. Doch bald entdeckte sie, daß die Aristokraten ihre Autorität oft mißbrauchten, daß sie aus den Bauern mehr Steuern herauspreßten, als ihnen von Rechts wegen zustand, daß sie Bestechungsgelder annahmen, in ihre eigenen Taschen wirtschafteten und unbekümmert die Staatskasse plünderten. Kein Wunder, daß sich die wütenden Bauern zusammenrotteten und ihren Herren die Köpfe abschlugen. Das ganze Dilemma bedeutete eine schwere Last für die Kaiserin. Wie konnte sie Ruhe und Ordnung wiederherstellen, ohne in pure Tyrannenherrschaft abzugleiten?

Und es gab noch beunruhigendere Ereignisse. Hier und dort, stets in Gebieten, die weit entfernt lagen von Moskau und Petersburg, traten in ländlichen Gemeinden sonderbare Männer mit der Behauptung auf, sie seien der verschollene Kaiser Peter III.

Alle paar Monate erschien irgendwo ein weiterer wiederauferstandener Peter, und Katharina empfand das ganze gespenstische Phänomen als ebenso entnervend wie bedrohlich. Von der bäuerlichen Bevölkerung wurden die Hochstapler mit offenen Armen empfangen. Man überhäufte sie mit Geschenken, Ehrungen, Bittgesuchen. Anhänger sammelten sich um sie, Kämpfer, die Anspruch auf den Thron erhoben. Einer nach dem anderen wurden die falschen Zaren von Soldaten verfolgt und eingefangen. Doch hatte man einen Peter hinter Gitter gebracht, trat der nächste auf und nahm seinen Platz ein. Und im Lauf der Monate und Jahre schlug unter den Bauern die Idee tiefe Wurzeln, daß der wahre Kaiser noch lebte. Einmal befand er sich auf der Krim und sammelte eine Armee um sich; ein andermal wartete er irgendwo im Osten auf die Stunde, da er sich in einem großen Feldzug auf den Weg machen würde, um wiederzugewinnen, was ihm gehörte.

Betrüger konnten gefangengenommen, bestraft und eingesperrt werden, aber Katharina wußte nur zu gut, daß man große, machtvolle Ideen nicht so leicht unschädlich machen konnte. Es war, als hätte die Idee Peters III., ein Gespenst, ihr den Krieg erklärt. Fast zwanzig Jahre lang hatte ihr der Gemahl das Leben schwergemacht. Jetzt bereitete er ihr neue Leiden aus dem Grab heraus.

Katharina saß zwei Jahre auf dem Zarenthron, als in St. Petersburg ein großer Maskenball gegeben wurde. Zwei Tage und drei Nächte dauerte das Vergnügen. Die Gäste, in kostbarer Verkleidung, tanzten, aßen und tranken bis zur Erschöpfung. Ein Besucher aus Venedig, Giovanni Casanova, war anwesend, der die ausgelassene Szene später beschrieb.

Während die Festlichkeiten ihren Fortgang nahmen, schlüpfte ein unscheinbarer weiblicher Gast herein, eine eher kleine Gestalt ganz in Schwarz. Mit der Maske vor dem Gesicht, die sie gänzlich unkenntlich machte, tanzte und lachte sie mitten in der aufgeregten, lärmenden Menge, und wenn jemand sie im Gedränge unabsichtlich anstieß, verlor sie das Gleichgewicht. Casanova wurde im Flüsterton mitgeteilt, daß es sich bei der geheimnisvollen schwarzen Dame um die Kaiserin handelte. Doch die meisten der Anwesenden wußten nicht, daß sie es war, und ihr schien gerade das zu gefallen.

Ab und zu gesellte sie sich zu einer Gruppe Tafelnder und lauschte unauffällig ihrem Gespräch. Sehr wahrscheinlich hörte sie auch Meinungen über sich selbst, dachte Casanova, und einige davon mögen wenig schmeichelhaft gewesen sein. Aber falls sie sich getroffen fühlte, so ließ sie sich nichts davon anmerken. Kein einziges Mal während ihrer Anwesenheit auf dem Ball lüftete sie ihre Maske und gab sich zu erkennen. Casanova war beeindruckt – nicht nur von ihrer Selbstbeherrschung, sondern auch von dem schlauen Mittel, an ihrem eigenen Hof als Spion zu wirken.

Mittlerweile hatte Katharina tatsächlich viel über die Macht gelernt, über ihre Quellen, über ihre Belohnungen; und über ihre Grenzen.

Es war noch keinem gelungen, ihr die Last der Verantwortung abzunehmen. Sie traf alle Entscheidungen selbst und hielt auch bei den minder wichtigen Angelegenheiten das Heft in der Hand. Sie überragte alle. Buckinghamshire beschrieb ihr »majestätisches Auftreten«, ihre »aus Würde und Unbefangenheit glückliche gemischte Art«, wodurch sie die Leute für sich einnahm; ihre hingebungsvolle Arbeit zur Verbesserung der Zustände im Land verschafften ihr allgemein Respekt.

Katharina stellte den glänzenden Mittelpunkt des Hofes dar. Sie zeigte sich gern im Schmuck ihrer Diamanten, dem Symbol ihres Reichtums (mit dem es in Wahrheit keineswegs so gut stand, wie sie vorgab, denn trotz der Säkularisierung der Kirchengüter befand sich das Land wieder in Zahlungsschwierigkeiten). Glänzend und glitzernd vom Scheitel bis zur Sohle, angetan mit prächtigen Roben und nicht weniger prachtvollen Frisuren und einer dicken Lage Schminke auf den Wangen – ausländische Reisende, die zu dieser Zeit den russischen Hof besuchten, beschrieben die auffallend künstlich geröteten Wangen der Frauen –, pflegte sie während der sonntäglichen Hofkonzerte bei ihren Gästen die Runde zu machen. Sie schien unerschütterlich und zeigte sich stets in heiterster Stimmung, während ihr Blick als scharf und durchdringend empfunden wurde. (Einer der Gäste beschrieb diesen Blick als »grausam und tyrannisch«.) In ihrem Verhalten blieb sie mild und nachsichtig und von äußerster Liebenswürdigkeit. Sie schien jedermann, selbst ihre Diener, persönlich zu kennen und unterhielt sich mit den Angehörigen aller Stände mit entspannter Vertrautheit. Hochmut und formelle Steifheit lagen ihr fern. Doch hielt sie darauf, die Würde ihrer Stellung zu bewahren, denn sie hatte gelernt, daß es der Macht abträglich war, wenn man seine Verletzlichkeit allzu offen zeigte.

Auf subtile Weise hielt sie Abstand zu den Menschen. Der Unterschied zwischen der Monarchin und denen, über die sie herrschte, blieb jederzeit deutlich wahrnehmbar, wie gütig, wie freundlich Katharina ihre Herrschaft auch ausübte. Man konnte nicht umhin zu bemerken, daß sie es war, die die Befehle gab. In ihren privaten Gemächern und im Umgang mit ihren Vertrauten mochte es anders sein, wenn sie sich aber in der Öffentlichkeit zeigte, wußte jedermann sofort, daß sie Gehorsam verlangte. Nur selten erlaubte sie es sich, mit einer ihrer Hofdamen eine engere Beziehung einzugehen; wenn es doch geschah, so war die Freundschaft niemals von Dauer.

Die Fürstin Daschkowa, mit der sie einmal fast wie mit einer Schwester verkehrt hatte, verlor bald ihre Gunst und wurde vom Hof verbannt. In ihrer Eitelkeit tief gekränkt und weiterhin voller Ehrgeiz, frequentierte die Fürstin fortan die Kasernen der Garde, wobei sie es liebte, sich in Soldatenuniform zu kleiden wie in den Tagen des Umsturzes. Ihren Platz als Favoritin der Kaiserin nahm die Gräfin Matjuschkina ein, aber schon nach einem Jahr fiel auch sie in Ungnade. Katharina beklagte sich über die Unbeständigkeit der Gräfin und darüber, daß sie sich in alles einmischte. Danach folgte die Gräfin Bruce, eine begabte, gepflegte und weltläufige Schönheit, doch sie redete Katharina nach dem Mund und zeigte zu wenig Eigenwillen, um zu einer wirklichen Vertrauten zu werden. Geschickt verhielt sie sich immer entsprechend der jeweiligen Laune der Kaiserin, sie entwickelte dieselben Vorlieben und Abneigungen und versuchte es ihr in allem gleichzutun – bis zu dem Punkt, daß sie sich Grigori Orlows Bruder Alexej zum Geliebten nahm.

Am wohlsten fühlte sich Katharina in ihrem Kreis von lebendigen, aktiven jungen Leuten, mit denen sie herumalberte, Lieder sang und Geschichten erzählte und denen sie wohl auch zuweilen ihre Tierstimmenimitationen zum besten gab. Aber bei alldem verlor sie nie das Bewußtsein davon, daß sie es war, die die Fäden in der Hand hielt, und daß ihre Puppen nur kraft ihres Willens auf der Bühne ihres Hofes tanzten.

Alle Höflinge, einschließlich der Angehörigen der älteren Generation, waren gehalten, an den häufigen Bühnendarbietungen am Hof teilzunehmen. Man veranstaltete Galakonzerte, und es wurden Ballette und Dramen aufgeführt. Wochenlang probten die begabten und weniger begabten Dilettanten ihre Rollen unter dem kritischen Auge der Kaiserin. Von den Herren wurde erwartet, daß sie im Orchester spielten, die Damen sollten Tänze aufführen. Die Rollen in den dramatischen Stücken waren Katharinas Günstlingen vorbehalten.

Ein Lieblingsprojekt der Kaiserin war die Produktion einer russischen Tragödie, die in einem herrlichen Saal auf einer eigens dafür gebauten Bühne aufgeführt werden sollte. Grigori Orlow spielte eine der wichtigsten Rollen, und »er machte seine Sache glänzend«, wie ein Beobachter schrieb. Die Hauptrolle übernahm die Gräfin Bruce. Sie spielte so inspiriert und überzeugend, daß jede professionelle Schauspielerin vor Neid erblaßt wäre. Die Musik zum Stück wurde von einem Orchester gespielt, das nicht nur aus Höflingen, sondern auch aus echten Musikern bestand, und bei den Balletteinlagen verknackste sich mindestens ein Dutzend edler Damen den Fuß. Doch alles in allem war es ein überwältigender dramatischer Erfolg, und die Hoftruppe nahm in Erwartung kommender Triumphe begeistert die Proben wieder auf.

Der aufsässigste unter Katharinas theaterspielenden Höflingen war Orlow, der zu dieser Zeit schmollte, weil er sich mißbraucht vorkam. Als Katharina aus wohlerwogenen politischen Gründen ihren ehemaligen Geliebten Stanislaus Poniatowski zum König von Polen machte, reagierte Orlow verärgert. Warum erhielt Poniatowski ein Königreich, während er, der Katharina zur Kaiserin gemacht hatte, ein einfacher Graf blieb? Eine Heirat kam für sie nicht in Frage, und sie versuchte dauernd, ihn über irgend etwas zu belehren. Er fand ihren Lerneifer ermüdend. Buckinghamshire vertraute er an, daß er Bildung und Kunst verabscheue. Nach seiner Meinung schadete jede künstlerische und intellektuelle Tätigkeit dem Körper und schwächte den Geist.

Katharina beschenkte Orlow weiterhin auf das großzügigste mit Geld und lukrativen Posten und gab ihm jede Gelegenheit, seine Talente zu erproben, aber es machte ihn wütend, daß sie versuchte, etwas aus ihm zu machen, was er nicht war und nie sein würde. Der britische Gesandte nahm eine Veränderung an ihm wahr, eine neue, »steife und verdrießliche« Art statt seiner natürlichen Umgänglichkeit, eine ungewohnte Reizbarkeit und rebellische Erregbarkeit, die mit einer gewissen Vernachlässigung seiner Erscheinung und mangelnder Aufmerksamkeit für Katharina einherging. Häufig fehlte er bei Hofe, um auf die Jagd zu gehen, und wenn er sich doch einmal zeigte, so ließ sein Äußeres zu wünschen übrig, und er flirtete schamlos mit allen möglichen Frauen.

Buckinghamshire erinnert sich an einen bezeichnenden Zwischenfall. Eine Dame des Hofs, wesentlich jünger als Katharina, vertraute ihm an, daß Orlow sie schon länger verfolge, daß sie jedoch standhaft geblieben sei, nicht deshalb, weil sie wußte, daß er der Geliebte der Kaiserin war, sondern weil sie einen anderen liebte. Eines Tages, als eine größere Hofgesellschaft, einschließlich der jungen Dame, der Kaiserin und Orlows, ein Landgut besuchte, erneuerte der Graf seine Werbung. Plötzlich aber betrat Katharina den Raum, in dem ihr Geliebter und seine Angebetene sich zum Tête-à-tête getroffen hatten.

Die junge Dame sei »ein wenig verwirrt« gewesen, wie sie dem Gesandten erzählte, dann aber sei die Kaiserin ganz nah an sie herangetreten und habe ihr ins Ohr geflüstert: »Sie brauchen sich nicht zu schämen. Ich kenne Ihre Achtung vor mir und weiß Ihre Diskretion zu schätzen. Sie müssen nicht glauben, daß Sie mich beleidigen; im Gegenteil, ich stehe in Ihrer Schuld.«

Katharina, immer beschäftigt und häufig viel zu sehr mit ihren eigenen Angelegenheiten befaßt, als daß sie auf jeden Einfall ihres Liebhabers hätte eingehen, jeden seiner vorübergehenden Wünsche hätte befriedigen können, fühlte sich erleichtert durch die Tatsache, daß eine andere Orlow bei Laune hielt. Dazu kam, daß sie nun häufiger stritten; Beobachter sprachen von »kleinen Differenzen« zwischen der Kaiserin und ihrem Günstling und bemerkten, daß Orlow es »an dem gehörigen Respekt und selbst der allgemeinsten Höflichkeit«

ihr gegenüber fehlen ließ. Einige Höflinge glaubten, daß diese Änderung seiner Verhaltensweise auf eine geheime Vermählung schließen lasse; denn jeder wußte, daß verheiratete Männer dazu neigten, ihre Ehefrauen zu vernachlässigen. Scharfsinnigere Beobachter interpretierten die deutlichen Anzeichen der Entfremdung als Beweise der »Torheit eines eitlen jungen Emporkömmlings und der Schwäche einer liebenden Frau«.

Katharina liebte den ungehobelten Orlow noch immer und wollte nicht ohne ihn leben. Es schien ihr unmöglich, die wachsenden Herausforderungen und Schwierigkeiten ihrer Herrschaft über Rußland ohne einen Partner zu bewältigen, mit dem sie sich gefühlsmäßig verbunden wußte, auch ohne daß sie mit ihm verheiratet war.

Gerade weil sie sich zunehmend von Kritikern verfolgt und von Intrigen bedroht sah, die nichts anderes bezweckten, als sie zu Fall zu bringen, brauchte sie Orlow als den Mann, auf den sie sich voll und ganz verlassen konnte.

Im Juli 1764 versuchte ein junger Offizier auf der Festung Schlüsselburg, Leutnant Wassili Mirowitsch, den einstigen Kaiser Iwan aus der Haft zu befreien, um ihn wieder an die Macht zu bringen. Katharina befand sich auf einer dreiwöchigen Reise durch die baltischen Provinzen. Zum Unglück für Iwan hatten die Bewacher des Exkaisers Order bekommen, im Fall eines Befreiungsversuchs ihren Gefangenen umzubringen. Mirowitsch wußte von diesem Befehl nichts. Die Wachsoldaten taten ihre Pflicht und vereitelten damit den Putschversuch, aber Iwans Tod löste eine neue Welle von Anklagen gegen die Kaiserin aus.

Jetzt also, so wurde gesagt, habe Katharina zwei Kaiser getötet, Peter und Iwan. Es wurde allgemein angenommen, daß sie mit Mirowitsch im Bund war und daß die angebliche Verschwörung nur dazu erfunden worden war, den Mord an Iwan zu rechtfertigen. Mirowitsch wurde vor Gericht gestellt, verurteilt und hingerichtet, doch das bedeutete keinesfalls das Ende der beleidigenden Briefe, die in großer Zahl den Palast erreichten, oder der satirischen Publikationen, die in der Hauptstadt zirkulierten. All diese Schriften waren sich darin einig, daß Katharina, die Ehebrecherin, nun zum zweitenmal zur Mörderin geworden war. Und um die Liste ihrer Verfehlungen zu vervollständigen, warf man ihr kurzerhand auch noch Ausschweifung und Verschwendung vor.

Die unterhaltsamen Vergnügungen der baltischen Reise wogen die Ängste nicht auf, die Katharina nach den Schlüsselburger Geschehnissen heimsuchten. Gewiß genoß sie die Schiffsparaden und Festzüge, die die Städte ihr zu Ehren veranstalteten, die Hochrufe der Menschenmengen, die sie begrüßten, die Reden, die sie verherrlichten, die tollkühnen, impulsiven jungen Männer, die die Pferde vor ihrer Kutsche ausspannten, um sich selbst davorzuspannen, doch woran dachte sie, wenn das Spektakel vorbei war? In der ganzen Küstenregion hatte sie enorme Bauprojekte initiiert, Hafenbefestigungen, Werften, Straßen. All diese Unternehmungen persönlich in Augenschein zu nehmen erfüllte sie mit Befriedigung, auch wenn fachmännische Berater immer wieder ihre Begeisterung dämpften, wenn sie den schlechten Zustand der russischen Flotte anmahnten und sagten, daß es mit dem Aufbau der Werften noch viel zu langsam vorangehe.

Als sie die Nachricht von Iwans Tod und Mirowitschs Gefangennahme erhielt, war der Schrecken groß, doch sie versuchte alles, um nach außen hin ruhig zu erscheinen. Sie beendete ihre Reise nicht auf der Stelle und fuhr nicht sofort nach Petersburg zurück, um den Eindruck zu vermeiden, sie selbst halte die Ereignisse für schwerwiegend. Doch in Wahrheit stand es anders um sie.

Buckinghamshire war einfühlsam genug, ihren Gemütszustand zu erraten. »Seit ihrer Thronbesteigung hat sie an Gesicht und Körper nicht so schlecht ausgesehen«, schrieb er. »Leicht erkennt man, daß sie einmal schön gewesen ist, jetzt aber scheint sie kaum noch begehrenswert.« Offen und unverblümt, ja brutal sind diese Worte, an deren Wahrheit man nicht zweifeln darf. Um die Augen herum zeigten sich im Gesicht der Kaiserin Falten, ihre Wangen hingen schlaff herab, ihre oft beschriebene Wespentaille nahm an Umfang zu. Trotz all ihrer Bemühungen, ihre Sorgen vor anderen geheimzuhalten, wurde ihr Blick argwöhnisch und unruhig, und wenn irgendein Geräusch oder eine ungewohnte Bewegung sie aufschreckte, sah man die nackte Angst in ihren Zügen.

»Die harmloseste Erscheinung erregt ihren Schrecken«, schrieb ein Beobachter. »Doch oft verwechselt sie den Schatten mit der Wirklichkeit, und es dauert lange und ist mit vielen mühseligen Vorhaltungen verbunden, bis man ihre unsinnige Furcht zu bändigen vermag.« Der britische Gesandte sah Katharina zweimal »sehr erschrocken ohne jeden Grund«. Einmal, als sie von einem kleinen schwankenden Ruderboot aus an Bord eines Schiffes ging: Sie glitt aus, schnappte nach Luft und geriet sofort in Panik. Beim zweitenmal war es ein winziges Geräusch in einem Vorzimmer, das sie unwillkürlich erschrocken auffahren ließ.

Nicht nur die vielen Fallstricke, die man ihr legte, zermürbten Katharina. Die schwere Last des Herrschens selbst war die Ursache dafür, daß eine von Natur aus so kühne, so wagemutige Frau zu einem von Angst und Schrecken erfüllten Nervenbündel werden konnte. Die Zeit würde zeigen, ob Katharina die Stärke besaß, diese Last zu tragen, oder ob sie – wie von vielen vorhergesagt –, von ihr zu Boden gedrückt, straucheln und endlich fallen würde.

Kapitel Einundzwanzig

Im Frühjahr 1767 brach Kaiserin Katharina II. zu einer großen Reise ins Innere des westlichen Rußlands auf. Sie reiste mit großem Pomp. Zwölf Galeeren gehörten zu ihrer Flotte auf der Wolga, und in ihrer Begleitung befanden sich Hunderte von Hof- und Regierungsbeamten und ebenso viele Diener, die für den Unterhalt des kaiserlichen Haushalts sorgten. Eine Reihe von Leuten hatten ihr dringend von der großen Expedition abgeraten. Sie hatten sie an ihre letzte große Reise erinnert, die für einen Umsturzversuch ausgenutzt worden war, sie hatten gesagt, es sei zu gefährlich, den zu dieser Jahreszeit oft Hochwasser führenden Fluß zu befahren, und das Wetter sei zu kühl, zu unbeständig. Aber Katharina hatte all diese Warnungen in den Wind geschlagen und war losgefahren.

Monatelang hatte sie die Reise vorbereitet. Sie wollte sich ihren Untertanen zeigen und mit eigenen Augen sehen, wie sie am Ufer des mächtigen Wasserlaufs lebten. Und sie hatte mit Bedacht die beeindruckende Flotte gewählt, die mit ihren Wappen geschmückten und von Matrosen der kaiserlichen Marine bemannten Schiffe. Es sollte eine Karawane zu Wasser werden, ein nie dagewesenes Schauspiel in Rußland, das Zeugnis ablegen sollte von Katharinas Größe und der außergewöhnlichen Bedeutung ihrer Herrschaft.

Kaum befand man sich auf dem Wasser, erhob sich ein kalter Wind, der das Wasser der Wolga aufschäumen ließ, und eisiger Regen prasselte auf die Decks herab, so daß die Passagiere sich eilig in Sicherheit bringen mußten. Um sich die Zeit zu vertreiben, spielten sie Karten – keine einfache Angelegenheit bei dem dauernden Schaukeln und Rollen der Galeeren –, konversierten, aßen und rauchten, flirteten und lasen. Katharina hatte eine Reihe von Büchern mitgenommen, unter anderem einen französischen Roman, der in der Zeit des byzantinischen Kaisers Justinian spielte. Aus bloßer Freude an der Sache übersetzte sie einen Teil des Buches ins Russische.

Nach einer Woche Flußfahrt nahmen bei den Teilnehmern der kaiserlichen Reisegesellschaft, zu der auch Grigori Orlow und sein hübscher jüngerer Bruder Wladimir gehörten, Langeweile und Unruhe überhand. Jedermann war bis auf die Knochen durchgefroren und hatte genug von der sturmgepeitschten Wolga. Man dachte schon daran, von der so sorgfältig geplanten Reiseroute abzuweichen. Schlechtes Wetter und etliche unglückliche Zwischenfälle verlangsamten nicht nur die Reisegeschwindigkeit, sondern machten auch den täglichen Kontakt mit den Regierungsbehörden in Moskau, der durch Kuriere aufrechterhalten wurde, unmöglich. Doch Katharina wollte nicht zugeben, daß das ganze Projekt unklug gewesen war. Sie legte eine neue Reiseroute fest, schrieb Briefe, las, schwatzte mit den Matrosen, und wenn nichts mehr etwas half, ging sie an Deck und beobachtete den wirbelnden grünen Fluß, der ihr majestätischer und dem Auge angenehmer erschien als die heimatliche Newa.

Als die Flotte den Hafen von Jaroslawl erreichte, hellte sich ihre Stimmung auf. Die Bewohner der Stadt feierten begeistert ihre Ankunft, und die Notabeln und Würdenträger der umliegenden Gebiete machten ihre Aufwartung und begleiteten sie auf einer kleinen Besichtigungstour zu den wichtigsten lokalen Manufakturen und Sehenswürdigkeiten. Ähnliches geschah zwei Monate später in Kasan, wo Katharina zum erstenmal mit der exotischen Welt der Tataren (Europäern auch als Mongolen bekannt) in Berührung kam. Sie fühlte sich, als hätte sie Asien betreten. Moscheen gab es hier zahlreicher als Kirchen; und es gab einige Volksstämme, die weit von der christlichen und der muslimischen Einflußsphäre entfernt lebten und noch ihre uralten Naturgottheiten verehrten.

Fasziniert vom Aufmarsch der in ihre traditionellen Trachten gekleideten Volksgruppen, ihren wilden Tänzen und dem bunten Sprachengewirr in Kasan, dachte Katharina gleichzeitig mit Unbehagen über die Frage nach, wie es möglich wäre, einem aus so vielfältigen Völkern, Stämmen und Traditionen bestehenden Land einheitliche Gesetze zu geben und es nach einheitlichen Prinzipien zu regieren.

Denn das war es, was sie vorhatte. Während der letzten drei Jahre hatte sie sich mit dieser riesenhaften Aufgabe beschäftigt und endlich eine Reihe von Instruktionen erarbeitet, die die Voraussetzung eines einheitlichen Rechtskodex für das ganze Reich bilden sollten. Hunderte von Arbeitsstunden, Stunden der Lektüre, des Studiums und des Nachdenkens waren in diesen als »Große Instruktion« bezeichneten Maßnahmenkatalog eingegangen. Und obwohl Katharina viel Material des von ihr am meisten geschätzten politischen Denkers Montesquieu sowie des italienischen Juristen und Reformers Cesare Beccaria eingearbeitet hatte, stellte die Schrift doch auch das Destillat ihrer eigenen besten Gedanken und höchsten Ideale dar. In ihr verkörperten sich ihre Hoffnungen für Rußland.

Das in vier Sprachen verbreitete Buch – Russisch, Lateinisch, Deutsch, Französisch – beginnt auf deutsch folgendermaßen:

»1. Die christliche Religion leret uns, daß einer dem andern so viel gutes thue, als möglich ist.

2. Wenn wir diese Vorschrift unserer Religion als eine Regel ansehen, die in den Herzen eines ganzen Volks entweder schon eingepflanzt ist, oder eingepflanzt werden soll; so können wir keinen andern als diesen Schluß machen, es müsse eines jeden ehrliebenden Menschen in der Gesellschaft Wunsch seyn, oder werden, sein Vaterland auf der höchsten Stuffe der Wolfart, des Ruhms, der Glückseligkeit, und der Ruhe zu sehen.«

Ihr Reich und seine Bevölkerung auf dem Gipfel des Glücks zu sehen, darin bestand Katharinas ehrliches Ziel. Um es zu erreichen, brauchte es eine von einem Monarchen europäischen Zuschnitts beherrschte Regierung; keinen launischen Despoten, sondern einen gütigen, weisen Herrn, dessen wichtigstes Anliegen darin bestand, seine Untertanen zu ihrer »höchsten Glückseligkeit« zu führen. Katharina plädiert für Mäßigung statt übermäßiger Härte. Die »Große Instruktion« ist nicht nur ein Versuch der Formulierung handfester gesetzlicher Prinzipien, sondern auch ein Text, in dem die Ursachen menschlicher Verhaltensweisen und des sozialen Friedens ergründet werden. Mörder sollen mit dem Tode bestraft werden, nicht nur, weil die Todesstrafe ein schweres Verbrechen angemessen ahndet, sondern auch, weil die Strafen immer im Verhältnis zu den Sitten eines Landes stehen: »... denn die Strafen nemen zu nach dem Verhältnisse des Verderbnisses der Sitten.« Erstes Ziel der Gesetze und derer, die sie in Kraft setzen, soll die Reformierung und Erziehung der Öffentlichkeit sein, so daß eines Tages Strafen überhaupt überflüssig werden.

»Man muß Menschen nicht auf den äußersten Wegen führen, sondern sich der Mittel, welche die Natur uns verleihet, um sie zu dem erwünschten Zwecke zu bringen, mit Behutsamkeit bedienen.« Die Natur hat jedem Menschen ein Gewissen verliehen, das ihm seine Verantwortlichkeit der Gemeinschaft gegenüber klarmacht. Die Scham vor der Gemeinschaft wird Menschen daran hindern, Verbrechen zu begehen: »Laßt uns der Natur folgen, welche dem Menschen die Schande gleichsam zur Geissel gegeben: der härteste Teil der Strafe sei die Schande, welche die Strafe begleitet.«

Die »Große Instruktion« behandelt eine Vielzahl von Themen, angefangen von der Beförderung des Bevölkerungswachstums bis zur Empfehlung, die Folter und Peinigung gefangener Personen abzuschaffen: »Alle Strafen, die den menschlichen Körper verunstalten können, sind billig abzuschaffen.« Humane Behandlung und Milde, wo immer es möglich ist, lautete der Grundsatz. »Wollt ihr den Verbrechen vorbeugen? macht, daß Vernunft und Wissenschaften sich unter den Menschen mer ausbreiten.« Und: »Man kann auch durch Belohnung der Tugend Böses verhindern.« Unglücklich die Regierung, die dazu gezwungen ist, harte Strafen zu verhängen!

Ein großer Teil des Textes beschäftigt sich mit Leibeigenschaft und Sklaverei. Zu diesem Thema schrieb Katharina: »Wenn also das natürliche Recht uns befielt, für aller Menschen Wolergehen nach unserm Vermögen Sorge zu tragen: so sind wir verbunden, das Schicksal auch dieser Untergebenen, so viel es die gesunde Vernunft zuläßt, zu erleichtern. [...] Folglich müssen wir auch vermeiden, Leute zu Leibeigenen zu machen.« Leibeigene waren keine Sklaven, doch sie lebten oft unter Bedingungen, die von der Sklaverei ununterscheidbar waren. Katharina zeigte sich bekümmert über grausame Herren, die ihre Leibeigenen als persönliches Eigentum betrachteten, sie bei den winzigsten Vergehen grausam züchtigten. In der »Großen Instruktion« legte sie ihre eigene Meinung nieder – die, wie sie wußte, großenteils von der unter Adligen herrschenden Meinung abwich: Leibeigene sollten im Alter oder bei Arbeitsunfähigkeit eine Versorgung erhalten; es sollte ihnen erlaubt sein, Besitz und sogar die Freiheit zu erwerben; und die Zeit ihres Jochs sollte begrenzt sein, ebenso wie die Arbeitsleistung, die sie für ihre Herren zu erbringen hatten.

Was diese letzten Punkte anging, so entschloß sich Katharina zu einer substantiellen Überarbeitung, nachdem sie den Text ihren Beratern, Mitgliedern des Senats und anderen, deren Ansichten sie respektierte, vorgelegt hatte. Doch bei anderen Themen blieb sie ihrer ersten Meinung treu. »Ein Mensch kann vor gefälltem Urteile nicht für schuldig gehalten werden, und die Gesetze können ihn ihrer Verteidigung nicht berauben, bis bewiesen ist, daß er die Gesetze übertreten hat«, schrieb sie in dem Wissen, daß in der herrschenden Rechtsprechung genau das Gegenteil praktiziert wurde. Richter sollen keine Bestechungsgelder annehmen. Angeklagte sollen vor Gericht zu ihrer eigenen Verteidigung sprechen dürfen. Niemand soll so hart besteuert werden, daß ihm nur noch das nackte Überleben bleibt. Seite um Seite fuhr Katharina fort, die Früchte langen Nachdenkens, gründlicher Lektüre und die Weisheit ihrer Mentoren zu Papier zu bringen. Am Ende waren über fünfhundert numerierte Artikel politischer Ratschläge und Anregungen, zusammengefaßt in zwanzig Kapiteln, entstanden. Geleitet von »Herz und Vernunft«, wie sie später schrieb, brachte sie in klaren, verständlichen Sätzen zum Ausdruck, was sie als die zentrale Aufgabe ihrer Herrschaft betrachtete: das Volk zu lehren und zu erziehen, es dazu anzuleiten, sich selbst zu verbessern.

Katharinas Auffassung der menschlichen Natur war von emphatischem Optimismus. Hierin stimmte sie vollkommen mit dem Denken der zeitgenössischen französischen Philosophen überein, die den Menschen im Wesen als gut ansahen, mindestens jedoch verbesserungsfähig, während ihnen Institutionen wie Recht, Staat und Kirche als Horte der Korruption und Instrumente der Unterdrückung galten. Die »Große Instruktion« schrieb Katharina sowohl als Philosophin wie als Monarchin. In der einzigartigen Situation, in der sie sich befand, war es ihr möglich, die Grundsätze aufklärerischen Denkens in die Praxis umzusetzen, indem sie ihnen gesetzgeberische Kraft gab. Während der Reise wolgaabwärts beschäftigte sie sich stark mit dieser noblen selbstgesetzten Aufgabe. Bald nach ihrer Rückkehr würde eine Versammlung mit ausgewählten Deputierten aus dem ganzen Reich zusammentreten, die, ausgehend von ihrer »Großen Instruktion«, das erste einheitliche russische Gesetzeswerk beraten und beschließen sollten.

»Rußland ist eine Europäische Macht.« So hatte sie im ersten Satz des ersten Kapitels geschrieben. Jetzt aber, in Kasan, wo es viel eher asiatisch als europäisch zuging, spürte Katharina, daß sie an die Grenzen ihres Wissens stieß. Kasan war ein kleines selbständiges Universum. Es hatte seine eigene Kultur, seine eigenen Notwendigkeiten und Probleme. Jede Stadt, die sie besuchte, schien in dieser Weise einzigartig. Unter dem sehr dünnen Lack der im europäischen Stil regierenden oberen Behörden kamen bald die alten Traditionen zum Vorschein, und die alten Fehden schienen nur zeitweilig erloschen. Das Leben in der russischen Provinz schien sich seit unvordenklichen Zeiten gleichgeblieben zu sein; der Widerstand gegen jede Veränderung war diesem Leben eingeboren wie einem bockigen Tier. Katharina spürte es, beobachtete es und empfand es als eine demütigende Erfahrung.

Besorgniserregende Entwicklungen zeichneten sich ab. Die Region an den Ufern der Wolga wurde von Unruhen heimgesucht, die oft von kriegerischen Banden geschürt wurden. Gewalttätige Zwischenfälle häuften sich in letzter Zeit. Mehr und mehr Leibeigene empörten sich gegen ihre Herren, ließen Felder und Herrenhäuser in Flammen aufgehen, plünderten und brandschatzten. Einige von ihnen bildeten zusammen mit Deserteuren der Armee und Vagabunden große, schwerbewaffnete Brigantengruppen, die sich jeder Verfolgung erfolgreich entzogen. Alle großen Wolgastädte hatten schon Überfälle von diesen Banden erdulden müssen, Blut war geflossen, und es war zu gräßlichen Szenen gekommen, von denen die verstörten Opfer später berichteten. Der gesetzlose Zustand und die relative Verwundbarkeit dieser Städte bildeten für Katharina eine ständige Sorge. Wie vertrugen sich diese blutrünstigen aufständischen Banden mit ihrem Bild von der friedlichen Gesellschaft und dem geordneten Staatswesen, das sie in der »Großen Instruktion« vor kurzem erst gemalt hatte?

Die Wolgareise nahm mehr Zeit in Anspruch als erwartet. Deshalb kürzte Katharina sie nach sechs Wochen ab und reiste so schnell es ging nach Moskau zurück, um die Versammlung der Gesetzgebenden Kommission einzuberufen.

Die Deputierten kamen aus den Städten, den Kosakengemeinden, den Adelsgesellschaften und den Hütten der nichtleibeigenen Bauern; insgesamt waren es fast sechshundert Männer. Zu Beginn ihrer Arbeit versammelten sie sich im Facettenpalast im Kreml. Obwohl sie keine repräsentative Körperschaft darstellten – Katharina war keine Demokratin und hatte nicht vor, eine konstitutionelle Monarchie zu begründen –, brachten sie doch die Belange und Sorgen der Untertanen zum Ausdruck: Sie sprachen die viel zu hohen Steuern an, die mühseligen Arbeitsdienste der Bauern, die Einschränkungen der Handelsfreiheit und anderes. Für die Leibeigenen sprach allerdings niemand. Sie machten mehr als die Hälfte der gesamten Bevölkerung aus, aber sie hatten keinerlei Rechte und daher auch keine Stimme. Ihre Herren sollten für sie sprechen – Herren, denen allerdings nicht das geringste daran liegen konnte, den Status ihres menschlichen Besitzes zu verbessern.

Die Kaiserin eröffnete die erste Sitzung der Gesetzgebenden Kommission in großem Staat, mit Krone und Mantel, begleitet von ihrem Sohn, hohen Staatsbeamten und einem beeindruckenden Gefolge von Priestern und Würdenträgern. Die »Große Instruktion«, eine voluminöse, in Leder gebundene Schrift, war an gut sichtbarer Stelle aufgestellt. Im Großen Saal waren für die Deputierten Bänke aufgestellt worden. In der ersten Reihe saßen die Adligen, dann kamen die Kosaken, die Delegierten der Städte und endlich die Staatsbauern. Alle verharrten in respektvollem Schweigen, als der Vizekanzler seine feierliche Ansprache hielt, in der er sie ermahnte, ihre wichtige Aufgabe mit allem ihr zustehenden Ernst in Angriff zu nehmen. Die Gesetze müßten auf eine Weise erneuert werden, daß daraus das vollkommene Gemeinwesen, das Katharina vorschwebte, entstehen konnte, in dem jeder Mensch seine eigenen selbstsüchtigen Interessen zum Wohl des Ganzen hintanstellte, in dem höhere menschliche Werte über Bosheit und Verbrechen triumphierten und endlich die dauernde Glückseligkeit Einzug hielt. Andere Nationen würden dann dem Beispiel Rußlands folgen. Ruhm würden die Deputierten erringen, Ruhm, der nicht nur ihren eigenen Namen gebührte, sondern auch ihrer Zeit. Die alte Ordnung müsse verlassen werden, um einer glücklicheren Zukunft den Weg zu bahnen.

Doch solche visionären Gefühle wichen bald den praktischen Notwendigkeiten. Die Deputierten waren in Dutzende von Ausschüssen und Unterausschüssen eingeteilt, und jede dieser Gruppen hatte viele Stapel von Empfehlungen aufzuarbeiten. Sekretäre hielten die Debatten schriftlich fest und verfertigten komplizierte Protokolle, die oft mehrmals verändert und neu aufgelegt wurden. Die Delegierten versanken in Papieren, die immer wieder nur Verfahrensfragen behandelten. Mit der eigentlichen Arbeit ging es nur quälend langsam voran. Aber man äußerte freimütig seine Meinung (einige dieser Meinungen schreckten die Kaiserin, als man sie ihr hinterbrachte). Bald wurde klar, daß die Aufgabe einfach zu groß war. Unmöglich, sie mit der erwarteten Geschwindigkeit zu bewältigen. Die Deputierten redeten, aber sie kamen zu keinem Konsens, weder schriftlich noch mündlich. Sie griffen einander an – allerdings nur verbal; es war nicht erlaubt, zu den Sitzungen der Kommission Säbel oder Degen zu tragen.

Sie kamen und gingen, wie es ihnen gefiel, und sie waren nicht willig, so lange in Moskau auszuharren, bis die Arbeit getan war.

Im Winter 1767 zeigte sich die Kaiserin, die es schon immer schlecht vertragen hatte, wenn Menschen mit dem von ihr vorgelegten Arbeitstempo nicht mitkamen, verärgert. In ihrem Palast fühlte sie sich nicht wohl, und die Aussicht, weitere Monate unter den adligen Klatschmäulern der Moskauer Hofgesellschaft zu verbringen, hob ihre Stimmung keineswegs. Außerdem hatte sie andere Projekte, die auf sie warteten.

Im Dezember ordnete Katharina plötzlich eine Unterbrechung der Sitzungen der Gesetzgebenden Kommission an. Mitte Februar sollten die Deputierten in St. Petersburg wieder zusammentreten. Aber als es soweit war, gingen viele von ihnen gar nicht erst auf die Reise, entweder, weil sie durch ihren Beruf oder gesellschaftliche Pflichten in Moskau festgehalten wurden, oder aus anderen Gründen. Die übrigen schienen an Schwung und Energie zu verlieren, obwohl es noch immer hitzige Debatten gab. Monate vergingen, bis endlich nach einjähriger Arbeit ein einziges Schriftstück erschien, ein Gesetzentwurf über die Rechte des Adels; aber selbst dieser Entwurf blieb wegen Anfügung von immer neuen Zusätzen und Modifikationen und anhaltender Meinungsverschiedenheiten unbefriedigend. In der Zwischenzeit hatte Katharina keine Ruhe. Weitere Verschwörergruppen waren aufgeflogen; eine von ihnen hatte vorgehabt, Grigori Orlow zu ermorden, eine andere hatte den gewaltsamen Tod der Kaiserin geplant.

Ständig von neuen alarmierenden Meldungen aufgeschreckt und in Sorge wegen des drohenden Konflikts mit den Türken, verlor die Kaiserin bald die Geduld mit der Gesetzgebenden Kommission. Nicht nur das Scheitern des gewaltigen legislativen Projekts hatte sie enttäuscht, sondern auch die Ignoranz und die flegelhaften Manieren der edlen Deputierten. Ende 1768 beendete sie die Sitzungen der Kommission. Einige Unterkomitees traten in den folgenden drei Jahren noch hin und wieder zusammen, ohne jedoch etwas Wesentliches zustande zu bringen. Das populistische Experiment war vorbei. Das große Projekt, das nach Katharinas Hoffnungen einmal »den Geist des Jahrhunderts« repräsentieren sollte, verlief im Sand.

Wenn die Kommission auch nichts Substantielles zustande brachte, so leistete sie doch immerhin einen wichtigen Beitrag zu Katharinas internationalem Renommee. Die »Große Instruktion« wurde in ganz Westeuropa in Zeitschriften publiziert und verbreitet. Westeuropäische Journalisten berichteten von der Kaiserin, die sich so volksnah gab, Voltaire lobte die große nordische Gesetzgeberin, und selbst Friedrich II., dessen Land sich noch immer von den Schlachten gegen das übermächtige Rußland erholte, mußte zugeben, daß das Gesetzeswerk der klugen Katharina Bewunderung verdiente. Die Deputierten selbst boten ihr voll unterwürfiger Verehrung den Titel »die Große, höchst Weise Mutter des Vaterlandes« an, den sie nicht annahm. Diese Bescheidenheit bescherte ihr nur noch mehr Lob.

Außerhalb der Salons, in denen sich die Kommissionsmitglieder trafen, sah man ihre gesetzgeberischen Aktivitäten mit kritischeren Augen. Die Unruhen hörten nicht auf. Man warf Steine auf den Palast. Gardeoffiziere behaupteten öffentlich, daß die Kaiserin und ihre Kommission vorhätten, die Leibeigenen zu befreien und die althergebrachte soziale Ordnung umzustürzen. Ganz offensichtlich war der Großteil der Bevölkerung noch nicht reif für die von Katharina angestrebte Reform der Gesetze.

Im Oktober 1768, während einer der letzten Sitzungen der Kommission, kam es in der Stadt Balta, nahe der polnischen Grenze, in einem Gebiet, das unter türkischer Protektion stand, zu militärischen Auseinandersetzungen. Einige Jahre lang hatte Katharina, hierin von Panin nachdrücklich unterstützt, den russischen Interessen in Polen auf aggressive Weise Geltung verschafft. Ihren Protegé Poniatowski hatte sie auf den polnischen Thron gesetzt, und sie hatte mit militärischen Mitteln den polnischen Reichstag dazu zu zwingen versucht, die Rechte der orthodoxen Polen, die von der katholischen Mehrheit verfolgt wurden, zu schützen. Doch nun führte ihre Politik zu unvorhergesehenen Konflikten.

Die russische Militärpräsenz in Polen mußte auf die Türken

provozierend wirken. Die Spannungen hatten sich verstärkt, und die Lage war mittlerweile brisant geworden. Dazu kam, daß die französische Regierung, die von Katharinas Feindschaft überzeugt war und nicht an eine lange Dauer ihrer Herrschaft glaubte, der Hohen Pforte drei Millionen Livres Unterstützung gezahlt hatte in der Hoffnung auf einen schnellen und dauerhaften türkischen Sieg.

Alle Vorteile lagen auf der türkischen Seite. Sie verfügte mit über einer halben Million Mann über die dreifache Truppenstärke der Russen, und mit der Kontrolle über die Halbinsel Krim lag die strategische Überlegenheit ebenfalls bei ihr. Es war nicht sicher, ob die russischen Soldaten willig für Katharina in den Krieg ziehen würden; in einem Krieg hatte sie sich noch nicht bewährt, und ihre Generäle hatten seit zehn Jahren keine Schlacht mehr erlebt.

Zu Beginn des Jahres 1769 aber war die Entscheidung gefallen. Katharina und ihre Berater stellten sich auf den kommenden Krieg ein; die Kaiserin legte helle Begeisterung an den Tag. Mit einer für sie so bezeichnenden fast übertriebenen Siegesgewißheit schmiedete sie die kühnsten Angriffspläne gegen die türkische Macht zu Wasser und zu Land. Orlow gehörte zu ihrem Kriegsrat, und wie in der Vergangenheit verstand sie es, ihn ihrer Führung zu unterwerfen, obwohl sie durchaus auch auf den Rat des vorsichtigeren Panin hörte. Orlow wollte die entscheidende Schlacht gegen die türkische Flotte im Mittelmeer schlagen, während gleichzeitig die wichtigen feindlichen Festungen in Moldawien und am Asowschen Meer angegriffen werden sollten. Die Truppen unter Feldmarschall Golizyn, General Rumjanzew und später Nikita Panins Bruder Pjotr Panin wurden durch etwa dreißigtausend neue Rekruten aufgestockt, und im Spätsommer befanden sich Chotin, Jassy, Asow und Taganrog in russischer Hand.

»Meine Soldaten gehen in den Krieg gegen die Türken, als gingen sie auf eine Hochzeit«, prahlte Katharina. An Voltaire schrieb sie, Rußland sei aus Kriegen »immer nur blühender hervorgegangen. [...] Bei uns ist jeder Krieg der Vater irgendeiner neuen Quelle gewesen, die Handel und Verkehr stark belebte.« Und sie erinnerte ihren Bewunderer in Ferney daran, daß sie mit der Einnahme von Asow und Taganrog ein Werk vollende, das lange zuvor von Peter dem Großen begonnen worden war. Wieder einmal sah sie sich in der Nachfolge ihres großen Vorbilds, das sie dabei war zu übertreffen. Die beiden feindlichen Festungen sah sie als »zwei Edelsteine, die ich fassen lasse«, und höhnisch fügte sie im gleichen Brief an Voltaire hinzu, Mustapha III., der türkische Sultan, sei durch den russischen Angriff völlig entmutigt worden: »Es heißt, der arme Mann weine nur noch.« Und sie schrieb: »Das ist das Schreckgespenst, vor dem man mir angst machen möchte.« Das Reich der Türken mochte riesenhaft sein, die türkischen Truppen zahlreich wie der Sand am Strand des Meeres, aber waren ihre eigenen Armeen nicht stärker? Hatten die Russen nicht mit eigenen Augen gesehen, wie die Türken um ihr Leben liefen, nicht einmal, sondern zweimal? Hatten sie nicht eine Streitmacht in die Flucht geschlagen, die doppelt so groß war wie ihre eigene?

Im zweiten Jahr des türkischen Feldzugs gelang der russischen Armee ihr spektakulärster Sieg. Die russische Flotte, neu ausgerüstet und mit russischen und livländischen Seeleuten und vielen Offizieren aus der britischen Marine bemannt, segelte von der Ostsee ins Mittelmeer. Die europäischen Staaten staunten nicht schlecht. Dem russischen Landheer traute man einige Heldentaten zu, aber von einer russischen Flotte hatte man bisher nie viel gehalten.

Am 24. Juni 1770 kam es in der Ägäis, im Kanal von Chios bei Tschesme an der anatolischen Küste zwischen zwölf russischen Schiffen und zweiundzwanzig türkischen Seglern zur offenen Seeschlacht. Beide Seiten hatten nur wenige erfahrene Matrosen an Bord; tollkühner Kampfesmut konnte diesen Mangel an seemännischem Handwerk kaum ersetzen. Doch obwohl die Russen, was die Zahl der Waffen betrifft, die schlechteren Karten hatten, gelang es ihnen durch geschicktes Taktieren, die türkischen Schiffe in den Hafen von Tschesme zu treiben, wo sie Feuer an sie legten und sie vollkommen zerstörten. Nach Schätzungen ertranken an diesem Tag elftausend türkische Seeleute.

Die Schlacht von Tschesme demoralisierte die Türken,

während es in Rußland zu Ausbrüchen von nationaler Raserei kam. Katharina aber wurde zu einer internationalen Heldin. Der russische David hatte den türkischen Goliath, den Erzfeind der Christenheit seit Jahrhunderten, in die Knie gezwungen.

In St. Petersburg fanden wochenlang große Feierlichkeiten, Feuerwerke und Dankgottesdienste statt. Allen russischen Matrosen wurden besondere Belohnungen verliehen, und Alexej Orlow, der den Vorstoß ins Mittelmeer angeführt hatte, erhielt den Namen Orlow-Tschesmenski (der von Tschesme).

Seit den Wirrnissen ihres Regierungsantritts hatte die Öffentlichkeit nicht mehr mit solcher Einhelligkeit hinter Katharina gestanden. Seit Beginn des Krieges sprach man im Volk aufgeregt vom Transit des Planeten Venus, den man am Himmel beobachtete; man war davon überzeugt, daß die Veränderungen der Planetenkonstellation bedeutungsvolle Veränderungen auf Erden nach sich zögen. Und man sah den Sieg von Tschesme als Beginn dieser Veränderungen: Rußland gehörte nun zur ersten Reihe der europäischen Mächte, Rußland war damit eine Macht geworden, mit der man rechnen und die man fürchten mußte.

Katharina sorgte dafür, daß ihr berühmter Sieg nicht so schnell in Vergessenheit geriet. In ihrem Palast in Peterhof gab es bald einen Tschesme-Raum. Und es gab Orden, Gemälde, Gedächtnismünzen und andere Memorabilien in Hülle und Fülle.

»Der Krieg ist eine schlimme Sache«, schrieb sie mit ironischem Schaudern an Voltaire. »Graf Orlow schreibt mir, er habe am Morgen nach dem Brand der Flotte mit Entsetzen gesehen, daß das Wasser des nicht sehr großen Hafens von Tschesme vom Blut der getöteten Türken gerötet war.«

Wenn sie klagte, so waren ihre Klagen nur kaum verhohlene Prahlereien. Sie brüstete sich mit ihrem Sieg nicht nur deshalb, weil er ihr in Rußland zu Prestige und Ansehen verhalf, sondern auch, weil durch ihn all jene ins Unrecht gesetzt wurden, die sie als schwache Frau diskreditiert hatten und davon überzeugt gewesen waren, daß ihrer Regierung keine lange Lebensdauer beschieden wäre. Es war ihr sehr wohl bewußt, daß nicht nur militärische Kunst, sondern viel mehr der glückliche Zufall den Sieg der Flotte herbeigeführt hatte, aber diese Meinung behielt sie für sich, um sich in der Öffentlichkeit in Lobeshymnen über ihre tapfere Streitmacht zu ergehen.

War es nicht sie selbst, Katharina, unverheiratet und als Alleinherrscherin an der Spitze ihres geliebten Landes stehend, die erreicht hatte, was einst Peter der Große vergeblich versuchte? Wie die unverheiratete Alleinherrscherin Elisabeth von England zwei Jahrhunderte früher hatte sie einen glänzenden Flottensieg errungen und war dadurch eine strahlende Heldin geworden. Wie Elisabeth einst die gefürchtete spanische Armada besiegt hatte, so war es nun Katharina, die die Flotte der verhaßten Türken zertrümmerte.

An Voltaire schrieb sie, daß sie den Frieden aufrichtig wünsche – und wirklich wünschte sie wegen der immensen Belastung der Staatskasse durch den Krieg sein Ende herbei –, doch im tiefsten Inneren genoß sie weit mehr die Verherrlichung, die ihr durch den Krieg zuteil wurde, und das Gefühl der Macht. 1770 war sie einundvierzig, und in diesem Alter »nimmt man vor Gott nicht mehr an Geist und Schönheit zu«, schreibt sie ihrem Mentor. Ihre lange Beziehung mit Orlow sicherte ihr eine gewisse Geborgenheit (sieht man von den leidvollen Unterbrechungen ab, verursacht durch sein gelegentliches Fremdgehen), doch mit Leidenschaft hatte dieses Verhältnis längst nichts mehr zu tun. Ihr Sohn Paul bereitete ihr wenig Freude; die Pflichten, die sie für ihn zu erfüllen hatte, erfüllte sie meist widerwillig. Doch der Ruhm, das herrliche, neuartige Gefühl des Triumphs, ließ ihr Herz schneller schlagen, und wenn sie mit mütterlicher Liebe ihres Reiches und ihres russischen Volkes gedachte, fühlte sie sich von frischen Kräften durchströmt.

»Sehen Sie, die schlafende Katze ist aufgewacht«, schrieb sie an Iwan Tschernyschew, ihren Gesandten in London. Rußland, das so lange in schläfrigem Dämmer gelegen hatte, streckte sich aus und erhob sich zu voller Größe. »Die Leute werden über uns reden«, prophezeite sie Tschernyschew. »Sie werden es nicht glauben, wieviel Lärm wir noch machen werden!«

Kapitel Zweiundzwanzig

Großfürst Paul wurde erwachsen. Er war recht klein, und sein fester, zierlicher und wohlproportionierter Körper hätte zu einem Tänzer oder einem Schauspieler im jugendlichen Fach gepaßt. 1773 wurde er neunzehn, doch er sah viel jünger aus, fast wie ein glatthäutiger Knabe. Sein rundes Gesicht, seine wie zusammengepreßten und nicht sehr einnehmenden Züge zeigten keine Ähnlichkeit mit dem offenen, fragenden und anziehenden Gesicht seiner Mutter, entbehrten dessen Tiefe und Charakter. Seine blauen Augen zeugten von Intelligenz, doch auch von Argwohn, und er bewegte sich mit nervöser Fahrigkeit, die die tiefsitzende Unruhe in ihm verriet.

Beobachtern schien er von Angst getrieben. Angst hatte er vor seiner Mutter, die sich ihm gegenüber kalt verhielt, und je näher seine Volljährigkeit rückte, desto ängstlicher zeigte er sich auch hinsichtlich seiner Beliebtheit im Volk. Er schien sich sogar vor seinem eigenen, unreifen, zarten Körper zu fürchten, vor Krankheiten und vor Hofintrigen. Aus Angst mußte er sich oft hinlegen; aus Angst versteckte er sich; aus Angst spielte er mit denen, die ihn umgaben, seine kleinen, tückischen Spiele.

Er besaß keinerlei besondere Begabungen, auf die er stolz sein konnte. Trotz seiner raschen Auffassungsgabe eignete er sich nicht zum gelehrigen Schüler, aber sein Lehrer Nikita Panin nahm es mit seiner Erziehung auch nicht sehr genau und unterrichtete ihn oft nachlässig und lieblos. Zudem wurden die Unterrichtsstunden viel zu oft von dem lauten und ausgelassenen Grigori Orlow unterbrochen, dem alles Lernen zuwider war. Um den kleinen Paul abzuhärten, nahm er ihn lieber auf die Jagd mit. Paul war aber auch nicht sportlich – beweglich ja, aber an Muskelkraft mangelte es –, und ebensowenig interessierte er sich für Musik oder Kunst oder irgendwelche anderen Dinge, mit denen man in Gesellschaft glänzen konnte.

Kurz, er war nichts anderes als der Sohn seiner bemerkenswerten Mutter. Was seinen Vater betraf, so hatte er mittlerweile erfahren, was jeder andere bei Hofe längst wußte, und es war schlimm für ihn: daß er nicht von Peter III. abstammte, sondern von Sergej Saltykow. Und er wußte auch, daß seine Mutter ihn verachtete, weil er nicht ihr legitimes Kind war und weil er sie durch seine Anwesenheit an die Umstände erinnerte, die zu seiner Zeugung geführt hatten. Der Hofklatsch informierte ihn außerdem darüber, daß Peter ihn zusammen mit Katharina beseitigen lassen wollte und daß seine Mutter höchstwahrscheinlich in Peters Ermordung verwickelt gewesen war.

Vaterlos, wie er war (Saltykow befand sich auf Anweisung Katharinas, die ihn auf einem ruhmlosen diplomatischen Posten nach dem anderen einsetzte, in Dresden), schaute Paul zu Panin auf, der ihn unterrichtete und für seine allgemeine Erziehung zuständig war. Panin schlief sogar in seinem Schlafzimmer und ließ ihn kaum einen Schritt unbeobachtet tun. Orlow hatte Paul als Kind gern gemocht, aber als er von der Rolle der Orlow-Brüder beim Staatsstreich seiner Mutter und beim Tod des Kaisers erfuhr, war sein Vertrauen in den jovialen, bärengleichen Gefährten seiner Kindheit ein für allemal erschüttert.

In der Pubertät begann Paul seine Bedeutung als Großfürst und Erbe der Romanow-Dynastie zu begreifen, doch seine Mutter fürchtete er noch immer so sehr, daß er sich kaum vorzustellen wagte, etwas für sich zu entscheiden, ohne sie zu fragen. Er äffte die zur Schau getragene Oberflächlichkeit der jungen Hofadligen nach, »pries Frankreich und die Franzosen in den höchsten Tönen«, wie ein Beobachter bemerkte, und ließ keine Gelegenheit aus, um hervorzuheben, daß alles, was er besaß, aus Paris stammte. Seiner Mutter zeigte er sich gern in extravagantem Staat, kostspieligen, gold- und silberbestickten Anzügen mit Juwelen an den Manschetten. Um seinen Hals und seine Handgelenke raschelte es von feinster Spitze, an den Schuhschnallen glitzerten Diamanten, an den Knöpfen funkelten Rubine.

Katharina, die mit ihrem Sohn oft über ihre Vorliebe für die »englische Einfachheit« gesprochen hatte, ließ sich ihren Unwillen über den Aufwand, den er mit seiner Kleidung trieb, nicht anmerken; aber er wußte, daß sie sich ärgerte. Das Verhältnis zwischen Mutter und Sohn war frostig. Obwohl Katharina sich viel Mühe gab, ihren Sohn vor Krankheiten zu bewahren, ihn gegen die Pocken hatte impfen lassen und ihn von allen Orten fernhielt, wo Infektionen drohten, wußte er, daß sie dabei mehr ihre eigene politische Sicherheit im Auge hatte als sein Wohlergehen. Er hatte die rednerische Begabung von ihr geerbt, aber nicht ihren Witz. Seine Zungenfertigkeit war seine schärfste Waffe, und je älter er wurde, desto öfter gelang es ihm, seine Angst zu überwinden und auch einmal gegen sie vom Leder zu ziehen und sich gegen ihre Übermacht zu wehren.

In dem Sommer, in dem er sechzehn Jahre alt wurde, erlitt er einen schweren Grippeanfall und schwebte über einen Monat lang zwischen Leben und Tod. Er war schon öfters krank gewesen, doch diesmal war der Zeitpunkt besonders kritisch. Rußland befand sich noch immer im Krieg gegen die Türken, auf der Krim fanden Kämpfe statt, auf dem Land sorgten Mißernten und hohe Lebensmittelpreise für kontinuierliche Unzufriedenheit, in Polen gärte es, und in der Armee und in den südlichen Provinzen fürchtete man sich vor einer Pestepidemie, für die es manche Anzeichen gab.

Zu einer solchen Zeit durfte der offizielle Thronnachfolger nicht sterben. Als Paul immer kränker wurde und mancher ihn schon auf dem Sterbebett sah, erhoben sich beunruhigende Gerüchte, Katharina werde ihren zweiten Sohn zu ihrem Erben erklären. Dieser Junge – er stammte aus der Verbindung mit Grigori Orlow – war mittlerweile fast neun Jahre alt und gesünder, robuster, besser aussehend und präsentabler als der unglückliche Paul. Er hieß Alexej Grigorjewitsch Bobrinski und lebte nicht am Hof, aber man hatte ihn dort noch nicht vergessen. Sollte Katharina sich wirklich zu einem solchen Schritt entscheiden, würde dies auch für Grigori Orlow einen enormen Machtzuwachs bedeuten; vielleicht würde es ihm am Ende sogar gelingen, Katharina dazu zu überreden, ihn doch noch zu heiraten?

Zum allgemeinen Erstaunen erholte sich Paul jedoch von seiner Krankheit. Nach fünf Wochen stand er auf und war offensichtlich vollkommen wiederhergestellt. Doch Katharina und die Mitglieder ihrer Regierung blieben beunruhigt, und unmittelbar nach der Krisis steigerte sich die Unruhe zu handfester Furcht. Paul war beim Volk beliebt, und er war ein Mann. Offiziell galt er als letzter männlicher Überlebender der Linie, die bis auf Peter den Großen zurückreichte. Sein Anspruch auf den Thron war durch die Geschichte gerechtfertigt und unanfechtbar, während ihr eigener Anspruch selbst angemaßt war und sich auf nichts als ihre persönlichen Fähigkeiten gründete. Als Paul und Panin nach Moskau reisten, versammelten sich die Menschen in den Straßen, um sie zu begrüßen und hochleben zu lassen. Viele Moskowiter, die Katharinas Regierung mißbilligten, riefen ihrem Sohn zu, er sei der einzig wahre Herrscher Rußlands, und schworen ihm Treue bis zum Tod.

Als er seinen achtzehnten Geburtstag feierte, im September 1772, war Pauls Erziehung beendet, und er wurde erwachsen. Doch Katharina wollte seinen neuen Status nicht wahrhaben. Er war ihr ein Stachel im Fleisch, besonders, da er nun immer öfter eigene Meinungen vortrug und sich gegenüber dem langen Krieg gegen das Osmanische Reich und dem kostspieligen Konflikt mit Polen kritisch zeigte. Er sammelte eine Schar von Getreuen um sich; es war zwar keine sehr einflußreiche Schar, aber sie verursachte doch einige Irritation, und es gab Unruhestifter, die sich an Paul als den natürlichen Mittelpunkt der Opposition um Hilfe wandten.

Einer dieser Unruhestifter war Caspar von Saldern, ein zwielichtiger Holsteiner auf einem untergeordneten diplomatischen Posten, der zu Beginn des Jahres 1773 eine Verschwörung anzettelte mit dem Ziel, Pauls Mitherrschaft auf dem Zarenthron zu erreichen. Aber dieser Mann – der seine mageren Einkünfte durch Bestechung und Diebstahl aufbesserte (der Kaiserin stahl er eine diamantenbesetzte goldene Schnupftabaksdose) – war als Verschwörer nicht raffiniert genug, und die Sache flog auf. Entrüstet verwies ihn Katharina des Landes; aber nach diesen Ereignissen hatte sich der Entschluß in ihr gefestigt, Paul stets unter scharfer Kontrolle zu halten und ihn an jeder Kontaktaufnahme mit weiteren potentiellen Verschwörern zu hindern.

Mit achtzehn war Paul alt genug, um zu heiraten, und Katharina wünschte nichts sehnlicher, als daß er bald eine Familie gründete, um die Nachfolge zu sichern. Über seine sexuelle Befähigung gab es keinen Zweifel. Im Alter von sechzehn hatte er, wahrscheinlich auf Initiative Panins, mit Wissen und Einverständnis Katharinas durch eine passende ältere Frau seine Initiation in Liebesdingen erhalten. Die Mätresse hatte einem Sohn das Leben geschenkt, den Katharina zu sich nahm – wie Elisabeth einst Katharinas Sohn, den kleinen Paul, zu sich genommen hatte.

Unter den russischen Adelsfamilien eine Braut für Paul zu suchen hätte die Gefahr höchst unliebsamer und gefährlicher Fraktionskämpfe heraufbeschworen, deshalb wandte sich Katharina an die deutschen Fürstenhäuser. Wie immer gab es unzählige Prinzessinnen, die in Frage kamen, aber es war keineswegs einfach, ein präsentables, intelligentes Mädchen guten Charakters zu finden, das den nichtssagenden, kleingewachsenen Großfürsten weder körperlich überragen noch geistig in den Schatten stellen würde.

Im Sommer 1773 reiste die Landgräfin Karoline von Hessen-Darmstadt mit ihren drei unverheirateten Töchtern, alle unter zwanzig, auf Einladung Katharinas nach St. Petersburg. Die mittlere Tochter, die siebzehnjährige Wilhelmine, gefiel Paul – aber auch seiner Mutter. Wilhelmine war extravertiert und zuvorkommend, und wenn ihre Haut auch kein Muster an Reinheit war, so fehlten ihr wenigstens die Pockennarben. Noch wichtiger: Wilhelmine war gesund und vermutlich auch gebärfreudig.

Es mag sein, daß Katharina sich bei der Wahl ihrer Schwiegertochter auch von der außerordentlichen Kultiviertheit ihrer Mutter, Karoline von Hessen-Darmstadt, beeinflussen ließ und bei Wilhelmine ähnliche geistige Neigungen vermutete. Jedenfalls fiel die Entscheidung sehr bald; das Mädchen wurde in den orthodoxen Glaubensartikeln unterrichtet und nach orthodoxem Ritus auf den Namen Natalja getauft. Am 29. September fand die Hochzeit statt.

Was die Vorbereitung des gemeinsamen Lebens der Brautleute betraf, so zeigte sich Katharina nicht weniger sorgfältig als bei der Auswahl der Braut. Eine neue Suite im Winterpalast wurde nach ihren eigenen Entwürfen ausgestattet. Die »englische Einfachheit« spielte in ihren Anweisungen für die ausführenden Handwerker keine Rolle: Das Paradeschlafzimmer erhielt Tapeten aus Goldbrokat mit blauen Samtbordüren; die Säulen im privaten Schlafzimmer wurden mit blauem Glas facettiert, die Wandverkleidung war aus weißem Damast. Die Kaiserin bestimmte alle Details der Dekoration und der Möbel für die verschiedenen Gemächer und stellte sogar Goldstoffe aus ihren eigenen Vorräten zur Verfügung. Natalja sollte sich wohl fühlen, und es sollte ihr leichtgemacht werden, in ihre neue ungewohnte und mit vielen sauren Pflichten verbundene Rolle als Großfürstin hineinzuwachsen.

Nur zu gut erinnerte sich Katharina an ihre eigene Ankunft in St. Petersburg vor beinahe zwanzig Jahren, an ihre leidvolle Einsamkeit und an die schwer zu tragende Last ihrer grotesken Ehe; deshalb entschloß sie sich dazu, ihrer Schwiegertochter in einem besonderen Brief einige Ratschläge zu geben. Sie warnte sie davor, sich in politische Machenschaften verwickeln zu lassen und unkluge Beziehungen zu ausländischen Ministern zu unterhalten (Katharina selbst hatte sich aus den politischen Verwicklungen, die sie beschrieb, niemals heraushalten können); sie riet ihr, keine Schulden zu machen und so einfach wie möglich zu leben. So bald es ging, sollte sie die russische Sprache lernen und sich die Sitten und Gebräuche ihrer neuen Heimat zu eigen machen, aber am meisten sollte sie sich mit aller Kraft der Aufgabe widmen, Paul eine gute Ehefrau zu sein. Um ihr die Anpassung zu erleichtern, stattete Katharina sie mit einer großzügigen Apanage von fünfzigtausend Rubeln im Jahr aus. Einen Vorzug würde Natalja genießen können, den Katharina niemals gehabt hatte: Sie konnte auf den guten Willen und die treue Unterstützung ihrer Schwiegermutter zählen.

Die Kaiserin in ihrer auffallenden, schweren, mit Juwelen und Perlen übersäten Robe dominierte die Hochzeitszeremonie ihres Sohnes. Gäste bemerkten, daß ihr einst haselnußbraunes Haar nun deutlich ins Graue spielte und daß sie es auf eine strenge, unvorteilhafte Weise aus dem Gesicht gekämmt trug. Ihr Rumpf war matronenhaft in die Breite gegangen, und ihr Gang entbehrte jener Leichtigkeit und Anmut, für die er berühmt gewesen war. Doch man bemerkte auch die Glätte und Weichheit ihrer hellen Haut unter der dicken Schminke und die Offenheit, Klugheit und Freundlichkeit ihrer ausdrucksvollen blauen Augen. Besondere Beachtung fanden ihre starken Zähne. (Üblicherweise verloren die Frauen in St. Petersburg damals schon in mittleren Jahren ihre Zähne; man akzeptierte dies als unvermeidliche Folge von Klima und Nahrung.) Wenn sie auf ihre besondere freundliche und heitere Art lächelte, sah man die Zähne in ihrer ganzen makellosen Weiße, was so manche Dame ihres Gefolges dazu bewog, das eigene, weit weniger intakte Lächeln beschämt hinter einem Fächer zu verstecken.

Nur wenn Katharina neben der Gräfin Bruce auftrat, ihrer langjährigen Freundin, die noch erstaunlich jugendlich wirkte, sah man, wie alt sie tatsächlich war. Eine weitere Dame ihrer Entourage, die Mutter der Gräfin Bruce, Maria Rumjanzowa – als Anstandsdame einst ihr Schrecken, jetzt aber eine vertraute Gefährtin – übertraf trotz ihres Alters viele Frauen des Hofes an wundersamer Schönheit.

Katharina konnte Geburtstage nicht ausstehen. »Ich hasse diesen Tag wie die Pest«, verkündete sie jedes Jahr von neuem, wenn das schreckliche Datum nahte. Geburtstage verletzten ihre Eitelkeit – obwohl sie allem Anschein nach ihrer Eitelkeit weniger nachgab als noch zehn Jahre zuvor. Geburtstage erinnerten sie nicht nur an die Zeit ihres eigenen Lebens, die verging, sondern auch an die Probleme ihres Reichs, deren Lösung sie bisher nur wenige Schritte näher gekommen war.

Mit den Jahren stellten sich auch kleinere Leiden ein. Rückenschmerzen von Zeit zu Zeit und schwere Kopfschmerzen durch langes Lesen bei schwachem Kerzenschein. Gegen das letztere Übel halfen besseres Licht und Augengläser; gegen die Rückenschmerzen verschrieben die Ärzte einen medizinischen Puder, der den Patienten zu heftigem Schwitzen anregen sollte. Er stellte sich aber als völlig wirkungslos heraus.

Katharina mißtraute ihren Ärzten und Apothekern immer mehr und wandte lieber unorthodoxe Mittel an. Dabei glaubte sie besonders an die heilende Wirkung extremer Temperaturschwankungen, denen man den Körper aussetzte. Ihre bevorzugte Anwendungsmethode bestand darin, daß sie und ihre Dienerinnen sich ganz in lange Unterkleider und warme Schals einwickelten und so in eiskaltes Seewasser sprangen; nach dem Kälteschock setzten sie sich vor einen glühendheißen Ofen, bis ihr Puls raste und sie heftig schwitzten. Auf diese Weise hielten sie sich gesund.

In den letzten Jahren hatte Katharina ständig unter großem Druck gestanden. Der türkische Feldzug, so ruhmreich er war, kostete viele Menschenleben und verschlang Unsummen. (Die Staatskasse war eben erst durch die Ausbeutung neu entdeckter Silberminen in der Mongolei aufgestockt worden, doch sehr schnell ging es mit dem Reichtum auch wieder zu Ende.) Die Pest hatte Moskau heimgesucht. Zehntausende von Menschen waren ihr zum Opfer gefallen; in der Folge drohten maßlose Verheerungen und aufständische Tumulte die Stadt ins Chaos zu stürzen. Wild aussehende Männer, einige halb verrückt, drangen in den Palast ein, schrien etwas von Mord und Rache für den Tod des Zaren Peter und erschreckten die Kaiserin zu Tode; Grigori Orlow entdeckte einen Attentäter, der mit einem langen spitzen Dolch in der Hand Katharina aufgelauert hatte.

Kein Wunder, daß sie überall Verschwörungen witterte und immer mehr Angst davor hatte, sich bei ihrem Volk unbeliebt zu machen. Erst ein Jahr zuvor war wieder ein ernstzunehmender Umsturzplan in den Reihen des Preobraschenski-Regiments entdeckt worden. Etwa dreißig Offiziere und einfache Soldaten (einige Quellen nennen eine Zahl von hundert) hatten vorgehabt, Katharina zum Abdanken zu zwingen und Paul zum Kaiser zu proklamieren. Zum Glück für Katharina hatten Agenten des Geheimen Büros von dem Plan Wind bekommen und die Drahtzieher rechtzeitig ausfindig gemacht, in Haft genommen und bestraft. Doch was von der Verschwörung blieb, war eine gärende Unruhe und Unzufriedenheit – und auf Katharinas Seite Ängstlichkeit und Argwohn.

Als Antwort auf die ständige Gefahr, die Grigori Orlow und seinen Brüdern ebenso wie ihr selbst aus dem gärenden Moskau erwuchs, verließ Katharina mit einer Reihe enger Berater die Stadt. Sie hatte vor, die Regimenter von Moskau abzuziehen und auf verschiedene Orte zu verteilen, so daß es ihnen in Zukunft unmöglich sein würde, sich in kurzer Zeit zu vereinen und die Wachregimenter zu überwältigen. Aber im Lauf einer langen Debatte brachten die Berater sie von diesem Plan ab, der zuviel politischen Sprengstoff enthielt. So entschied sich Katharina für eine andere Taktik, um ihr Ziel zu erreichen.

Ohne Vorankündigung entfernte sie zum Erstaunen des gesamten kaiserlichen Haushalts Grigori Orlow von seinem Posten, um ihn durch einen dunkelhaarigen, hübschen, eher zurückhaltenden Leutnant der berittenen Garden, Alexander Wassiltschikow, zu ersetzen.

Bald darauf wurde der junge Wassiltschikow zum Generaladjutanten, danach zum Kammerherrn befördert. Er erhielt den St.-Alexander-Orden und wurde in der Suite, die vor ihm Orlow bewohnt hatte, untergebracht. Katharinas politische Gegner flossen über vor Häme. Wassiltschikow war achtundzwanzig, sie war dreiundvierzig. Sie hatte jedoch das Risiko, sich lächerlich zu machen, bewußt in Kauf genommen. Am Ende mußten selbst ihre Gegner zugeben, daß ihr Schritt von außerordentlicher politischer Klugheit zeugte.

Den aufrührerischen Soldaten und dem ganzen Volk war klar signalisiert worden, daß es mit der Macht der Orlows vorbei war, ein für allemal. Eine Zeitlang gelang es Katharina durch diesen Schachzug, den wilden Gerüchten Einhalt zu gebieten und den aufständischen Bewegungen den Boden zu entziehen. Endlich konnte sie wieder ein wenig freier atmen. Zudem brachte ihr die Auswechslung Orlows auch persönliche Vorteile – so hoffte sie wenigstens.

Nach elf Jahren des Leidens, so äußerte sie sich einem Beobachter gegenüber, wolle sie nun wieder leben, wie es ihr gefiel, in vollkommener Unabhängigkeit. Sie hatte sich von Orlow befreit. Es würde keine häßlichen Szenen mehr geben; sie würde nicht mehr unter seinen Seitensprüngen leiden, würde seine extravaganten Launen nicht mehr zu ertragen haben und sich nicht mehr als Opfer seines übersteigerten Mannesstolzes fühlen müssen. Der schüchterne Wassiltschikow würde ihr Begleiter sein, ihr Vertrauter und Geliebter. Doch er war nur ein gutaussehender, großgewachsener Junge. Er stand keiner Fraktion vor, hatte keine glänzenden Brüder vorzuweisen. Er würde niemals versuchen, sie zu beherrschen und zu kontrollieren. Und falls er es doch versuchen würde, so könnte sie ihm von einem Augenblick zum nächsten den Laufpaß geben.

Orlow nahm seine Degradierung nicht widerspruchslos hin. Sicher war es ihm schon seit längerem bewußt, daß seine Tage als Günstling gezählt waren. Der letzte Auftrag, den sie ihm gegeben hatte, war alles andere als glorios von ihm erledigt worden: Bei den Friedensverhandlungen mit dem Osmanischen Reich in Focşani hatte sein hochmütiges Verhalten mit dazu beigetragen, daß sich die Beziehungen zwischen den Beteiligten verschlechtert hatten und die Aussichten auf einen baldigen Frieden in immer weitere Ferne rückten. Man war ohne Ergebnis auseinandergegangen. Dazu kam, daß Katharina erst kürzlich Orlows neueste Liebschaft mit seiner Cousine, einem zarten, kaum der Kindheit entwachsenen Mädchen, entdeckt hatte und nicht verhehlen konnte, daß diese Affäre sie tief traf. Doch Katharina mußte auch wissen, wieviel sie ihm verdankte. Er war dazu entschlossen, sich nicht so einfach von ihrer Seite verdrängen zu lassen.

Es ist bezeichnend für Katharina, daß sie sich am Ende mit ihrem ehemaligen Geliebten gütlich einigte und ihm die großzügigste Abfindung gewährte. Er erhielt nicht nur viel Geld, Landbesitz und Leibeigene, sondern auch einen Fürstentitel im Ausland; und nachdem er für eine kurze Zeitlang freiwillig ins Exil gegangen war, durfte er in den Kreis ihrer politischen Berater zurückkehren. Bald war er so wichtig wie einst, und bei Pauls Hochzeit machte er durch seine überwältigend kraftvolle Statur, seinen offensichtlichen Reichtum und Einfluß durchaus den gewohnten Eindruck. Äußerlich jedenfalls schien er dem bescheidenen Wassiltschikow, der sich unbehaglich fühlte und unter Schmerzen in der Brust litt, weit überlegen.

Auf die Hochzeit des Großfürsten folgten wochenlange festliche Aktivitäten, Abendgesellschaften, Maskeraden, Bälle, Theateraufführungen und Empfänge. Bald versammelte man sich in den weiß-goldenen Salons des kaiserlichen Palasts, bald in den kaum weniger reich mit Silber und Gold und geschliffenem Kristall ausgestatteten Palästen des Hochadels. Katharina beehrte viele dieser Feste mit ihrer huldvollen Anwesenheit. Sie schenkte ihrer neuen Schwiegertochter ihr strahlendes Lächeln und bemühte sich nach Kräften, sich auch Paul gegenüber freundlich zu zeigen. Wassiltschikow diente ihr als Festbegleiter, doch ansonsten ignorierte sie ihn. Grigori Orlow zu ignorieren fiel ihr nicht ganz so leicht. Man kam nicht umhin zu bemerken, daß er einer von Nataljas Schwestern den Hof machte und dadurch eine neue Flut von Gerüchten auslöste. Was wäre, wenn er diese Schwester der neuen Großfürstin ehelichte? Dadurch würde er Pauls Schwager werden und also ein Mitglied der kaiserlichen Familie. Wie weit würde er es in seinem dreisten Ehrgeiz noch treiben?

Der Hof war noch immer mit Hochzeitsfeierlichkeiten beschäftigt, als am 15. Oktober 1773 Katharinas kaiserlicher Rat zu einer seiner regelmäßig zweimal wöchentlich stattfindenden Sitzungen zusammentrat. Bei dieser Gelegenheit wurde eine Botschaft verlesen, die kundgab, daß die Jaik-Kosaken sich in Aufruhr befanden. Angeführt wurden sie von einem Deserteur der Armee, der behauptete, Peter III. zu sein.

Die Kaiserin und ihre Berater nahmen die Nachricht mit Gleichmut auf. Kosakenrevolten waren nichts Besonderes. In den letzten Jahrhunderten hatte die russische Zentralgewalt Dutzende von Malen Kosakenbanden bekämpfen müssen. Immer wieder hatte man den Widerstand der Aufständischen gebrochen und sie zur Anerkennung der Autorität gezwungen.

Wie ihre Vorgänger war sich Katharina der Tatsache bewußt, daß die heikle Allianz zwischen Kosaken und dem Zarenthron immer wieder von Aufstand und Unruhen durchbrochen würde. Kosaken waren Grenzbewohner, stolz und unabhängig, demokratisch gesinnt und von grausamer Kampfbereitschaft, wenn sie ihre zum großen Teil selbstbestimmte Lebensweise in Gefahr sahen. Sie waren in den dünnbesiedelten südlichen Steppen zu Hause, die an der Wolga anfingen und sich östlich bis an die Ufer des Kaspischen Meers und ins westliche Sibirien hinein erstreckten. Sie stammten von entlaufenen Leibeigenen, flüchtigen Verbrechern, Deserteuren, Außenseitern und umherziehendem Volk ab, die instinktiv einen Bogen um die Behörden machten und am liebsten an den unbefestigten Rändern der Gesellschaft lebten. Doch als stolze Reiterverbände dienten sie dem Zaren und bildeten einen lebenden Schutzwall zwischen Rußland und den feindlichen Nomadenvölkern, die ständig die östlichen Grenzen bedrohten.

Die Kosaken verhielten sich der Regierung gegenüber loyal, und sie waren treue und verläßliche Verbündete im Kampf, solange sie sich in ihrer selbstbestimmten Lebensweise nicht bedroht sahen. Wann immer man versuchte, sie der Zentralgewalt zu unterwerfen, rebellierten sie, und die halb mythische Gestalt Stenka Rasins schien in ihren Reihen wiederzuerstehen, jenes großen kosakischen Volkshelden, der den Geist der Revolte angefacht hatte, bis dieser zu einem ganz Rußland bedrohenden Steppenbrand geworden war.

Ein Jahrhundert zuvor, unter der Herrschaft des Zaren Alexej, des Vaters Peters des Großen, hatte Stenka Rasin sich selbst zum Befreier des russischen Volkes erkoren, und Tausende waren ihm gefolgt. Er hatte ihnen Freiheit von adliger Unterdrückung und die Einrichtung einer riesigen Kosakenrepublik an den Ufern der Wolga versprochen. Immer wieder waren die Truppen des Zaren von Rasin und seinen bäuerlichen Heerscharen zurückgeschlagen worden, und Rasins Kosaken hatten fürchterliche Massaker angerichtet, hatten überall im nordöstlichen Rußland gebrandschatzt und geplündert. Die Moskowiter hatten damals schon gefürchtet, daß die wilden Rebellen bis zu ihnen vordringen und die Stadt in Schutt und Asche legen würden, und eine Zeitlang schien es tatsächlich, als würde es keiner Macht der Welt gelingen, diese stolze und grausame Macht aufzuhalten, die unter dem mächtigen Banner der Befreiung kämpfte. Rasin war im Lauf der Zeit selbst ein starker Fürst geworden, der über eine Flotte von zweihundert Schiffen gebot und ein riesiges Territorium kontrollierte. Am Ende aber war er von seinen eigenen Gefolgsleuten verraten worden.

Wie eine Naturgewalt, ein Wirbelwind oder ein schrecklicher Sturm schien Stenka Rasin mit seinen wütenden Horden aus der schwarzen Erde selbst entstanden zu sein, um alles niederzumachen und hinwegzufegen, was sich ihm in den Weg zu stellen wagte. Die Herrschenden hatte er auf grausame Weise daran erinnert, daß jenseits des begrenzten Kreises, in dem sie ihre Macht ausübten, das weite, unerforschte, chaotische Rußland lag – das wirkliche Rußland, nicht das Rußland einer Handvoll verwestlichter Städter und Höflinge, die sich mit dem Luxus einer geborgten Kultur umgaben. Das wirkliche Rußland war von ungehobelten, in Felle gekleideten Bauern bevölkert, die in Armut und Elend lebten, weder lesen noch schreiben konnten und nur ihrem Gott die Treue hielten. Rasin hatte diese Leute zum Leben erweckt; er hatte ihr Blut in Wallung gebracht, indem er ihrem tief eingewurzelten Groll, ihrem Haß auf die Herren und ihrer Verzweiflung Ausdruck verlieh. Unter seiner Führung waren sie aufgestanden und hatten sich über die Steppen ergossen, und die prekäre soziale Ordnung des Russischen Reichs war ins Wanken geraten. Um ein Haar wäre es ihnen gelungen, sie zu stürzen.

Nun also schienen sich diese bedrohlichen Vorgänge zu wiederholen. Ein neuer Führer war unter den Kosaken aufgestanden, der vorgab, der totgeglaubte Peter III. zu sein.

Auch das war nichts Neues. In den letzten zehn Jahren hatte es fast jedes Jahr einen dieser falschen Thronprätendenten gegeben, die sich alle als Peter III. ausgaben. Den letzten in der Reihe würde man wie die anderen sehr bald fassen und überführen, dessen war man sich in St. Petersburg sicher. Aber in der Zwischenzeit wollten Katharina und ihre Berater geeignete Maßnahmen ergreifen, um die Revolte niederzuschlagen. Die Jaik-Kosaken hatten erst vor ein paar Jahren gemeutert, und nach den Hinrichtungen und Strafexpeditionen, die sie danach hatten hinnehmen müssen, mußte man auf Wut und Rache gefaßt sein.

Soldaten wurden in das Gebiet der Jaik-Kosaken entsandt, lokale Kommandanten sollten sich gefechtsbereit halten, und Kuriere wurden beauftragt, die schlecht befestigten Provinzstraßen entlangzureiten, um dem Hof von allen Bewegungen der Jaik-Kosaken sofort Bericht zu erstatten. Nachdem man diese Maßnahmen beschlossen hatte, ging man im kaiserlichen Rat zur politischen Tagesordnung über.

In Moskau folgte den eisigen Tagen der Herbstfröste der erste Schnee. Schlittenfahrten und Eispartien nahmen die Zeit der Höflinge in Anspruch, und die Kaiserin, die ihren Sohn und ihre Schwiegertochter sich selbst überlassen hatte, wandte ihre Aufmerksamkeit einem bedeutenden Gast aus Frankreich zu.

Denis Diderot, dessen *Enzyklopädie* jahrelang Katharinas Bibel gewesen war, kam nach einer mühseligen fünfmonatigen Reise in Rußland an und richtete sich darauf ein, den Winter in St. Petersburg zu verbringen.

Katharina war hoch erfreut, diesen Mann, der als Vertreter der Aufklärung einer der intellektuellen Idole ihrer Jugend gewesen war und den sie vor einigen Jahren schon einmal auf das großzügigste unterstützt hatte, persönlich kennenzulernen. Seine Schriften hatten ihr Denken beeinflußt und sie nach Wegen suchen lassen, Toleranz, Mäßigung und Menschlichkeit in die Tat umzusetzen. Der Name Diderot verband sich für sie mit allem, was den sozialen Fortschritt ausmachte. Nun also sollte sie endlich aus seinem eigenen Mund hören, was er dachte! Die großen alten und neuen Ideen, die Europa aufgeklärt hatten, würden in ihrer nächsten Umgebung formuliert werden! Sie verlor keine Zeit und lud ihn gleich nach seiner Ankunft in ihre privaten Gemächer ein. Sie redeten stundenlang, und in der Folge kamen sie manchmal an mehreren aufeinanderfolgenden Tagen zusammen, um ihr Gespräch fortzuführen.

Diderot seinerseits war schon seit langem ein Bewunderer Katharinas. Er betrachtete sie als Herrscherin, die für ihre Untertanen wahren Fortschritt wünschte und deren breites Wissen und kluges Herrschen dazu führen mußten, daß sich in Rußland alles zum Besseren wendete. Als er sie kennenlernte, war er von ihr bezaubert und von ihrer Neugier und intellektuellen Strenge beeindruckt. Ihr ungezwungenes Benehmen nahm ihn vollends für sie ein. Sie vereine, schrieb er, »die Seele eines Brutus mit dem Charme Kleopatras«, und er freute sich auf die abendlichen Unterhaltungen mit ihr.

Der Philosoph und die Kaiserin waren beide starke Persönlichkeiten, und keiner von ihnen zeigte sich schüchtern oder geneigt zu leerer Schmeichelei. Sie prüften einander und kamen beiderseits zu dem Ergebnis, daß sie einander ebenbürtig waren. Diderot berichtete nach Frankreich, daß er sich in Gesellschaft der Kaiserin wunderbar frei fühle, seine Meinungen zu äußern und zu überdenken. Rußland gefiel ihm. »In einem sogenannten Land der Freien hatte ich die Seele eines Sklaven«, schrieb er, »und im sogenannten Land der Barbaren entdeckte ich in mir die Seele eines freien Mannes.«

»Diderot hat eine unerschöpfliche Phantasie, und ich zähle ihn zu den hervorragendsten Männern, die es je gegeben hat«, schrieb Katharina an Voltaire. Ihr ganzes Leben könne sie sich mit ihm unterhalten, »ohne daß es mir langweilig würde«. Tatsächlich war Diderot in vieler Hinsicht ein durchaus außergewöhnlicher Mensch. Sein Benehmen war leidenschaftlich, zuzeiten sehr stürmisch. Wenn ein Gedanke ganz von ihm Besitz ergriffen hatte, sprach er immer lauter und immer schneller, bis er es endlich nicht mehr länger auf seinem Sitz aushielt, aufsprang und unter heftigem Armeschwenken und fast schreiend im Raum auf und ab ging. Er hatte auch die Gewohnheit, sich plötzlich seiner Perücke zu entledigen und sie mit einer heftigen Bewegung in die Ecke zu werfen. Katharina hob die Perücke auf und gab sie ihm zurück, worauf er ihr höflich dankte und das ungeliebte Büschel gepuderten Roßhaars in seine Tasche stopfte.

Hinter der leidenschaftlichen Intensität, mit der er seine Gedanken vorbrachte, erkannte Katharina Diderots breites und reiches Wissen und sein tiefschürfendes Genie. Sie fand ihn unvergleichlich interessanter als den einzigen anderen Philosophen, den sie je kennengelernt hatte, Mercier de la Rivière; sechs Jahre zuvor hatte dieser sie bei seinem Aufenthalt in St. Petersburg durch den »sprudelnden Unsinn«, den er von sich gegeben hatte, auf die Palme gebracht, und sie war kurz davor gewesen, ihn hinauswerfen zu lassen. Diderot hatte zwar einige recht unangenehme Angewohnheiten – in der Erregung griff er manchmal nach dem Arm seiner kaiserlichen Begleiterin, oder er gab ihr einen Klaps aufs Knie, weshalb Katharina, um sich zu schützen, bei seinem Besuch gern hinter einem Tisch saß –, doch seine Gesellschaft war ihr niemals unangenehm; Woche um Woche trafen sie sich, um zu reden, und Katharina genoß jedes Wort aus dem Mund ihres hochgeschätzten Gastes. Er war nicht weniger neugierig als sie selbst. Er wollte alles über Rußland wissen und sog begierig auf, was sie ihm berichtete. Später machte er sich aus dem Gedächtnis sogar Notizen über das, was sie miteinander redeten, und fügte seine Kommentare hinzu.

Eines winterlichen Novembernachmittags erreichte ein berittener Kurier das Palasttor, der Einlaß begehrte. Als man hörte, daß er wichtige Neuigkeiten aus dem Gebiet der Kosakenrevolte zu überbringen hatte, ließ man ihn eilig ein.

Die Situation hatte sich drastisch verschlechtert. Die Regierungstruppen hatten vergeblich versucht, das Vordringen der Rebellen zu stoppen. Der Prätendent, der sich selbst Kaiser Peter Fjodorowitsch nannte, hatte eine eigene Armee um sich versammelt, die zehntausend Mann umfaßte. Mit dieser Armee belagerte er Orenburg. Vier Garnisonsbataillone verteidigten die Stadt mit Hilfe von siebzig Kanonen, aber auch die Rebellen verfügten über Feuerwaffen, und in Orenburg war man für eine lange Belagerung nicht ausgerüstet.

Aber damit nicht genug. Man hatte erfahren, daß der falsche Thronanwärter Emissäre zu den Baschkiren, die in der Umgebung von Orenburg lebten, und zu den unzufriedenen Arbeitsbauern in den Fabriken des Ural ausgesandt hatte. In den Dörfern auf seinem Weg hatte man in ihm den wahren Zaren erkannt, der gekommen war, um sein Volk von der falschen

Kaiserin Katharina und ihren hohen Steuern, ihren Kriegen, ihren nicht hinnehmbaren Gesetzen zu befreien. Manche wollten wissen, daß seine Streitmacht bald zwanzigtausend oder gar dreißigtausend Mann stark sein würde. Wenn das stimmte, dann konnte nur noch ein Wunder ihm Einhalt gebieten.

Kapitel Dreiundzwanzig

Jemelian Pugatschow war ein kleiner, kräftig gebauter ehemaliger Soldat, ein wilder und mutiger Kämpfer, der in dem Dorf Simowejsk als Don-Kosak geboren worden war. Er hatte in der kaiserlichen Armee gedient und war krankheitshalber entlassen worden. Er hatte dunkles Haar und dunkle Augen, und die weißen Flecken auf Gesicht und Brust zeugten von der Skrofulose, an der er gelitten hatte. Auf den ersten Blick schien er wenig einnehmend, doch er konnte überzeugen und die Aufmerksamkeit seiner kosakischen Brüder fesseln, und er lauerte immer auf eine Gelegenheit, sich ins rechte Licht zu setzen.

Nachdem er seine Frau und seine Kinder verlassen hatte, wanderte Pugatschow im Gebiet der unzufriedenen Kosaken umher. Eine Zeitlang lebte er in einem Kloster der Altgläubigen. Den Aufstand von 1772 beobachtete er genau, vielleicht nahm er auch aktiv daran teil. Man nahm ihn gefangen, aber es gelang ihm zu fliehen. Er fand eine neue Frau, die zu den Jaik-Kosaken gehörte, und allmählich reifte ein kühner Plan in ihm.

Im September 1773 tauchte Pugatschow nahe der Stadt Jaizk in einer neuen Verkleidung auf. Er trug einen langen roten Kaftan und eine Samtkappe, die den Edelmann kennzeichnete, und sein aus hundert Männern bestehendes Gefolge – Kosaken, Kalmücken und Tataren – erwies ihm als dem Kaiser Peter Fjodorowitsch die Reverenz. Seine Frau, die einen Kreis ehrerbietiger Bauernmädchen um sich geschart hatte, wurde Kaiserin genannt – allerdings nicht Kaiserin Katharina, denn Katharina hatte ja jene böse Tat begangen, sich ihres unschuldigen Gatten so grausam zu entledigen.

Die Parade der selbsternannten Würdenträger zog durch ein Dorf nach dem anderen, und in jedem Ort hielt sich Pugatschow lange genug auf, um sich seinen Untertanen als der verschollen geglaubte Kaiser zu präsentieren. Seine »Zarenzeichen« – die Narben der Skrofulose auf seiner Brust – bewiesen auch denen, die sich skeptisch gezeigt hatten, daß es sich wirklich um Peter handelte. Auf den Fahnen, die er mit sich trug, sah man die Symbole der Altgläubigen. Daß er unter diesem Banner einzog, trug ihm viele Sympathien ein, denn den »neuen« Glauben (der immerhin schon ein Jahrhundert lang praktiziert wurde) sah man noch immer mit Mißbilligung. Man verband ihn mit den aufgezwungenen teuflischen europäischen Denk- und Regierungsformen, die aus Petersburg stammten.

Erstaunlich schnell sammelte der falsche Thronprätendent eine große Menge von Anhängern um sich. In den Dörfern verbreitete sich die Nachricht, daß der Kaiser zurückgekehrt sei und daß er den alten Glauben und das alte Leben zurückbringe, wie ein Lauffeuer. Pugatschow vergrößerte sein Gefolge. Jetzt hatte er einen Außenminister, einen russischen Grundbesitzer der Gegend, der wußte, daß Pugatschow ein Betrüger war, in ihm aber dennoch vielversprechende Fähigkeiten erkannte: Er würde den glimmenden Funken der Empörung zu einem großen Brand anfachen. Pugatschows Frau Justina machte aus ihren Bauernmädchen Ehrenjungfern, die sie überallhin begleiteten. Ein junger, wie ein Adliger gekleideter Kosak spielte die Rolle des Großfürsten Paul. Es gab Sekretäre, Schreiber und Höflinge, die Pugatschow Orlow, Woronzow und Panin nannte.

Wo immer er erschien, erschien er im Glanz und Pomp seiner falschen Majestät. Vor dem Hintergrund seines Hofstaats gewann er an Würde. Er war ein überzeugender Schauspieler, und er besaß die Gabe, seine Zuhörer in Bann zu schlagen, so daß sie glaubten, was sie glauben sollten. In seinem leuchtenden Kaftan und mit der samtenen Kappe auf dem Kopf stand er vor ihnen und rührte sie durch seine Tränen. Er sei der wahre Kaiser, versicherte er ihnen, und er werde für sie sorgen, wie Christus für seine Anhänger gesorgt hatte. Durch solche Reden gewann er sie für sich. Er wußte sehr genau, was die Kosaken und die Nichtrussen, unter denen sie lebten, hören wollten. Von seinen falschen Würdenträgern umgeben, mit Popen an seiner Seite, die Weihrauchfässer schwangen, und mit den wehenden Bannern der Altgläubigen, deren reiche Stickereien in der Herbstsonne glitzerten, über seinem Haupt, weckte er verwegene Hoffnungen in den Herzen der Dorfleute, indem er ihnen das Blaue vom Himmel versprach.

Er sei ihr wahrer Herrscher, sagte Pugatschow, »und wenn ihr mir treu und wahr dient, schenke ich euch Flüsse und Seen, Weiden und Sold, Getreide, Blei und Pulver und alle Freiheit. Ich weiß, daß ihr alle gekränkt worden seid und daß man euch eurer Privilegien beraubt und eure ganze Freiheit vernichtet hat. Wenn mir dagegen Gott das Reich wie früher in die Hand gibt, so will ich eure Freiheit wiedererrichten und euch Wohlstand verschaffen.« Die machtbesessene Usurpatorin Katharina habe ihn vom Thron vertrieben. Doch er werde ihn sich mit Hilfe seiner Getreuen zurückerobern und der Macht in Petersburg ein Ende machen.

Seine Ziele und seine Person hüllte er gern in allerlei mystische Rhetorik. »Jene, die verloren sind, erschöpft und voller Trauer«, verkündete er, »die nach mir verlangen und sich meinen Befehlen unterwerfen wollen, wenn sie meinen Namen hören, sie sollen zu mir kommen.« Er war wie Christus der liebende, alles verzeihende, gütige russische Vater, der seinen Kindern nicht nur die Absolution, sondern den Sieg über die ferne falsche Kaiserin mit all ihren neuen Regeln und Forderungen versprach.

Er präsentierte sich als ein gequälter, leidender Heiliger. Gott hatte ihn zum Kaiser und Hüter seines Volkes auserwählt, doch ihm war schweres Unrecht angetan worden von denen, die ihn seiner Macht beraubt hatten. Allen, die es hören wollten, erzählte er, daß er viele Jahre lang fern der Heimat, in Ägypten und dem Heiligen Land, umhergewandert sei, voller Trauer über den Verlust seines angeborenen Rechts. Jetzt, nach seiner Rückkehr, bat er sein Volk um Hilfe, um wiederzuerlangen, was ihm gehörte. Hunderte, später Tausende von Bauern, Arbeitern, Soldaten und Städtern knieten in Ehrfurcht vor ihm nieder und schworen ihm den Treueeid.

Das erste militärische Abenteuer der Rebellen war ein Mißerfolg. Als Pugatschow seine Truppen gegen Jaizk führte, wurden sie zurückgeschlagen, obwohl viele Soldaten des die Stadt verteidigenden kaiserlichen Heers ihren Posten verließen und zu Pugatschow überliefen. Aber es wurden immer mehr, die zu dem betrügerischen Prätendenten stießen. Seine Armee zählte zehntausend Mann, als er die wichtige Festungsstadt Orenburg erreichte und im Oktober 1773 die Belagerung begann. Seine Abgesandten trugen die Botschaft der Rebellen in die Bergwerke und Fabrikstädte des südlichen Urals und darüber hinaus. Und sein Erfolg trieb ihn zu immer gewalttätigeren Maßnahmen.

Die ganze Macht des Kaiserbildes wurde beschworen, um all die zu verfluchen, die sich weigerten, seinen Feldzug mitzumachen. Wer der Regierung Katharinas in St. Petersburg treu blieb, wurde bedroht. »Sie werden es bald am eigenen Leibe fühlen«, warnte Pugatschow, »wie viele grausame Qualen ich jenen zugedacht habe, die mich verraten.« Die Leichen von Männern, die sich geweigert hatten, den Rebellen zu folgen, säumten die Wege der Rebellenarmee. Dutzende von Soldaten, Offizieren, Kosaken und sogar Priester wurden gehängt. Nun also überzeugte Pugatschow nicht mehr nur mit Tränen, sondern auch mit Terror, und viele stießen nur deshalb zu ihm, weil sie Angst vor ihm hatten. Monat um Monat zog sich die Belagerung Orenburgs hin, der Winter kam, und Pugatschows zerlumpte Horde wuchs noch immer.

Die Kaiserin schickte ein Heer von dreitausend Mann gegen Pugatschow. Es stand unter dem Kommando von General Kar. Weitere in den Provinzen stationierte Truppen wurden ebenfalls gegen die Aufständischen in Marsch gesetzt. Aber Pugatschow hatte mehr Kämpfer, er war zu stark für sie. Kar wurde geschlagen und zum Rückzug gezwungen, und alle weiteren Attacken auf das Rebellenlager in Berda, nicht weit von Orenburg entfernt, blieben ebenfalls erfolglos. Überlebende dieser Schlachten, die gegen Ende November wieder in der Hauptstadt ankamen, malten ein düsteres Bild von Gewalt und Anarchie. Der Prätendent habe den Haß der Unterdrückten in seinen Gefolgsleuten entzündet, sagten sie. Alle kaiserlichen Offiziere wurden umgebracht, Gutsbesitzer mit ihren Frauen und Kindern gehängt. Ihre Häuser gingen in Flammen auf. Pugatschow hatte der Elite des Russischen Reichs den Krieg erklärt.

Katharina hatte alle Hände voll zu tun. Noch immer war der Türkenkrieg nicht beendet. Tausende von Soldaten und Matrosen starben bei der Ausübung ihres blutigen Handwerks jeden Monat. Tausende von Leibeigenen wurden eingezogen, um sie zu ersetzen. Und wieder einmal befand sich die russische Wirtschaft in allergrößter Gefahr. Die Staatskasse leerte sich immer mehr, und die Regierung hatte begonnen, Papiergeld zu drucken. Assignaten ersetzten die wenigen verbliebenen harten Rubel, und die daraus entstehende Inflation, die auf wiederholte Mißernten folgte, trieb die Preise in schwindelerregende Höhen, so daß Katharina und ihre Berater Aufstände in den Städten befürchten mußten. Im Volk brodelte der Haß auf den Krieg, dem man schon so viele Opfer gebracht hatte. Man sah eine ökonomische Krise voraus, die schlimmer sein würde als alles Vorhergehende, fürchtete den Staatsbankrott. Und die Feinde Rußlands warteten nur darauf, daß Pugatschows Rebellion Katharinas Regierung noch weiter schwächte. Die innere Ordnung wiederherzustellen war unabdingbar. Ein für allemal mußte man mit den Rebellen aufräumen. Der falsche Kaiser mußte vernichtet werden.

Katharina handelte entschlossen. Mit charakteristischer Gründlichkeit informierte sie sich über das von den Rebellen bedrohte Gebiet und überzeugte sich davon, daß die Stadt Orenburg eine winterliche Belagerung überstehen würde. Sie verfaßte ein neues Manifest, das Pugatschow verurteilte, und sorgte dafür, daß es in jedem Dorf von einem Priester verlesen wurde. Sie ernannte einen neuen, fähigen Kommandeur, General Bibikow, der den übervorsichtigen Kar ersetzte. Am wichtigsten aber war, daß sie sich von ihren Ängsten und Befürchtungen nicht überwältigen ließ, daß sie bei alldem standhaft und wachsam blieb. Bibikow machte sich auf den Weg, und sie erwartete, daß er siegte. Während der Tage und Stunden der größten Aufregung blieb sie stets Herr der Lage; auch bei den hitzigsten Debatten konnte man sich auf ihre ruhige Aufmerksamkeit, ihren klaren Kopf verlassen.

Sie verlor auch nicht die Nerven, als Moskau von der Pugatschow-Empörung angesteckt wurde. Abgesandte des falschen Zaren hatten den aufsässigen Städtern seine Botschaft gebracht, und bald war der Kosakenrebell in allen Schenken das Tagesgespräch. Einige Moskowiter glaubten, daß es wirklich Peter III. war, der zurückkehrte und von seinen Untertanen Unterstützung verlangte; viele andere, die wußten oder vermuteten, daß es sich um einen Betrüger handelte, sprachen sich dennoch für den geheimnisvollen Rebellen aus, der gegen die europahörige Kriegshetzerin Katharina zu Felde zog.

Die Polizei versuchte, all diese gefährlichen Äußerungen über den zurückgekehrten Kaiser zu unterdrücken. Wer aufrührerische Reden führte, wurde verhaftet und mit Stockschlägen bestraft. Alle Briefe wurden einer Zensur unterworfen. Sympathisanten (oder mutmaßliche Sympathisanten) Pugatschows wurden gezwungen, den Eid auf die Kaiserin zu leisten; einen solchen Eid zu brechen wagte kein Rechtgläubiger. Doch die Anziehungskraft des falschen Zaren blieb ungebrochen. Moskau träumte romantische Träume vom Umsturz, Adlige sehnten sich nach einem Retter, der mit der unbequemen Herrschaft Katharinas Schluß machte, Traditionalisten hofften auf die Wiederherstellung der alten Bräuche und des alten Glaubens, Dienstboten stellten sich vor, daß der falsche Peter, wenn er erst auf dem Thron saß, ihnen die Freiheit schenkte.

Im Winter 1773/74 waren Ausbrüche von kollektiver Hysterie, Gewehrschüsse aus nichtigem Anlaß, Gerüchte von einem baldigen Aufstand an der Tagesordnung. Eines dunklen Abends Anfang März liefen in der ganzen Stadt die Leute in den Straßen zusammen und brachen in Hochrufe auf Peter III. und Pugatschow aus. Plötzlich entstand ein wahnsinniger Tumult, der sich über viele Stadtteile ausbreitete, so daß die gewöhnlichen Bürger in Panik gerieten. Aus Furcht vor Revolution und Massakern bewaffneten sie sich, rafften ihre wertvollsten Besitztümer zusammen und suchten in Gebäuden Zuflucht, die sie für sicher hielten. Die Polizei versuchte vergeblich, die Aufwiegler von der Menge in den Straßen zu trennen und Ruhe und Ordnung wiederherzustellen. Sie bekam das noch stundenlang wütende Chaos nicht in den Griff. Erst als sich Fürst Wolkonski zeigte, der von Stadtteil zu Stadtteil zog und die Bürger davon überzeugte, daß die kriegerischen Hochrufe, die sie gehört hatten, auf das Konto einiger weniger Unruhestifter gingen, zog wieder Frieden ein.

Katharina hörte von dem Aufstand in Moskau, sie hörte auch davon, daß viele Moskowiter einen Erfolg des falschen Prätendenten erhofften, und es kostete sie viel Kraft, ihre Zuversicht nicht zu verlieren. »Soweit es möglich ist«, schrieb sie an General Bibikow, »verlieren Sie keine Zeit. Man muß dieses häßliche und würdelose Durcheinander beenden, bevor das Frühjahr kommt.« Sie wußte, daß Pugatschow mittlerweile von Tausenden von Männern aus den nichtrussischen Völkern, die in dem Gebiet lebten – Tataren, Baschkiren, Kirgisen, Kalmücken und andere –, Unterstützung erhielt und daß er über schwere Waffen verfügte, die in den Eisenwerken am Ural hergestellt worden waren. Er zeigte sich zunehmend kühner und aggressiver, rekrutierte aus unzähligen Dörfern seine Soldaten, und wer sich weigerte, den Eid auf ihn zu leisten, wurde hingerichtet.

Pugatschow hatte sich verändert. Er trat nicht länger als ein christusgleicher Märtyrer auf, sondern legte zunehmend mehr Wert auf Pomp und Zeremoniell. In einem spitzenbesetzten roten Rock, mit einem Zepter und einer silbernen Axt in der Hand hielt er hof. All das war eine lächerliche Karikatur wirklichen höfischen Lebens. Seine Befehle wurden von Sekretären mit einem eindrucksvoll aussehenden Siegel versehen, das der kaiserliche Doppeladler zierte. Weiterhin versicherte er seinen Gefolgsleuten – »meine Kinder, meine lichten Falken«, nannte er sie –, daß er für sie sorgen werde, er versprach den Bauern die Freiheit, aber er verlangte auch, daß sie kein Blutvergießen scheuten, um seine neue Ordnung durchzusetzen. Für den Mord an ihrem Gutsbesitzer bekamen die Bauern eine Belohnung. »Wer einen Landbesitzer tötet und sein Haus zerstört, wird einen Lohn von hundert Rubeln erhalten«, hieß es in einem seiner Erlasse. »Wer zehn Landbesitzer tötet und ihre Häuser zerstört, wird tausend Rubel erhalten und in den Generalsrang erhoben.« So hatten Tausende von potentiellen Mördern diesem Mann, den sie »Zar unserer Hoffnung« nannten, die Treue geschworen.

Als wäre sie mit der Heimsuchung Pugatschows noch nicht genug geschlagen, mußte Katharina zu dieser Zeit auch noch ein schroffes Memorandum ihres Sohnes zur Kenntnis nehmen. Es war, soweit wir davon Kenntnis haben, Pauls erster Versuch, auf die Regierung seiner Mutter Einfluß zu nehmen. Er hatte einen langen, umständlichen Text geschrieben, den er »Betrachtungen über den Staat im allgemeinen, bezüglich der zu seiner Verteidigung notwendigen Truppen und der Verteidigung seiner Grenzen« nannte, wobei es sich weniger um eine Schrift über das Militärwesen handelte als um einen Aufruf zum Frieden. Der türkische Feldzug, argumentierte Paul, mit seinen hohen Kosten und Opfern, hatte zum inneren Zerwürfnis und fast zum vollkommenen Ruin Rußlands geführt. Nur ein langjähriger Frieden, der niedrigere Steuern mit sich bringen würde, und die Schaffung einer kleineren, dezentral operierenden, weniger repressiven Armee ermögliche die Wiederherstellung von Wohlstand und Harmonie im Allrussischen Kaiserreich.

Daß ihr Sohn daran dachte, die Armee zu schwächen, und zwar zu einer Zeit, da sich der östliche Teil des Reichs in Aufruhr befand und immer größere Gebiete von diesem Aufruhr angesteckt zu werden drohten, das muß Katharina maßlos geärgert haben. Ihre Meinung über das Urteilsvermögen ihres Sohnes wurde noch schlechter, als sie es ohnehin schon war. Alle ihre Kritiker machten sie wütend. Denn es war nicht nur Paul, der ihr Vorwürfe machte; auch Diderot befragte sie neuerdings des langen und breiten über ihre Regierungsmethoden und machte unmißverständliche Andeutungen darüber, was er über sie dachte: daß sie die Scheidelinie, die Monarchie von Tyrannenherrschaft trennte, überschritten habe. Sie brauchte Freunde und Verbündete, keine Kritiker. Nur der weltläufige, kluge und freundliche Melchior Grimm, der aus Paris zu Besuch gekommen war und in dessen Gesellschaft sie sich vom ersten Augenblick an wohl gefühlt hatte, gewährte ihr in vielen Unterhaltungen die ersehnte Unterstützung.

Gerade jetzt brauchte sie diese Unterstützung besonders nötig, denn in ihrem Gefühlsleben herrschten Unordnung und Verwirrung. Von ihrem langjährigen Partner Orlow hatte sie sich getrennt, um unabhängig sein zu können, doch Orlows Nachfolger, der jungenhafte, korrekte, nichtssagende Wassiltschikow, langweilte sie so sehr, daß sie nicht selten in Tränen ausbrach. Sie war mittlerweile fünfundvierzig, hatte graues Haar und bewegte sich schwerfällig; ihr Sohn hatte sie tief enttäuscht, und die Sorgen um den Staat fraßen sie auf – Katharina brauchte einen Gefährten. Einen Liebhaber, ja, auch das, aber auch einen Freund und Weggenossen, der ihr die schweren politischen Lasten tragen half.

Sie hatte versucht, sich an Wassiltschikow zu gewöhnen, doch bald konnte sie ihn nur noch verachten, und es gelang ihr nicht einmal mehr, ihre Verachtung zu verstecken. Er zog sich zurück – sie weinte – er rang die Hände – sie weinte nur noch mehr. (Später sagte sie über ihre Zeit mit Wassiltschikow, es sei die tränenreichste ihres Lebens gewesen.) Allmählich fragte sie sich, wie die Sache weitergehen sollte. War sie ihm denn so sehr verfallen, daß sie es nicht ertragen konnte, ihn fortzuschicken? Sollte sie dazu verdammt sein, sich in seiner Gesellschaft elend zu fühlen, solange sie noch zu leben hatte?

Auch Wassiltschikow war verdrießlich und unglücklich. (»Ich bin ja nur eine kleine Hure«, hörte man ihn sagen.) Er hatte Schmerzen in der Brust, und er war unfähig, seiner mächtigen alternden Geliebten zu gefallen. Der ganze kaiserliche Haushalt verachtete ihn und überzog ihn mit Hohn und Spott. Er muß sich nach dem unauffälligen Leben gesehnt haben, das er einst geführt hatte.

Katharina dachte daran, Wassiltschikow fortzuschicken, aber irgend etwas hielt sie davon zurück. Langweilig, wie er war, war er doch immerhin ein Mensch, an dem man sich festhalten konnte. Und sie brauchte Liebe, wenigstens etwas, was Liebe ähnlich sah. Ohne einen Geliebten fühlte sie sich verloren, durcheinander, den Anforderungen des Lebens hilflos ausgeliefert. Doch je länger sie sich mit Wassiltschikow abgab, desto deprimierter wurde sie. Wahre Befriedigung, jene tiefe Erfüllung, die nur echte Liebe geben kann, wurde ihr nicht zuteil.

Melchior Grimm, der nun ein enger Freund wurde und sich vom Mittag bis zum späten Abend täglich in ihrem Palast aufhielt, beobachtete sie in dieser für sie so traurigen Zeit. Oft schickte sie nach dem Abendessen nach ihm und blieb lange Stunden mit ihm zusammen. Sie redeten, und manchmal beschäftigte sie sich während ihrer Gespräche mit einer Handarbeit; die Zeit bis Mitternacht verging schnell. Sie zog Grimms Unterhaltung den üblichen abendlichen Zerstreuungen vor. Dramenaufführungen fand sie langweilig, weder die Komödien noch die Tragödien, die man jetzt spielte, gefielen ihr. Auch Konzerte und Opern ließen sie kalt. Glücksspiele vermochten ebenfalls nicht, ihr Interesse für längere Zeit zu fesseln. Noch immer konnte sie sich für Ideen begeistern, doch nach elf Regierungsjahren gewann sie einem selbstgenügsamen Idealismus nichts mehr ab. Diderot fiel ihr lästig mit seinen endlosen Fragereien über die Leibeigenschaft in Rußland und seinen naiven Mutmaßungen über die menschliche Natur. Die Erfahrung hatte sie gelehrt, daß ein Herrscher sich nur mittels Gewalt gegen das Chaos behaupten konnte; alle Erwägungen über das öffentliche Wohl und die Freiheit des Individuums kamen an zweiter Stelle. Diderot hatte sich durch seine kritischen Äußerungen oft in die Nesseln gesetzt. Als er St. Petersburg im März 1774 verließ, konnte sie sich ihre Erleichterung nicht verhehlen, wenn sie auch mit Bedauern von den zahlreichen unglücklichen Zwischenfällen während seiner Rückreise erfuhr.

Der Schweizer Grimm entsprach jedenfalls viel mehr ihrem Geschmack als der tiefschürfende, impulsive, hochgeistige Franzose. Grimm war pragmatischer, und er verachtete auch den höfischen Klatsch und Tratsch nicht. Darin ähnelte er Katharina. Er war ein echter Mann von Welt, der sich bezüglich der Verbesserung des Menschengeschlechts keinerlei Illusionen hingab. Mit Grimm konnte Katharina über die kleinen Schwächen und Extravaganzen ihrer Höflinge schwatzen, aber auch über die Besonderheiten dieses »eisernen Jahrhunderts«, wie sie es nannte. Grimm schrieb, daß er sich am Ende des Winters mit Katharina im herzlichsten Einverständnis befand. Er fand ihre Gesellschaft bezaubernd. »Ich betrat ihre privaten Gemächer mit einer Selbstverständlichkeit, wie sie nur dem engsten Vertrauten zu eigen ist«, schrieb er, »und ich fand in ihrer Unterhaltung einen Schatz von interessanten Themen, die auf die geistreichste Art vorgebracht wurden.«

Der Grund dafür, daß Katharina sich mit solchem Eifer Grimm zuwandte, lag zum Teil darin, daß sie sich mit Wassiltschikow so sehr langweilte. Doch im Februar kündigte sich ein weiterer entscheidender Wechsel in ihrem privaten Leben an. Sie brachte einen Mann an den Hof, einen Riesen an Gestalt, kraftvoll und häßlich, entstellt durch den Verlust eines Auges, der sich so nachlässig kleidete und derart ungeschliffene Manieren hatte, daß es die pingeligen Höflinge schauderte. Das war Grigori Potemkin.

Er brach über den Hof herein wie ein heißer Wind aus der fernen südlichen Steppe. Seine Fremdheit und sein exotisches Äußeres wirkten bedrohlich. Er war alles andere als einnehmend. Seine riesige Größe und sein blindes Auge – das er nicht mit einer Binde versteckte – empfanden all die artigen Höflinge, die nichts anderes kannten, als daß man seine Defekte hinter Pflastern und Perücken und meterlangen Spitzenstoffen verbarg, als Verhöhnung ihrer Sitten. Potemkin paßte nicht in die Petersburger Gesellschaft, und es störte ihn nicht im geringsten. Er war vollkommen anders, ein außerirdisches Wesen, mit dem niemand etwas anfangen konnte. Als Held des türkischen Feldzugs hatte er viele Auszeichnungen erhalten, doch seine Tapferkeit verband sich nicht mit dem prahlerischen Gehabe, das man von Soldaten kannte. Seine Kleidung war extrem unmilitärisch; am liebsten trug er fließende Kaftane aus weicher, schimmernder Seide. An seinen langen, fleischigen Fingern funkelten Edelsteine, sein Haar war lang und ungepudert, und die von tiefer Weltverdrossenheit kündende Lässigkeit seiner Haltung ließ in empfindlicheren Gemütern eine vage Übelkeit aufsteigen.

Er war von brillanter Intelligenz, und er konnte unterhaltsam sein, wenn er wollte. Doch er war nicht von hoher Abkunft; sein Vater hatte als Oberst gedient und besaß nicht mehr als vierhundert Leibeigene. (Reiche Adlige besaßen zu jener Zeit Zehntausende von Leibeigenen.) Ganz bestimmt fehlte es ihm an körperlicher Schönheit, obwohl einige wenige Frauen zugegeben hatten, seiner animalischen Anziehungskraft nicht widerstehen zu können. Er war nicht mehr jung und hatte niemals eine hohe Stellung innegehabt. Aber jedermann fühlte sich durch ihn verunsichert. Seine Ankunft erregte größtes Aufsehen. Und es wurde bald offenbar, daß er der nächste Liebhaber der Kaiserin sein würde.

Wie ein Meteor leuchtete Potemkin am höfischen Himmel auf. Katharina machte ihn zum Generaladjutanten, und er zog mit einer Reihe von Verwandten in die Suite des Favoriten im Winterpalast ein. Dazu überhäufte sie ihn mit Orden und Ehren. Der britische Gesandte Gunning war überzeugt davon, daß sein steiler Aufstieg für Katharinas Regierung eine Wende bedeutete.

»Es vollzieht sich hier ein Kulissenwechsel, der meines Erachtens mehr Aufmerksamkeit verdient als jedes andere Ereignis seit dem Regierungsantritt der Kaiserin«, schrieb er in einem Bericht nach London. »Mr. Wassiltschikow, der allzu glanzlos war, als daß er irgendeinen Einfluß hätte ausüben können, und der niemals das Vertrauen seiner Geliebten genoß, hat einen Nachfolger erhalten, dem, wenn die Anzeichen nicht trügen, demnächst beides in außerordentlichem Maße zuteil werden wird.« Der zottige, wohlriechende Potemkin errege »allgemeines Erstaunen, sogar Bestürzung«, schrieb der Gesandte. Dieser Mann sei wahrlich etwas anderes als der zurückhaltende Wassiltschikow, nämlich eine Kraft, mit der zu rechnen sei, von geradezu unheimlicher Schläue, physischer Überlegenheit, mit vielen noch brachliegenden Fähigkeiten und großen Ambitionen. Man sagte von ihm, er habe ein ungewöhnlich feines Gespür und verfüge über das, was der Gesandte »ein tiefes Wissen um den Menschen« nannte.

»Dank all dieser Eigenschaften und der Indolenz seiner Rivalen darf er ganz natürlich darauf hoffen, daß er sich zu jenen höchsten Höhen aufschwingen wird, die ihm sein schrankenloser Ehrgeiz vor Augen stellt«, schloß Gunning. Er meinte damit, daß Potemkin möglicherweise zum Mitregenten werden könnte.

Katharina war hingerissen von diesem riesigen, sprunghaften, grüblerischen Mann. Eben noch von Trotz und Griesgram erfüllt, hellte sich ihre Stimmung plötzlich auf, und sie zeigte sich von strahlendem Optimismus, leicht zu begeistern. Ganz deutlich war ihr neuer Günstling an diesem Umschwung schuld. »Sie ist verrückt nach ihm«, sagte einer ihrer höchsten Beamten, Senator Elagin, zu einem Kollegen. »Sie müssen sich wirklich lieben, denn sie sind einander ganz gleich.« Gleich oder nicht, Katharina hatte den Seelengefährten gefunden, auf den sie ihr ganzes Leben lang gewartet hatte. Was Wunder, daß sie außer sich war vor Freude?

»Oh, Monsieur Potemkin!« schrieb sie ihm in einer ihrer zahlreichen Liebesbotschaften. »Was für ein erstaunliches Wunder hast Du vollbracht, welche Verwirrung hast Du angerichtet in diesem Kopf, der bis heute als einer der besten Europas galt! [...] Welche Schande! Welche Sünde! Katharina die Zweite fällt dieser verrückten Leidenschaft zum Opfer!«

Weit in ihren Vierzigern scheint Katharina erst jetzt zu entdecken, was wahre Liebe ist. »Wie seltsam!« schrieb sie. »Worüber ich immer gelacht habe – genau dasselbe ist mir widerfahren –, daß mich die Liebe zu Dir blind gemacht hat. Ich empfinde jetzt Gefühle, die ich früher für schwachsinnig, übertrieben und unvernünftig hielt. Ich kann meine blöden Augen nicht von Dir wenden; ich vergesse alles, was mir die Vernunft gebietet, und bin ganz benommen, sooft ich bei Dir bin.«

Die Liebe schüttelte sie wie ein Orkan; sie verlor ihre praktische Vernunft, ihr Gleichgewicht; sie schwebte im siebten Himmel. Intellektuelle Konversation interessierte sie nicht mehr. Sie war nicht mehr sie selbst. »Delirium« nannte sie es. Ständig lächelte sie. »Ich vergesse die ganze Welt, wenn ich mit Dir zusammen bin«, schrieb sie an Potemkin. »Ich bin noch nie so glücklich gewesen.«

Potemkin wußte, wie er Katharina im tiefsten Inneren berühren konnte, und er wußte, wie er sie behandeln mußte, damit sie sich wohl fühlte. Er sang ihr Lieder vor, und seine

Stimme war weich und voller Aufrichtigkeit. Er bewunderte die Spuren der Schönheit, die er an ihr wahrnahm, ihre hellen Augen, die noch immer auf eine jugendliche Weise aufleuchten konnten, und ihren mit soviel Schminke überdeckten Teint. Er weckte ihre Leidenschaft – »Feuerfrau« nannte er sie – und machte sie glauben, daß sie für ihn die einzige Frau der Welt sei.

Es scheint, daß Potemkin die bewunderte Herrscherin tatsächlich geliebt hat. Als blutjunger Offizier hatte er während ihres Staatsstreichs nicht zu den wichtigen Männern gehört, aber er hatte doch geholfen, sie an die Macht zu bringen. Gewiß erinnerte er sich an sie, wie sie damals ausgesehen hatte, wie sie als kühne Reiterin auf einem weißen Pferd ihr Schicksal in die Hand genommen und triumphiert hatte. Er liebte sie um ihrer Kühnheit willen; in diesem Punkt war sie ihm so ähnlich! Er liebte sie um ihres offenen Geistes willen, er bewunderte ihr weitgespanntes Wissen, ihre Ideen von Fortschritt und Wandel; denn auch er hatte große und hochfliegende Ideen. Und er liebte sie um ihres starken, sinnlichen, fraulichen Körpers willen, der sich nach Liebe sehnte und empfangene Liebe großzügig vergalt. Und miteinander fanden sie in ihrer Liebe Erfüllung.

Der Senator hatte recht: Katharina und Potemkin waren sich sehr ähnlich, und wenn die Liebe auf seiner Seite auch mit selbstsüchtigen Interessen vermischt war, so blieb es doch auch für ihn eine wahrhaft erschütternde, einzigartige Romanze.

»Es ist etwas Außerordentliches zwischen uns, das in Worten nicht ausgedrückt werden kann«, schrieb Katharina. »Das Alphabet wäre zu kurz, die Buchstaben sind nicht zahlreich genug.« Zwischen all den kleinen und großen Katastrophen, die das »eiserne Jahrhundert« mit sich brachte, auf der Schwelle zum Alter genoß Katharina die große Liebe ihres Lebens.

Nicht nur für die Kaiserin, sondern auch für Rußland schien sich das Glück zu wenden. Im März 1774 wurde Pugatschow in einer offenen Feldschlacht vor Orenburg besiegt, sein Heer in alle Winde zerstreut. Sein Betrug war offenbar geworden. Er sank in sich zusammen, verlor seine Macht, und sein Hof zeigte sich als das, was er war: eine billige und lächerliche Maskerade. Die Strahlen der Frühlingssonne brachten das Eis zum Schmelzen, die Flüsse stiegen an; doch die Fluten, die das Land jetzt überschwemmten und Hütten und Häuser und ganze Dörfer mit sich fortrissen, schienen nicht mehr als ein vorübergehendes Mißgeschick. Denn es war, als sollte nun ein milderes und menschenfreundlicheres Zeitalter anbrechen.

Kapitel Vierundzwanzig

Nach dem Bericht eines zeitgenössischen Beobachters begab sich Kaiserin Katharina in Begleitung einer einzigen Dienerin gegen Ende des Jahres 1774 heimlich – vielleicht verkleidet – zu der kleinen Kirche des heiligen Simson in einem dunklen Vorort von St. Petersburg. Dort traf sie Potemkin, der mit einem seiner Neffen und einem Kammerherrn gekommen war. Ein Priester erschien, und für die nächsten anderthalb Stunden wurde die Kirche wegen einer privaten Zeremonie für alle Besucher geschlossen. Einer Hochzeitszeremonie.

Die Braut, matronenhaft, grauhaarig und mit auffallend hellen Augen, stand ruhig und mit vor Freude gerötetem Gesicht da, während ihre Dienerin die goldene Krone dreimal über ihren Kopf führte. Der Bräutigam, riesengroß und kräftig gebaut, fixierte mit seinem gesunden Auge die schimmernden heiligen Bilder an der Ikonostase; er mußte sich bücken, damit man die Krone über seinen Kopf führen konnte. Der Chor sang, das Paar wurde gesegnet und endlich entlassen. Zum zweitenmal in ihrem Leben hatte Katharina nun einen Gemahl.

Wir wissen nicht mit letzter Gewißheit, ob diese Zeremonie stattgefunden hat, aber es scheint wahrscheinlich. In ihren Botschaften an Potemkin nannte Katharina sich häufig seine Frau, während sie ihn mit »lieber Gemahl« adressierte. In einem Brief aus dem Jahr 1776, in dem sie in der dritten Person auf sich selbst Bezug nimmt, fragt sie neckisch: »Ist sie nicht vor zwei Jahren durch heilige Bande mit Dir verbunden worden?«

Wie viele andere wußte auch Katharina noch, daß die Kaiserin Elisabeth ihren Geliebten Alexej Rasumowski geheiratet hatte und daß Rasumowski Dokumente besaß, die das bewiesen; aus Achtung vor ihr hatte er diese Papiere allerdings verbrannt, als klar wurde, daß die Existenz eines Ehekontrakts Elisabeths Ruf bedrohte. Für die private Heirat einer russischen Kaiserin gab es somit einen Präzedenzfall aus jüngster Zeit.

Es war noch nicht lange her, daß Katharina sich gegen die Heirat mit Grigori Orlow entschieden hatte. Aber Potemkin war nicht Orlow. Potemkin war der ideale Mann für sie, anregender Gesprächspartner und Geliebter zugleich, und sie konnte sich vorstellen, auch die Regierung mit ihm zu teilen. Die Heirat mit ihm würde zu keinerlei dynastischen Komplikationen führen, denn sie war zu alt, um noch Kinder zu bekommen. Zudem brauchte niemand etwas davon zu erfahren. Die Heirat würde ein verrücktes, sentimentales, romantisches Geheimnis zwischen ihnen bleiben, Symbol der »ewigen Liebe«, die Katharina gelobt hatte. Der von vielen beobachtete außerordentlich bewegte Gemütszustand Katharinas und Potemkins in dieser Zeit deutet darauf hin, daß eine Heirat tatsächlich stattgefunden hat.

Währenddessen erholte sich das Reich von den Bauernaufständen, die, entzündet von Pugatschows falschen Versprechungen, überall aufgeflammt waren.

Es hatte sich nicht mehr nur um lokale Revolten unter Randvölkern gehandelt. Zehntausende von Bauern im Osten und Südosten Rußlands erhoben sich gegen ihre Herren, erklärten sich für frei und verdammten die jahrhundertealten Gesetze, die dem Landbesitzer das Recht gaben, sich die Früchte ihrer Arbeit anzueignen. Bauern schlossen sich zu Banden zusammen und drangen, mit Äxten und Messern, spitzen Stöcken und Stangen bewaffnet, in die Häuser der Gutsbesitzer ein, wo sie alles zerstörten, was sie finden konnten, und die Herren ohne viel Federlesens massakrierten.

Die adligen Opfer wurden enthauptet, man schnitt ihnen Hände und Füße ab und stellte ihre blutbesudelten, verstümmelten Leichen als Trophäen zur Schau. Frauen wurden vergewaltigt und niedergemetzelt, Kinder getötet. Niemand kam davon, weder Säuglinge noch Greise, weder Mönche noch Priester. Häuser, Scheunen und Speicher wurden in Brand gesteckt, Kirchen geplündert. Eine Welle wilden Blutdursts schwemmte die traditionelle tiefe Frömmigkeit der Bauern hinweg. Die Rebellen stachen die Augen der heiligen Ikonen aus, entweihten Altäre, zerstörten religiöse Gemälde und stahlen die heiligen Gefäße mit den Hostien. Tausende von Unschuldigen ließen ihr Leben, Tausende verloren ihr Dach über dem Kopf und ihre Lebensgrundlage.

Im Sommer schwappte die Welle der Gewalt bis in die Städte. In Moskau wurde bekannt, daß Kasan bis auf die Grundmauern niedergebrannt war. Zwanzigtausend aufständische Bauern im Gefolge Pugatschows hatten die Stadt überrannt, geplündert und vollständig zerstört. Nun befürchtete man allgemein, daß Moskau das gleiche Schicksal drohte. Katharinas Spione berichteten ihr, daß Mörder ausgesendet worden waren, die den Auftrag hatten, sie und ihren Sohn umzubringen; in derselben Zeit schienen die militärischen Kräfte, die sie gegen die Aufständischen einsetzte, kaum Erfolge zu erzielen.

Ende August hatte sich das Blatt endlich gewendet. Regierungstruppen setzten den herumschweifenden Bauernbanden empfindlich zu, und alle Rebellen, die sie fangen konnten, erhielten schwerste Strafen. Die Vergeltung stand den begangenen Verbrechen in nichts nach. Ganze Dörfer litten darunter. In einigen Orten wurde jeder dritte Mann gehängt, während die übrigen Bewohner mit Stock und Knute geschlagen oder verstümmelt wurden. Überall richteten die Soldaten Galgen auf, überall wurden Menschen auf das Rad geflochten oder auf andere Weise gefoltert. Nach dem Durchzug der kaiserlichen Truppen waren alle Straßengräben mit Leichen gefüllt. Während dieses blutigen Vergeltungsschlags mußte man in der ganzen Wolgaregion Mißernten hinnehmen, die Hungersnöte nach sich zogen. Der falsche Thronprätendent und Erzrebell Pugatschow wurde von seinen eigenen Leuten verraten. Man fing ihn und brachte ihn in einem eisernen Käfig nach Moskau. Zu dem Zeitpunkt, als Katharinas heimliche Hochzeit stattfand, wartete Pugatschow auf seine Hinrichtung.

Daß nach zwölf Jahren milder Herrschaft ihr Reich durch einen Bauernkrieg erschüttert wurde, muß Katharina zutiefst entmutigt und all ihre lange gehegten Hoffnungen in Frage gestellt haben. Stets waren ihre Maßnahmen von der Erwartung begleitet gewesen, daß sie ihren Untertanen eine weise Lehrerin und Führerin sein könnte, die ihnen den Weg zu Reichtum, Verbesserung der Sitten und harmonischem Zusammenleben zeigte. Wenn die Zeit reif sei, dachte sie, wenn überall ein gewisser Wohlstand herrschte und Verwaltung und Gesetzgebung erneuert seien, würde es bald viel weniger und endlich gar keine Verbrechen mehr geben.

Doch der böse Trotz und die Mordgier, die sich, von Pugatschow angestachelt, Bahn gebrochen hatten, und die breite Unterstützung, die der Betrüger überall erfuhr, hatten sie eines Besseren belehrt. Sie hatte einsehen müssen, daß ihre hochfliegenden Erwartungen mit der Realität nicht übereinstimmten. Die Bauern – überwältigende Mehrheit ihrer Untertanen – waren keineswegs so gehorsam und ergeben, wie sie geglaubt hatte, sie warteten nicht darauf, belehrt und zum Licht geführt zu werden. Die Bauern, das war eine häßliche, haßerfüllte Masse, die nichts anderes verlangte, als sich mit mörderischer Wut an den Höhergestellten zu rächen. Pugatschows Revolte und der Bauernkrieg in ihrem Gefolge hatten gezeigt, wie böse Menschen sein konnten, und Katharina, ernüchtert durch diese Erfahrung, erkannte, daß sie jene dunklen, mörderischen menschlichen Triebe in ihre Gedanken über die Zukunft ihres Reichs mit einbeziehen mußte.

Auf einige Errungenschaften konnte sie schon zurückblicken. Sie hatte ihrem Volk ein Gesetzeswerk gegeben, das den Grundstein ihres allgemeinen Verbesserungsprogramms bildete. Sie hatte die Regierungsbehörden in St. Petersburg reformiert und reorganisiert, und sie hatte begonnen, auch die Provinzregierungen zu reformieren, obwohl die fortschrittlichen Kräfte sich hier mit viel größeren Schwierigkeiten konfrontiert sahen. Sie hatte den Bau Dutzender neuer Städte initiiert und viele neue Verordnungen herausgegeben. Sie hatte die kartographische Erfassung des Reichs in Auftrag gegeben – ein höchst ambitioniertes und für Rußland beispielloses Unterfangen –, und es sollte eine Volkszählung geben. Sie hatte mit großem Erfolg Waisenhäuser gegründet und dafür gesorgt, daß die Zustände in den Gefängnissen menschenwürdiger wurden. Sie hatte die Anpflanzung von Tabak in der Ukraine gefördert, indem sie Samen verteilte und interessierte Pflanzer über die neuesten und erfolgversprechendsten Anbaumethoden unterrichtete. Sie hatte den Bau von Werften und Schiffen unterstützt und Fabriken gegründet, in denen Tierhäute gegerbt, Kerzen gezogen, Seide gesponnen und Leinen gewebt wurde. Sie hatte Spezialisten aus Frankreich ins Land gezogen, die einheimische Handwerker in der Kunst der Gobelin- und Spitzenherstellung und der Produktion feinen Porzellans unterwiesen.

Die Kaiserin hielt auch weiterhin an ihrer Meinung fest, daß Jungen und Mädchen von fünf Jahren an eine geregelte allgemeine Erziehung genießen sollten. Es gab verschiedene Schulbau-Projekte. Unter anderem hatte Katharina das Smolny-Institut gegründet, eine »Bildungsanstalt für adlige Fräulein« nach dem Vorbild jener Einrichtung, die Madame de Maintenon in Saint-Cyr gegründet hatte, und sie besuchte die Schule oft. (Diderot sah sie dort im Jahr der Bauernaufstände, wie sie lächelnd im Kreis der Schülerinnen stand, die sich um sie drängten, und sie voller Zärtlichkeit umarmte; der Anblick rührte ihn, wie er berichtete, zu Tränen.) Bücher waren noch immer eine Seltenheit in Rußland, wenn sie keine religiösen Themen behandelten. Katharina hatte sich sehr bemüht, das Lesen und das Lernen zu befördern. Die vierzigtausend Bände, die dank ihrer Unterstützung nun der Akademie der Wissenschaften gehörten, waren ihr ganzer Stolz. Sie gründete und förderte ein medizinisches Institut, das Ärzte und Apotheker ausbildete, und sie gab das erste russische amtliche Arzneibuch in Auftrag. Und sie tat, was in ihren Kräften stand, um der jungen Moskauer Universität auf die Beine zu helfen, die, noch keine zwanzig Jahre alt, durch die Unfähigkeit der Direktion und die Kenntnisarmut des nur wenige Mitglieder umfassenden Lehrkörpers immer mehr an Bedeutung verlor. Es gab bei weitem nicht genug Studenten, und nur eine Handvoll von ihnen hielt das Studium bis zum Abschluß durch.

In der Außenpolitik konnte Katharina ihre größten Erfolge verbuchen. Sie hatte nicht nur wichtige militärische Siege errungen, sondern konnte mit weit überzeugenderen und dauerhafteren Leistungen aufwarten, denn es war ihr gelungen, das Bild, das Europa sich bisher von ihrem Reich gemacht hatte, zu verändern: Einst war Rußland ein Hort der Barbarei und des Hinterwäldlertums gewesen, ein kulturell und geistig zurückgebliebenes Land, das auf der Bühne der Welt nur eine unbedeutende Rolle spielte. Jetzt aber war es eine starke Macht mit einer schlagkräftigen Armee; ein vielversprechendes Land, das geführt wurde von einer aufgeklärten Monarchin, die über erstaunliche Fähigkeiten verfügte, einer Philosophin auf dem Zarenthron.

Im Juli 1774 erfuhr Katharina zu ihrer größten Erleichterung, daß es ihren Abgesandten endlich gelungen war, mit den Türken Frieden zu schließen. Damit wurde der Schlußstrich unter ein langes und leidvolles Kapitel ihrer Herrschaft gezogen.

Wichtige Veränderungen vollzogen sich in der europäischen Politik. England war in die Kämpfe mit den rebellierenden Kolonien in Nordamerika verwickelt; Spanien lag danieder; in Frankreich war nach dem Tod Ludwigs XV. sein unsicherer und ungeschickter Enkel Ludwig XVI. an die Macht gekommen, Gemahl der jungen, schönen, aus Österreich stammenden Marie Antoinette; in Preußen regierte immer noch der alternde Friedrich II., doch seine Tage waren gezählt. Für Rußland war die Zeit gekommen, sich durch Annexion westlicher Gebiete auf Europa zuzubewegen.

Im Jahre 1772 hatten Katharina, Friedrich und der österreichische Mitregent Joseph II., Sohn der Kaiserin Maria Theresia, vereinbart, etwa ein Drittel des polnischen Königreichs unter sich aufzuteilen. Durch diese erste polnische Teilung gewann Rußland mit einem Federstrich riesige Gebiete im Westen und mehr als anderthalb Millionen neue Untertanen. Bald danach waren diese Gewinne an Land und Menschen noch einmal vergrößert worden. Rußlands Rolle bei der Zerstörung des von Unruhen erschütterten Königreichs Polen wurde von europäischen Beobachtern begrüßt; Katharina gewann dadurch an Prestige. Polen wurde von vielen als ein künstliches Staatsgebilde betrachtet, das nie zur Ruhe kam, weil eine katholische Tyrannenherrschaft jede Freiheit erstickte. Man glaubte, daß die Herrschaft Österreichs, Preußens und Rußlands zu einer wesentlichen Verbesserung der Lage beitragen würde. In Katharina sah man nicht die Unterdrückerin, sondern die Retterin Polens.

Sie hatte eine Menge erreicht, aber es mußte noch viel mehr getan werden. Mit Potemkin an ihrer Seite, als Gemahl, Partner, vielleicht auch bald Mitregent, würde sie alles schaffen, was sie sich vorgenommen hatte. Mit ihm zusammen lebten ihre großen Träume wieder auf.

Sie trafen sich gern im Dampfbad, wo sie im fast kochendheißen Wasser wie übermütige Delphine miteinander spielten. Beide hatten sich die Lust am kindlichen Spielen, am Planschen und Tauchen und Herumtollen bewahrt. Katharina lachte sich halb tot, wenn Potemkin die Höflinge, die sie beide kannten, nachmachte; vielleicht amüsierte sie ihn auch mit ihren Tierstimmenimitationen, die sie früher öfter zum besten gegeben hatte. Das kindliche Spiel war immer auch erotisch gefärbt. Welcher Genuß für eine mächtige Frau wie Katharina, sich einem so unendlich vertrauten und erfahrenen Liebhaber hinzugeben! Nacht für Nacht bot Potemkin ihr diesen Genuß. Nacht für Nacht trafen sie sich, liebten sich und redeten am Rand des dampfenden Wassers. Platten voller Fleisch, Früchte und Konfekt standen für sie bereit, Champagner und Wein perlte in herrlichen Pokalen, und sie schmausten und tranken nach Herzenslust.

Potemkin fühlte sich in seinem bestickten seidenen Kaftan am wohlsten. Gewiß lehrte er auch Katharina die Vorzüge solcher Kleidung, die, anders als die strengen höfischen Roben, ihrem Körper Freiheit ließen. Gewiß fiel es ihr nicht schwer, sich auf den weichen Diwanen, die er liebte, und in der von erregenden Düften geschwängerten Luft seiner privaten Gemächer von ihren anstrengenden politischen Geschäften zu entspannen.

Angesteckt von seiner exzessiven Sinnlichkeit, blühte ihr Körper auf. Sie war immer eine Frau gewesen, die mit beiden

Beinen auf der Erde stand, eine Frau, die aus ihren sexuellen Bedürfnissen keinen Hehl gemacht hatte, doch hatte sie diese Bedürfnisse zugunsten wichtiger politischer Forderungen immer zurückgestellt. Jetzt aber, zu einem Zeitpunkt, da die Symptome der Wechseljahre sie bedrängten, sie nachts schweißgebadet erwachte, Gelenkschmerzen sie plagten und die fliegende Hitze sie ganz plötzlich über und über rot werden ließ, jetzt erlaubte sie es sich, die Freuden der Wollust uneingeschränkt zu genießen. Die strenge Selbstdisziplin, die sie als Tochter eines preußischen Offiziers von früh auf geübt hatte, lockerte sich, und zusammen mit Potemkin konnte sie in stundenlangem süßem Nichtstun schwelgen. War sie nicht einst, zumindest für ihre Mutter, das häßliche Entlein gewesen? Nun wurde sie zum schönsten aller Schwäne. Potemkins Fürsorge, Potemkins erotische Künste machten eine liebreizende und jugendlich-zuversichtliche Frau aus ihr.

Ihr Zusammensein beinhaltete stets auch Gespräche und gemeinsame Überlegungen. Katharina plante, ein weiteres grundlegendes Dokument zu erstellen, so wichtig und weitreichend wie ihr Gesetzeskodex. Es sollte ein Werk zur Verbesserung der Provinzverwaltungen werden, das Korruption und Laxheit des gegenwärtigen Systems an den Pranger stellte und die Grundlage einer neuen, rationelleren Verwaltung bildete. Künftig sollte die Polizei überall die Ordnung aufrechterhalten; die lokalen Behörden sollten die Straßen in gutem Zustand halten, sie sollten Schulen, Gefängnisse und den Handel überwachen, für eine gerechte Justiz sorgen und mithelfen bei der Eintreibung der Steuern. Zur Vorbereitung auf diese Arbeit hatte Katharina sechs dicke Bücher des großen englischen Juristen Blackstone in einer französischen Übersetzung gelesen und sich detaillierte Notizen dazu gemacht. Mit Potemkin sprach sie über die Unterschiede zwischen den Ideen Blackstones und denen von Montesquieu und Diderot. Immer wieder beeindruckte er sie durch die Schnelligkeit, mit der er Gedanken auffassen, Nuancen erkennen und Unwesentliches beiseite schieben konnte. Ihre Zusammenarbeit, geistig und körperlich, wurde wahrhaft umfassend.

Anfang 1775 zog Katharina mit großem Gepränge in Moskau ein. Viele Monate offizieller Festlichkeiten anläßlich des Endes des Türkenkriegs und der Befreiung von der Bedrohung durch den Bauernaufstand sollten folgen. Ähnlich wie bei ihrer Krönung fuhr Katharina in prachtvollem Staat, im Schmuck unzähliger Diamanten und Edelsteine in einer goldenen Kutsche in die Stadt ein und lächelte und winkte der Menschenmenge zu, die sich in den Straßen drängte, um sie zu sehen. Mit einem Gefolge von Hunderten von Wachsoldaten und livrierten Dienern bewegte sich die kaiserliche Equipage langsam durch die riesigen, eigens zu diesem Anlaß errichteten Triumphbögen und vorbei an bunten lebenden Bildern, die die Besiegung der Muselmanen, die Vernichtung Pugatschows und die Wiederherstellung des Friedens und der rechten Ordnung im Allrussischen Kaiserreich darstellten.

Trotz bitterer Kälte waren Tausende von Menschen zusammengeströmt, um das Spektakel zu sehen. Sie stampften mit den Füßen, schlugen mit den Armen und ließen sich von den grimmig blickenden Gardesoldaten auch hin und wieder zu einigen dünnen Hochrufen hinreißen. Doch als Großfürst Paul einige Wochen später in der Stadt einfuhr, war die Menge größer, und die Hochrufe kamen aus heißeren Herzen. Er ritt an der Spitze seines Regiments, und er sah auf dem Rücken seines herrlichen Pferdes viel größer und majestätischer aus als bei Hofe. Die Moskowiter setzten all ihre Hoffnungen auf ihn, deshalb klatschten sie und riefen Segenswünsche, und sie hörten erst damit auf, als der letzte seiner Soldaten aus ihrem Blickfeld verschwunden war.

Katharina war sich des unterschiedlichen Empfangs für sie selbst und ihren Sohn wohl bewußt. Obwohl es sie keineswegs überraschte, ärgerte es sie doch, daß Paul soviel Herzlichkeit und Begeisterung erntete, um so mehr, als sie erfahren hatte, daß er mit offener Verachtung über Rußland und das russische Volk sprach. Andererseits waren die Moskowiter schon immer äußerst sonderbar in ihren Vorlieben und Abneigungen gewesen. Viele von ihnen hatten insgeheim Pugatschow unterstützt. Sie waren nicht nur sonderbar, sie waren undankbar, diese indolenten, dekadenten, vergnügungssüchtigen Moskowiter! Daß Katharina ihnen gegenüber Milde walten ließ, daß sie allen ehemaligen Rebellen Verzeihung gewährt hatte, daß sie die Wohltäterin ihrer Stadt war, die Salzsteuer gesenkt und dafür gesorgt hatte, daß die Brotpreise niedrig blieben – das alles schienen sie kaum zur Kenntnis zu nehmen. Jede Ankündigung ihrer kaiserlichen Wohltaten begrüßten sie nicht mit dankbaren Hochrufen, sondern mit argwöhnischem Gemurr.

Ein Gesandter beobachtete Katharina eines Tages, als sie, am Palastfenster stehend, die Verlesung eines von ihr verfaßten Erlasses an die Bürger Moskaus miterlebte. Sie sah, wie die Leute sich als Reaktion auf das Gehörte bekreuzigten, als ob sie ein Übel abwenden müßten, und sich dann zerstreuten.

»Welche Dummheit!« hörte der Gesandte die Kaiserin ausrufen.

Sie haßte den Golowin-Palast. Den riesigen hölzernen Kolomenskoje-Palast hatte sie ebenfalls gehaßt und ihn einige Jahre zuvor abreißen lasen. All die Zwiebelhauben und Zeltdächer der Altstadt mißfielen ihr aufs äußerste. Lieber wohnte sie in einem weitläufigen Anwesen in einiger Entfernung von der Stadt, das sie Zarizyno nannte. Hier empfing sie den Moskauer Adel und unterhielt ihn mit Diners und Bällen. Hier hielt sie hof.

Als sich ihr Geburtstag näherte, gegen Ende April, befahl sie ihren Dienern, einen ganz besonderen Ball mit abendlichem Diner vorzubereiten. Man erwartete mindestens fünftausend Gäste. Eßtische wurden aufgebaut und geschmückt, riesige Nahrungsmengen zubereitet. Zur festgesetzten Stunde erwartete Katharina, prächtig gekleidet an diesem ersten Tag ihres siebenundvierzigsten Lebensjahrs, die Gratulanten.

Da tröpfelten sie herein, ein Dutzend hier, ein Dutzend dort, ein spärliches Festtagsgrüppchen, das den in dünnem Strom vorfahrenden Karossen entstieg. Beobachter bemerkten, daß die Kaiserin »ihr Erstaunen nicht verbergen konnte« über die geringe Anzahl der Gäste. Tatsächlich war das Ganze von entsetzlicher Peinlichkeit. Die sonderbaren, grausamen Moskowiter hatten sich dazu entschlossen, sie zu beleidigen, indem sie ihrem Fest scharenweise fernblieben. »Sie sprach von der Leere der Räume in einer Weise, die verriet, wie sehr sie sich gedemütigt fühlte«, schrieb der britische Gesandte nach London. In St. Petersburg hätte sich Katharina an ihrem Geburtstag vor Gästen nicht retten können. Hier wurde sie geschnitten.

Dieser äußerst unangenehme Vorfall, der einer Zeit vieler Aufregungen und vielleicht zu vieler Nächte im Dampfbad auf dem Fuß folgte, machte Katharina krank. »Ich hatte Fieber und heftige Diarrhöe«, schrieb sie an ihre Freundin, Madame Bjelke, »wovon ich durch starkes Schröpfen geheilt wurde.« Der Höhepunkt der Friedensfeierlichkeiten, ein Volksfest für alle Bürger Moskaus, mußte wegen der Unpäßlichkeit der Kaiserin um mehr als eine Woche verschoben werden, doch als der Tag endlich kam, wurde den undankbaren Moskowitern etwas wahrhaft Spektakuläres geboten.

Auf einem offenen, etwa fünf Quadratkilometer großen Feld nicht allzuweit vom Roten Platz entfernt war die Volksbelustigung aufgebaut worden. Bratspieße drehten sich, Hähnchen wurden geröstet, und es gab genug Brotlaibe und Fässer voll eingelegten Gemüses, um hunderttausend Leute zwölf Stunden lang satt zu machen. Wein floß aus Brunnen, Bier und Kwaß gab es gratis. Musikanten spielten, Seiltänzer führten ihre halsbrecherischen Kunststücke vor, fliegende Händler verkauften billigen Schmuck, und in einem großen überdachten Theater wurden volkstümliche Stücke gespielt. Als es dunkel wurde, erleuchtete ein großes Feuerwerk den Himmel, und in den Buden und Ständen flackerten Kerzen. Auf dem ganzen Gelände, genannt das Schwarze Meer, waren Nachbildungen von Schiffen aufgebaut worden. Die Gebäude, die man errichtet hatte, trugen Namen von Städten oder Gebieten, die durch den Friedensvertrag an Rußland gefallen waren: Asow und Taganrog, Kertsch, Jenicale und Kinburn.

»Und alles ereignete sich bei schönstem Wetter«, schrieb Katharina an Voltaire, »ohne Zwischenfälle und in fröhlichster Stimmung, nicht der geringste Unfall hat dieses, ich darf sagen charmante Fest beeinträchtigt.« Und etwas wehmütig, denn sie wußte, wie alt Voltaire war, fügte sie hinzu: »Gern hätte ich mit Ihnen getanzt, und sicherlich hätte es Ihnen gefallen.«

Den größten Teil des Jahres blieb Katharina in Moskau, wo

sie sich in den Pausen zwischen den Sitzungen des Staatsrats hauptsächlich der Arbeit an ihrem monumentalen Werk zur Reform der Provinzverwaltung widmete. Sechs Sekretäre unterstützten sie, und sie unterhielt eine immer größer werdende Korrespondenz zum Thema. Sie wandte sich an die Gouverneure wichtiger Provinzen um Rat und Hilfe, und sie verließ sich auf die Unterstützung Potemkins, der durch seine wichtigen Hofämter rasch an politischer Erfahrung gewann. Immer wieder überarbeitete sie den langen Text, manche Stellen bis zu zehn- und zwölfmal. Es war eine schwierige Aufgabe, die Schärfe des Verstands, nüchternes Urteil und ein Gespür für das, was praktisch durchsetzbar war, verlangte. Letzteres besaß Katharina in immer reicherem Maß. Zu einem ihrer Sekretäre bemerkte sie einmal, daß es zur Ausarbeitung von neuen Gesetzen oder Verbesserungsmaßnahmen vor allem nötig sei, mit »Vorsicht und Umsicht« ans Werk zu gehen.

»Ich untersuche die Umstände, ich hole Rat ein, ich konsultiere den aufgeklärten Teil des Volkes«, sagte sie zu ihm, »und auf diese Weise finde ich heraus, welche Wirkung meine Gesetze haben werden. Und wenn ich im vorhinein der allgemeinen Unterstützung sicher bin, gebe ich meine Befehle und beobachte zu meinem Vergnügen, was Sie blinden Gehorsam nennen. Das ist die Grundlage unbegrenzter Macht.«

Das vollendete Werk, dem der Senat seine Unterstützung zugesagt hatte, setzte einen Prozeß langsamer, doch tiefgreifender Veränderungen in Gang. Die lokalen Verwaltungseinheiten, die zu groß, zu schwerfällig und unterbesetzt gewesen waren, wurden verkleinert und damit besser handhabbar gemacht. Die Beamten der Provinzbehörden mußten sich nun in stärkerem Maß vor der Kaiserin und ihren Stellvertretern in der Hauptstadt verantworten, so daß sie sich von den wechselnden Launen und Gelüsten des Provinzadels mehr und mehr unabhängig machen konnten. Büros der allgemeinen Wohlfahrt nahmen ihre Arbeit auf, die darin bestand, in den Provinzen Krankenhäuser und Schulen, Asyle und Armenhäuser zu errichten. Das dafür notwendige Geld stammte aus der Staatskasse in St. Petersburg. Neue Städte wurden gegründet und nach westeuropäischen Vorbildern im strengen Gittermuster angelegt. Durch den Bau dieser Städte sollte offenbar werden, daß Planung, ordentliche Ausführung und gezielte, systematische Arbeit ein verändertes Rußland schaffen konnten. Alles in allem bezeichneten Katharinas Reformen einen tiefgreifenden Wendepunkt in der lokalen Verwaltung. Die traditionelle Trägheit und Gleichgültigkeit machte einer Atmosphäre von Innovation und langsamer Besserung Platz. Obwohl sich noch viele Menschen gegen die Veränderungen sträubten, konnte doch kein Zweifel mehr daran bestehen, daß sie für das stagnierende, von tausend Sorgen geplagte Land wie ein frischer Wind wirkten.

Sorgen privater Art nagten gegen Ende ihres Moskauer Jahres an Katharina. Die »tiefe, aufrichtige und außerordentliche Liebe«, die sie mit Potemkin teilte, begann sich zu verändern. In zunehmendem Maße kam es zu Streitereien, Beschuldigungen, Abkühlung. Katharina war insgesamt eher ausgeglichen und nicht nachtragend, in persönlichen Beziehungen von überwältigender Großherzigkeit; sie neigte nicht dazu, Streit vom Zaun zu brechen, und wenn es doch zum Zwist kam, versuchte sie, ihn so schnell und schmerzlos wie möglich zu beenden.

Potemkin hingegen schwankte zwischen stumpfer Trägheit und unruhiger Nervosität. Auf kurzlebige Euphorien folgte unweigerlich der Rückfall in die Melancholie. Zu solchen Zeiten hatte er es sich zur Gewohnheit gemacht, sich tagelang einzuschließen und niemanden zu sehen, nicht einmal Katharina, die dann mit ihren Sorgen allein zurechtkommen mußte; wenn er aus der selbstgewählten Einsamkeit wieder auftauchte, quälte er sie mit Fragen über ihre früheren Beziehungen zu anderen Männern. Katharina tat, was in ihren Kräften stand, um ihn zu beruhigen, doch bald lebte seine alte Eifersucht wieder auf, und sie mußte mit ihren Beteuerungen von vorn anfangen. Er besaß die Gabe, dauernd Gelegenheiten zur Unzufriedenheit ausfindig zu machen. Es war entnervend.

»Du liebst es einfach zu streiten«, schrieb Katharina ermüdet an ihren Geliebten. »Ruhe ist etwas, was Deiner Natur zuwider ist.« Es gab immer wieder Zeiten, in denen die alte Leidenschaft zwischen ihnen aufflammte und aller Streit vergessen war, doch insgesamt nahmen die Komplikationen, Krisen und Konflikte zu. Vergeblich zählte ihm Katharina brav alle ihre früheren Affären auf: »Den ersten [Saltykow] nahm ich, weil ich nicht anders konnte, den vierten [Wassiltschikow] nahm ich aus Verzweiflung... Was die drei anderen betrifft [Peter III., Poniatowski und Orlow], so weiß Gott, daß ich sie nicht aus Lüsternheit nahm, denn dazu habe ich noch niemals Neigung verspürt.«

Vernünftig, ruhig und sanft sprach sie Potemkin zu – er aber verharrte in finsterem Brüten. Er konnte nicht stillsitzen, biß an seinen Nägeln und wollte sich nicht beruhigen lassen. Am Ende mußte sie einsehen, daß die Spannungen zwischen ihnen nie aufhören würden.

Die Probleme des Reichs wurden dabei nicht kleiner. Würde Katharina Potemkin jemals zu ihrem faktischen Mitregenten machen? Wenn ja – wie viele Anteile ihrer Macht würden an ihn übergehen? Wenn nein – würde sie sich seine Liebe erhalten?

Potemkin wußte sehr wohl, daß er seine Stellung einzig der Protektion der Kaiserin verdankte. »Ich bin das Werk Deiner Hände«, schrieb er ihr ganz offen. Doch sein Stolz mußte dagegen aufbegehrt haben. War er nicht der Mann, und war es nicht nur natürlich, daß der Mann in ihrer Partnerschaft dominierte? Und stellte ihr hohes Amt nicht ein Hindernis dar, sowohl für sein weiteres Vorwärtskommen wie für eine harmonische Beziehung zwischen ihnen? Ein französischer Diplomat, der Baron Corberon, der sich im Jahre 1775 am Hof aufhielt, erinnert sich an Potemkin als einen Mann, »aufgeblasen von Stolz und Egoismus«; sein »lebendiger, leichter und subtiler Geist« verschwinde hinter weit weniger anziehenden Eigenschaften: Wollust, Passivität und »asiatischer Weichheit«, schrieb Corberon.

Probleme von Dominanz und Autorität drängten sich zwischen Katharina und Potemkin und vergrößerten ihren Zwist, dessen erste Ursache in seiner Unsicherheit und in ihrer Unwilligkeit, sie hinzunehmen, lag. »Wir streiten immer über Macht, nie über Liebe«, schrieb Katharina in einer ihrer Botschaften an ihn. Sie sehnte sich nach Frieden, nach einem Ende dieser quälenden Ungewißheit, nach einem einzigen Tag »ohne Streitereien und Diskussionen«.

So konnte es nicht weitergehen. Nicht nur, weil ihre Kräche und Spannungen ihre Regierungsarbeit störten, sondern weil sich in zunehmendem Maß grundlegende Differenzen zwischen ihnen zeigten, die eine grundlegende Änderung ihrer Beziehung verlangten.

Für Katharina kam die Arbeit immer an erster Stelle; beim anspruchsvollen Geschäft des Regierens durfte es kein Nachlassen geben. Es beschäftigte sie, es gab ihrem Dasein den Sinn. Es war das, was sie konnte, was sie ihr »Handwerk« nannte. Dieser Arbeit zuliebe hatte sie ihrem Leben eine Ordnung gegeben, die es ihr erlaubte, jeden Morgen mit einem klaren Kopf und, wenn möglich, heiter und gelassen ihr Tagwerk zu beginnen. Sie ging gern früh zu Bett, las noch eine Weile oder machte Handarbeiten, um dann bald einzuschlafen. Sie brauchte und wünschte sich Liebe, doch sie würde es nicht zulassen, daß Liebe sie tyrannisierte und das Gleichgewicht ihres Lebens bedrohte – wenigstens nicht auf Dauer.

Potemkin war ein vollkommen anders gearteter Mensch. Er ließ sich nicht von der Arbeit beherrschen; Beobachter, die ihn flüchtig kennengelernt hatten, behaupteten sogar, er sei fast völlig unfähig zur Arbeit, da er viel zu gern auf seinen weichen Diwanen auf der faulen Haut liege. Wenn es darum ging, eine Arbeit anzufangen, fand er hundert Zerstreuungen und Vergnügungen, die Vorrang hatten.

In Wahrheit leistete er sehr viel, doch er arbeitete immer nur in kurzen Ausbrüchen eines ungeheuerlichen Tatendrangs, denen lange, meditative, tranceähnliche Ruhephasen folgten. Er war in allem maßlos. Wie er endlose Nächte lang nur trinken und lieben konnte, so neigte er auch zu tiefsinnigen religiösen Grübeleien während langer Perioden träumerischer Abwesenheit, die dann wieder von plötzlichen manischen Phasen abgelöst wurden. Die geordnete Häuslichkeit, die Katharina so sehr brauchte, langweilte ihn, wie jede Art von Gewohnheit und Routine ihm zuwider war. Und so kam es, daß er nach zwei Jahren, in denen er mit Katharina das Bett geteilt hatte, seine Aufmerksamkeit auch anderen Frauen wieder zuwandte, woraus sich die eine oder andere Affäre entspann.

Doch das Gefühl, das er mit Katharina teilte, ihre einzigartige Leidenschaft, wurde davon nicht beeinträchtigt, und in den Pausen zwischen ihren Streitereien und den Perioden der Entfremdung genossen sie wie früher ihre geistige Übereinstimmung, die Gespräche über ihre gemeinsamen Vorhaben und Ziele. Sie war noch immer seine »kleine Frau«, er ihr »geliebter Gemahl«. Politisch strebte Potemkin nach mehr Macht; und Katharina, die sich trotz aller Turbulenzen über seine außerordentlichen Fähigkeiten stets sehr genau im klaren war, wollte soviel Macht an ihn delegieren, wie sie es in diesem Augenblick nur wagen konnte.

Im Winter 1775/76 kamen sie zu einer einvernehmlichen Regelung. Potemkin würde die Liebe der Kaiserin behalten, und er sollte ihr erster Stellvertreter im Regierungsamt werden. Aber ein anderer – ein junger, gutaussehender Mann, den Katharina nach ihren Wünschen formen konnte – würde Potemkin im kaiserlichen Schlafzimmer vertreten. Um Potemkin das Arrangement zu versüßen, durfte er bei der Auswahl des jungen Mannes behilflich sein.

Es war ein bizarres, vielleicht nie dagewesenes Arrangement, eine höchst eigenwillige Variante der klassischen *ménage à trois*. Am Hof gab es wenige, die Verständnis dafür aufbrachten; und es sollte bald zu einer Lawine der Entrüstung kommen.

Am 2. Januar 1776 zog der hübsche junge Privatsekretär der Kaiserin, der Pole Sawadowski, in die Suite des Favoriten ein, die vor ihm von Orlow, Wassiltschikow und Potemkin bewohnt worden war.

Gleich darauf kam es zu einer fast spürbaren Welle der Befürchtungen am Hof. Diener und Höflinge trafen ihre Vorbereitungen, um sich mit Sawadowski gut zu stellen. Man glaubte, Potemkin sei in Ungnade gefallen. Doch genauere Beobachtung zeigte, daß das keineswegs der Fall war. Er hatte die Favoritensuite nur halbherzig geräumt; und obwohl Katharina ihm das wunderschön erneuerte Anitschkow-Palais geschenkt hatte, zog er es vor, in ihrer Nähe zu wohnen, entweder im kaiserlichen Palast selbst oder in einem Haus in unmittelbarer Nähe.

Im März 1775 teilte Katharina dem Hof mit, daß Potemkin von nun an den fürstlichen Titel Seine Durchlaucht führe. An Sawadowskis Stellung als kaiserlichem Liebhaber änderte sich nichts, aber Potemkin, das wurde allen klar, blieb ihr Herr und Meister, ihr Stecken und ihr Stab, den sie zum Regieren brauchte. Mit der neuen Ordnung hatte sich der Hof abzufinden.

Zu dieser Zeit erfuhr Katharina, daß die Großfürstin Natalja schwanger war. Katharina hatte ihre Schwiegertochter als eine vitale, frische und bezaubernde junge Frau kennengelernt, doch es hatte sich herausgestellt, daß ihr erstes Urteil nicht der Wahrheit entsprach. Natalja erwies sich als unbeständig, oberflächlich und eitel, und mit ihrer Intelligenz war es nicht weit her. Sie »liebte in allem das Extreme«, wie Katharina an Grimm schrieb, und sie hatte sich bis über beide Ohren in Andrej Rasumowski, einen Vertrauten des Großfürsten, verliebt. Paul ahnte nichts von der Untreue seiner Frau, doch der ganze Hof wußte von ihrer Liaison, und bei der Bekanntgabe ihrer Schwangerschaft wurde so mancher bedeutungsvolle Blick gewechselt.

In jedem Fall würde das Kind, das Natalja unter dem Herzen trug – falls es ein Sohn wäre, wie jedermann hoffte –, nach Paul der nächste Thronanwärter sein. Die Kontinuität der kaiserlichen Linie hing von der Geburt eines gesunden Erben ab.

Am Morgen des 10. April 1776 schickte Paul einen Diener zu seiner Mutter, der die Nachricht überbrachte, daß bei Natalja die Wehen eingesetzt hatten. Die betagte Gräfin Rumjanzowa, die während ihrer sechs Jahrzehnte am kaiserlichen Hof bei Hunderten von Geburten geholfen hatte, war anwesend, und falls ihre traditionellen Hebammenkünste versagen sollten, so gab es noch eine Reihe von Ärzten, die sich für den Notfall bereit hielten.

Vormittags versammelten sich die Höflinge in Erwartung der freudigen Nachricht grüppchenweise vor Nataljas Zimmer. Es wurde Mittag, es wurde Nachmittag. Ab und zu hörte man schnelle Schritte, die den Raum durchquerten, aber die Tür öffnete sich nicht, und es erscholl keine Stimme, die die

Geburt eines Prinzen verkündete. Den ganzen Abend hindurch hielten die Höflinge im Vorraum aus; gegen Mitternacht zogen sie sich zurück – immer noch in der Erwartung, bald von der Nachricht der glücklichen Entbindung geweckt zu werden.

Die Kaiserin besuchte ihre Schwiegertochter zu wiederholten Malen während dieses langen Sonntags. Sie sah nach dem Rechten, sprach mit der Gräfin Rumjanzowa. Sicher erinnerte sie sich an die entsetzlichen Umstände ihrer eigenen ersten Niederkunft, wie man sie so sehr vernachlässigt und allein gelassen hatte, daß sie fast daran gestorben wäre, und wie lange die Stunden ihrer Schmerzen gewesen waren. Sie sorgte dafür, daß Natalja alles hatte, was sie brauchte.

Am folgenden Morgen kam Katharina wieder. Natalja war völlig erschöpft, aber noch immer nicht von ihrer Last befreit, und die Gräfin zeigte sich besorgt. Die Kaiserin ließ zwei deutsche Geburtshelfer holen, ausgebildete Ärzte, die Natalja untersuchten, doch ihre lange Konsultation führte zu nichts. Es gab Chirurgen, die bereit waren, den Bauch der Großfürstin aufzuschneiden – eine gefährliche Operation, die möglicherweise das Kind rettete, allerdings auf Kosten des Lebens der Mutter. Man entschied sich gegen die Operation.

Es war eine verhängnisvolle Entscheidung. Katharina befand sich nun dauernd an der Seite der Gebärenden, die tapfer weiterkämpfte, doch die notwendige Kraft zur Austreibung des Kindes nicht mehr aufbringen konnte. Nataljas durchdringende Schreie wurden immer verzweifelter und kläglicher, bis sie am Ende nur noch leise wimmerte. Ihr tränenüberströmtes Gesicht war kalkweiß. Achtundvierzig Stunden lang hatten die Wehen jetzt schon gedauert. Weitere Ärzte wurden geholt; aber die Gräfin Rumjanzowa, abgekämpft und erschöpft auch sie, nahm die Kaiserin beiseite und sagte ihr, daß sie fürchte, weder Natalja noch das Kind seien zu retten. Die Ärzte stimmten ihr zu. Sie spürten keine Bewegung mehr im Bauch und mußten annehmen, daß das Kind bereits tot war.

Aber dies war ein kaiserliches Kind, und man durfte keine Anstrengung scheuen, ihm doch noch zum Leben zu verhelfen. Die Ärzte konnten sich irren! Katharina, die in diesen zwei Tagen sehr wenig geschlafen hatte und wie die Gebärende selbst unter starken Rückenschmerzen litt, konnte sich von den tragischen Ereignissen kaum noch distanzieren.

»Nie im Leben befand ich mich in einer schwierigeren, häßlicheren, schmerzvolleren Situation«, schrieb sie später an Grimm. »Ich vergaß zu trinken, zu essen und zu schlafen, aber irgendwie hielt ich mich auf den Beinen.« Es war grauenhaft, danebenstehen zu müssen und in hilfloser Trauer mit anzusehen, wie sich Natalja, von fürchterlichen Schmerzen gepeinigt, langsam dem Tod näherte. Insgesamt vierzehn Ärzte, Chirurgen und Hebammen mitsamt einem Stab von Mitarbeitern und Dienern waren aufgeboten worden, aber sie konnten nichts oder nur sehr wenig tun.

Natalja brauchte fünf lange Tage, um zu sterben. Als sie endlich ihr Leben aushauchte, starb auch etwas im Innern der Kaiserin.

»Ich wurde zu Stein«, schrieb sie.

Die Leiche wurde geöffnet, und man fand einen sehr großen, »vollkommen ausgebildeten« männlichen Embryo. Seine Größe war daran schuld, daß die Großfürstin, die unter einer Wirbelsäulenverkrümmung gelitten hatte, ihn nicht hatte zur Welt bringen können. Jeder war von dieser schrecklichen Tragödie erschüttert, jeder enttäuscht darüber, daß die Thronfolge nun weiterhin ungesichert blieb. Paul brach in verzweifelte Wut aus, zertrümmerte Spiegel, brach Stühle entzwei und drohte, sich selbst zu töten. Katharina machte einen unglückseligen Versuch, sein seelisches Gleichgewicht wiederherzustellen, indem sie dafür sorgte, daß er von der Untreue seiner verstorbenen Frau erfuhr, was seine wütende Verzweiflung nur noch größer machte und außerdem zu gesteigertem Haß auf seine Mutter führte.

Man traf die Vorbereitungen für das Begräbnis der Großfürstin im Alexander-Newski-Kloster. Der gesamte Hof befand sich in tiefer Trauer, und Katharina selbst verbrachte einen schwermütigen siebenundvierzigsten Geburtstag. Doch ganz allmählich kehrte ihre unzerstörbare Tatkraft zurück. Auf das Beileidsschreiben Grimms antwortete sie einige Zeit später: »Gegen dieses traurige Ereignis gibt es jetzt kein Hilfsmittel mehr, die Toten sind tot, man muß an die Lebenden denken.«

Kapitel Fünfundzwanzig

Im Alter von fünfzig Jahren setzte Katharina die westliche Welt in Erstaunen. Die unscheinbare Tochter eines unbedeutenden Fürsten war zur Herrscherin eines riesigen Reichs aufgestiegen, das sich von der Ostsee bis nach Sibirien erstreckte. Zahllose Errungenschaften verdankte man ihr. Sie war erfolgreiche Kriegsherrin und Friedensstifterin, Gesetzgeberin, Beschützerin der Künste, Leuchtfeuer der Aufklärung in einem stagnierenden, zurückgebliebenen Land. In ganz Europa sang man ihr Loblied; wo immer sich gebildete Leute versammelten, wurde ihr Name genannt. Und wenn sich einst dunkle Gerüchte um sie gerankt hatten – daß sie den Tod ihres Gemahls veranlaßt habe, um an die Macht zu kommen –, so waren sie im Laufe ihrer langen, wohltätigen Herrschaft fast vollständig in Vergessenheit geraten.

Der Fürst von Ligne, ein österreichischer Gesandter von außerordentlicher Empfindsamkeit, der im Zuge der zwischen Rußland und Österreich vereinbarten engen militärischen Zusammenarbeit nach St. Petersburg gekommen war, lernte die Kaiserin in dieser Zeit gut kennen. »Ihr Gesicht verriet Genie, Gerechtigkeit, Mut, Tiefe, Gelassenheit, Freundlichkeit, Ruhe und Entschlossenheit«, schrieb er. »Aufrichtigkeit und Fröhlichkeit zierten ihre Lippen«, fügte er hinzu. »Man bemerkte kaum, wie klein an Gestalt sie war.«

Wenn Katharina dem Fürsten von Ligne klein vorkam, so lag dies möglicherweise auch an ihrer zunehmenden Leibesfülle. Grauhaarig und plump, mit streng aus der Stirn gekämmtem und zu einem schweren Knoten geschlungenem Haar, gab Katharina das Bild einer nüchternen, pragmatischen und vernünftigen Herrscherin ab. Ihr Staatskleid war elegant, aber schlicht; westeuropäischen Besuchern schien es oft allzu schmucklos. Zur selben Zeit verbrachten Frauen am französischen Hof viele Stunden täglich damit, sich in die prächtigsten, phantastischsten Gewänder einzuschnüren und ihr Haar zu halbmeterhohen Lockenfrisuren auftürmen zu lassen.

Der Marquis de Corberon, der sich über Katharina klarzuwerden versuchte, gestand, daß sie ihn verblüffte. Er erkannte ihre Größe, doch es gelang ihm nicht, sich ihre Widersprüchlichkeit zu erklären, jene »unerhörte Mischung von Mut und Schwäche, Kenntnisreichtum und Unfähigkeit, Entschlossenheit und Schwanken. Immer springt sie von einem Extrem zum anderen«, schrieb er, »und zeigt dem Beobachter tausend verschiedene Facetten einer einzigen Person, so daß jener, in Verwirrung gestürzt von der Anstrengung, ihr Wesen zu ergründen, sie am Ende eher zu den führenden Schauspielerinnen als zu den großen Herrschern der Welt zählen würde.«

Die Verblüffung Corberons entstammt zum Teil seiner eigenen Unfähigkeit, Katharinas menschliche Seiten mit ihrer Majestät und enormen Schaffenskraft zu versöhnen; andererseits aber war Katharina tatsächlich eine sehr vielschichtige und wechselhafte Persönlichkeit, die sich von einem Augenblick zum nächsten von der hoheitsvollen Monarchin in eine liebenswürdige, ungezwungen plaudernde Gastgeberin verwandeln konnte. Jede Pose war ihr schon immer zuwider gewesen. Ihre Natürlichkeit und Offenherzigkeit aber ließ sie in diesem Zeitalter der Künstlichkeit zu einer außerordentlichen Gestalt werden. Sie machte sich gar nicht erst die Mühe, ihre vielen Gesichter zu verbergen (nur wenn dieses Gesicht von Tränen überströmt war, wollte sie es verstecken – und hatte nicht immer Erfolg damit). Wie ihre Freundin und Briefpartnerin, Madame Bjelke, schrieb, »gab Katharina mit der einen Hand Gesetze, während sie mit der anderen die Sticknadel führte«.

Katharinas Ruf litt erheblich, als Sawadowski zum offiziellen Favoriten ernannt wurde, während Potemkin seine Machtstellung behielt und weiterhin mit Geschenken überhäuft wurde. Selbsternannte Tugendrichter spotteten, klatschten und tratschten wie nie zuvor. Aber auch diejenigen, die das Auf und Ab in Katharinas Privatleben nicht aus moralischen, sondern aus politischen Gründen interessierte, befürchteten Schlimmes. Als Herrscherin war die Kaiserin in ihren Neigungen keinesfalls frei; sie mußte immer auf die Ehre ihres hohen Amtes bedacht sein. Nun aber zog sie diese Ehre in den Schmutz.

Sir James Harris, der britische Gesandte in dieser Zeit, der verbittert war, weil es ihm nicht gelang, den Beistand Rußlands im Kampf Englands gegen die amerikanischen Kolonisten zu gewinnen, sandte ein sehr wenig schmeichelhaftes Porträt Katharinas an seine Vorgesetzten in London. Laut Harris hatte sich die Kaiserin vor kurzem gewandelt, und zwar zum Schlechteren. In den ersten sieben oder acht Jahren ihrer Herrschaft, schrieb Harris, habe sie gerecht und voller Würde regiert. In den letzten Jahren jedoch habe sie sich zu sehr von dem Preußenkönig Friedrich beeinflussen lassen. Sie sei zynisch geworden, habe ihren moralischen Kompaß verloren. Das Schlimmste aber sei, daß ihr unseliger »Hang zur Sinnlichkeit« sich immer deutlicher zeige; es sei zu Exzessen gekommen, »die jede weibliche Person herabwürdigt, in welcher Sphäre auch immer sie leben mag«.

Katharinas Bruch mit Grigori Orlow war nach Harris' Meinung ein großer Fehler, denn Orlow sei, wenn auch nicht glänzend, so doch »ein Mann von Integrität und vollkommener Aufrichtigkeit«. Orlow habe der Kaiserin niemals geschmeichelt. Nach seinem Sturz aber hätten sich Schmeichler um sie versammelt, die sie verdarben; ihre Schönrednerei habe auf ihr Urteil abgefärbt. Ihre »unwürdigen Neigungen« nähmen überhand, und sie überlasse sich ihnen willig.

»Der Hof«, schrieb Harris, »über den sie mit schöner Würde und gebührendem Anstand herrschte, ist herabgesunken zu einem Schauplatz von Verderbtheit, Unzucht und Dekadenz. Dieser Umschwung hat sich sehr rasch vollzogen, so daß ich sagen kann, daß in der kurzen Zeit, die ich nun in diesem Land verbracht habe, eine wahre Revolution der Sitten und Gewohnheiten unter den Höflingen stattfand.«

Nur ein Wunder könne die Kaiserin aus diesen unglücklichen Umständen erretten, fügte Harris hinzu. Allerdings scheine es wenig wahrscheinlich, daß sich in ihrem Alter noch einmal ein Wunder ereigne. Harris glaubte, daß hinter all diesen Vorgängen Potemkin stecke. Er beherrsche Katharina. Skrupellos mache er von dem, was er über Katharinas Schwächen und Begehrlichkeiten wisse, Gebrauch, um seine ungesunde Herrschaft über sie zu befestigen. Er erschrecke sie, indem er ihr erzähle, ihr Sohn plane, sie vom Thron zu stürzen. Er bringe sie gegen die Orlows auf, die zwanzig Jahre lang ihre verläßlichsten Verbündeten gewesen waren, indem er ihr erzähle, daß Alexej hinter ihrem Rücken gemeinsam mit dem Großfürsten Paul den Umsturz plane, und indem er die Heirat des kränkelnden Grigori mit seiner kindlichen Geliebten ins Lächerliche ziehe.

Wenn man den Schreiben der ausländischen Gesandten Glauben schenken darf, so befand sich der kaiserliche Hof wirklich in einem beklagenswerten Zustand. Doch Katharina überstand all die Anwürfe und den Hohn ihrer Gegner mit größter Gelassenheit. Der Fürst von Ligne hatte ihr den Beinamen »die Unerschütterliche« gegeben. Er hatte recht, sie war tatsächlich unerschütterlich; es gelang ihr meistens bemerkenswert gut, das Gleichgewicht in ihrem Leben aufrechtzuerhalten. Sie arbeitete und erholte sich durch lange Spaziergänge; wenn es möglich war, ging sie auf die Jagd; und sie amüsierte sich im Kreis ihrer Freunde und Vertrauten, wie sie es immer getan hatte.

In den späten siebziger Jahren gab es in rascher Folge immer neue Favoriten. Der zurückhaltende Sawadowski, der sich in seine kaiserliche Mätresse verliebt hatte und sehr litt, als er in Ungnade fiel, wurde von dem tollkühnen Husaren Simon Soritsch abgelöst, einem großen, gutaussehenden, schnurrbärtigen Mann, der eine Schwäche für das Glücksspiel hatte und sich als wenig vertrauenswürdig erwies, wenn es um Geld ging (Katharina gestand in einem Brief, daß sie immer erwartete, daß er in »dunkle Geschäfte« verwickelt sei). Er machte den

Fehler, mit Potemkin zu streiten, was dazu führte, daß er schon nach elf Monaten seinen Hut nehmen mußte. Sein Nachfolger Iwan Rimski-Korsakow, ein Dandy, der gern mit Diamanten bestickte Anzüge trug, erhielt von Katharina den Namen Pyrrhus, König von Epirus, wegen seines schönen griechischen Profils. Er hinterging die Kaiserin, indem er sich mit der Gräfin Bruce einließ, und verließ nach etwas über einem Jahr den Hof.

Keines dieser Verhältnisse vermochte Katharinas Bedürfnis nach Romantik und sexueller Zerstreuung auf Dauer zu befriedigen. Sawadowski war ihr zu eifersüchtig gewesen und hatte zu viele Forderungen gestellt. Anfangs stillte er den Hunger ihres Herzens und ihrer Seele, wie sie ihm schrieb, doch später führten sein kindliches Betragen, seine Weinkrämpfe und sein ständiges Beleidigtsein zum Bruch – obwohl der Untröstliche ihr weiterhin auf mehreren offiziellen Posten zu Diensten war. Weder mit Soritsch noch mit Rimski-Korsakow hielt sie es wesentlich länger aus als mit Sawadowski. Nach drei Jahren jener seltsamen, mit Potemkin vereinbarten *ménage à trois* muß sich der kaiserliche Gefühlshaushalt in Aufruhr befunden haben.

Schon früh hatte Katharina sich selbst erkannt als eine Frau, deren Herz nicht eine einzige Stunde ohne Liebe sein konnte, und doch hatte sie bis jetzt keinen Weg gefunden, sich diese Liebe zu sichern, ohne entweder ihre Macht oder die wahre Erfüllung dabei zu opfern. Kurzzeitige sexuelle Affären brachten neben dem Vergnügen immer auch Schmerz; ihre Liebhaber erwiesen sich als wenig vertrauenswürdig oder verräterisch, die Verhältnisse selbst als oberflächlich und schal. Dazu kam, daß Katharina Potemkins Eifersucht noch immer zu fürchten hatte. Es konnte jeden Augenblick passieren, daß er sich einmischte und einen Mann, den er als ernsthaften Rivalen betrachtete, einfach hinauswarf.

So machte sie weiter, liebte Potemkin und verließ sich auf ihn und hoffte gleichzeitig, einen Mann zu finden, in den sie sich noch einmal verlieben konnte, einen Seelengefährten und Gehilfen, jemanden, der ihr auf romantische Weise zugetan wäre und mit dem sie gleichzeitig ihre aufreibenden Pflichten teilen konnte. 1779 glaubte sie, diesen Mann gefunden zu haben. Es war Alexander Lanskoi, ein dreiundzwanzigjähriger Hauptmann der berittenen Garde, der kaiserlichen Leibwache.

Alle Männer der berittenen Garde sahen außerordentlich gut aus, und Lanskoi war keine Ausnahme. In seiner prächtigen Hofuniform machte der großgewachsene junge Mann mit den weichen Gesichtszügen eine so gute Figur, daß er den Blick der Kaiserin auf sich zog und ihre Hoffnung auf Trost und Liebe erneuerte. Endlich hatte sie wieder einen passenden Partner gefunden. »Stütze meines Alters« nannte sie ihn hoffnungsvoll in einem Brief an Grimm.

Nichts war gut genug für ihren Saschinka, wie sie ihn nannte. Sie überschüttete ihn mit juwelenbesetzten Degen und kostbaren, goldenen und silbernen Anzügen, schenkte ihm Höfe und Häuser, eine Bibliothek, Bilder, Gobelins und Kunstgegenstände im Wert von Millionen von Rubeln. Im Lauf der Zeit, so hoffte sie, würde sie ihm auch Regierungsaufgaben übertragen. Sie würde alt werden, während er immer reifer und verständiger würde. Sie würden ein ideales Paar bilden, zu ihrer eigenen Freude und zum Nutzen Rußlands.

Katharina unterstützte und schulte Lanskoi, unterwies ihn in der Dichtung – er besaß poetische Begabung und schrieb bald selbst Gedichte –, in Geschichte und in den schönen Künsten, weckte die Liebe zur Musik in ihm und wählte seine Lektüre aus. Ihr Verhältnis war vielschichtig. Sie hätte seine Mutter sein können, und sie verhielt sich wie eine Mutter zu ihm; er sah fast wie ein Sohn zu ihr auf. Sie war aber auch seine Lehrerin und er ihr eifriger Schüler, der sich in seinen Kenntnissen und Neigungen stürmisch entwickelte. Es gab einen märchenhaften Aspekt in ihrer Beziehung, denn er war ein sehr armer, aus den polnischen Provinzen stammender Mann, dessen kometenhafter Aufstieg ihn selbst schwindeln machte. Und es gab – unter den Augen Potemkins – Zärtlichkeit, Verliebtheit und wahres Vertrauen.

Aber von der Vielschichtigkeit dieser Beziehung bemerkte man bei Hofe nichts. In den Augen der Höflinge, der durchreisenden Würdenträger und Gesandten der europäischen Höfe war die russische Kaiserin endgültig zu einer hemmungslosen Nymphomanin geworden.

Immer neue, einander übertreffende Sensationsmeldungen und wilde Gerüchte machten die Runde. Es hieß, daß Katharina außer ihren offiziellen Favoriten noch viele andere Männer aushielt, mit denen sie sich immer nur ein paar Nächte lang vergnügte. Es hieß, daß die Gräfin Bruce, Katharinas Freundin, jeden als Liebhaber in Frage kommenden Mann in ihrem Bett testete, bevor die Kaiserin selbst sich mit ihm abgab. Über Potemkin waren fast genauso viele reißerische Geschichten im Umlauf. Es hieß, er liefere der unersättlichen Kaiserin Nachschub an jungem Fleisch, ermutige sie zu immer neuen Ausschweifungen und profitiere von ihrer Verderbtheit, da nicht nur sie, sondern auch die auserwählten Männer ihn gut bezahlten. Es hieß, er habe Grigori Orlow zu vergiften versucht. Es hieß, er sei auf Sawadowski dermaßen eifersüchtig gewesen, daß er der Kaiserin einmal mit einem schweren Leuchter aus Metall auf den Kopf geschlagen habe. Es hieß, er sei sogar noch verkommener und verderbter als Katharina.

Der gute Ruf als weise Herrscherin, Aufklärerin und Förderin von Kunst und Wissenschaft, den sich die Kaiserin in Westeuropa erworben hatte, litt unter diesen Vorwürfen und Gerüchten über ihre amoralische Lebensführung. Die prüderen unter den Herrschern des Westens fühlten sich abgestoßen und beleidigt von dem, was sie aus Rußland hörten. Der englische König Georg III., ein äußerst respektabler Mann, Ehemann und Vater einer großen Kinderschar, verweigerte Potemkin den Hosenbandorden, um den Katharina ihn gebeten hatte. Er sei »schockiert« von einem solchen Ansinnen, bemerkte sein Gesandter. Die österreichische Kaiserin Maria Theresia, ebenfalls von bürgerlicher Wohlanständigkeit, war eine militante Moralistin. Sie hatte in ihrem Reich ein Korps von Keuschheitskommissaren eingesetzt und hatte vor, ihren ganzen Hof vollständig von der Sünde des Ehebruchs zu reinigen (eine unmögliche Aufgabe, die der Säuberung des Augiasstalls gleichkam und Maria Theresia in Katharinas Augen lächerlich erscheinen ließ; sie nannte sie nur die »heilige Theresia« oder die »Betschwester«). Man konnte Maria Theresia kaum dazu bringen, auch nur den Namen ihrer sittlich so tief gesunkenen russischen Kollegin auszusprechen, sie nannte Katharina nur »diese Frau«. Andere Herrscher äußerten sich im gleichen Sinn. Im besten Fall bemerkten sie, daß Katharinas Verhalten nicht zu ihrem hohen Amt passe. Ganz besonders abstoßend fanden sie es, daß sie als Frau sich dieses Verhalten leistete.

Bei Hofe fürchtete man außerdem, daß Katharina sich wie ihre Vorgängerin, die Kaiserin Elisabeth in ihrem letzten Lebensjahrzehnt, zu einer zunehmend launischen und irrationalen Persönlichkeit entwickeln würde. Es waren unaufhörliche Spekulationen über den gegenwärtigen Favoriten und seine möglichen Nachfolger im Gang. Familien versuchten auf mehr oder weniger subtile Weise, Katharina ihre am besten geratenen männlichen Mitglieder zuzuführen. Grigori Orlow schlug der Fürstin Daschkowa – die vor kurzem in den Kreis der engsten Vertrauten der Katharina zurückgekehrt war – vor, ihren attraktiven Sohn auf eine Günstlingskarriere vorzubereiten. Die Fürstin winkte ab, doch viele andere Mütter hofften, daß ein gutaussehender Sohn die Aufmerksamkeit der Kaiserin erringen würde, und sei es nur ein paar Nächte lang, denn als Belohnung solcher Nächte winkten Reichtum und Einfluß.

Bei Hofe herrschte ein Klima, das für einen Staatsstreich wie geschaffen war. Nervös beobachtete man jede Bewegung des Großfürsten Paul und mit noch größerer Aufmerksamkeit die Handlungen Potemkins, dessen militärischer Einfluß zunehmend größer geworden war und der im Jahre 1780 das Kommando über Tausende von Soldaten führte. Man wartete darauf, daß entweder er oder Paul oder beide zusammen nach der Macht griffen.

In Wahrheit aber hatte »die Unerschütterliche« die Zügel fest in der Hand. Obwohl sie zweifellos wußte, was hinter ihrem Rücken über sie geredet wurde, und sie dieses Wissen bestimmt nicht glücklich machte, lebte sie doch weiter so, wie es ihren Bedürfnissen entsprach, und genoß ihre glückliche Beziehung mit Alexander Lanskoi. Als sie in ihr sechstes Lebensjahrzehnt eintrat, standen ihr neue Herausforderungen bevor. Sie sammelte ihre Kräfte für die ehrgeizigste Unternehmung in ihrer ganzen erstaunlichen Laufbahn.

Wie sie einem Besucher anvertraute, hatte sie sich dazu entschlossen, die Türken aus Europa zu verjagen und sich selbst in Byzanz auf den Thron zu setzen.

Potemkin machte sich mit Feuereifer ans Werk, um den großen Plan seiner kaiserlichen Geliebten in die Tat umzusetzen. Eine große Armee und reichliche Mittel standen zu seiner Verfügung. Er bewog Kolonisten dazu, im Süden des Russischen Reichs zu siedeln, und er baute neue Städte, die als Verwaltungszentren und Garnisonen die Speerspitze der vorrückenden russischen Macht bildeten. Und er wartete nur auf Katharinas Zeichen, um auf der Halbinsel Krim einzumarschieren, die bis jetzt nominell sowohl von Rußland wie vom Ottomanischen Reich unabhängig gewesen war, in Wahrheit aber von einem auf russische Unterstützung angewiesenen Marionettenkhan regiert wurde.

Bis es soweit war, mußte sich Katharina noch mit der anderen großen Macht in der Region arrangieren: Österreich. Sie wandte sich an den Kaiser Joseph II., Maria Theresias Sohn und Mitregenten, und schlug ihm ein Treffen vor, auf dem Probleme von beiderseitigem Interesse diskutiert werden sollten. Das war ein kühner Vorschlag, der zeigte, daß Katharina die außenpolitischen Angelegenheiten zu einem Großteil in ihre eigenen Hände genommen hatte. Sie baute nicht mehr auf Panin als ihren Ratgeber, sondern entschied allein über das, was erreicht werden sollte, sowie über die anzuwendenden diplomatischen Strategien. Sie fragte Potemkin und ihren Sekretär, den Grafen Besborodko, nach ihrer Meinung, doch ihr eigener Wille und ihre Autorität waren letzten Endes allein ausschlaggebend. Sie las jede diplomatische Depesche, jeden Brief, hatte bei jeder wichtigen Staatsratssitzung den Vorsitz. Sie fällte alle wichtigen Entscheidungen, sie bestimmte die Richtung, sie hielt die Zügel in der Hand.

Allerdings nur in der rechten Hand. Ihre linke war von wiederholten Rheumaanfällen zu schwach und zu zart geworden für dieses Geschäft. Sie mußte sie dick einwickeln, als sie im kühlen Frühsommer des Jahres 1780 zu einer einmonatigen Reise durch die neugestalteten westlichen Provinzen ihres Reichs aufbrach. Begierig wartete sie darauf zu erfahren, wie sich ihre Anweisungen in der Praxis bewährten, und sandte

Beauftragte aus, die im voraus erkunden sollten, wie es in den Städten, die sie besuchen wollte, um die Schulen, die Krankenpflege und die Verwaltungseinrichtungen stand. Bei der Ankunft erwartete sie detaillierte Berichte über alles, was sie interessierte.

Der Regen störte die feierlichen Zeremonien, die man überall in den Provinzen zu ihrem Empfang vorbereitet hatte. Die Fahrwege versanken in knietiefem Schlamm, und über die gepflasterten städtischen Straßen und farbenfroh dekorierten Plätze rannen schmutzige Bäche. Paraden verschwanden hinter tropfenden Regenschleiern; Würdenträger mit feuchten Kleidern hielten auf regenglänzenden Podien ihre Reden; verlorene Musikanten spielten ihre Weisen, denen niemand mehr zuhörte. Aber wo immer die Kaiserin sich sehen ließ, versammelten sich Hunderte von Menschen. Sie folgten ihrer Kutsche, warteten außerhalb von Bankettsälen und Palästen, in denen sie speiste, standen stundenlang unter dem dunklen Himmel und ließen sich naß regnen, während sie Gesellschaften und Bälle besuchte.

Katharina ignorierte das schlechte Wetter, das ihr Fortkommen überall verzögerte, beschenkte all jene, die gekommen waren, um sie zu sehen, mit einem strahlenden Lächeln und bedankte sich für die Ehrungen, die ihr zuteil wurden, mit wohlgesetzten Worten. Noch dankbarer war sie, wenn sie hörte, daß in den Städten große und weitreichende Veränderungen stattgefunden hatten. Ihre Kundschafter malten leuchtende Bilder von lebhaftem Geschäftsleben und zunehmendem Wohlstand, von effizienter Verwaltung und einem gesetzestreuen Volk. Solch frohe Kunde und die gaffende Menge machten den Regen und die frostigen Winde wett, denen sie die Schmerzen in ihrer Hand verdankte. Und sie freute sich auf den Höhepunkt ihrer Reise, das Zusammentreffen mit Joseph II. in der Stadt Mogilew.

Später erinnerte sich Katharina an den Tag dieses Treffens als »den besten und bemerkenswertesten Tag meines Lebens«. Sie verbrachten den ganzen Tag und den Abend zusammen, und Katharina schrieb an Grimm, daß Joseph »sich offenbar kein bißchen langweilte«. Er war ein Mann ganz nach ihrem

Geschmack – gut unterrichtet, herzlich, geradeheraus, unprätentiös und mutig genug, auch unbequemen Wahrheiten ins Gesicht zu sehen.

Sie trafen sich auf gleicher Ebene. Beide verfügten über sehr viel Macht, beide waren dazu fähig, Europa im Ganzen zu überblicken und Entscheidungen von europäischem Ausmaß zu treffen. Für Katharina muß diese Begegnung mit einem Kaiser, der wie sie selbst die schwere Last, aber auch die Befriedigung der Herrschaft über ein großes, unruhiges Reich kannte, eine Begegnung gewesen sein, die sie voll und ganz forderte.

Es gab viele Gemeinsamkeiten zwischen ihnen: In ihrem persönlichen Stil waren sie beide einfach, ja streng. Sie waren beide sehr belesen, selbstherrlich und redselig; sie waren beide von liberaler Geistesart und neigten den Prinzipien von Montesquieu und Voltaire zu; sie wurden beide für exzentrisch gehalten (Joseph konnte bei Gelegenheit griesgrämig, allzu scharf und verletzend sein, besonders gegenüber dem Hochadel), und sie waren beide stolz auf ihre Eigenarten und über das Gerede, zu dem sie Anlaß gaben.

Zusammen besuchten sie eine Opernaufführung und hörten während der ganzen Darbietung nicht auf zu reden. Josephs Bemerkungen fand Katharina »druckreif«. Zusammen besuchten sie eine katholische Messe, gesungen vom Bischof von Mogilew, und während der ganzen Zeremonie lachten und scherzten sie auf die unehrerbietigste Weise. »Wir sprachen über alles und jedes«, schrieb Katharina fröhlich an Grimm. »Er weiß alles.« Sie ließ dem Mann gern den Vortritt, und er führte sie mit Leichtigkeit, obwohl er elf Jahre jünger war als sie. Sie lauschte mit Vergnügen und Faszination seinen Ausführungen und entdeckte seine Vorurteile – von denen sie viele teilte.

»Wenn ich versuchen wollte, seine Tugenden zusammenzuzählen, so käme ich nie zum Ende«, schrieb sie an Grimm. »Er ist von solch unerschütterlicher Klugheit und besitzt ein so tiefes Wissen wie kaum jemand sonst.«

Joseph war von der geistreichen und verständigen russischen Kaiserin, von der er schon soviel gehört hatte, ebenfalls sehr angetan. »Ihr Geist, ihre hohen Ideale, ihre Tapferkeit, ihre amüsante Konversation müssen erfahren werden, um Anerkennung zu finden«, schrieb er in einem Brief an seine Mutter. Seine Anerkennung wog um so schwerer, als er sie nicht leichten Herzens vergab. Doch er durchschaute Katharina auch. Für ihn war sie selbstbezogen und eitel; sie konnte nicht diplomatisch sein, konnte ihre Obsession der Eroberung des Ottomanenreichs keinen Augenblick verbergen. Immer wieder brachte sie ihr »griechisches Projekt« zur Sprache, offen oder versteckt, und warb immer wieder um die österreichische Teilnahme. Sogar als sie Joseph die Porträts ihrer kleinen Enkel zeigte, des zweieinhalbjährigen Alexander und des einjährigen Konstantin – Kinder des Großfürsten Paul und seiner zweiten Frau Maria Fjodorowna, einer geborenen Sophie Dorothea von Württemberg –, wurde das griechische Thema angeschlagen. Konstantin war nach Konstantinopel benannt worden, der Stadt, die sie erobern wollte. Sein Porträt hatte sie vor einem klassischen griechischen Hintergrund malen lassen. Eines Tages, sagte sie, werde der kleine Konstantin über ein wieder zum Leben erwecktes Griechenland herrschen, das von Rußland aus seiner jahrhundertealten türkischen Knechtschaft befreit worden sei.

Das Treffen zwischen den beiden kaiserlichen Herrschern brachte Katharina ihrem Ziel einen wesentlichen Schritt näher. 1781, bald nach dem Tod Maria Theresias, wurde zwischen Rußland und Österreich in einem geheimen Abkommen vereinbart, daß sie von nun an gegen die Türken gemeinsame Sache machen würden.

Katharinas neue Allianz mit Österreich führte aber auch an ihrem eigenen Hof zu Veränderungen. Panin, der sich immer dafür stark gemacht hatte, daß Rußland sich außenpolitisch mit den nördlichen Ländern assoziierte und einen Bund mit Preußen schloß, zog sich im Frühjahr 1781 auf seine Besitzungen zurück und blieb von da an dem Hof fern. Auch Paul war eine Zeitlang abwesend: Katharina hatte ihn mit seiner Frau auf eine Reise durch Westeuropa geschickt.

Er wurde immer mehr zu einer Belastung für die Kaiserin. Wo es um die Sicherheit ihrer Herrschaft ging, war sie nüchtern genug, sich über ihren Sohn keinerlei Illusionen hinzugeben. Mehr und mehr erkannte sie, daß sie sich vor ihm schützen mußte. Mit seiner Frau Maria hatte er getan, was er hatte tun sollen: Er hatte zwei gesunde Thronnachfolger produziert. Doch ansonsten standen die Taten des Großfürsten, der nach einem Treffen mit Friedrich dem Großen 1776 von diesem als »hochmütig, arrogant und gewalttätig« charakterisiert worden war, in schroffem Gegensatz zu Katharinas eigener Politik. Paul seinerseits ärgerte sich über seine Mutter. Er hatte eine deutlich ausgeprägte, wenn auch unausgegorene eigene Meinung über die außenpolitischen Ziele des Russischen Reichs, nicht zuletzt deswegen, weil er Panins Schüler gewesen war und viel von ihm angenommen hatte. Er kritisierte die Annäherung an Österreich. Friedrich der Große war sein Idol, und die geheime Korrespondenz, die er mit dem preußischen König führte, blieb der allwissenden Katharina nicht lange verborgen. Sie reagierte kalt und entschlossen. Am besten wäre es, ihr Sohn würde für eine Weile aus St. Petersburg verschwinden. So hatte sie ihm die lange Europareise verordnet.

Die ersten Etappen des großen griechischen Vorhabens gestalteten sich ganz anders, als Katharina erwartet hatte. Sie hatte Potemkin alle Vollmachten für den Einmarsch auf der Krim gegeben, und doch zögerte er viele Monate, sich auf den Weg zu machen. Wieder einmal litt er unter einem langanhaltenden Anfall von Trägheit und Unentschlossenheit. Auch Joseph ließ trotz Katharinas Mahnungen die Sache schleifen. Endlich aber fiel die Krim doch in russische Hand. 1784 übergab der Marionettenregent der russischen Kaiserin sein Territorium gegen eine jährliche Pension von hunderttausend Rubeln, und Potemkin setzte verspätet seine Truppen in Marsch und ergriff von der neugetauften »taurischen Region« Besitz. Potemkin selbst, zum Generalgouverneur ernannt, nahm den Titel Fürst von Tauris an.

Der Anfang ihres großen Vorhabens war gemacht. Aber Katharina sah, daß sie sich in ihren Verbündeten getäuscht hatte. Potemkin hatte nicht so gehandelt, wie sie es wünschte; gerade als sie ihn am dringendsten brauchte, hatte ihn sein Mut verlassen. Und Joseph II. hatte sich als ein schwankendes Rohr erwiesen. Katharina mußte entdecken, daß sie in dieser großen, internationalen Angelegenheit – nicht anders als in den leidvollen Angelegenheiten des Herzens – allein stand.

Im Juni 1784 sollte sie diese ernüchternde Wahrheit mit aller Deutlichkeit erfahren. Eines Nachmittags, während sich der Hof in der Sommerresidenz Zarskoje Selo aufhielt, klagte Alexander Lanskoi über Halsschmerzen und begab sich in seine Gemächer, um sich hinzulegen. Um sechs Uhr abends ging es ihm noch so gut, daß er Katharina auf einem Spaziergang um den Gartenteich begleiten konnte. Während der sich anschließenden Gesellschaft hielt er sich mit Mühe auf den Beinen; daß Katharina die lange geplante abendliche Zusammenkunft seines angeschlagenen Gesundheitszustandes wegen absagte, hatte er nicht gewollt. Diese sanfte, selbstlose Haltung sah ihm ähnlich, und die Kaiserin wußte gerade das an ihm zu schätzen. Lanskoi bat um Entschuldigung und entfernte sich, während die Gesellschaft in vollem Gange war; kurz darauf schickte er nach einem Arzt, der in der Nähe des Palasts wohnte.

Am folgenden Tag erfuhr Katharina zu ihrer größten Bestürzung, daß Lanskois Herz nur noch unregelmäßig schlug. Der Arzt hatte einen Kollegen hinzugezogen; beide meinten, daß die Halsschmerzen des jungen Mannes eine viel bösartigere Ursache hatten, als zunächst angenommen. Katharina ließ einen deutschen Spezialisten nach St. Petersburg kommen, der ihr unverblümt auf deutsch sagte, daß sich Lanskoi von seinem heftigen Fieber nicht mehr erholen werde.

Voll Angst und Schrecken hielt Katharina am Bett ihres Saschinka Wache. Dabei bemühte sie sich weiterhin um die besten Ärzte, die sie finden konnte, und achtete auf jede Veränderung, die sie an ihm feststellte – immer höheres Fieber, Schwellungen und Veränderungen der Gesichtsfarbe. Seit Nataljas Tod hatten sich die Anlässe gehäuft, bei denen sie mit der Hinfälligkeit des Menschen konfrontiert worden war: Voltaire war gestorben und eine Reihe von Kammerherren ihres Gefolges; erst vor wenigen Monaten hatte man auch Diderot zu Grabe getragen; und im vorangegangenen Winter hatte sie nach sechzehn Jahren fast täglichen Zusammenseins ihr geliebtes Windspiel Tom Anderson verloren.

Lanskoi war ein gesunder Mann mit einer robusten Konstitution, aber er schien sich gegen die Schwäche seines Herzens nicht behaupten zu können. Er wollte weder essen noch trinken und weigerte sich sogar, die verschriebenen Arzneien zu sich zu nehmen, bis einer seiner Freunde, ein polnischer Doktor, ihn dazu überredete, ein wenig kaltes Wasser zu trinken und einige reife Feigen zu essen. Nach drei Tagen war er kalkweiß, und sein Körper brannte vom Fieber, aber der Petersburger Spezialist machte Katharina Hoffnung. Er nahm sie beiseite und sagte, daß Lanskoi vielleicht überleben werde, falls er nicht ins Delirium falle.

Zu diesem Zeitpunkt hatte Katharina selbst Halsschmerzen, aber sie erzählte niemandem davon, denn sie wollte nicht, daß ihre Berater sie dazu zwangen, sich vom Bett ihres Geliebten zu entfernen, um sich ein wenig Erholung zu gönnen. Ein weiterer Tag verging. Mit größter Anstrengung schaffte es Lanskoi, aufzustehen und sich in ein anderes Schlafzimmer zu begeben. Er vertraute Katharina an, daß er in der vergangenen Nacht, überzeugt davon, daß es mit ihm zu Ende gehe, sein Testament aufgesetzt habe.

Eine Stunde später begann das Koma, und Katharina wußte, daß sie ihre Hoffnung begraben mußte. Noch immer erkannte Lanskoi sie, und er sprach ihren Namen aus, aber er wußte schon nicht mehr, wo er war. Zu wiederholten Malen rief er nach seiner Kutsche und wurde wütend, weil die Diener seine Pferde nicht an das Bett anschirren wollten. Katharina wollte ein letztes Mittel versuchen. Sie befahl ihrem Arzt, Dr. Rogerson, Lanskoi ein obskures Mittel namens »James-Puder« zu verabreichen, von dem sie gehört hatte – aber auch diese Arznei zeitigte keinerlei nennenswerte Wirkung.

»Um elf Uhr nachts verließ ich sein Zimmer«, schrieb Katharina später an Grimm. »Ich konnte nichts mehr tun und verbarg meine eigene Krankheit.« In dieser Nacht oder in der ersten Morgenfrühe des folgenden Tages starb Lanskoi.

»Ich weiß nicht mehr ein noch aus vor Verzweiflung«, schrieb sie an ihren Briefpartner, »und werde nicht mehr glücklich sein. Ich meinte, am Verlust meines Freundes selbst sterben zu müssen.« Lanskoi, »der junge Mann, den ich aufzog«, sei ihre Hoffnung für die Zukunft gewesen, schrieb sie Grimm. Er war mit ihr traurig gewesen, wenn ihre Schwierigkeiten sie traurig gemacht hatten, und er war fröhlich mit ihr gewesen, wenn ihre Pläne sich verwirklichten. Er war sanft und treu gewesen und dankbar für all ihre Fürsorge. Als sie ihn unter ihre Fittiche genommen hatte, hatte er sich schnell und vielversprechend entwickelt. Sie hatte ihn verloren, und es war ihr, als hätte sie alles verloren. »Mein Zimmer, einst so hübsch und angenehm, ist wie ein leerer Käfig. Und ich gehe darin herum wie ein Schatten.« Sie brachte es nicht fertig, mit irgend jemandem zu sprechen, und obwohl sie die Arbeit tat, die getan werden mußte (»mit Disziplin und Klugheit«, wie sie Grimm versicherte), hatte das Leben doch jeden Reiz für sie verloren.

»Ich kann nicht essen, ich kann nicht schlafen«, schrieb sie in einem weiteren Brief an Grimm. »Lesen langweilt mich, und ich bringe die Kraft nicht auf zum Schreiben. Ich weiß nicht, was aus mir werden wird, aber ich weiß, daß ich nie zuvor so unglücklich gewesen bin wie jetzt, da mein bester und liebenswertester Freund mich verlassen hat.«

Fast ein Jahr lang trauerte Katharina um Lanskoi. Sie schloß sich in einen winzigen Raum ein und las alte russische Chroniken. Sie begann an einem Werk der vergleichenden Sprachwissenschaft zu schreiben, in dem sie Wörter aus zweihundert Sprachen untersuchte. Diener brachten ihr Bücher – ein finnisches Wörterbuch, eine vielbändige Studie über frühe slawische Völker, Atlanten und Grammatiken –, doch über Monate hinweg fühlte sie sich zu elend, um bei Hofe zu erscheinen, und es kamen Gerüchte auf, daß sie gestorben sei. Ihre vier Enkelkinder bedeuteten einen – wiewohl nur schwachen – Trost, besonders das jüngste, ein kleines Mädchen, von dem die Leute sagten, daß es seiner Großmutter ähnlich sei. Aber im Innern litt sie noch immer Höllenqualen bei dem Gedanken an ihren großen Verlust. Bald nach Lanskois Tod war Potemkin von der Krim gekommen, um sie zu trösten. Aber erst nach sechs Monaten brachte er sie dazu, ihr vollgestopftes Studierzimmer zu verlassen und wieder leben und atmen zu lernen. Sie wehrte sich, kämpfte mit ihm um jeden Fußbreit Boden, aber am Ende war sie ihm dankbar. Sie schaffte es, die höfische Robe anzulegen und in der Öffentlichkeit zu erscheinen. Privat aber blieb sie, wie sie Grimm gestand, »ein sehr trauriges Wesen, das nur einsilbig zu sprechen vermag. [...] Alles bereitet mir Schmerzen«.

Die Tiefe ihrer Trauer und der beispiellose Schmerz über den Verlust Lanskois konnten nicht verhindern, daß sich immer mehr skurrile Geschichten und Spekulationen um ihre Person rankten. Über den Tod des zarten, poetischen jungen Mannes zirkulierten die wildesten Gerüchte. Katharina habe ihn mit ihrer sexuellen Unersättlichkeit erschöpft, hieß es. Er sei in ihrem Bett gestorben, während er vergeblich versuchte, sie in ihrer gierigen Leidenschaft zu befriedigen. Sie habe ihn gezwungen, giftige Aphrodisiaka zu schlucken, das starke Gift habe seinen Körper anschwellen und platzen lassen. Sie habe ihn vergiftet, wie sie ihren Gemahl Peter vergiftet habe; der Beweis sei, daß seiner Leiche ein unerträglicher Gestank entströme und die Glieder vom Rumpf abfielen.

Die wirkliche Katharina trauerte, während die Katharina der Legende, unbelehrbar und voll verzehrender sexueller Glut, nach immer neuen jungen Männern verlangte, um mit ihnen ihre widerwärtigen Leidenschaften zu befriedigen.

Kapitel Sechsundzwanzig

Hunderte von brennenden Fackeln erhellten den riesigen Hof des Großen Katharinenpalasts in Zarskoje Selo in der Nacht des 7. Januar 1787. Der Boden war schneebedeckt, die kunstvoll gearbeiteten schmiedeeisernen Tore ächzten unter dem Frost, und die vier klassizistischen Statuen, die die Auffahrt zu dem imposanten Gebäude bewachten, versanken bis zur Taille in meterhohen Schneewehen.

In der kalten, klaren Luft sprühten die Fackeln Funken; man hörte die zischenden Geräusche neben dem Knarren der Kutschenräder und dem Geklapper der Pferdehufe, dem Geschrei der Diener und Lakaien und dem Quietschen und Kratzen der hölzernen Kisten. Vierzehn große Reiseschlitten wurden beladen und zur Aufnahme der vornehmen Passagiere bereitgemacht. Die Kufen waren frisch vergoldet, die Bemalung ihrer hölzernen Aufbauten war erneuert worden. Im Schlitten der Kaiserin, dem imposantesten von allen, hatte man Brennstoff für den Ofen, Körbe voller Nahrungsmittel und Getränke, Teppiche, Kleidung zum Wechseln, Toilettenartikel und für den Notfall einige Arzneifläschchen untergebracht.

Trotz der bitteren Kälte, die die Bärte der Männer steif werden ließ und die Hände der zitternden Kammerzofen rötete, nahmen die Vorbreitungen ihren Lauf. Fast zweihundert zusätzliche Transportschlitten wurden mit Kisten und Truhen beladen, Fässern voll Bier und Wein und Honig, Säcken mit Getreide, Laden voll von Käse, Früchten und anderen Vorräten,

Koffern mit Wäsche und warmen, pelzgefütterten Decken, Kohlebecken zum Heizen – mit allem, was man für eine lange Reise brauchte. Pferdeknechte und Stallburschen versorgten die tausend Pferde, die diese zahllosen Schlitten ziehen würden, während Läufer und Pagen, Zofen und Küchenmädchen hastig die Reihen der Gefährte entlangliefen, um rechtzeitig an ihren Platz zu kommen.

Die Kaiserin Katharina brach zur längsten und glanzvollsten Reise ihrer ganzen Regierungszeit auf, die sie zum Schrecken der Türken bis in den äußersten Süden ihres Reiches führen sollte. Schon vor fast einem Jahr hatte man begonnen, die Reise zu planen; viele Monate lang waren die Beauftragten des kaiserlichen Haushalts unter den scharfen Augen ihrer Herrin mit der konkreten Organisation beschäftigt gewesen.

Die Reise war eines von Katharinas Lieblingsprojekten. Sie würde ihre Eroberungspläne befördern und gleichzeitig eine Gelegenheit sein, die Leistungen ihrer selbst und des Fürsten Potemkin glanzvoll darzustellen. Ihr Reichtum, ihre Macht würde für alle Welt offenbar. Ungeduldig wartete sie darauf, daß man endlich aufbrechen konnte.

Es gab viele Leute bei Hofe, die sie von diesem Vorhaben abbringen wollten. Sie sei inzwischen immerhin achtundfünfzig, sagten sie zu ihr, sie leide unter den Krankheiten ihres Alters und werde bestimmt die Kraft nicht mehr aufbringen, die für so eine Reise nötig sei.

»Von allen Seiten versicherte man mir, daß mich auf der Fahrt nichts als Hindernisse und Unannehmlichkeiten erwarteten«, schrieb Katharina an Grimm. »Man wollte mich mit den Anstrengungen der Reise, der Dürre der Wüste und dem krankmachenden Klima schrecken. Aber all diese Leute kannten mich schlecht«, fügt sie hinzu. »Sie wissen nicht, daß mich solcher Widerstand nur entschlossener macht und daß jede Schwierigkeit, die sie mir vorlegen, mir als neuer Ansporn dient.«

Mit achtundfünfzig war Katharina so eigensinnig und dickköpfig wie immer. Sie mußte unbedingt ihren Willen haben! Das war zu einer ihrer hervorragendsten Eigenschaften geworden, diese unerschütterliche Entschlossenheit, durchzusetzen, was sie sich einmal vorgenommen hatte. (»Gott gewähre uns, was wir uns wünschen, und er gewähre es bald«, lautete der Trinkspruch, den sie am liebsten ausbrachte.) Fast allen, die sie kennenlernten, fiel dieser Charakterzug auf. Der Gesandte Harris nannte sie »eine eitle, abgefeimte, verwöhnte Frau«, die es nicht ertrage, wenn ihr irgend etwas abgeschlagen wurde; Joseph II. meinte, es sei ihr Unglück, daß in ihrer Umgebung niemand es wagte, sie zurechtzuweisen. (»Seien Sie vor der Gewalt und dem Ungestüm ihrer Meinungen auf der Hut!« riet er dem britischen Gesandten in Wien.)

Alle ihre Sekretäre bekamen die schwere Last ihrer mit eiserner Beharrlichkeit vorgebrachten Wünsche zu spüren. Früher hatte sie als sanfte und freundliche Herrin gegolten, jetzt aber konnte sie aufbrausend und unangenehm sein. (»Auf einzigartige Weise von ihrer Macht besessen«, schrieb der verbitterte Harris, »läßt sie neben ihrer eigenen Ansicht nichts gelten und betrachtet all jene, die sich ihr nähern, mit Unzufriedenheit und Neid.«) Sogar Potemkin sagte nach einem Bericht von Harris, »daß sie mißtrauisch, engstirnig und furchtsam geworden sei« – wiewohl es durchaus möglich ist, daß der schlaue Fürst aus rein politischen Gründen dem Gesandten nach dem Mund sprach.

Auf jeden Bericht über den Jähzorn und die Reizbarkeit der Kaiserin kommen zwei, die in Lobpreisungen ihrer Herzenswärme und ungekünstelten Einfachheit schwelgen. Auch wenn ihre Stimmungen nun tatsächlich heftiger schwankten als früher, zeigte sie doch immer noch soviel Fürsorglichkeit und Aufrichtigkeit, daß Besucher staunten, und es war ihr stets ein besonderes Anliegen, sich persönlich um in Not geratene Angehörige ihres Haushalts oder andere, die sich an sie wandten, zu kümmern.

Wenn es um Politik ging, schien sie jedoch so egozentrisch wie nie zuvor. »Ich bin fest entschlossen«, sagte sie zu Potemkin, »auf niemanden zu zählen und mich nur auf meine eigenen Kräfte zu verlassen.« Bis jetzt hatte sie bewiesen, daß sie sowohl in persönlicher wie in materieller Hinsicht über mehr als genug Kräfte verfügte.

Endlich war alles bereit, die lange Karawane von Wagen und Schlitten setzte sich in Gang, und die erste Etappe der langen Reise hatte begonnen. Um drei Uhr nachmittags fiel die Dämmerung ein; um vier Uhr war es dunkel. Doch der Weg war auf beiden Seiten von riesigen Feuern erleuchtet. Wochenlang hatten Holzfällertrupps in kaiserlichem Auftrag Bäume geschlagen und sie entlang der Straßen aufgestapelt. Jetzt wurden sie entzündet, und dank ihrem Licht konnte die Reise bis in die Nächte hinein fortgesetzt werden.

Mit in Katharinas Schlitten reisten eine verläßliche Dienerin und der neue kaiserliche Favorit Alexander Dmitrjew-Mamonow, ein großgewachsener, schwarzäugiger, verwegener Offizier, fast dreißig Jahre jünger als sie selbst, der sie aufs beste unterhielt. Sie gab ihm den Spitznamen Rotrock. Er war schwatzhaft wie sie selbst, besaß einen »unerschöpflichen Vorrat an Fröhlichkeit« und konnte sich, was Geist, literarisches und historisches Wissen anging, durchaus mit seiner Herrin messen. Dank seiner ausgezeichneten Erziehung bei den Jesuiten und seines guten Gedächtnisses konnte er Gedichte und Stücke rezitieren – Katharina liebte zu dieser Zeit Corneille, von dem sie sagte, er erhebe ihre Seele –; außerdem konnte er Verse schreiben und Porträts von Leuten zeichnen, die allgemein Bewunderung erregten.

Mamonow war kein Ersatz für Lanskoi, den Katharina noch immer betrauerte, aber er war Lanskois unmittelbarem Nachfolger Alexander Jermolow, einem nichtssagenden jungen Mann, von dem sie nach kaum anderthalb Jahren schon wieder genug gehabt hatte, weit überlegen. Jermolow hatte seinen Abschied nehmen müssen, nachdem er Potemkin beleidigt hatte. Wie immer hatte Katharina einen Mann, der mit dem starken, zunehmend unberechenbaren Fürsten von Tauris nicht auf gutem Fuß stand, nicht behalten wollen.

Im Reiseschlitten der Kaiserin gab es noch Platz für drei weitere Begleitpersonen, den Katharina für ihre wechselnden Gäste vorgesehen hatte. Die wichtigsten dieser Gäste während der Expedition waren der Fürst von Ligne, so alt wie sie selbst und ihr an Raffinement und kreativer Intelligenz überlegen, der jüngere Graf Louis-Philippe de Ségur, dessen Reisetagebuch von scharfer Beobachtungsgabe zeugt, und Alleyne Fitzherbert, britischer Gesandter, der mit seinem undankbaren diplomatischen Amt seine liebe Mühe hatte, denn Katharina wandte sich mit jedem Jahr, das verging, ein Stück weiter von England ab. Der lebendige, beleibte österreichische Graf Johann Philipp Cobenzl vervollständigte den Kreis der Diplomaten. Zeremonien- und Oberstallmeister Lew Naryschkin saß ebenfalls häufig im kaiserlichen Reisewagen, machte Späße, schnitt Grimassen, äffte die Mitglieder der Reisegesellschaft nach und hielt Katharina bei Laune. Es gab keine weiblichen Gäste; die Kaiserin hatte in ihrem ganzen Leben nur wenige Freundinnen gehabt und zog auch jetzt männliche Gesellschaft vor.

Es überraschte niemanden, daß der Großfürst Paul nicht eingeladen worden war, an der großen Reise teilzunehmen. Gerüchteweise hörte man, daß Katharina nicht mehr vorhatte, ihm den Thron zu überlassen, und statt dessen daran dachte, ihren Enkelsohn Alexander zum Nachfolger zu ernennen. Doch weder Alexander noch sein jüngerer Bruder Konstantin begleiteten Katharina. Sie mußten sich von Krankheiten erholen, und man hielt es für verfrüht, sie den Strapazen der Reise auszusetzen, besonders jetzt, im tiefsten Winter.

Tag für Tag wurden die Schlitten von müden Pferden mit dampfendem Atem die eis- und schneebedeckten Straßen entlanggezogen. Bei jeder Poststation mußten fast sechshundert Pferde aufgebracht werden, und die Arbeit des Aus- und Anschirrens wurde nicht leichter durch die Kälte und die Menschentrauben, die sich überall gebildet hatten, wo es diese märchenhaften Gefährte und ihre vornehmen Insassen zu bestaunen gab. Jeder von Katharinas Gästen hatte einen dicken schwarzen, pelzgefütterten Mantel erhalten; Pelzhüte, pelzgefütterte Handschuhe und dicke Pelzstiefel vervollkommneten die Ausrüstung. So fiel trotz der durchdringenden Kälte keine Nase und kein Ohr dem Frost zum Opfer – wie Katharina Grimm in einem ihrer langen Reisebriefe mitteilt. Sie selbst war bei außerordentlich guter Gesundheit, hatte weder Verdauungsprobleme noch Kopfschmerzen, noch rheumatische Beschwerden. Die langen Reisestunden verbrachte sie im Gespräch mit Mamonow, der sich zu dieser Zeit mit den Werken Buffons beschäftigte und sie mit seinem Interesse ansteckte, und mit den anderen Gästen.

An den besten Tagen legte die Schlittenkolonne eine Strecke von etwa sechzig Kilometern zurück. Der Weg führte über ausgedehnte Schneefelder, durch dichte Fichten- und Birkenwälder; weithin zeichneten sich die dunklen Stämme gegen den hoch aufgetürmten Schnee ab, und an den kahlen Ästen funkelten Eiskristalle. Mittags wurde Pause gemacht, manchmal in einem Dorf, ein andermal auf dem Anwesen eines Adligen; man aß und ruhte und begab sich erst bei beginnender Dämmerung wieder in die Schlitten, um auf dem nun von Feuern erhellten Weg weiterzufahren.

Nach einem Monat Reise erreichte der kaiserliche Schlitten Kiew, wo man sich auf einen mehrere Wochen dauernden Zwischenhalt einrichtete. Delegationen aus allen Teilen des Reichs kamen zusammen, um der Kaiserin ihre Aufwartung zu machen und Bittgesuche vorzulegen. Es kamen Tataren und Kalmücken, Georgier und Kirgisen, all die nichtrussischen Völker, die Pugatschow gefolgt waren und den Truppen Potemkins widerstanden hatten. Und es kamen polnische Edelleute, um sich vor der mächtigen Frau zu verbeugen, die einen großen Teil ihres Heimatlandes an sich gerissen hatte und, wie sie befürchteten, bald nach weiteren Teilen greifen würde.

Als Potemkin von Tauris auch zu der Reisegesellschaft stieß, veränderte sich alles, wie Graf Ségur beobachtete. In Kiew spielte Potemkin für Katharina und ihr Gefolge den Gastgeber und veranstaltete in dem ehrwürdigen Kloster von Petscherski, wo er residierte, prächtige Bälle und Feuerwerke, Konzerte und Bankette. Und er machte eine glänzende Figur dabei. Bei öffentlichen Auftritten erschien er in Feldmarschallsuniform, »beladen mit Orden und Diamanten«, wie Ségur schrieb, »und voller Spitzen und Stickereien, das gepuderte Haar in Locken gelegt«. In seiner Residenz liebte er es hingegen, nach der Art eines türkischen Wesirs zu leben; mit ungekämmtem Haar, bloßen Beinen und Füßen, in einen seidenen Morgenmantel gehüllt, lag er, umringt von weiblichen Verwandten (von denen er sich etliche als Geliebte hielt) sowie ausgewählten Offizieren und ausländischen Abgesandten, träge auf einem riesigen Sofa und hielt hof.

Es schien, als wäre er ganz in seinen asiatischen Träumereien versunken, doch der kluge Ségur bemerkte, daß Potemkin hinter seiner Fassade von Trägheit und Ermattung sehr wach und äußerst arbeitsam war. Er konferierte mit Beamten, schickte und erhielt Nachrichten und spielte Schach, während er mit ausländischen Gesandten verhandelte. Laut Ségur war Potemkin in der Lage, mehr als zehn Unternehmungen gleichzeitig in Gang zu halten, ohne jemals den Anschein angestrengten Arbeitens zu erwecken. Es gelang ihm, über seine vielen militärischen, baulichen und landwirtschaftlichen Projekte stets den Überblick zu behalten, doch jede Art von hektischer Betriebsamkeit lag ihm fern.

In den Berichten über den Aufenthalt der Kaiserin in Kiew steht nichts über private Treffen mit Potemkin; vielleicht hat sie ihn tatsächlich nie unter vier Augen gesehen. Doch sicher war ihre alte Verbindung nicht abgerissen. Weiterhin bedeuteten sie einander viel, und es ist möglich, daß sie gelegentlich auch noch miteinander schliefen. Katharina behauptete, daß Potemkin ihr schrecklich fehle, wenn sie einander nicht sahen. Beide standen im Ruf, ein ausschweifendes und zügelloses Leben zu führen; in seinem Fall bestand der schlechte Ruf nicht ganz zu Unrecht. Potemkin besaß einen ganzen Harem von Mätressen. Außer seinen Nichten und einer Reihe von adligen Damen, mit denen er kurze, leidenschaftliche Affären unterhielt, gab es noch die käuflichen Mädchen, mit denen er zusammentraf, und es wurde geflüstert, daß er sich gegen allerlei politische Vergünstigungen auch die ihm angebotenen Ehefrauen von Höflingen ins Bett geholt hatte.

Im April verkündeten Kanonenschüsse, daß das Eis auf dem Fluß aufzubrechen begann. Drei Monate hatten sich die Kaiserin und ihre Gesellschaft nun in Kiew aufgehalten. Am 1. Mai war der Dnjepr wieder schiffbar, und die Kaiserin ging mit ihren Gästen an Bord von sieben nagelneuen Galeeren, die unter Potemkins Aufsicht gebaut und wie Miniaturpaläste ausgestattet worden waren.

Jedes der großen, prunkvollen, reich bemalten Schiffe dieser Flotte – »Kleopatras Flotte« wurde sie vom Fürsten von Ligne genannt – besaß seinen eigenen Stab uniformierter Diener und sein eigenes, aus zwölf Musikanten bestehendes Orchester. Jedes verfügte über elegante Schlafzimmer mit bequemen Betten, Bettwäsche aus Taft und Schreibtische aus Mahagoni. In den Ankleide- und Wohnzimmern befanden sich mit prächtigen chinesischen Stoffen gepolsterte Diwane. Überall glänzte es von Gold und Silber. Die Mahlzeiten wurden in einem großen Speisesaal in der eigens dafür vorgesehenen Galeere eingenommen. Da jedes Schiff nur von einer Handvoll Gästen bewohnt wurde und man zwischen den einzelnen Schiffen nur mit kleinen Ruderbooten verkehren konnte, deren Handhabung bei Hochwasser besonders schwierig und gefährlich war, erforderte jede gesellschaftliche Zusammenkunft wahre Heldentaten an Geschick und Wagemut. Unfälle waren unvermeidlich. Jeden Tag gingen Menschen und Güter über Bord, und während eines schweren Sturms liefen einige Galeeren auf Grund.

Katharina berichtete Grimm von den Schwierigkeiten der Navigation auf dem Hochwasser führenden Fluß. Insgesamt bestand die kaiserliche Flotte aus achtzig Schiffen; Kollisionen blieben nicht aus. Die Strömung war reißend, und es gab mehrere scharfe Krümmungen und viele kleine Sandinseln. Unter diesen Bedingungen war es zu gefährlich, Segel zu setzen. Katharina arbeitete wie gewöhnlich an ihrem Schreibtisch, sandte und empfing täglich mehrere große und schwere Säcke voller Depeschen durch Kuriere, die zwischen St. Petersburg und ihrem jeweiligen Standort hin- und herritten. In den Arbeitspausen spielte die Kaiserin mit ihren Gästen Spiele, machte Konversation und nahm an literarischen Wettbewerben teil. »Wenn Sie wüßten, was auf meiner Galeere täglich geredet wird«, schrieb sie an einen ihrer Korrespondenten in Paris, »Sie würden sich totlachen!«

Der Graf von Ségur, der Katharina gut kannte, da er schon einige Jahre als Kammerherr am Petersburger Hof gewesen war, berichtete, daß sie sich während dieser Frühlingstage auf dem Fluß in außerordentlich guter Stimmung befand.

»Nie sah ich die Kaiserin in besserer Verfassung als am ersten Tag unserer Reise«, schrieb er. »Beim Diner ging es sehr fröhlich zu. Wir freuten uns alle, Kiew endlich verlassen zu können, wo wir drei Monate lang vom Eis eingeschlossen gewesen waren. Der Frühling verjüngte unsere Gedanken; das schöne Wetter, die herrlichen Schiffe, die Majestät des Flusses, die Bewegung, die Begeisterung der Neugierigen, die in ihren sonderbaren Trachten aus dreißig Ländern am Ufer entlangliefen, die Gewißheit, daß wir von nun an jeden Tag etwas Neues sehen würden – das alles schärfte und stimulierte unsere Phantasie.«

Alle Gäste waren ausgelassen und heiter. Der Fürst von Ligne extemporierte Gedichte in klassischen Alexandrinern, Ségur half mit Endreimen aus. Fitzherbert erzählte Anekdoten, Naryschkin tollte umher und gab Proben seiner geistvollen Albernheiten. Cobenzl, der sich in seiner freien Zeit gern als Schauspieler betätigte, schlug vor, daß die Gesellschaft in Katharinas Schlafzimmer Sprichwörter im Rollenspiel darstellte. Und die Kaiserin selbst trug ebenfalls Verse vor und übte sich im geistvollen Spiel, obwohl der weltläufige und brillante Ligne sie etwas schwerfällig und allzu prosaisch fand. Tatsächlich war sie geistig nicht mehr so gewandt wie einst (obwohl man zu ihrer Ehrenrettung sagen muß, daß sie die ganze Zeit über von schwerwiegenden politischen Angelegenheiten abgelenkt war). In den Spielen, in denen es auf Witz und Geist ankam, wurde sie geschlagen – allerdings von Männern des höchsten intellektuellen Niveaus.

Ihre Briefe an Grimm zeigen, womit sie sich eigentlich beschäftigte, während die großen goldenen Galeeren auf dem Dnjepr in Richtung Cherson fuhren. Gerüchte von einem neuen falschen Thronprätendenten, der in der Nähe von Orenburg aufgetaucht und entschlossen sei, das von Pugatschow begonnene Werk fortzuführen, hielten sich hartnäckig und erreichten auch ihr Ohr. In anderen Berichten hieß es, die Landbevölkerung wolle nicht glauben, daß Pugatschow tot war (tatsächlich war er im Januar 1775 hingerichtet worden), sondern sei davon überzeugt, daß er sich nur verborgen halte und bald wiederkehren werde, um sich an die Spitze einer neuen Revolte zu setzen. Berichte dieser Art hatte Katharina jahrelang immer wieder gehört, doch das verführte sie keineswegs dazu, gleichgültig zu werden. Sie nahm jede Nachricht ernst, denn sie wußte, daß ihre Untertanen so unberechenbar waren wie die starken Strömungen und Wirbel unter der Wasseroberfläche des Flusses. Alles mußte beachtet und bedacht werden, und man mußte immer auf der Hut bleiben.

Während ihrer Arbeitsstunden saß sie in einem langen, fließenden Gewand an Deck ihrer goldenen Galeere, genoß die warme Sonne, las die Papiere, die ihr von den Sekretären gebracht wurden, und erarbeitete ihre Antwortschreiben. Sie hatte einen jungen griechischen Schneider gefunden, »geschickt wie ein Affe«, wie sie es ausdrückte, der ihr Kleider anfertigte, wie sie »ihrer Phantasie« entsprachen. Und ihre Phantasie forderte – von Zeit zu Zeit – jugendliches Aussehen. An einem geselligen Abend an Bord erschien sie in einem Kleid aus orangerotem Taft mit blauen Bändern, dazu trug sie ihr graues Haar offen wie ein junges Mädchen. Unter Freunden erlaubte sie sich ein wenig mädchenhafte Koketterie. Und es stand ihr, trotz ihres Alters.

Katharinas Garderobe bestand wie die Potemkins aus zweierlei Arten von Kleidern: Roben in europäischem Stil (kostbar, doch niemals ausgefallen), die sie zu offiziellen Anlässen trug, und für die Stunden der Arbeit und der Entspannung reich drapierte russische Kleider, die in bequemen Falten über ihren vorspringenden Bauch und ihre ausladenden Hüften fielen. Ihre nichtrussischen Untertanen sahen sie gern in dieser Kleidung; von dort, wo sie saß, konnte sie sie sehen, wie sie sich am Ufer zusammendrängten, schrien, winkten und klatschten. Sie schenkte ihnen ein Lächeln, um sich dann wieder ihren Papieren zuzuwenden.

Daß es zu einem Krieg mit den Türken kommen würde, und zwar bald, schien ihr unvermeidlich. Ihre Reise war ja dazu bestimmt, den türkischen Feind zum Handeln anzustacheln – was ihr Gelegenheit geben würde, den Krieg zu erklären. Noch war der Ausgang des Unternehmens nicht sicher, doch sie blieb optimistisch. Sie wußte die Österreicher auf ihrer Seite, obwohl noch immer nicht klar war, ob Joseph II. sich wie ursprünglich geplant im Süden mit ihr treffen konnte, da er an

Wundrose litt. Die Engländer und Franzosen würde sie gegen sich haben, aber sie waren weit weg; mindestens von den Franzosen war nicht anzunehmen, daß sie sich zum Einschreiten entschließen würden, denn sie hatten genug mit sich selbst zu tun: Die politische Krise in Frankreich drohte zunehmend ernstere Dimensionen anzunehmen.

Im Lauf ihrer Reise verfolgte Katharina mit Interesse alle Berichte über die Ereignisse in Frankreich, wo eben eine Versammlung von Notabeln einberufen wurde, um der Finanzkrise des Landes Herr zu werden. Kritisch sah Katharina die Frivolität der Königin Marie Antoinette (der jüngsten und hübschesten Schwester Josephs II.) und die Ungeschicktheit und Sturheit ihres Gemahls, Ludwigs XVI. Die französische Regierung war so gut wie bankrott, und das Land schien nahezu unregierbar. Der Gedanke, daß die Ideen von aufgeklärter Herrschaft, die in Frankreich geboren worden waren, in Rußland Wurzeln geschlagen hatten, gefiel Katharina. Sie, nicht Ludwig XVI., trat das Erbe von Montesquieu, Diderot und Voltaire an.

Die persönlichen Briefe, die Katharina an Bord ihres Schiffes empfing, benachrichtigten sie davon, daß ihr Enkel Alexander und seine Schwester Jelena die Masern hatten. Konstantin hatte einen Ausschlag bekommen. Alexej Bobrinski, Orlows Sohn, der in Paris in größtem Luxus lebte, hatte seine großzügige Apanage erschöpft und brauchte Geld, um seine Gläubiger zu bezahlen. (Katharina bat Grimm, sich den jungen Mann vorzuknöpfen; er sollte einen feierlichen Schwur ablegen, daß er keine weiteren Schulden machen werde, erst dann sollte er von Grimm das Geld bekommen, um das er seine Mutter gebeten hatte.) Die Schwägerin der Großfürstin Maria, Selmira, die mit Marias gewalttätigem und gefährlichem Bruder verheiratet war, hatte sich mit ihren drei kleinen Kindern unter Katharinas Schutz gestellt. Katharina, die selbst genug Erfahrungen mit einem ähnlich gearteten Gemahl gemacht hatte, sorgte dafür, daß Selmira in Frieden leben konnte, und schrieb in dem Bemühen, ihr diesen Frieden auch in Zukunft zu sichern, während der Reise Briefe an Selmiras Schwiegereltern.

Ein kurioser Brief informierte Katharina darüber, daß der berühmte Lavater, Vater der Modewissenschaft Physiognomik, ihre Züge studiert hatte, um daraus Rückschlüsse auf ihren Charakter zu ziehen. Ihr Gesicht zeige weder Vornehmheit noch Größe, sondern Rücksichtslosigkeit, hatte Lavater festgestellt. Man könne sie nicht mit der verstorbenen Königin Christine von Schweden vergleichen, einer wirklich hoheitsvollen Monarchin. Zweifellos kümmerte sich Katharina kein bißchen um das Urteil Lavaters. Schließlich hatte die Königin Christine abgedankt, um in Rom im Schatten des Vatikans ihr Dasein zu beschließen. Ein Leben, das sich zu leben lohnte, war nach Katharinas Maßstab ein nützliches Leben, und genau das widersprach Christines Idealen. Sie hatte das Regierungsgeschäft nicht gemeistert, während Katharina sich bis jetzt erfolgreich darin bewährte.

Der österreichische Kaiser erholte sich von seiner Krankheit gerade rechtzeitig, um zusammen mit Katharina und der russischen Reisegesellschaft die Krim zu besuchen. Fünf Tage wohnten sie im ehemaligen Khanspalast in Baktschisarai, einem Märchenland türkischer, maurischer und chinesischer Architektur. Hier bedeckten farbenprächtige Mosaiken Wände und Säulen, herrliche Kolonnaden spendeten Schatten, und in lauschigen Höfen sprudelten Fontänen. Im großen, reich vergoldeten, mit steinernem Flechtwerk, Kacheln und farbigem Marmor prachtvoll ausgestatteten Audienzsaal nahm Katharina den Platz ein, der einst dem Khan vorbehalten war.

Nachdem sie den Sitz des ruhmvollen Khans hinter sich gelassen hatten, reisten Kaiserin und Kaiser durch weites, ödes Land. Einst war es von tatarischen Stämmen besetzt gewesen, doch Potemkins schlagkräftige Truppen hatten dafür gesorgt, daß die Tataren wieder abzogen. Das Kaiserpaar, das in riesigen, von Potemkins Leuten errichteten Zelten übernachtete, staunte über die Ausdehnung des von Rußland neu eroberten Landes. Überall zeigte man ihnen die Ergebnisse von Potemkins Bemühungen, das Ödland in fruchtbare Erde zu verwandeln. Neue Dörfer wurden gebaut, Obstgärten waren angelegt und die Anbaumethoden waren verbessert worden. Einige Einwanderer aus anderen Gegenden hatte man schon ansässig gemacht; bald würden ihnen, nach Potemkins Plan, noch viele weitere folgen.

Katharina war verblüfft über Potemkins Erfindungsreichtum bei der Zurschaustellung seiner Leistungen und der russischen Macht. Er sorgte dafür, daß ihre Reise heiter und abwechslungsreich verlief, und er gab gleichzeitig den Türken einen Wink mit dem Zaunpfahl. Bei Militärparaden setzte er Tausende von hübsch uniformierten, gut gedrillten Soldaten in Marsch. Tataren auf schnellen Pferden gaben tollkühne Reitkunststücke zum besten. Eines Abends gab es nahe der Stadt, in der Katharina sich gerade aufhielt, bei Sonnenuntergang ein grandioses Feuerwerk. Die Berge ringsum waren mehrere Kilometer weit taghell erleuchtet, und in der Mitte, auf dem Gipfel eines Berges, malten Zehntausende von explodierenden Raketen das kaiserliche Monogramm in den nächtlichen Himmel. Der ganze Boden bebte. Niemals hatte man soviel Macht an einem Ort konzentriert gesehen. Furchteinflößend, gewaltig waren diese Russen, ja, sie schienen unbesiegbar.

Katharina und Joseph vertrugen sich bestens. Sie vertrauten einander die Sorgen ihrer Herrschaft an. Sie sprachen über die anderen europäischen Staaten und ihre Interessen und über die Aussichten für Frankreich, das Joseph besucht hatte. »Ohne Vorbehalt« tauschten sich die beiden Herrscher nach Meinung von Beobachtern aus.

Doch trotz ihrer harmonischen Verbundenheit waren Katharina und Joseph nicht fähig, ein detailliertes Abkommen über den kommenden Krieg zustande zu bringen. Laut dem Grafen Ségur, der bei vielen Gelegenheiten mit Joseph unter vier Augen sprach, hatte der Kaiser keineswegs die Absicht, Katharinas Eroberungspläne aktiv zu unterstützen. Eben hatte er von dem Aufstand gegen Österreich in Holland erfahren; die Wiederherstellung des Friedens dort war von allerhöchster Wichtigkeit. (Auch Katharina wußte von dem holländischen Aufstand und fürchtete, daß die prekäre Lage dort die Österreicher daran hindern könnte, Truppen für den türkischen Krieg abzustellen, doch davon sagte sie Joseph nichts.)

Der Höhepunkt der Reise war der Besuch der Schwarzmeerhäfen. Hier übertraf Potemkin sich selbst. Als die kaiserliche Gesellschaft in Sewastopol eintraf und sich zu einem üppigen Bankett niederließ, hatte der Fürst von Tauris den Vorsitz. Er sprach ausführlich über die Stärke des russischen Militärs.

»Hunderttausend Männer erwarten mein Signal«, verkündete er, und sobald er diese Worte ausgesprochen hatte, öffneten sich die verhängten Fenster, um den Blick auf ein prachtvolles militärisches Panorama freizugeben. Bis zur großen Bucht standen unzählige Reihen von Soldaten in Habtachtstellung. Ganze Regimenter, einige in den Nationaltrachten ihrer Mitglieder, warteten begierig auf Potemkins Befehl. Ein griechisches Bataillon bestand aus weiblichen Soldaten, die Pulverhörner und Patronentaschen über ihren Röcken und glitzernde, federgeschmückte Turbane auf den Köpfen trugen.

Jenseits der aufmarschierten Truppen hatten einige Dutzend Kriegsschiffe festgemacht, und nun wurde die stille Bucht vom ohrenbetäubenden Donnern ihrer Kanonen erschüttert, und aus zehntausend Kehlen erscholl immer wieder der Ruf, der die Monarchin des Allrussischen Reichs als Herrscherin über das Schwarze Meer feierte: »Lang lebe die Kaiserin des Pontus Euxinus!«

Es muß ein überwältigender Augenblick gewesen sein. Katharina, beseligt vom Wein, vom Applaus der Gäste, von den donnernden Hochrufen ihrer treuen Streitkräfte und von allem, was sie in diesen fünf Monaten ihrer triumphalen Reise gesehen und gehört hatte, war tief bewegt. Die neue russische Flotte, aufgebaut von Potemkin, stand bereit zum Angriff auf Konstantinopel – das nicht weiter entfernt war als zwei Tagesreisen auf einem Segelschiff. Katharina brauchte jetzt nur noch das Signal zu geben und sich entschlossenen Schritts auf den Weg zu machen. Die Tore von Byzanz standen offen.

Kapitel Siebenundzwanzig

Noch schneller, als von Katharina erwartet, begann der Krieg. Ihre Machtdemonstration auf der Krim veranlaßte die Türken, umgehend den russischen Botschafter in Konstantinopel zu verhaften und somit bewußt die Kriegshandlungen auszulösen.

Kaum war die Kaiserin von ihrer langen Reise zurückgekehrt, hatte sie es wieder mit einer Krise zu tun. Ende August 1787 traf sie mit dem Staatsrat zusammen und befahl Potemkin, sich rasch gegen den Feind in Gang zu setzen. Sie glaubte, daß nicht mehr als einige Wochen nötig seien, um die großangelegte Offensive zu beginnen. Alexej Orlow, Held der großen Schlacht von Tschesme, sollte nach ihrem Willen das Kommando über die Schwarzmeerflotte übernehmen, die durch Schiffe von der Ostseeflotte ergänzt wurden. Doch zu ihrem Ärger lehnte Orlow ab. Er war voller Neid auf Potemkin und verlangte den Oberbefehl über die ganze Armee, wodurch er der Vorgesetzte Potemkins werden würde. Wenn er nicht einen höheren Rang als sein Rivale erhalte, sagte er zu Katharina, werde er seinen Dienst nicht antreten.

Sie brauchte Orlow, und sie konnte es sich nicht leisten, Potemkin vor den Kopf zu stoßen. (Sie fürchtete ihn, wie ein kenntnisreicher Beobachter schrieb, »wie eine Frau ihren zornigen Gatten fürchtet«.) Ohne ihn, so schrieb sie ihm in einem Brief, fühle sie sich wie ein Mensch ohne Arme. Folglich zog Orlow den kürzeren.

In den ersten Wochen des Krieges schienen die Russen mit jedem Schritt vorwärts zwei Schritte zurück zu machen. General Suworow verteidigte die von Russen gehaltene Festung Kinburn erfolgreich gegen die türkische Bedrängung, aber Potemkins Schwarzmeerflotte, die Rußland auf dem Wasser unbesiegbar hatte machen sollen, scheiterte in einem schweren Sturm und konnte den Angriff nicht beginnen.

Die Flotte war in aller Eile gebaut worden. Potemkin hatte unter Druck gestanden; bis zur Ankunft Katharinas auf der Krim sollten die Schiffe fertig sein. Die Schiffsbauer hatten minderwertiges Holz verwendet, statt auf besseres Material aus den nördlichen Wäldern zu warten. So bestand die Flotte aus zu leichten und zu schwachen Gefährten, die dem Sturm nicht standhielten und wenig geeignet waren für eine schwere Schlacht. Dazu kam, daß es Engpässe in der Versorgung mit Schießpulver und Munition gab, daß die Schiffe oft nur unzureichend besetzt waren und die Proviantvorräte schnell schrumpften.

Das schlimmste aber war, daß Potemkin selbst in eine tiefe Depression verfiel. Viel zu spät sandte er Kuriere nach St. Petersburg, die über den katastrophalen Zustand der Flotte berichteten, und als er endlich doch an Katharina schrieb, bat er sie, ihn aus der Verantwortung als oberster Befehlshaber zu entlassen. Er fürchtete, am Ende die Krim doch nicht halten zu können. Katharina solle sich aus dem Gebiet zurückziehen und es den Türken wieder überlassen.

Das aber war das letzte, was die unbeugsame Katharina hören wollte. Ihre Antwort an Potemkin war sanft, ja mütterlich im Ton – sie wußte, daß eine barsche Erwiderung ihn nur noch niedergeschlagener machen würde –, doch unerbittlich in der Sache. Sie bat ihn dringend, seiner Verzweiflung nicht nachzugeben, sondern die Attacke zu Lande voranzutreiben, während er auf die Schiffe von der Ostseeflotte wartete, die die angeschlagenen Schwarzmeersegler ersetzen sollten. Sie schrieb ihm nicht, daß sie Berichte aus den westeuropäischen Hauptstädten empfangen hatte, die darauf hindeuteten, daß der Kampf gegen das Osmanische Reich Teil eines größeren, ganz Europa umfassenden Krieges werden konnte.

Der Winter von 1787/88 forderte Katharinas ganze Nervenkraft. Potemkin blieb eigensinnig und verschlossen. Mißernten führten zu Nahrungsmittelknappheit und hohen Preisen in den russischen Städten – was immer die Gefahr von Hungeraufständen in sich barg. Die Kaiserin befürchtete außerdem, daß eine Pestepidemie – vor der man in den Grenzgebieten zum Osmanischen Reich niemals sicher war – auftreten und die Kriegshandlungen unterbrechen könnte. Und was wäre, wenn Potemkin der Pest zum Opfer fiele? Potemkins Gegner belagerten sie ständig, bei Hofe und selbst wenn sie unterwegs war. Alexej Orlow hörte nicht auf, sich über die Trägheit und Unfähigkeit des Fürsten von Tauris zu beklagen. In der westeuropäischen Presse erschienen Berichte, die auf den ungenauen, aber lebhaften Schilderungen des sächsischen Gesandten beruhten und Potemkin der großangelegten Täuschung bezichtigten. Angeblich habe er die Krim nur wie eine kolossale Bühne mit Kulissen ausgestattet, Bauern von überall her geholt und sie vor den roh zusammengezimmerten Fassaden von Dörfern (»Potemkinschen Dörfern«) posieren lassen, die in Wahrheit gar nicht existierten. Sogar Katharinas Kammerfrauen machten sich über Potemkin lustig, was bei Katharina heftigen Zorn auslöste; mehrere der Frauen ließ sie für ihre Unverschämtheit auspeitschen.

Es fiel Katharina, die selbst so unzufrieden mit ihm war, bestimmt nicht leicht, Potemkin vor all seinen Kritikern in Schutz zu nehmen. Sie schrieb ihm, bat ihn flehentlich, ihr öfter als einmal im Monat Neuigkeiten zukommen zu lassen, sagte ihm, daß seine Stummheit die Qualen der Angst und Ungewißheit, die sie ausstehe, täglich größer mache. Sie hatte Kopfweh, und ihr Magen rebellierte. Sie hatte Geldsorgen; durch die steigenden Kriegskosten sah sie sich gezwungen, große Darlehen aufzunehmen. Sie machte sich Sorgen um Josephs Haltung; er wollte seine Truppen nicht zum Angriff führen, solange Potemkin untätig blieb. Sie hatte Angst, daß der britische König Georg III., durch Rußlands wachsende Stärke in Alarm versetzt, den Türken heimlich Unterstützung zukommen lassen könnte. Und sie erhielt beunruhigende Berichte darüber, daß ihr Cousin, König Gustav III. von Schweden, Soldaten zusammenzog und seine Flotte aufrüstete; bei einer Wendung zum Schlechteren im Krieg mit den Türken würde sich möglicherweise ein zweiter Feind an der nördlichen Landesgrenze einstellen.

Die Großfürstin Maria war zum sechstenmal schwanger. Sie hoffte, einen weiteren männlichen Erben zur Welt zu bringen. An einem kühlen Nachmittag Mitte Mai begannen die Wehen, und Katharina, vollauf beschäftigt mit den Gerüchten über eine türkisch-schwedische Allianz und vor der Entscheidung stehend, ob sie die schwedische Flotte angreifen sollte oder nicht, bevor der unberechenbare Gustav Gelegenheit hatte, seine Schiffe gegen Rußland auszusenden, unterbrach die Beratungen im Staatsrat, um ihrer Schwiegertochter beizustehen.

Maria kämpfte tapfer, doch sie verlor die Schlacht: Sie konnte das Kind nicht austreiben. Katharina stand gewiß das Bild ihrer ersten Schwiegertochter, die so tragisch im Kindbett gestorben war, vor Augen, und in ihrer panischen Angst vor Krankheit und Unfähigkeit schien ihr alles ungenügend, was die Hebammen taten, um das Kind auf die Welt zu bringen. Sie übernahm selbst das Kommando, ließ es nicht zu, daß die fatalistischen Frauen die arme Maria aufgaben, redete ihr immer wieder gut zu und feuerte sie zu einer letzten, entscheidenden Kraftanstrengung an.

Drei Stunden dauerte die Qual. Maria jammerte und schrie, dazwischen verlangte Katharina laut und ungeduldig dies und das, die Hebammen trommelten auf den geschwollenen Bauch der Kreißenden, und aufgescheuchte Diener flogen mit Tüchern und frischen Kohlen herbei, verbrannten Kräuter, bereiteten die Windeln vor. Das Feuer, das in dem kleinen Entbindungsraum brannte, richtete gegen die eisige Kälte kaum etwas aus; niemand konnte richtig warm werden, und auch die in Schweiß gebadete Maria überliefen immer wieder Kälteschauer.

In der Überzeugung, daß Marias Leben am seidenen Faden hing, spannte Katharina noch einmal alle Kräfte an, um sie zu retten, und es gelang ihr tatsächlich, eine Tragödie zu verhindern. Gegen jede Erwartung wurde ein kleines Mädchen geboren und schnell in warme Tücher gewickelt. Es war offensichtlich gesund und stieß einen herzhaften Schrei aus. Maria, die schwach und blaß in die Kissen zurückgesunken war, weinte – weil es kein Junge war. Um die Mutter zu trösten, aber auch aus Eitelkeit gab Katharina dem Neugeborenen ihren eigenen Namen, bevor sie sich, durchgefroren bis auf die Knochen, wieder in ihre eigenen warmen Gemächer begab.

Im Juni war es offensichtlich geworden, daß Gustav von Schweden tatsächlich Krieg führen wollte. Von geheimen britischen Hilfsversprechungen ermutigt, griff er eine russische Grenzfestung an und sandte bald darauf ein Ultimatum an die Kaiserin.

Katharina lachte über die verwegenen Gebietsansprüche ihres Cousins im russischen Finnland und über seine Prahlereien, die ihr gerüchteweise zu Ohren gekommen waren: daß er bald mit seiner Armee in St. Petersburg einziehen werde. Sie nannte ihn nur noch mit dem von ihr erfundenen Spitznamen »der Recke Jammer«. Dennoch rief sie den Staatsrat zusammen und wirkte energisch auf Besborodko und andere ein, damit sie möglichst rasch Vorbereitungen zur Verteidigung der Hauptstadt und des Hafens von Kronstadt trafen.

Garnisonstruppen wurden in St. Petersburg zusammengezogen, leichte Waffen und schwere Artillerie kamen aus den Nachbarstädten, und die Bauern erhielten Befehl, ihre Pferde der Armee zur Verfügung zu stellen. Pferde aus den kaiserlichen Ställen wurden vor Armeekarren gespannt und mußten Kriegsgerät ziehen, Palastdiener wurden von ihren gewöhnlichen Pflichten entbunden, um in Milizen Dienst zu tun. Außer den Eliteregimentern gab es Bürgerwehren, die bei der Verteidigung der Stadt eingesetzt werden sollten. Händler aus den Basaren, Straßenkehrer, Polizisten und sogar Beamte bereiteten sich darauf vor, die schrecklichen Schweden zurückzuschlagen, die ihrem kriegslüsternen und vielleicht sogar wahnsinnigen König folgten. Binnen Tagen befand sich ganz Petersburg in heller Aufregung.

Am 2. Juli erfolgte die offizielle Kriegserklärung an Schweden. Die kürzlich errungenen Siege ihrer Flotte gegen die Türken hatten Katharina in eine überschwenglich optimistische Stimmung versetzt. Bei den Siegesfeiern trug sie Flottenuniform. Sie verkündete, daß sie vorhabe, in St. Petersburg zu bleiben und König Gustav zu erwarten.

»Gott ist mit uns!« rief sie ihren Beratern zu. Sawadowski, ihr einstiger Günstling und jetzt ein Hofbeamter von Rang, war – nicht zum erstenmal – tief beeindruckt von ihrem Mut. »Der Geist der Tapferkeit läßt Ihre Kaiserliche Hoheit niemals im Stich«, schrieb er nach einem Treffen mit ihr. »Sie inspiriert uns alle.«

Die Schweden standen in Finnland, auf russischem Boden. Großfürst Paul marschierte ihnen mit seinen Regimentern entgegen, um sie aufzuhalten, während die Schiffe der Ostseeflotte, die sich schon bereit gemacht hatten, zum Schwarzen Meer zu segeln, an den Küsten patrouillierten. Schießpulvergeruch hing über St. Petersburg, und zu jeder Tages- und manchmal sogar Nachtzeit marschierten Truppen in den Straßen. Katharina überwachte alles, versicherte ihren Beamten wieder und wieder, daß Gott mit Rußland sei, und litt, wenn sie allein war, unter Koliken und Schlaflosigkeit.

Es wurde August, und noch immer war es dem »Recken Jammer« nicht gelungen, seinen Fuß in die russische Hauptstadt zu setzen. Katharina schrieb an Potemkin, sprach von der in Wahrheit äußerst gefährlichen Situation als dem »dummen schwedischen Krieg« und bat ihn dringend, ihr öfter Nachrichten aus dem Süden zu schicken. In der Zwischenzeit hatte Gustav eine Meuterei in den Reihen seiner finnischen Truppen zu überstehen. Er zog sich zurück; zu einem zweiten Angriff vor Beginn des Winters konnte er sich nicht entschließen.

In den nächsten paar Monaten fand Katharina trotz einiger Krankheiten und endloser Stunden von Arbeit und politischen Beratungen Zeit, das Libretto für eine komische Oper über ihren schwedischen Feind zu schreiben. *Jammerrecke Vorbeizielersohn* wurde im Januar 1789 in ihrem Palast uraufgeführt, und im Gelächter der Höflinge löste sich für kurze Zeit die Spannung, unter der alle standen.

An Katharinas sechzigstem Geburtstag, am 27. April, gab es keine öffentliche Feier. Die Kaiserin verbrachte den Tag allein. Außer ihren Dienern sah sie niemanden. Ihr fortgeschrittenes Alter machte ihr Kummer, besonders weil viele von denen, die sie gekannt und mit denen sie zusammengearbeitet hatte, nun langsam wegstarben. Eben hatte sie von der schweren Krankheit Josephs erfahren. (Er sollte im Winter des folgenden Jahres sterben.) Trotz des Tauwetters und der milden Frühlingsluft hielt ihre schwermütige Stimmung an. Unter der drückenden Last ihrer vielen Pflichten brach sie oft in Tränen aus. Eine ganze Reihe chronischer körperlicher Beschwerden, von Schwindelanfällen über Nervenkrisen zu qualvollen Rückenschmerzen, machte ihr zu schaffen. Und ihr Günstling Mamonow ließ sich immer seltener bei ihr blicken. Die Entfremdung dauerte nun schon Monate, und Katharina hatte sich daran gewöhnt, daß sie sich abends selbst Gesellschaft leisten mußte. Vielleicht lernte sie jetzt, mit sechzig Jahren, etwas Neues: daß sie es nämlich im Gegensatz zu dem, was sie immer geglaubt hatte, doch schaffte, längere Zeit ohne Liebe zu leben.

Der endgültige Bruch mit Mamonow kam im Frühsommer. Es war eine sehr schmerzliche und demütigende Erfahrung des Scheiterns für die weißhaarig gewordene Kaiserin.

Viele Zeitgenossen beobachteten, daß die Moral der Angehörigen des katherinischen Hofes in diesen Jahren zunehmend laxer wurde. Außereheliche Beziehungen waren die Regel, Untreue und Verrat in Liebesangelegenheiten gab es jeden Tag. Auch Mamonow wurde von der Epidemie der Liebesintrigen angesteckt und begann eine leidenschaftliche Affäre mit Darja Scherbatowa, einer recht häßlichen, plumpen jungen Frau, die zu den Ehrendamen der Kaiserin gehörte.

Einige Jahre lang hatte sich Mamonow bei seinen Freunden immer wieder über seine »Gefangenschaft« bei der Kaiserin beschwert, und als Katharina davon erfuhr, hatte es tränenreiche Szenen gegeben, die ihr viel mehr unter die Haut gingen als ihrem Geliebten. Sie hatte sich Potemkin anvertraut, der versucht hatte, zwischen ihnen zu vermitteln, wenn er sich zu Besuch in St. Petersburg aufhielt. Aber Potemkin hatte ihr auch schon vor langer Zeit gesagt, daß Mamonow all des Ärgers und Kummers, den er ihr verursachte, nicht wert sei. (»Pfeif auf ihn!« hatte sein handfester Rat gelautet.)

Als Darja schwanger wurde, mußte irgend etwas geschehen. Mamonow verabredete sich mit Katharina. Seine Hände zitterten, und seine Stimme ließ ihn ab und zu im Stich, doch er brachte es fertig, Katharina in beinahe gleichgültigem Ton darum zu bitten, sie möge ihn als offiziellen Favoriten entlassen. Sie war entrüstet; er verlor die Fassung. Sie brachte all das aufs Tapet, worüber sie schon immer gestritten hatten, seine Kälte und daß er sich nicht genug um sie kümmere, sie vernachlässige. Er wiederum warf ihr vor, sich ihm gegenüber wie ein Kerkermeister benommen zu haben. Keiner von ihnen bekam, was er wollte.

Etwas später besann sich Katharina eines Besseren und schrieb ihm einen Brief. Da sie von Mamonows Affäre mit Darja nichts wußte, schlug sie ihm die Heirat mit einer reichen jungen Erbin vor, wodurch er frei würde und sich einer gesicherten Zukunft freuen könne. Sie versprach, alles zu tun, um diese vorteilhafte Heirat in die Wege zu leiten. »Auf diese Weise«, fügte sie am Ende ihres Briefes hinzu, »wirst Du in der Nähe bleiben.«

Mamonow war bestürzt. Er wünschte sich kein großes Vermögen; die Kaiserin hatte ihn und seine Familie ja schon reich gemacht. Er wünschte sich, mit der häßlichen, griesgrämigen, schwangeren Darja Scherbatowa zusammenzusein. Voller Beklemmung teilte er dies Katharina in seinem Antwortbrief mit.

»Ich küsse Deine kleinen Hände und Füße, und ich weiß kaum, was ich da schreibe«, endete sein Brief, der ganz im Ton zärtlicher Verliebtheit abgefaßt war. Doch endlich hatte er ihr gestanden, daß er vor sechs Monaten seiner geliebten Darja die Ehe versprochen hatte.

Katharina verlor das Bewußtsein, als sie dieses schockierende Bekenntnis las. Als sie wieder zu sich kam, wurde sie abwechselnd von Gefühlen des Staunens, des Schreckens, der Wut und eines tiefen Verletztseins überwältigt. Sie hatte gespürt, daß irgend etwas zwischen ihnen nicht stimmte, sie hatte gewußt, daß das verborgene Gift irgendwann an die Oberfläche kommen mußte. Sie hatten schon oft wegen seiner Flirts mit anderen Frauen gestritten; in Wahrheit waren die Eifersuchtsszenen der Hauptgrund ihrer Entfremdung gewesen.

(Mamonow zufolge war der entscheidende Faktor allerdings die Atmosphäre alles zersetzenden politischen Intrigentums gewesen. »In der Umgebung von Höflingen fühlt man sich wie umzingelt von Wölfen im Wald«, vertraute er einem Bekannten an.) Doch die Entdeckung, daß er sie tatsächlich hintergangen hatte, mit einer viel jüngeren Frau noch dazu, bedeutete für die stolze Katharina eine schwere Kränkung.

Sie zog sich in ihre privaten Gemächer zurück und gab sich ihrem Schmerz hin. Niemand als ihre alte Freundin Anna Naryschkina durfte zu ihr. Einige Tage lang kämpfte sie mit sich. Sie arbeitete am Schreibtisch und machte ihre üblichen Spaziergänge nach dem Mittagessen, alles andere überließ sie anderen. Dann hatte sie sich entschieden.

Sie ließ Mamonow und Darja Scherbatowa zu sich kommen, gab formell ihre Verlobung bekannt und beschenkte sie mit hunderttausend Rubeln und ertragreichen Ländereien. Die jungen Leute knieten vor der Herrscherin nieder; beide waren überwältigt von ihrer Großmut. Als sie ihnen Glück und Wohlstand wünschte, weinten nicht nur Braut und Bräutigam, sondern alle, die sich im Raum befanden, wie ein Beobachter notierte.

Äußerlich hatte sie sich von Mamonows Verrat erholt, doch wie sah es in ihrem Inneren aus?

»Man hat mir eine bittere Lektion erteilt«, schrieb sie an Grimm. Im gleichen Brief sagte sie dem Brautpaar ein unglückliches Schicksal voraus. Mamonow sollte »sein Leben lang gestraft sein durch diese idiotische Leidenschaft, die ihn zu einer Witzfigur gemacht hat und außerdem seine Undankbarkeit beweist«.

In Wahrheit war Katharina die Witzfigur; die Scherze auf ihre Kosten verdoppelten sich, während sie sich auf schmerzhafte Weise von Mamonow trennte, den man bei Hofe wegen seiner Arroganz, seiner boshaften und schlauen Eigensucht verachtete. Die Kaiserin, die sich den Heeren der Türken und Schweden gegenüber so tapfer zeigte, mußte vor einem einfachen Gardesoldaten ihre Niederlage eingestehen. Auf dem Schlachtfeld mochte sie triumphieren – in den Kriegen der Liebe gehörte sie zu den Verlierern. Doch was erwartete sie denn eigentlich, spotteten die Grausamen, sie, eine chronisch kranke alte Frau, die sich mit einem feurigen jungen Mann eingelassen hatte!

Kaum waren die Feierlichkeiten von Mamonows Vermählung beendet, da zog schon ein neuer Favorit in den kaiserlichen Palast ein: Platon Subow, ein hübscher, zierlicher Junge von zwanzig Jahren, der als Offizier bei der berittenen Garde diente. Subow spielte eher die Rolle eines Enkels und Lehrlings als die eines Liebhabers. Es ist sogar möglich, daß zwischen ihm und Katharina keinerlei sexuelle Verbindung bestand. (Wenn sie über ihn redete, nannte Katharina ihn nur »das Kind«.) Sie erwählte ihn hauptsächlich wegen seiner Unschuld, seiner sanften Art und seiner Aufrichtigkeit und Geradlinigkeit. Ein weiteres Mal so verletzt zu werden, wie Mamonow sie verletzt hatte, würde sie nicht ertragen. An Grimm schrieb sie, daß Subow »ein sehr entschiedenes Bedürfnis« danach verspürte, Gutes zu tun; sie war sicher, daß er sich ihr gegenüber stets loyal verhalten und ihr in seiner sanften und gefühlvollen Art beistehen würde, wenn sie mit Fieber und Schmerzen im Bett lag oder nächtelang keinen Schlaf fand.

»Er sorgt so wohl für mich«, schrieb sie, »daß ich nicht weiß, wie ich ihm danken kann.« Vorbei war die Zeit, da die Kaiserin ihren Leidenschaften zum Opfer fiel. Von nun an würde sie einen sichereren, gesünderen Kurs steuern.

Die Neuigkeiten, die im Sommer 1789 aus Paris eintrafen, waren für einige aufregend, für die meisten nur ärgerlich. Katharina erhielt täglich Berichte über den verwirrenden Aufruhr. Der König, der wegen der kollabierenden Wirtschaft unter starkem Druck stand, hatte die Repräsentanten des Adels, der Geistlichkeit und des Dritten Standes zu Beratungen in Paris zusammengerufen. Der Dritte Stand aber hatte sich zu einer eigenständigen Körperschaft erklärt und als Nationalversammlung neue Freiheiten und Rechte im Namen der Menschlichkeit verkündet.

Die unzufriedenen Pariser spürten, daß die Monarchie zu wanken begann; sie rotteten sich in den Straßen zusammen und stürmten das von jeher verhaßte Symbol des Absolutismus, die Bastille. Anfang August, in einer einzigen wilden

Nacht des aufblühenden republikanischen Geistes, verzichteten viele Adlige auf ihre Privilegien und ihren Landbesitz und erklärten sich mit den Zielen der Delegierten des Volkes einverstanden, die Frankreich reformieren wollten.

Katharina war davon überzeugt, daß Frankreich kurz vor dem Zusammenbruch stehe und daß der rückgratlose, unentschiedene Ludwig für das Unglück seines Landes verantwortlich sei. Sie spähte aufmerksam nach jedem Anzeichen von Revolution in ihrem eigenen Reich und befahl ihren Kommandeuren, ihre Anstrengungen zu verdoppeln, damit die Kämpfe gegen die Schweden und die Türken zu einem raschen Ende kamen. Man mußte befürchten, daß die grassierende »französische Infektion« auch nach Rußland käme. Keine Regierung in ganz Europa war davor sicher. Was Ludwig und seine österreichische Gemahlin betraf, so bestand für Katharina kein Zweifel darüber, daß sie zum Tode verurteilt waren, wenn es ihnen nicht gelang, heimlich nach England oder Amerika zu fliehen.

Als die Soldaten am Ende dieses Sommers in ihre Winterlager marschierten, gab es trotz russischer und österreichischer Siege keine Aussicht auf einen baldigen Frieden. Katharina war voller Angst und Sorge um die Zukunft Europas.

»Alle Staaten sind in einer Gärung begriffen«, bemerkte sie zu ihrem Sekretär. Sie schimpfte auf das hinterlistige Verhalten Preußens unter dem Nachfolger Friedrichs des Großen, Friedrich Wilhelm II., und befürchtete einen preußischen Angriff. Zu ihrem größten Verdruß erfuhr sie im März 1790, daß der preußische König einen Geheimpakt mit dem türkischen Sultan geschlossen hatte. An beiden Fronten mußte Rußland nun Verluste hinnehmen. Katharina zog sich in die Einsamkeit zurück und verbrachte viele Stunden in Gesellschaft Subows, mit dem sie Plutarch las. Sie versuchten sich an einer gemeinsamen Übersetzung; Subows jungenhafte Gelehrigkeit machte der von Sorgen niedergedrückten Kaiserin viel Freude.

Wieder einmal füllten sich die Petersburger Straßen im Mai und Juni mit Pulverdampf. Kanonendonner erschütterte die Mauern und ließ Hunderte von Fenstern zerspringen. König Gustavs Flotte stand vor der russischen Küste, und Katharina schlug die Ratschläge ihrer Freunde, die sie beschworen, ins sichere Moskau zu fliehen, in den Wind und ließ sich in der Hoffnung, Zeuge einer großen Seeschlacht zu werden, im strömenden Regen nach Kronstadt rudern. Natürlich erwartete sie einen triumphalen Sieg ihrer eigenen Schiffe! Sie war inzwischen sehr kurzsichtig geworden; mitten im hallenden Kanonendonner versuchte sie, ein Fernglas vor den Augen, die in den Küstengewässern kreuzenden Schiffe zu beobachten, so gut es eben ging.

»Gott ist mit uns!« rief sie beim Essen aus und erhob ihr Glas zu Ehren der Matrosen, die, wie sie hoffte, sehr bald den Sieg für Rußland errangen, dem dann ein dauerhafter Frieden folgen würde.

Der Frieden folgte tatsächlich, und zwar sehr bald, doch das russisch-schwedische Abkommen, das im August 1790 unterzeichnet wurde, brachte die Sorgen der Kaiserin keineswegs zum Verschwinden. Die baltische Flotte war durch schwedischen Beschuß arg zusammengeschmolzen und geschwächt. Preußen, im Verbund mit England, stellte noch immer eine ernste Bedrohung dar. Der türkische Krieg zog sich in die Länge; in seinem Gefolge mußten immer neue Schulden gemacht und immer mehr Bauern eingezogen werden. Letzteres konnte in dieser Zeit, da der »französische Irrsinn« in der Luft lag, jederzeit zu Aufruhr und Unruhen führen.

Katharina sah sich mit einem Berg von Schwierigkeiten konfrontiert, als der Winter wiederkehrte, und dazu vervielfachten sich ihre körperlichen Beschwerden. Möglicherweise hatte sie ein Magengeschwür. Ihr ganzer Verdauungsapparat war aus dem Gleichgewicht, so daß sie sich nur noch von Kaffee, einigen Schlucken Wein am Tag und Zwieback ernähren konnte. Nach vielen Wochen dieser kargen Diät war sie abgemagert und völlig energielos und verbrachte viel Zeit niedergeschlagen auf ihrem türkischen Sofa oder im Bett.

Den endlosen, eisigen Winter durchzustehen fiel ihr in diesem Jahr besonders schwer. Häufiger als sonst verfiel sie in Depressionen, Weinkrämpfe und heftige Anfälle von Schmerzen, die die Arbeit nahezu unmöglich machten. Subow, »das Kind«, gab ihr einigen Trost, doch der einzige Mann, auf den sie sich wirklich verlassen konnte, Potemkin, war weit weg und selbst in Gefahr. Katharina gestand, daß sie sich fühle, als ob ein schwerer Stein auf ihrem Herzen liege. Sie verschloß immer wieder die Augen vor ihrem Alter und vor den Verlusten, die das Alter mit sich brachte, weigerte sich, die Arzneien ihrer Leibärzte einzunehmen, und suchte statt dessen Heilung bei Hausmitteln und heißen Bädern.

Als sie endlich, im Februar 1791, erfuhr, daß Potemkin sich auf dem Rückweg nach St. Petersburg befand, raffte sie sich auf und ließ Vorbereitungen treffen für den triumphalen Empfang des Kriegshelden. Doch Potemkin nahm ihr die Initiative aus der Hand. Er verkündete, daß er zu Ehren der Kaiserin und anläßlich ihres zweiundsechzigsten Geburtstags einen großen Ball mit dreitausend geladenen Gästen im Taurischen Palais geben werde.

Am Abend des 23. April war Potemkins luxuriöses klassizistisches Anwesen verschwenderisch geschmückt, von Tausenden von Wachskerzen erleuchtet – es hieß, der Hausherr habe alle Kerzen in St. Petersburg aufgekauft und in Moskau Nachschub bestellt – und mit farbenprächtigen Gobelins, dicken Teppichen und kostbaren Kunstwerken ausgestattet. Alle Diener trugen nagelneue Livreen. In der Küche warteten ausgesuchte Köstlichkeiten auf die Gäste, und aus den Weinkellern holte man zu dieser Gelegenheit die edelsten Tropfen. Alle Anzeichen der kürzlich überstandenen Kämpfe – Glassplitter, beschädigter Putz und abgebrochene Verzierungen – waren beseitigt worden, so daß sich das herrliche Palais in seiner ganzen ursprünglichen Schönheit zeigte.

Gleich einer endlosen Karawane rollten die Equipagen in den Hof ein und entließen ihre maskierten und kostümierten Gäste. Die kaiserliche Kutsche, bemalt und vergoldet, mit glitzernden Diamanten besetzt, fuhr am Eingang vor, und die nicht sehr große, beleibte Kaiserin stieg aus. Sie war einfach gekleidet, hatte das weiße Haar aufgebunden, und ihr Gesicht war tief zerfurcht, doch in ihren blaßblauen Augen schimmerte es freundlich und wachsam. Ohne besonderes Zeremoniell betrat sie mit langsamen Schritten die marmorne Eingangshalle.

Die Herren verbeugten sich, die Damen machten einen tiefen Knicks vor ihr. Potemkin, den fülligen Leib in leuchtendroten Stoff gehüllt, einen Umhang aus schwarzer Spitze um die Schultern, trat vor, um der Kaiserin die Hand zu küssen und sie in den Ballsaal zu geleiten. Ein aus dreihundert Musikanten bestehendes Orchester begann zu spielen, und Katharina schritt an der Spitze der langen Kolonne der Gäste durch den ganzen riesigen Raum mit den hohen Decken, um ihren Platz auf dem Podium einzunehmen, von wo sie die Tanzenden beobachten konnte.

Ihr hübscher Enkelsohn Alexander, der jetzt vierzehn Jahre zählte, tanzte in einer Formation von vier Dutzend Paaren die Quadrille. Sein hochgewachsener, wohlproportionierter Körper wurde durch den diamantenbesetzten blauen Anzug, den er trug, gut zur Geltung gebracht. Er war blond und hellhäutig, sein Gesicht war von mädchenhafter Schönheit, und er hielt sich königlich. Schon lange herrschte bei vielen Leuten die Meinung vor, daß Alexander, nicht Paul, einst der Kaiserin auf dem Thron folgen sollte. In dieser Nacht, während sie den geschmeidigen, anmutigen Jungen sich im Rhythmus der Musik bewegen sah, mochte auch Katharina lebhaft an die Thronfolge denken.

Nach dem Tanz schlenderten die Gäste durch einen langen Säulengang in einen anderen, von einer Kuppel überwölbten Saal, der bis auf die großen Vasen aus Carraramarmor völlig kahl war. Er führte zu einem weiteren großen Raum, in dem Bäume und blühende Sträucher wuchsen. Hier konnte man die Aprilkälte vergessen; die warme, feuchte Luft war von exotischem Blütenduft geschwängert, und im hellen Schein der Kerzen plätscherten Wasserfontänen in marmornen Becken. Im Herzen dieses lieblichen Wintergartens befand sich eine Grasfläche, aus der sich ein durchsichtiger Obelisk erhob, dessen prismatisch geschliffene Oberfläche das Licht in tausend leuchtenden Farben zurückwarf.

Die Gäste bestaunten die Einfälle ihres Gastgebers und die erfinderische Kraft seiner Architekten und Handwerker. Denn Potemkin hatte etwas unmöglich Scheinendes verwirklicht: Er hatte direkt neben dem tropischen Garten eine Eishöhle bauen lassen, deren frostglitzernde Wände in wäßrigem Grün die Farbe der üppigen Vegetation ringsum widerspiegelten.

Beim Souper bezauberte Katharina alle, die mit ihr plaudern durften. »Ihre außerordentliche Liebenswürdigkeit geht keineswegs zu Lasten ihrer kaiserlichen Würde«, schrieb Graf Esterházy, der Rußland im Jahre 1791 besuchte und viele Abende in Katharinas Gesellschaft verbrachte. »Wer die Ehre hat, ihres Vertrauens gewürdigt zu werden, wagt es nicht, mit ihr über Politik zu sprechen, es sei denn, sie selbst schneidet solche Themen an. Ihre Konversation ist sehr interessant und recht vielseitig. Von sich selbst und von ihrer Regierung spricht sie mit nobler Bescheidenheit, welche sie über alle Komplimente erhebt, die man ihr machen könnte.«

Jene Gäste, die die Kaiserin nie zuvor gesehen hatten und nichts von ihr wußten als das, was sie in westeuropäischen Zeitungen oder in den immer zahlreicher werdenden satirischen Blättern über sie gelesen hatten, entdeckten zu ihrer Verwunderung, wie anmutig, natürlich und kultiviert sie war. Hatten sie eine verlebte alte Vettel erwartet, so fanden sie eine wortreiche, kluge alte Dame von bezaubernder Freundlichkeit vor. Da sie von sich selbst nie allzuviel Aufsehens gemacht hatte, erregte sie es bei anderen um so mehr.

Spät am Abend erhob sich Potemkin und klatschte in die Hände, und der Vorhang seiner privaten Theaterbühne hob sich. Die Gäste strömten herbei, um der Aufführung zweier neuer Ballette – die Mitwirkenden waren aus Frankreich und Italien angereist – und zweier Komödien beizuwohnen, die von einem Chorkonzert und einer volkstümlichen Tanzdarbietung mit Tänzern aus allen Gegenden Rußlands beschlossen wurde.

Immer neue goldene und silberne Schüsseln wurden bei dem viele Stunden währenden Bankett aufgetragen, Wein und Champagner flossen in Strömen, das Orchester spielte, und die Gäste tanzten die ganze Nacht hindurch. Gegen Mitternacht wurde Katharina müde und begann, sich zu verabschieden. Auf einmal wurde es still, und ein feierlicher Choral ertönte. Es war eine Siegeshymne, zu Ehren der Kaiserin komponiert.

Sie stand in der großen Eingangshalle und lauschte den

kraftvollen Stimmen, die sich miteinander verflochten und zu einem triumphalen Crescendo anstiegen, und sie war tief bewegt. Dieses eine Mal mag sie sich erlaubt haben, an all das zu denken, was sie in ihren zweiundsechzig Lebensjahren schon erreicht hatte, an den starken Geist, den unbeugsamen Willen, der ihr geholfen hatte, sich in gefährlichem Fahrwasser zu behaupten, an den robusten Körper, der bis jetzt von jeder Krankheit genesen war, an den scharfen Verstand, der das Reich zu seiner jetzigen Größe geführt hatte. Ja, in dieser Nacht mag Katharina, und sei es nur für einen Augenblick, auf ungewöhnlich unbescheidene Art sehr stolz auf sich gewesen sein.

Kapitel Achtundzwanzig

Katharina saß in einem Morgenmantel aus schwerer weißer Seide und mit einer weißen Krepphaube auf dem Kopf am Schreibtisch in ihrem Schlafzimmer und schrieb, die Feder immer wieder in das Tintenfaß tauchend, einen Brief an Grimm. Es war kalt; draußen lag meterhoch der Schnee, und die Fenster waren von glitzerndem Eis überkrustet. Schnee und Kälte erinnerten Katharina an einen anderen, längst vergangenen Februartag. »Fünfzig Jahre sind vergangen, seit ich in St. Petersburg ankam«, schrieb sie. »Keine zehn Leute werden sich an diesen Tag erinnern.«

Und sie zählte alle Menschen auf, denen sie damals, als fünfzehnjähriges Mädchen, begegnet war: Iwan Bezki, der zum Geliebten ihrer Mutter geworden war und der heute verbraucht, senil und fast blind dahindämmerte; die Gräfin Matjuschkina, zehn Jahre älter als Katharina, heute eine rüstige alte Frau, die vor kurzem noch einmal geheiratet hatte; der Spaßmacher Lew Naryschkin, Meister aller Narreteien, der Katharina ein halbes Jahrhundert lang zum Lachen gebracht hatte; eine der alten, krummen Aufwärterinnen – deren Name ihr entfallen war. »Das, mein Freund, ist der überzeugendste Beweis, daß man wirklich alt geworden ist.«

Bald würde sie fünfundsechzig sein. Immer wieder hatten europäische Zeitungen ihren Tod verkündet. Sie selbst hatte ein Memorandum vorbereitet, eine Art Testament, das für die Personen ihrer nächsten Umgebung Verhaltensmaßregeln im

Falle ihres Todes bereithielt. Angetan mit einem weißen Kleid und mit der goldenen Krone auf dem Kopf, die der Schriftzug ihres Namens zierte, wollte sie aufgebahrt werden. Man sollte sie nur sechs Monate betrauern, »je kürzer, desto besser«, und die Trauer sollte traditionellen Anlässen zu festlicher Fröhlichkeit, »Hochzeiten und Konzerten«, nicht entgegenstehen. Katharina wünschte nicht, irgend jemandem die gute Laune zu verderben.

In leichterem Ton fuhr sie mit ihrem Brief fort. »Trotz allem«, schrieb sie an ihren langjährigen Korrespondenzpartner, »spiele ich so leidenschaftlich Blindekuh wie ein fünfjähriges Mädchen, und die jungen Leute, meine Enkel und Urenkel, sagen, daß ihre Spiele nie so fröhlich sind, als wenn ich sie mit ihnen spiele. Mit einem Wort, ich bin bei ihnen ein gerngesehener Festgast.«

Katharina hatte sieben Enkel, der jüngste kaum zwei Jahre alt. Trotz ihres Rheumas im Knie und der zunehmenden Unbeholfenheit all ihrer Bewegungen hielt sie mit den Kindern noch immer Schritt; sie rannten und tobten um sie herum, und sie brachte sie dazu, vor Aufregung laut zu krähen und zu lachen. Etwas Junges, Warmes und Lebendiges mußte immer um sie sein, entweder Enkelkinder oder ein Hund oder ein zahmes Eichhörnchen. Die Leute bemerkten, daß sie nicht gern allein war. Wenn Subow ihr Gesellschaft leistete, brachte er oft sein zahmes Äffchen mit; gehässige Beobachter meinten allerdings, er selbst sei das wahre Äffchen, ein albernes Schoßtier der Kaiserin.

Katharina erzählte Grimm auch von den literarischen Projekten, die sie gerade beschäftigten; sie wußte, daß diese Dinge nur wenige Leute je interessieren würden, doch sie brauchte sie, um ihren Geist während der langen, dunklen Winterabende anzuregen. Sie hatte gelehrte Neigungen entwickelt, forschte über die russische Geschichte des Mittelalters, besonders das späte vierzehnte Jahrhundert. Es machte ihr Spaß, alte Dokumente zu entziffern, und in den letzten Jahren hatte sich ihre Neugier immer mehr auf das Altertum gerichtet. Da sie selbst nun schon zu den Altertümern gehörte, hatte sie sich auch darangemacht, eine neue Fassung ihrer Memoiren zu schreiben. Dieses Unternehmen brachte ihr große Befriedigung; aber vor der Katharsis kam das schmerzvolle Wiedererleben der bangen Jahre unter der Ägide Elisabeths.

Vor kurzem hatte sie beim Durchstöbern der Palastarchive einen alten Koffer voller staubiger, von Ratten angenagter Papiere entdeckt, die sie systematisch zu lesen begann. Die Texte stammten aus den vierziger Jahren ihres Jahrhunderts, und es war in ihnen, wenn auch nur am Rand, von ihr selbst die Rede. Je mehr sie davon las, desto besser verstand sie im nachhinein, warum Elisabeth so argwöhnisch gewesen war, welche Parteien und Adelscliquen sie gefürchtet und warum die Thronfolge sie so sehr beschäftigt hatte. Ihre neuen Einsichten ließ Katharina in ihre Memoiren einfließen.

Als sie den Brief an Grimm beendet hatte, wandte sie sich einem Buch zu. Sie trug mittlerweile eine Brille und mußte beim Lesen sogar eine Lupe benutzen. (»Unsere Augen sind durch den langen Staatsdienst trüb geworden«, sagte sie gern, den Pluralis majestatis benutzend.) Sie las die klassischen französischen Dramen und war ganz versessen auf alles, was mit alten Sprachen zu tun hatte, besonders mit solchen Sprachen, die innerhalb der Grenzen ihres Reichs gesprochen wurden. Auch die Astronomie interessierte sie. Einmal stellte sie Grimm beiläufig die Frage, ob die Sonne sich verkleinert habe, nachdem das Material, aus dem die Planeten entstanden, aus ihr herausgebrochen war. Gegen Ende ihres Lebens las sie ebenfalls Bücher über Recht und Rechtsphilosophie, auch wenn andere Beschäftigungen ihre nachdenkliche Lektüre häufig unterbrachen.

Ihr Haß auf die Jakobiner, die sich an die Spitze der politischen Veränderungen in Frankreich gesetzt hatten, wurde jedes Jahr glühender. Aus dem jakobinischen Schrei nach Gleichheit war die *Terreur* geworden, jenes blutige Schreckensregiment, in dessen Verlauf Tausende unschuldiger Menschen auf die Guillotine kamen. Die Jakobiner hatten die Hinrichtung Ludwigs XVI. und seiner Gemahlin befohlen und hielten deren einzigen Sohn im Kerker gefangen. Die Jakobiner wollten, wie Katharina glaubte, die ganze Welt verändern, sie wollten alle Monarchen und Aristokraten töten, die es gab. Nach ihrer Meinung waren die Jakobiner tollwütige Hunde, die erschossen, vergiftet, vernichtet gehörten.

Im Lesen innehaltend, erhob sich Katharina von ihrem Schreibtisch und ging zum Fenster hinüber. Sie öffnete es, um den Vögeln, die sich draußen auf dem eisigen Sims versammelt hatten, eine Handvoll Brotkrumen hinzuwerfen. Die Kälte biß ihr dabei in Gesicht und Hände, und schnell schloß sie das Fenster wieder. Dann ergriff sie mit leisem Seufzen die Glocke auf dem Tisch, um ihren Kammerdiener Sotow herbeizuklingeln.

Während der nächsten Stunden sprach sie mit ihren Sekretären und mit dem Polizeichef, der ihr die letzten Informationen über verdächtige jakobinische Elemente, mutmaßliche Attentäter und andere Verbrecher in Moskau und St. Petersburg übermittelte. Sie hatte solche Angst davor, daß die radikalen französischen Ideen auch in ihrem Reich Fuß faßten, daß sie den Verkauf revolutionärer Kalender (die statt der traditionellen Monatsnamen die während der Französischen Revolution eingeführten poetischen, auf den Jahreslauf der Natur bezogenen Monatsbezeichnungen verwendeten) und der roten Jakobinermützen verboten hatte.

Zuletzt wurde Graf Subow zu ihr hereingeführt. Der Kammerdiener verbeugte sich tief vor ihm, und alle anderen machten ihm ehrerbietig Platz. Er trug einen seidenen Morgenrock mit paillettenbestickten Säumen, weiße Satinhosen und grüne Stiefel. Sein Äffchen hüpfte hinter ihm her, kletterte dann plötzlich an ihm empor, um mit einem Satz aufs Bett, dann auf den Tisch und von dort auf den Schrank zu springen.

Subow war längst nicht mehr der zarte, anmutige junge Gardesoldat von einst, er war ein wichtiger Mann in Katharinas Regierung geworden, bekleidete den Rang eines Generalleutnants und hatte eine eigene Kanzlei mit eigenem Beamtenstab. Seit er Mamonows Stelle übernommen hatte, hatte er eine Menge dazugelernt; heute verfügte er nicht nur über Potemkins Suite im Palast, sondern auch über fast soviel Macht wie einst Potemkin. Wegen seines schwindelerregenden Aufstiegs und seines Einflusses auf die Kaiserin wurde er von vielen mit bösen und argwöhnischen Blicken bedacht.

Die Höflinge hatten auch Potemkin gehaßt, doch sie hatten seine einzigartige Persönlichkeit anerkannt. Subow aber hielten sie für durch und durch verächtlich, da er in ihren Augen keinerlei Verdienst besaß, das seine hohe Stellung rechtfertigte. Er sei langweilig, geistlos und ein Flegel. Die Kaiserin, die dummerweise in ihn vernarrt war, fand ihn noch immer brillant und häufte ihm mehr Verantwortung auf, als er zu tragen vermochte. (»Ich erweise dem Staat einen großen Dienst durch die Erziehung junger Männer«, bemerkte sie zu einem ihrer Beamten, der diese Bemerkung mit einem wissenden Lachen an alle, die es hören wollten, weitergab.)

In Wahrheit war Subow ein hart arbeitender, aber etwas schwerfälliger Staatsbeamter, der sich, laut einem scharfsichtigeren Beobachter, »mit all den Papieren, die man ihm vorlegte, abquälte, weil es ihm an Verständnis und geistiger Regsamkeit fehlte, um sich die schwere Last, die er trug, zu erleichtern«. Er war ein Lehrling, dem man die Pflichten eines Meisters auferlegt hatte. Allzu oft enttäuschte er Katharinas viel zu hochgespannte Erwartungen. Allerdings besaß er soviel Macht, daß andere vor ihm auf dem Bauch krochen, und es gelang ihm immer wieder, sich gegen alle Angriffe erfolgreich zur Wehr zu setzen.

Mittags betrat Katharinas Friseur ihr Gemach, ein schon älterer Diener. Er kämmte das ausgedünnte weiße Haar der Kaiserin und drehte es zu einem einfachen Knoten mit einigen kleinen Löckchen hinter den Ohren. Die vier kaiserlichen Kammerzofen, die alle älter waren als Katharina selbst, bereiteten ihre Toilette vor. Davor spülte sich Katharina mit einer Tasse Wasser den Mund aus. Sie hatte nun keine Zähne mehr; Kinn und Kiefer waren erschlafft, was ihr Aussehen insgesamt etwas vergröberte. Doch das weiße Haar und ihre helle, gut durchblutete Haut ließen sie noch immer anziehend erscheinen.

Die Zofen brachten ihr Tageskleid, ein fließendes weißes Untergewand, eine dunkle Schürze mit weiten, gefältelten Ärmeln. Die dunkelgrauen oder mauvefarbenen Schürzen trug sie täglich, es war eine Art Uniform. Wie in anderen Dingen hielt sie auch in ihrer Toilette auf Unkompliziertheit und Effizienz – das Ankleiden dauerte nicht länger als zehn Minuten. Zu Sawadowski hatte sie einmal gesagt, daß ihre Zeit nicht ihr selbst gehöre, sondern dem Reich. Stunden mit der Pflege ihrer äußeren Erscheinung zu verbringen schien ihr nicht recht, denn ihre Untertanen brauchten sie.

Nach einer leichten, magenschonenden Mahlzeit fuhr die Kaiserin aus. All jene, die ihr auf ihrer Kutschenfahrt begegneten, begrüßte sie mit einem freundlichen »Guten Tag!«, und wenn die Leute Hochrufe auf sie ausbrachten, schenkte sie ihnen ein gütiges Lächeln. Bei schlechtem Wetter verbrachte sie den Nachmittag im Palast. Sie las ein Buch, oder sie arbeitete mit Hilfe einer Lupe an einer Stickerei, oder sie ließ sich von Subow aus den ausländischen Zeitungen vorlesen.

Sie lachte über die häufigen Berichte, die in diesen Zeitungen über ihr angebliches geheimes unzüchtiges Leben erschienen. Journalisten, die auf der Seite ihrer politischen Gegner standen, malten Katharina gern als einen männermordenden Vamp mit unersättlichen sexuellen Gelüsten und einer Gier nach immer stärkeren exotischen Reizen. Es kursierten jede Menge pornographischer Geschichten über ihre Exzesse. Kein Mann, so hieß es, sei in der Lage, sie zu befriedigen, sie brauche einen Zuchthengst. Einst hatte Voltaire sie die »Semiramis des Nordens« genannt. Heute nannte man sie im revolutionären, antimonarchistischen Paris nach der zügellosen Frau des römischen Kaisers Claudius die »Messalina des Nordens«.

In früheren Zeiten hatte sie dem, was die englischen und französischen Journalisten über sie dachten und schrieben, immer sehr große Bedeutung beigemessen. Sie wollte als humane und aufgeklärte Monarchin in der Welt erscheinen, als Verkörperung von Rationalität, Toleranz und Güte. Jetzt aber, da sich Frankreich in der Hand der erbärmlichen Königsmörder befand, deren Taten ganz Europa aufwühlten, gab sie alle Hoffnungen auf einen ruhmreichen Namen auf. Wenn ihre Untertanen sie »die Große« nannten – nur ihr Idol, der große Peter, hatte vor ihr in Rußland diesen Ruhmestitel erhalten –, wehrte sie ab. Vor vielen Jahren hatte sie Voltaire den Vorschlag gemacht, ein Buch mit dem Titel »Das Zeitalter Katharinas II.« zu schreiben, doch je älter sie wurde, desto weniger Wert legte sie auf die Verherrlichung ihrer Person.

Im Gefolge einer übertriebenen Verehrung entstanden nach Katharinas Überzeugung nur falsche und überzogene Erwartungen. Der Fürst von Ligne hatte ihr einst, nachdem sie Freunde geworden waren, gestanden, daß er sie sich immer als eine »breite und große Frau« vorgestellt habe, »steif wie ein Feuerhaken, die sich nur in kurzen Sätzen äußert und ständige Bewunderung verlangt«. Er war sehr erleichtert gewesen, als er entdeckte, daß sie ganz im Gegenteil eher klein war, voller Herzenswärme und Plauderlust.

Allerdings mußte sich die Kaiserin bei öffentlichen Auftritten dem Zeremoniell unterwerfen, das seine eigenen Gesetze hatte. »Wenn ich einen Raum betrete«, sagte sie zu dem Fürsten von Ligne, »übe ich die Wirkung eines Medusenhauptes aus.« Verlegenheit und Gezwungenheit gehörten zu jedem Auftritt eines Monarchen. Katharina war daran gewöhnt; aber es gelang ihr auch, die gefrorenen Mienen auftauen zu lassen und die ängstlichen, zurückhaltenden, in Ehrfurcht erstarrten Menschen zum Sprechen zu bringen.

Für ihre Freunde blieb Katharina das ganze Leben lang eine lebendige und höchst amüsante Kameradin. Gelegentlich verkündete sie ihren Gästen, sie werde jetzt »Sphärenmusik« zu Gehör bringen, und gab daraufhin mit grotesk falscher Kopfstimme unter vielen Grimassen eine musikalische Parodie zum besten. Die Krönung ihres komischen Könnens war ein »Katzenkonzert«, in dem sie auf haarsträubende Weise schnurrte und miaute und diese Laute mit allerlei sentimentalen Versen mischte, dann auf einmal zischte und spuckte und einen Buckel machte wie ein liebestoller Straßenkater. Auch das war die große Katharina.

Nachdem das Eis gebrochen war in diesem Frühjahr, stieg die Newa schnell an; gegen Ende April überflutete sie das Granitufer und ergoß sich in die Straßen der Stadt. Die Leute sagten, die Flut bringe Böses mit sich; große und tragische Ereignisse stünden bevor.

Tatsächlich gab es dramatische Vorfälle vor Rußlands Haustür. Polnische Rebellen unter Führung von Tadeusz

Kosciuszko, die die Freiheit Polens gegen Katharina und den preußischen König Friedrich Wilhelm verteidigten, richteten in der russischen Garnison von Warschau ein Blutbad an und trieben Tausende von Russen in eine panische Flucht. Hunderte von Menschen starben.

Katharinas Erklärung für diese Ereignisse war, daß die Seuche des Jakobinertums auch in Polen ausgebrochen sei. Als sie erfuhr, daß die Rebellen alle Menschen für gleich erklärten und die Befreiung der polnischen Leibeigenen forderten, wurde sie nur noch sicherer in ihrer Meinung. Sie fürchtete, daß Frankreich die aufständischen Truppen unterstützen könnte, und begann daher die Annektierung ganz Polens ins Auge zu fassen. Im vergangenen Jahr hatte sie sich die polnische Ukraine, Minsk und Wilnius einverleibt, während Preußen als Belohnung für die diplomatische Unterstützung Rußlands Torun und Danzig erhalten hatte.

Die territoriale Ausdehnung Rußlands zu Lasten Polens bedeutete für das neuerwachte Nationalbewußtsein der Polen einen schweren Affront. Die Auslöschung der polnischen Souveränität ist für Katharinas moderne Kritiker ein barbarischer Akt gewesen, der ihren vielgepriesenen aufgeklärten Tugenden widersprach. Doch politisch war Polen mindestens eine ganze Generation lang instabil gewesen; und angesichts der Tatsache, daß in Frankreich ein Schreckensregiment herrschte und man hinter jedem Aufruhr in Europa jakobinische Verräter vermutete, schien es Katharinas Zeitgenossen nur vernünftig und sogar lobenswert, daß Rußland einen so gefährlich radikalisierten Staat vor seiner Haustür mit allen Mitteln bekämpfte.

Im Oktober 1794 kapitulierte Warschau vor der überlegenen russischen Armee. Während der folgenden Monate annektierte Rußland Kurland und das Gebiet des einstigen polnischen Litauen. Der König, Stanislaus Poniatowski, dankte ab und zog sich ins Privatleben zurück. Sein Wohnort war St. Petersburg. Falls er Katharina noch einmal sah oder versuchte, sie zu sehen, so sind uns darüber keinerlei Berichte überliefert.

Während der monatelangen polnischen Krise versuchte Katharina mit aller Macht, Subows Stellung als Staatsmann zu festigen. Doch er beeindruckte niemanden. Sie schrieb politische Lageberichte für ihn, in denen sie all ihre Erfahrungen, in Ratschlägen und Maximen zusammengefaßt, einfließen ließ. Er studierte sie fleißig, aber die Lektüre machte ihn kaum klüger.

Es wurde Katharina klar, daß sie sich auf Subow nicht auf die gleiche Weise verlassen konnte, wie sie sich einst auf Potemkin verlassen hatte, und das muß eine schmerzliche Einsicht für sie gewesen sein. Die ganze Last der Entscheidungen, die zu treffen, der Befehle und Anordnungen, die zu geben, der Aufgaben, die zu verteilen waren, blieb an ihr hängen. Wie sie an Grimm schrieb, kamen an einem einzigen Tag so viele Briefe, Depeschen und Pakete (einschließlich Bücherpaketen) an, daß man neun große Tische brauchte, um alles auszubreiten. Um ihre rotgeränderten, müden und tränenden Augen zu schonen, ließ sich Katharina die Post von verschiedenen Beamten vorlesen. Drei Tage von je zwölf Vorlesestunden brauchte sie, um den Berg von Worten zu bezwingen. Und bei alldem fand sie immer noch ein wenig Zeit für ihre Forschungen über die Geschichte Armeniens; General Popow hatte ihr ein Buch geliehen, das dieses Thema behandelte.

Die Tyrannei der Arbeit hielt die Kaiserin gefangen und beraubte sie ihrer Zeit, ihrer Stimmungen, ihrer Vorlieben und Vergnügungen. Sie versuchte trotzdem, sich jeden Tag ein Stündchen ihren Enkeln zu widmen, besonders Alexander, der jetzt siebzehn war und eine deutsche Prinzessin geheiratet hatte. Konstantin, Alexandra, Jelena (»la belle Hélène«), Maria und die sechsjährige Katharina trotteten hinter ihrer Großmutter her, wenn sie im Palastgarten spazierenging. Oft mußten plötzlich alle innehalten, weil die Kaiserin schreckliche Schmerzen in den Beinen hatte. Anfang 1795 wurde ein weiteres Kind geboren, Anna; im gleichen Jahr fiel die kleine Olga, zweieinhalb Jahre alt, nach wochenlangem Leiden einer seltenen Kinderkrankheit zum Opfer.

Die Thronfolge machte Katharina immer wieder Sorgen. Sie wußte, daß sie nicht sehr viel länger würde regieren können, denn sie fühlte sich von Tag zu Tag schwächer. Viele Höflinge glaubten, daß Paul niemals herrschen werde, aber ob Katharina eine entsprechende testamentarische Bestimmung traf oder sonstige Maßnahmen ergriff, um ihren Sohn von der Thronfolge auszuschließen, ist bis heute nicht bekannt.

Mit Sicherheit fühlte sich Paul schlecht behandelt. Seine tiefe Unzufriedenheit kam in Ausbrüchen gewalttätiger Wut und einer Miene ständiger bitterer Verächtlichkeit zum Ausdruck. Daß er sich so zahlreich vermehre, sei der einzige Beitrag, den er zur ruhmreichen Zukunft des Reichs leiste, bemerkte er einmal sarkastisch zu einem Bekannten. Es ist gut möglich, daß er auf seinen hübschen ältesten Sohn neidisch war, der ihm vorgezogen wurde. Im Beisein der Kaiserin bemühte er sich allerdings, keinerlei Feindseligkeiten Alexander gegenüber an den Tag zu legen. Pauls persönliches Anliegen war es, Peter III. zu rehabilitieren und zu rächen. Er gelobte, dafür zu sorgen, daß Peter nach Katharinas Tod aus der Vergessenheit auftauchte und seine Ehre wiederhergestellt würde.

Paul hatte sich bei der Suche nach einer Braut für Alexander nicht eingemischt, und auch als Anfang 1796 Konstantin mit einer Prinzessin von Sachsen-Coburg verheiratet wurde, hielt er sich im Hintergrund und überließ Katharina die konkreten Arrangements. Dasselbe galt, als seine älteste Tochter, die dreizehnjährige Alexandra, ins heiratsfähige Alter kam. Der junge König von Schweden, Gustav IV., meldete durch seine Gesandten Interesse an. (Der Vater des künftigen Bräutigams, Katharinas einstiger Feind Gustav III., war einige Jahre zuvor ermordet worden.) Alexandra, nach Einschätzung ihrer Großmutter ein sehr hübsches und intelligentes junges Mädchen, war für Gustav nicht die erste Wahl gewesen, doch Katharina hatte sich entschlossen, daß Alexandra Königin von Schweden werden sollte, und sie hatte den Schweden so lange im Guten und im Bösen zugeredet, bis sie sich einverstanden erklärten. Mitte August 1796 traf der siebzehnjährige König, von seinem Onkel und Regenten begleitet, mit einem über hundertköpfigen Gefolge in St. Petersburg ein, um die letzten Einzelheiten der Vermählung zu besprechen.

Katharina wünschte von ganzem Herzen, daß alles gutging. Obwohl sie mit ihren schmerzenden, geschwollenen Beinen nun kaum noch laufen und keine Treppen mehr steigen konnte, nahm sie an dem Ball teil, der zu Ehren der Schweden veranstaltet wurde, und bewunderte den blonden, blauäugigen Gustav; trotz einer gewissen Schüchternheit und Unbeholfenheit, die er in Gesellschaft von Fremden an den Tag legte, schien er ihr der geeignete Bräutigam für ihre Enkelin.

Die beiden jungen Leute verstanden sich gut, und im September begannen die Vorbereitungen für die Hochzeit. Es zeigte sich allerdings, daß die lutherischen Schweden erwarteten, daß die orthodoxe russische Prinzessin konvertierte. Katharina, die selbst einst ihrem lutherischen Glauben abgeschworen hatte, um einen russischen Großfürsten zu heiraten, verbot Alexandra die Konversion. Schließlich war Rußland eine viel größere und wichtigere Macht als Schweden; Alexandra würde unter ihrem Rang heiraten. Dazu kam, daß Katharina bei den Heiratsverhandlungen eine hohe Mitgift vereinbart hatte. Ein Einlenken in der Frage des Glaubens kam unter diesen Umständen nicht in Frage.

Wochen vergingen, und es schien, daß man in eine Sackgasse geraten war. Katharina zeigte sich unbeugsam. Aber auch die Schweden gaben nicht nach. Endlich ein Hoffnungsschimmer: Gustav war so freundlich, Alexandra zu erlauben, ihren orthodoxen Glauben im privaten Rahmen zu praktizieren. Kaum hatte sie diese Zusicherung erhalten, schlug Katharina die formelle Verlobung vor, die von einem orthodoxen Geistlichen geleitet werden sollte.

Der fragile Kompromiß, der zustande gekommen war, erfrischte Katharinas Lebensgeister. Sie spürte, daß ihre alten Kräfte zurückkehrten, schmiedete große Pläne. Alexandra würde Gustav heiraten (ohne konvertieren zu müssen). Die Schweden, jetzt Rußlands verläßliche Verbündete, würden die Ostsee überwachen, während russische Truppen ohne Säumen quer durch Europa bis nach Frankreich vordringen würden, um dort die Herrschaft der Bourbonen wiederherzustellen. Nachdem sie die gefürchteten Jakobiner vernichtend geschlagen hätte, wäre die russische Kaiserin die Retterin Europas; und das »eiserne« Zeitalter, das achtzehnte Jahrhundert, würde für immer das Jahrhundert Katharinas sein.

In diesem Gefühl der unbesiegbaren Größe empfing sie Gustavs Abgesandten, den Grafen Markow. Er überreichte ihr ein formelles Schreiben des jungen Königs, in dem dieser ihr seine endgültige Entscheidung bezüglich der Religion Alexandras mitteilte. Zu einer schriftlichen Zusicherung, daß sie ihren Glauben weiterhin praktizieren dürfe, war er nicht bereit. Er wollte lediglich ein mündliches Versprechen abgeben.

Katharina war verblüfft. Sie wurde puterrot. Ihr Mund öffnete sich, und die eine Seite ihres Gesichts erschlaffte völlig, während ihre Lippen hektisch und ohnmächtig zuckten. Diener sprangen ihr zu Hilfe. Aber sie konnten nichts tun, als voller Entsetzen abzuwarten, bis ihre Herrin langsam das Bewußtsein wiedererlangte. Erst nach einigen Minuten verschwand die Röte aus ihrem Gesicht, und sie konnte wieder sprechen.

Es war ein Schlaganfall. Die Zofen sagten es den Lakaien, die es den Kammerherrn mitteilten, die die Schreckensnachricht im ganzen Palast verbreiteten. Binnen einer Stunde wußte ganz Petersburg von dem Ereignis. Die Kaiserin war sehr krank. Jeden Moment konnte ein weiterer Schlag sie treffen. Vielleicht am nächsten Tag, vielleicht in einer Woche. Gewiß stand das Ende bevor.

Die Garderegimenter hielten sich für den zu erwartenden Regierungswechsel in Bereitschaft. Erschrockene Höflinge versammelten sich insgeheim, um über Krisenmaßnahmen zu beraten. Parteien bildeten sich, Intrigen wurden gesponnen. Subow, voller Angst um seine Zukunft, rang die Hände und sagte Gebete auf.

Die Kaiserin, die sich allmählich erholte, fühlte sich noch schwach und schwindelig, doch sie verfolgte mit aller Entschlossenheit, was sie sich vorgenommen hatte. Die Verlobungszeremonie, die Alexandra und Gustav vereinen sollte, war nicht abgesagt worden, trotz Gustavs hartnäckiger Weigerung, sich auch schriftlich auf ihre Bedingung einzulassen. Katharina aber wollte Alexandra verlobt sehen, um sich selbst zu versichern, daß sie nicht übervorteilt worden war.

Am Abend des festgelegten Termins, am 11. September, versammelten sich die Höflinge im Thronsaal. Katharina schritt langsam, in eine Brokatrobe gehüllt, mit drei glitzernden Orden an ihrer Brust und einer kleinen Krone auf dem Haupt, auf ihren erhöhten Sitz zu. Ihr unsicherer Gang und die schnellen Wechsel zwischen Blässe und Röte auf ihren eingesunkenen Wangen verrieten, daß sie noch nicht ganz auf der Höhe war. Alexandra ließ sich verlegen lächelnd in ihrem bräutlichen Staat an der Seite ihrer Großmutter nieder und erwartete den Bräutigam.

Aber Gustav kam nicht. Stunden vergingen. Voller Wut über diese unerhörte Beleidigung, blieb die Kaiserin eisern auf ihrem Thron sitzen. Ihr Ärger wurde immer größer, und in immer kürzeren Abständen wurde sie abwechselnd hochrot und totenblaß. Endlich sah sie ein, daß es keinen Sinn hatte, weiter auf Gustav zu warten; sie entließ die Höflinge und begab sich in ihr Kabinett, wobei sie immer wieder zu stolpern drohte.

Laut und mit vulgären Ausdrücken verfluchte Katharina die Schweden. Den eitlen und steifen jungen König bedachte sie mit den ausgesuchtesten Beleidigungen. Gerüchte wollten wissen, daß sie zu wiederholten Malen auf die anwesenden Schweden mit ihrem Zepter losging.

Boshaftigkeit, Vulgarität und Gewalt – das sah Katharina gar nicht ähnlich. Aller Wahrscheinlichkeit nach waren solche Ausbrüche auf eine Gehirnverletzung im Gefolge ihres Schlaganfalls zurückzuführen. Die Kaiserin schien nicht mehr sie selbst. In den nächsten Wochen wurde sie von Schlaflosigkeit gequält; sie fühlte sich krank und zuweilen verwirrt. Es fiel ihr schwer, klar zu denken. Sie versuchte, weiterzumachen wie bisher, aber es war unmöglich. Zu vielen Mahlzeiten erschien sie nicht, nahm nicht an den Gottesdiensten teil, schlief zu ungewöhnlichen Tageszeiten plötzlich ein. Die Regierungsarbeit stockte. Subow war unfähig, die Zügel in die Hand zu nehmen, und die anderen Minister und Beamten, die über den Zustand der Kaiserin bestürzt und tief in Sorge um die Thronfolge waren, freuten sich gleichzeitig über die Aussicht, daß der unwürdige Günstling sehr bald von seinem Platz vertrieben würde.

Am Morgen des 5. November stand die Kaiserin früh auf und zog ihren weißseidenen Morgenmantel über. Sie sah ausgeruht aus und sagte scherzend zu ihrer Zofe, daß sie sich zwanzig Jahre jünger fühle als sonst und vielleicht sogar zu einer weiteren Krimreise aufbrechen werde, sobald das Wetter es zulasse.

Sie bestellte ihren Morgenkaffee und setzte sich an ihren Arbeitstisch, wo sie Berichte über den französischen Einmarsch in Italien und über einen jungen General namens Bonaparte las. Am Abend zuvor hatte sie von einem österreichischen Sieg über die Franzosen erfahren, so daß sie nun voller Hoffnung mit der ersten Feder des Tages zu schreiben begann. Wahrscheinlich war ein Hund bei ihr. Vielleicht hielt sie nach einer kleinen Weile inne, um die Vögel auf dem Fenstersims zu füttern. Ohne Störung arbeitete sie einige Stunden lang weiter in dem kalten Gemach, in dem über ihrem Kopf eine Kerze die Ikone der Muttergottes von Kasan beleuchtete.

Etwa um neun Uhr dreißig fragte sich der Kammerdiener Sotow, ob alles in Ordnung sei. Die Kaiserin pflegte stets vor neun Uhr nach ihm zu klingeln. Konnte sie es heute vergessen haben? Würde sie nicht irgend etwas brauchen?

Vorsichtig klopfte er an die Tür ihres Schlafgemachs, und als er keine Antwort erhielt, trat er ein. Der Raum war leer. Er stieß einen Schrei aus und lief schnell zu dem Wasserklosett, daß man in einem Nebengelaß eingebaut hatte. Dort lag die Kaiserin auf dem Boden. Das zerdrückte Kleid hatte sich um ihre Beine gewickelt, das Gesicht war blutrot, und die Haube saß ihr schief auf dem Kopf. Sotow rief Hilfe herbei, und zusammen mit einigen anderen Männern trug er die röchelnde alte Frau ins Zimmer zurück und legte sie auf eine lederne Matratze, die auf dem Boden ausgebreitet worden war.

Ärzte versuchten vergeblich, Katharina ins Leben zurückzuholen. Sie war in eine tiefe Bewußtlosigkeit gesunken. Man ließ sie zur Ader, schüttete ihr Arzneien in den Mund, verabreichte ihr Zäpfchen und heftete spanische Fliegen an ihre Füße. Ihr gealterter, voluminöser Körper wurde hin und her gezerrt und unwürdigen Behandlungen ausgesetzt, denen sie bei wachem Verstand niemals zugestimmt hätte. Alexander übernahm die Befehlsgewalt, denn Paul war nicht im Palast, sondern auf seinem Gut in Gatschina, eine halbe Tagesreise weit entfernt. Ein Bote wurde mit der Schreckensmeldung zu ihm geschickt, doch Paul kam erst gegen neun Uhr am Abend in St. Petersburg an.

Zu diesem Zeitpunkt hatten die Ärzte erklärt, daß die Kaiserin nicht überleben werde. Der Metropolit wurde geholt, der ihr die Letzte Ölung gab. Er legte ihr die Hostie auf die Zunge und salbte ihr verkrampftes Gesicht und ihre Hände. Dann stimmte er das feierliche Gebet für die Sterbenden an, und jedermann im Raum kniete nieder, um es mit ihm zu beten.

Die Kaiserin, Mutter des Vaterlands, lag im Sterben. Nur ein Wunder konnte sie noch retten. Die Menschen, die ihr seit Jahrzehnten dienten, und sogar jene, die ihr heftiges Temperament unangenehm zu spüren bekommen hatten, waren tief bewegt. Weinende Diener und Beamte füllten die langen, frostigen Korridore des Winterpalasts. Sie warteten auf die Ärzte. Sie warteten auf ein Wunder.

Die ganze Nacht lag Katharina schwer und unregelmäßig atmend auf ihrer ledernen Matratze. Die Familie versammelte sich um sie, Alexander und Konstantin, Paul und Maria; die jüngeren Kinder wurden jeweils für kurze Zeit eingelassen. Paul gab seine Anweisungen, und man gehorchte ihm. Schon ging die Macht an ihn über. Man trug Katharinas Papiere zusammen und übergab sie ihrem Nachfolger.

Während des ganzen nächsten Tages, des 6. November, wurde die Sterbewache fortgesetzt. Die Augen der Kaiserin waren geschlossen, sie redete nicht, doch ihr vitaler Körper kämpfte mit aller Macht gegen den Tod. Krämpfe zogen ihren Magen zusammen, und sie schnappte nach Luft wie ein großer Fisch auf dem Trockenen. Manchmal entströmte eine widerlich stinkende schwarze Flüssigkeit ihrem Mund; der Geruch erfüllte das ganze Zimmer. Endlich, wenige Minuten vor zehn Uhr, kam ein lautes Rasseln aus ihrer Kehle. Dann war alles still. Nur noch das Weinen der Umstehenden war zu hören.

Kurze Zeit später begann das Geläut Tausender von Glokken in St. Petersburg. Feierlich und ehrfurchteinflößend ließen sie ihre brausenden Töne über der Stadt erschallen, hier einstimmig, dort in vielstimmigem Gedröhn, um aller Welt die traurige Nachricht zu verkünden: Katharina ist bei Gott. Und beim Klang der Glocken knieten ihre Untertanen nieder und bekreuzigten sich. Tränen liefen über ihre Gesichter. Die meisten von ihnen konnten sich an keinen anderen Herrscher erinnern. Wenige von ihnen erwarteten Gutes von der Regierung des neuen Kaisers Paul.

Drei Wochen wurde Katharinas einbalsamierte Leiche im offenen Sarg im Thronsaal ihres Palasts zur Schau gestellt. Man hatte ihr ein Gewand aus feiner Seide mit einer langen, pelzgefütterten Schleppe angezogen. Ein schwarzsamtenes Zelt wurde über dem Sarg errichtet. Soldaten und Familienmitglieder hielten Wache, während Tausende von trauernden Menschen in langen Kolonnen an der toten Monarchin vorbeizogen. Noch mehr Menschen versammelten sich, als in der ersten Dezemberwoche das öffentliche Begräbnis stattfand, und beobachteten, wie der kaiserliche Sarg über die gefrorene Newa zur Peter-Paul-Kathedrale gefahren wurde, der letzten Ruhestätte der russischen Monarchen.

Katharina machte ihre letzte Reise nicht allein. Paul hatte Anweisung gegeben, daß der Sarg Peters III. vom Newski-Kloster in die Kathedrale überführt würde. Dem neuen Kaiser gefiel der Gedanke, daß seine Mutter und ihr Gemahl, die einander im Leben so fremd gewesen waren, nun Seite an Seite in die Ewigkeit eingingen.

Quellen

Bei der Erforschung der Persönlichkeit und der inneren Entwicklung Katharinas II. ist der Biograph in der glücklichen Lage, auf Katharinas eigene Lebenserinnerungen zurückgreifen zu können, die in mehreren Versionen vorliegen. Die ersten Erinnerungen schrieb Katharina bereits mit Ende Zwanzig nieder, spätere Fassungen stammen aus anderen Perioden ihres Lebens. Die genaue Lektüre dieser Texte, die in mittelmäßigem Französisch, doch in einem höchst ausdrucksvollen und individuellen Stil abgefaßt sind, vermittelt eine gute Vorstellung von der Autorin, ihrem Geschmack und ihren Ansichten, ihren Zielen und Erwartungen. Leider brechen die Memoiren ab, bevor Katharina Kaiserin wird. Was die Periode ihrer Regierungszeit betrifft, so liegen eine Vielzahl weiterer von ihr selbst verfaßter Schriften und ihre Briefe vor. Dazu kommen die Depeschen der Gesandten, Berichte, Briefe und Memoiren der Zeitgenossen aus Rußland und Westeuropa, Reisebeschreibungen, die die russische Gesellschaft und das Leben am russischen Hof behandeln, sowie politische und behördliche Dokumente, auf die sich der Forscher stützen kann.

Leider gibt es bis heute nur wenige Werke, die sich in unserem Kulturkreis um ein authentisches Porträt Katharinas bemühen. Zu viele Autoren sind in triviale Romantik abgeglitten oder haben unkritisch das Zerrbild übernommen, das die Propagandisten der Französischen Revolution von der russischen Kaiserin malten. John T. Alexanders *Catherine the*

Great, Life and Legend, Oxford, 1989, ist eine nüchterne und gelehrte, wenn auch etwas trockene Geschichte der Herrschaft Katharinas, die auch ihre Persönlichkeit beleuchtet.

Die Zitate in der vorliegenden Übersetzung entstammen im wesentlichen den folgenden Werken:

Katharina II.: Memoiren, hg. von Annelies Graßhoff, Leipzig, 1986.

Katharina II. von Rußland in Augenzeugenberichten, hg. von Hans Jessen, München, 1978.

Katharina die Große/Voltaire: *Monsieur – Madame. Der Briefwechsel zwischen der Zarin und dem Philosophen*, hg. von Hans Schumann, Zürich, 1991.

Hedwig Fleischhacker: *Mit Feder und Zepter. Katharina II. als Autorin*, Stuttgart, 1978.

Personenregister